KB191144

다시,
봄은 왔으나

인혁당재건위 사건 사형수 8인의 약전

다시,
봄은 왔으나

인혁당재건위 사건 사형수 8인의 약전

우리에게 아직
봄은 오지 않았다

책이 나오기까지

2011년, 4·9통일평화재단은 '인민혁명당과 혁신계의 활동'이라는 주제로 구술사업을 시작했다. 이후 2016년까지 45명을 대상으로 400여 시간에 이르는 인터뷰를 진행했다. 관련한 인터뷰는 지금도 진행되고 있다. 무엇보다도 사형수 8인에 대한 자료를 수집하는 것이 목적이었다.

죽은 이들과의 인터뷰는 불가능했고, 험난했던 시절 사형수 8인도 스스로의 기록을 남기지 않으려 했으며, 가해자인 중앙정보부는 자신들의 과오를 막무가내로 감추려 했다. 1997년 김영삼 정권에서 김대중 정권으로 바뀌는 시기, 즉 50년간 지속되어 오던 보수정권이 무너지던 날, 중앙정보부의 후신인 내곡동 안전기획부에서는 검은 연기가 수십 일간 타올랐다고 한다. 독재정권에서 자행된 수많은 불법기록들을 태우는 행위가 벌어진 것이다. 이 과정에서 숱한 국가폭력에 의해 자행된 기록들이 사라졌다. 그 결과, 인혁당재건위 사건과 관련된 기록은 당시 국방부 기록관에서 의문사위 조사관들에 의해 우연히 발견된 재판기록과 그와 관련된 몇몇 기록이 남았을 뿐이었다.

재단에서는 이제 남은 것은 사건 관련 생존자들의 증언밖에 없다고 판단하고 많은 재정을 투입하여 구술팀을 구성하고 인터뷰를 시작했다. 안타까운 것은 인터뷰에 참여했던 인사들 대략 절반 정도가 이 책이 세상에 빛을 보기 전 세상을 떠났다. 이렇듯 인혁당재건위 사건 사형수들의 진실 찾기는 험난했다.

오늘 발간하게 되는 인혁당재건위 사건의 사형수 8인에 대한 약전의 초고는 5년 전인 2020년에 완성되었다. 하지만 코로나 사태로 인해 초고의 검증이 지연되었으며, 코로나 사태가 진정된 후에도 몇 년의 세월이 더 흘러야 했다. 개인의 기억조차도 숱한 세월이 흘러 기억의 오류가 있어 다시 확인해야 하는 시간이 필요했기 때문이다.

재단에서는 부족한 기억들을 채우기 위해 2018년부터 서울과 대구 그리고 광주와 부산에서 관련된 심포지엄을 개최하였다. 그 결과, 많은 부분들이 수정되었고, 인터뷰 속에서 등장하지 않았던 새로운 이야기들도 찾아낼 수 있었다. 하지만 심포지엄에서 토론된 내용이 이 책에 완벽히 반영된 것은 아니다. 그 역시도 지역별, 개인별 의견 차이가 있어 저자로서는 취사선택을 할 수밖에 없었기 때문이다. 실제 이 책에서도 서로 다른 기억으로 인해 다양한 의견들이 도출될 것이다. 필자는 그 의견이 너무도 소중하다고 본다. 혹 이 책과 다른 의견이 있다면 즉시 알려주기를 당부한다.

재단에서는 처음에는 이러한 구술사업과 연구사업을 통해 8인의 사형수 개인별 평전을 발간하려 했다. 하지만 사업이 진행되는 동안 개인별 평전을 내는 것은 쉽지 않은 일로 판단되었다. 첫째는 개인별로 수집된 기록과 자료의 분량 차이였다. 어떤 이는 개별 추모사업회가 일찍이 구성되어 그 자체의 재량으로 평전이 발간된 경우가 있었으며, 어떤 이는 남은 기록이나 그의 생존 기록을 증언해 줄 사람들이 없어 평전까지 만들 수 있는 기초자료가 부족했다. 둘째는 관련자들이 기억하는 사형수들의 삶과 사상에 대한 기억이 다른 경우가 존재했다. 그러다 보니 평전이 발간될 경우 서로 다른 의견차로 인해 오히려 8명의 사형수의 평전이 논란거리가 될 우려가 생겼다. 셋째로는 증언을 거부하는 관련자들이 있었다. 증언을 거부한 사람들에게는 다양한 이유가 있었다. 오랜 세월이 흘렀기에 자신의 발언이 왜곡되어 세상에 발표가 될까 봐 걱정하는 이도 있었고, 아직 세상이 바로 되지 못했다고 판단하고 자신들의 이야기가 자신과 주변 사람들 혹은 후대에 또 다른 국가폭력이 가해질 것을 걱정하는 이도 있었다. 이럴 경우 한쪽 의견만 실린 평전이 발행될 우려도 있었다.

　이런 연유로 8명의 평전을 같이 발행한다는 것은 한계로 보였다. 같은 사건으로 사망한 이들을 두고 각각의 평전에서 사건에 대해 해석이 다르고 다른 평가가 이뤄지거나 배경이 각기 다르다면 책 발간 후의 후과가 염려되기도 했기 때문이었다. 이렇게 되어 사형수 8명에 대한 개인별 평전은 보류하기로 하고, 약전을 선택하게 된 것이다.

　한 가지 더 일러둘 말이 있다. 1974년의 재판기록에 대한 내용이다. 2006년에 진행된 재심재판에서 변호인들은 이 재판기록을 증거로 사용하는데 '부동의'했다. 그 이유는 '인혁당재건위 사건 재판기록이 피의자의 진술과는 다른 내용으로 조작되었고, 재판은 불공정하게 진행되었으며, 심지어 공판조서조차도 조작되었다'고 보았기 때문이다. 이 책에서도 마찬가지다. 당시의 재판기록은 거짓으로 작성되었다고 판단하고 있다. 하지만 부족한 자료로 8명의 사형수의 삶을 재조명하는데 재판기록을 사용하지 않을 수 없었다. 조작된 재판기록이지만 그 속에는 사형수들의 삶을 이해할 수 있는 대목들이 존재했다. 진술과정에서 드러난 사형수들의 활동을 모두 조작할 수는 없었다. 결과적으로는 저들의 목적에 맞게 작성되었지만, 어느 부분에서는 실재했던 이야기가 담겨 있었다. 다만 이 책에서 사실이라고 인용된 재판기록이 모두가 진짜 사실이라고 생각하지는 않는다. 단지 수집된 생존자들의 증언과 교차하여 검토해 그 시대 그 상황에서는 그럴 수도 있었다고 판단했을 뿐이다. 독자들은 이 점을 십분 이해하고 읽어주기를 바란다.

사소할 수도 있겠다 싶지만, 노파심에 한 가지 더 일러둘 말이 있다. 사형수 8인은 주로 사월혁명을 시작으로 인연이 맺어져 한날한시에 유명을 달리한다. 그러다 보니 동일사건, 동일단체에서 활동한 경우가 많았다. 그 결과, 개인별 약전에서 같은 설명이 반복되는 상황이 발생했다. 그렇다고 아예 삭제할 수는 없었다. 그래서 8편의 약전 중에서 원고의 양이 많은 편에서는 관련 설명을 축소하여 적었고, 원고 분량이 적은 편에서는 앞서 못한 관련 설명을 더해 적었다. 그러다 보니 관련 설명이 긴 약전의 주인공이 그 단체나 사건의 중심으로 비칠 수 있는데, 이것은 서로 다른 약전의 분량을 맞추려는 노력의 일환이었음을 적어두고자 한다.

이 책에는 숱한 인물들과 단체명이 등장한다. 그리고 저자가 검토한 여러 기록에서는 같은 단체와 같은 사건명칭을 두고 정식명칭 혹은 약칭 그리고 이외의 명칭으로도 부르는 경우가 있었다. 독자들의 혼선을 염려하여 이 책에서는 다음과 같이 통칭하였음을 미리 알린다.

4·19혁명은 4·19민주의거, 4월혁명 등 여러 호칭을 대신하여 '사월혁명'이라 통칭했다. 이외에도 인민혁명당 사건에 대해 '1차 인혁당 사건' 혹은 '2차 인혁당 사건' 등등 여러 명칭이 존재하나 1차 인혁당 사건은 그대로

'1차 인혁당 사건'으로 적었으며, 2차 인혁당 사건은 '인혁당재건위 사건'으로 통칭하였다. 그리고 민족자주통일중앙협의회는 '민자통'으로, 통일민주청년회는 '통민청'으로, 민주민족청년동맹은 '민민청'으로, 남조선민족해방전선은 '남민전'으로, 중앙정보부는 '중정'으로, 진실화해를 위한 과거사정리위원회는 '진실화해위'로, 국정원과거사건진실규명을통한발전위원회는 '국정원 진실위'로 적었다. 다만 인용구에서는 원문을 살리기 위해 통칭하지 않고 적은 대로 두었다. 또 한자는 되도록 넣지 않으려 했지만 한자를 넣어야만 읽기가 수월한 단체이름이나 사건명은 한자를 넣었다. 그 외 여기에 적지 못한 단체의 명칭이나 사건명의 경우 처음 등장할 때 괄호를 두고 정식명칭을 적었다.

약전이다 보니 원고 분량이 짧아 주인공의 이력을 중심으로 기록할

정식명칭	책에서의 통칭	정식명칭	책에서의 통칭
4·19혁명 등	사월혁명	1964년 인민혁명당사건	1차 인혁당 사건
1974년 인민혁명당 재건위 사건	인혁당재건위 사건	민족자주통일중앙협의회	민자통
통일민주청년동맹	통민청	민주민족청년동맹	민민청
남조선민족해방전선	남민전	중앙정보부	중정
진실화해를위한과거사 정리위원회	진실화해위	국정원과거사건진실규명을 통한발전위원회	국정원 진실위
대통령소속의문사 진상규명위원회	의문사위	민주화운동명예회복과 보상심의위원회	명보위

수밖에 없었다. 자료수집 차 여러 명을 만나며 다양한 증언을 받았으나 이를 다 반영할 수 없었다. 개별 인사 하나하나에 대해 이미 밝혀진 내용조차도 들어가지 못하는 안타까운 상황이 생겼다. 이 점 특별한 양해를 바란다.

원고의 부족함이 여러 곳에서 나타난다. 그것은 자료수집의 한계도 있었겠지만, 저자의 부족함도 한몫하였다. 앞으로 유능한 인재가 등장하여 저자의 부족함을 채워 완성도 높은 또 다른 책들이 나와 주길 바랄 뿐이다.

마지막으로 이 원고를 마무리하며 몇몇 소중한 인물들을 떠올리지 않을 수 없다. 우선 4·9통일평화재단 초대 사무국장이었던 고 안주리 국장의 헌신적인 노력이 없었더라면, 이 약전은 완성될 수 없었을 것이다. 만약 오늘 이 자리에 같이 있었더라면 책 발간을 무척이나 축하해줄 동지였는데 이 자리에 없어 너무도 아쉽다. 또한 재단 사료위원회 사료위원으로 구술사업을 이끌어 주었던 이영재·정호기 교수가 책의 마지막 순간인 감수 작업에도 참여하여 책의 완성도를 높여 주었다. 그리고 지역에서 관련한 심포지엄이 개최되었을 때 대구의 윤정원 박사, 부산의 김선미 박사, 광주의 양라윤 박사의 연구와 조언이 큰 도움이 되었다. 돈이 되지 않을 것을 뻔히 알면서 책 발간을 맡아준 삼인출판사 관계자 여러분 등 여기 적지 못한 모든 분들에게 감사드린다.

추천사_1

냉전시대 변혁운동의 조감도
—이창훈 『인혁당재건위 사건 사형수 8인의 약전』의 매력
임헌영 민족문제연구소 소장

이창훈의 공식 직함은 4.9통일평화재단(2008년 창립) 사료실장이나 실질적인 운영실무 책임자로, 그의 인혁당 사건에 대한 열애나 흠모는 희생자들의 가족에 뒤지지 않는다.

박정희 쿠데타 세력이 자행한 만행 중 단연 첫손가락으로 꼽히는 인혁당 사건은 그 고문의 실체부터 철저히 숨겨서 삼류신파 같은 각본에 따라 진행된 참극인데, 이에 대한 자료들이 깡그리 사라져버린 건 이창훈의 추정에 따르면 1997년이다.

> '김영삼 정권에서 김대중 정권으로 바뀔 때, 50년간 지속되어 오던 보수정권이 무너지던 날 중앙정보부의 후신 내곡동 안전기획부에서는 검은 연기가 수십 일간 타올랐다고 한다. 독재정권에서 자행된 수많은 불법기록 등을 태우는 행위가 벌어졌다. 이 과정에 숱한 국가폭력에 의해 자행된 기록들이 사라졌다.'(이 책 「책이 나오기까지」)

젊은 세대 독자들은 인혁당 사건이란 게 뭘까 궁금할 텐데 요약하면 이렇다. 1972년 박정희가 유신 쿠데타(10. 17.)로 독재체제의 영구화를 포고했는데 그 반대 투쟁이 격렬해지자 '긴급조치'(緊急措置, 유신헌법 53조 2항의 '국민의 자유와 권리를 잠정적으로 정지'하는 조치) 제1호를 발동(1974. 1. 8.)한 이후 청년 학생들을 대거(긴급조치 제4호 연행자만 1,024명) 체포하고 고문, 날조해 좌경용공세력으로 내몰았다. 이 사건의 배후 조종세력으로 기성세대의 민주화 운동권 중에서 사월혁명 때 민주화와 통일 운동에 앞장섰던 경상도 출신 청년 학생운동의 지도급 인물들을 배치하기로 정했다. 그들 중 대부분은 박정희 굴욕외교의 결정판이었던 한일협정 체결(1965) 반대 운동이 절정을 이룬 6·3항쟁(1964. 6. 3.) 때 학생운동을 탄압하려고 용공 조직으로 날조했던 1차 인혁당 사건(1964. 8) 관련자들이었다. 이때 그 날조가 너무나 황당해 일부 담당 검사들(이용훈, 김병리, 장원찬)이 항명, 사직까지 불사했다. 이 주역들을 만 10년이 지난 1974년에 다시 등장시켜 유신체제의 영구화를 망상한 것이 '인혁당재건위 사건'이고, 이 형체도 없는 조직에다 대학생들이 대거 반유신 투쟁의 대열에 나섰다고 조작해 전국민주청년학생총연맹(약칭 민청학련)이라는 또 하나의 날조한 조직을 갖다 붙이고자 하는 시나리오를 구상한 것은 중앙정보부였다. 독재체제 유지를 위해서라면 제2의 한국전쟁도 불사할 독기로 가득했던 시절이었다.

그러나 진실은 아무리 지우거나 불태우거나 거짓 증언으로 위장해도 사라지지 않는다는 걸 입증하고자 나선 4·9통일평화재단은 2011년에서 2016년까지 '인민혁명당과 혁신계의 활동' 관련자 45명을 400여 시간에 걸쳐 인터뷰를 진행했고, 그 이후에도 계속 보충자료 수집에 정진해 왔는데 그 주역은 이창훈이었다. 이 소중하고 방대한 자료를 기초로 애초에 8명의 열사(서도원, 도예종, 송상진, 우홍선, 하재완, 이수병, 김용원, 여정남)들 각자의 평전을 펴낼 작정이었으나 여러 여건상 한 권으로 축약한 게 바로 이 저서다.

　　이 사건에 관련된 많은 탁월한 인물 중 역사의 주역으로 부각된 이 8명은 인혁당재건위 사건 날조 드라마에 휘말려들어 같은 날 함께 교수대에 오른 열사들이었기 때문이다. 1975년 4월 8일 대법원이 이들에게 사형을 확정하자 그 혹독한 고문으로 날조된 흑막이 세간에 퍼지면서 재심청구 등 여러 구명운동이 펼쳐질 조짐이 일었는데, 국방부 장관의 사형집행명령서에 의하여 바로 그 이튿날인 4월 9일 오전 4시 55분부터 30분 간격으로 서도원, 김용원, 이수병, 우홍선, 송상진, 여정남, 하재완, 도예종의 순서대로 서울구치소(현 서대문형무소 역사관) 사형집행장에서 그 생명이 사라졌다. 이로 말미암아 이날은 사법사상 '암흑의 날'이란 별칭이 붙었다. 이들에게 무죄임을 확정시켜 준 명예회복은 2007년 1월 23일에야 이뤄졌다. 재심청구로 얻은 이 역사적인 의의를 이 사건 담당 김형태 변호사는 이렇게 요약했다.

① 민주평화 통일운동의 결실, ② 냉전체제 극복의 시발점, ③ 유신체제의 위헌성에 대한 사법적 판단, ④ 국가의 불법행위에 대한 자성, ⑤ 과거청산의 전환 등.(이 책 「머리말」)

한국전쟁 이후 혁신계 활동의 축약도로 불러도 손색이 없는 이 저서는 현대 변혁운동 관련 사건이나 단체 이름들이 여러 명칭으로 제각각 불려오고 있는 걸 다음과 같이 합리적으로 통일시켜 정리해주고 있다.

> 4·19혁명은 4·19민주의거, 4월혁명 등 여러 호칭을 대신하여 '사월혁명'이라 통칭(사월혁명회가 이미 이 명칭의 정당성을 확립, 필자)했다. 이외에도 인민혁명당 사건에 대해 '1차 인혁당 사건' 혹은 '2차 인혁당 사건' 등등 여러 명칭이 존재하나 1차 인혁당 사건은 그대로 '1차 인혁당 사건'으로 적었으며, 2차 인혁당 사건은 '인혁당재건위 사건'으로 통칭하였다. 그리고 민족자주통일중앙협의회는 '민자통'으로, 통일민주청년회는 '통민청'으로, 민주민족청년동맹은 '민민청'으로, 남조선민족해방전선은 '남민전'으로, 중앙정보부는 '중정'으로, 진실화해를 위한 과거사정리위원회는 '진실화해위'로, 국정원 과거사건 진실규명을 통한 발전위원회는 '국정원 진실위'로 적었다.(이 책 「책이 나오기까지」)

이 책은 인혁당 8인 열사의 가장 정확한 전기를 씨줄로 삼고 날줄로는 현대 한국 진보운동가들의 형성 계보를 엮어주고 있기에 마치 『삼국지』나 『수호전』처럼 흥미진진하면서도 님 웨일즈의 『아리랑』이나 김사량의 『노마만리』의 파란만장한 서사구조를 느끼게도 해준다. 그런가 하면 8인 열사와 함께 했던 빛나는 변혁투쟁사의 성좌를 형성했던 인물들이 열망했던 민족주체적인 독립국가와 민주사회 실현을 위한 고난의 인생역정들은 마치 항일독립투사들의 발자취나 일제 암흑통치 시기 경성콤그룹의 위기일발 모험을 재연하는 듯한 감동을 자아내기도 한다. 이런데다가 5·16쿠데타 세력의 암흑기 아래서 투쟁 노선을 둘러싼 논쟁과 그 진로 모색의 차이가 빚어낸 생사의 운명의 갈림길은 인생론과 역사인식의 경지로 진입하는 진지성을 통하여 변혁투사들이 지녔던 고뇌의 심연을 이해하도록 만들어주기도 한다.

8인 열사 외에도 인혁당 사건 관련 인물로는 강창덕, 김금수, 김배영, 김종대, 박중기, 박현채, 송상진, 유진곤, 이성재, 이재문, 이창복, 이현배, 이재형, 전창일, 정만진, 황현승 등등 기라성 같은 별들이 촘촘하게 이 저서의 조연으로 동원된다. 이 밖에도 김춘복, 박석무, 서상일, 성유경, 신진욱, 안경근, 안민생, 안재구, 유병묵, 이원만, 이종률, 조용수, 최백근, 최근우, 하준수 등등 유명인들도 조연으로 등장한다.

이 중 특히 주목할 인물은 유병묵과 이종률이다. 한국전쟁 이후 혁신세력의 씨가 말랐다는 속언처럼 냉전구도가 정착된 사회풍토에서도 봄이 오면 꽃이 피듯이 민족의식과 민주주의의 싹은 움텄는데, 그 뿌리 역할을 한 인물로 지목당한 것이 이 두 원로였다. 부산을 주 무대로 한 이종률은 대학 강단에서 제자들을 통해 그 이름이 전해졌으나, 유병묵은 만년 이후 초야로 은신하여 지냈기에 세간에서는 모르던 은자였으나 크리스천 아카데미 사건 때 거명되면서 알려지게 되었다.

군부독재 시절에 좌경용공으로 걸려들면 사건 수사를 끝낸 뒤 우수한 일부 수사관들은 진보사상의 족보를 따지면서 남로당계냐, 범여운형계

15

로 강릉의 유병묵이냐, 아니면 부산의 이종률이냐를 캐어묻는 경우가 아주 드물게 있었다. 나도 남민전(1979)으로 취조당할 때 여담처럼 이런 신문을 받은 적이 있었다. 그러나 긴급조치(1974) 이후부터는 속칭 '자생적 좌경용공'이란 편의주의적인 형용구를 대량 날조하던 시대라 나도 그 술어로 적당히 넘겼던 기억이 새삼 떠오른다. 복잡다기한 인간의 뇌세포를 '독재 복종이냐 반대냐'라는 흑백논리로 좌경분자를 판가름했던 호랑이 담배 피우던 시절의 아득한 추억들이다.

굳이 따진다면 유병묵은 범여운형계로 정통 사회주의 혁명론과는 거리가 있었고, 이종률은 일제 식민지 시대에는 정통 마르크스주의자였으나 8·15 이후 한국의 진로를 노동자계급만의 혁명이 아닌 '노력성 민족대중'이 영도해야 된다고 보았다. 따라서 그는 한국이 추구하는 사회란 '서민성 자본민주주의'로 민족혁명을 이룩해야 되며, 이는 반드시 인간혁명과 함께 뿌리와 둥치가 된다고 보았다. 그러나 이승만, 박정희 독재체제는 이런 냉철한 사회인식조차 '빨갱이'로 몰아쳤는데, 이런 풍조가 8·15가 80주년이 되는 윤석열 독재 아래서도 횡행하고 있을 정도가 아니라 더 대중화되어 버렸다.

이런 시대에 바로 이런 책이 널리 읽히기를 바란다.

추천사_2

『인혁당재건위 사건 사형수 8인의 약전』 발간에 부쳐

김형태 천주교인권위원회 이사장

지금으로부터 27년 전인 1998년 어느 날 문정현 신부가 천주교인권위원회에 찾아오셨다. 1975년 인혁당재건위 사건으로 사형집행을 당한 여덟 분의 억울함을 풀어달라고. 그렇게 시작된 우리의 진상규명 활동은 국가기관인 의문사진상규명위원회가 과거 재판기록을 입수하면서 크게 진전을 보았다. 그리고 2007년 재심 법원은 이 사건이 극심한 고문으로 조작되었다면서 전부 무죄를 선고했다.

하지만 '국가폭력의 억울한 희생자'라는 이런 법적 성격규명만으로는 오히려 부족하다. 이 사건에 관련되었던 여러 선생들이 어떤 삶을 살았으며 어떤 세상을 꿈꾸었는지를 되짚어 보아야 제대로 된 진상규명의 마무리일 것이다.

이런 의미에서 이번에 4·9통일평화재단 이창훈 사료실장이 펴낸 사형수 여덟 분의 약전은 그 첫걸음이라 할 수 있다. 재판기록, 유가족과 관련자들의 증언, 신문 기사를 비롯한 여러 자료들을 버무려 그야말로 최소한의 '약전'을 잘 꾸려냈다.

선생들이 살아온 1930년대부터 1970년대는 우리 민족이 일제 강점과 분단, 독재와 같은 여러 모순에 허덕이던 시대였다. 선생들은 해방 정국

17

에서 민족 통일과 식민지 유산 청산을 위해, 학교 교사로 언론 기자로 학생으로 각자 서 있는 자리에서 열심히 노력했다. 그리고 이승만, 박정희 독재에 맞서 대구와 서울 등지에서 여러 단체의 활동을 하다가 감옥에도 갔다. 마침내 박정희는 자신에게 위협이 된다고 보았던 선생들을 민청학련의 배후로 엮어 본보기 처형을 하기에 이른다. 약전은 이 상황들을 간략하게 잘 소개하고 있다.

그런데 '약전' 말고 '평전'은 언제 나올 수 있겠나? 사형 말고 징역형을 받았던 분들도 한 분, 두 분 다들 돌아가시니 어렵지 싶다. 엊그제도 신동숙 어머니가 가셨다.

그리고 생전에 이성재 선생은 나와 둘만 있는데도 '아직은 말할 수 없다'고 하셨다. 헌법이 보장하는 사상의 자유는커녕 국회며 법원까지 폭력으로 유린당하는 마당이니 더욱 그렇다.

그래도 선생들이 꿈꾼, 더 나아가서 불가(佛家)에서 가르치는 저 '평등의 세상'을 향해 우리 후생들은 오늘도 힘내어 뚜벅뚜벅 걸어갈 일이다.

머리말_사법사상 암흑의 날

1975년 4월 9일!

50년 전 4월 9일 여덟 명의 생목숨이 사라졌다. 그날 새벽, 서대문에 위치한 서울구치소 사형장에서는 놀랍게도 전날인 4월 8일 대법원에서 사형이 확정된 인혁당재건위 사건 '사형수 8인'의 형이 집행되고 있었다.

4시	55분	서 도 원
5시	30분	김 용 원
6시	05분	이 수 병
6시	35분	우 홍 선
7시	05분	송 상 진
7시	35분	여 정 남
8시	05분	하 재 완
8시	30분	도 예 종

위 사형집행 시작 시간은 국방부 장관의 '사형집행명령서'에 의해 사형이 집행된 후, 서울구치소에서 작성한 '사형집행명령부'에 기록된 시간이다. 이렇게 형장의 이슬로 사라져야 했던 이들은 과연 누구였던가?

사건의 발단은 '사월혁명'이었다

사월혁명은 인혁당 사형수들이 꿈을 펼칠 수 있는 좋은 기회가 되었다. 출신지가 모두 경상도였던 이들은 부산과 대구를 중심으로 활동하였다. 부산에서는 오래전부터 민족건양회를 만들어 통일운동을 펼치고 있던 이종률 교수의 지도하에 부산지역 열혈 청년들이 모여 민민청을 만들었고, 대구에서는 안중근의 사촌동생 안경근 등의 애국지사들이 주도적으로 민족통일연맹을 만들자, 여기에 대구경북지역의 열혈 청년들이 참여하고 있었다. 이러한 시기에 서울에 유학 와 있던 '암장'회원들은 방학을 이용하여 부산으로 내려가 심포지엄과 계몽활동을 통해 남북통일의 필요성을 역설하였다. 이를 지켜본 이종률 교수는 '암장'회원들에게 서울에 민민청 중앙맹부를 만들 것을 요청하고, 이어 자신의 대구 인맥을 통해 대구지역에도 민민청 경북맹부를 건설할 것을 요청한다. 그러는 사이 사회당 조직부장 최백근의 영향을 받은 성민학회, 통일청년회, 신진회 등의 소속 청년들이 모여 통민청을 만들게 되었다. 또한 양대 청년조직은 1961년 2월 25일에 '자주적이고 평화적인 방법으로 남북통일 하자'라는 목표하에 출범하게 되는 민자통의 핵심일꾼이 된다.

민자통은 5·16 쿠데타가 일어나기 전까지 '굴욕적인 한미경제협정 반대투쟁', '보안법 등 2대 악법 반대투쟁', '판문점 남북학생회담 성사투쟁' 등을 벌이며, 해방 후부터 염원해오던 민족자주통일국가 수립을 위해 투쟁하였다.

이런 과정을 거치면서 출발지점은 다르지만 지향이 같은 민민청과 통민청은 사월혁명 1주년 행사를 지내고 나서 불거지기 시작한 '남북학생회담' 성사투쟁이 전개되는 과정에서 양대 조직의 통합합의까지 이뤄졌다. 그러나 이들의 통합조직의 출범을 막은 것이 박정희의 쿠데타였다.

이승만 정권이 스스로 몰락을 재촉하고 있던 그 시기, 군인 박정희는 쿠데타를 꿈꾸고 있었다. 1960년 1월 21일, 6관구 사령관 박정희 소장은 부산에 있는 군수기지사령부의 초대 사령관으로 전보된다. 군수기지사령관은 국군이 쓰는 물자를 보급해주는 자리로 국방 예산의 30퍼센트를 집행하는 막강한 권한을 가지고 있었다. 여순항쟁 당시 사형수였던 그가 10여 년 만에 군부의 핵심요직을 차지한 것이다.

이 시기 박정희는 현실정치권에 대해 대단한 불만을 갖고 있었다. 쿠데타가 일어난 뒤 발간된 『국가와 혁명과 나』라는 책에서 그는 자유당과 민주당을 '민주주의의 탈을 쓴 봉건적 수구세력'으로 규정하고, 그들을 '덮어놓고 흉내 내는 식의 절름발이 직수입 민주주의를 맹신하는 사대주의자'라고 단정했다. 박정희는 이러한 현실정치를 타개할 방법으로 쿠데타를 일으키려 했다. 하지만 이승만 정권 붕괴의 주역은 박정희가 아닌 젊은 학생들이었다. 박정희의 친구이자 사월혁명 당시 《부산일보》 주필이었던 황용주는 회고담을 통해 이렇게 증언한 바 있다.

> 4·19 이전에 박정희를 만났을 때 내가 전국으로 번지고 있는 학생 시위를 설명해주니까 박정희는 '에이, 술맛 안 난다.'라고 내뱉었다. 학생들에게 선수를 빼앗기게 되었다는 안타까움의 표현이었다. 이승만 하야 직후 또 만났는데, 내게 대뜸 '아이고, 학생

놈들 때문에 다 글렀다.'고 했다. (안경환, 『황용주 그와 박정희의 시대』, 2013)

박정희의 쿠데타는 뜨겁게 불타오르던 청년학생들의 통일 열기를 순식간에 가라앉히고 만다. 다시 동토의 세월이 시작되었다. 이를 지켜보던 인혁당 사형수들은 시들은 '푸른 꿈'을 다시 키워나가야 했다.

이름(생년)	사월혁명 시기의 활동	5·16 쿠데타 이후
서도원(1923년)	37세, 민민청 경북맹부 위원장	쿠데타 이후 2년 7개월 옥고
도예종(1924년)	36세, 민민청 경북맹부 간사장	1차 인혁당 사건으로 3년 옥고
송상진(1928년)	32세, 민민청 경북맹부 사무국장	1차 인혁당 사건으로 연행
우홍선(1930년)	30세, 통민청 중앙위원장	1차 인혁당 사건으로 1년 옥고
하재완(1932년)	28세, 민민청 경북맹부 참여	민주수호경북협의회 참여
김용원(1935년)	25세, 서울대 민통련 참여	1차 인혁당 사건으로 연행
이수병(1936년)	24세, 경희대 민통련 위원장	쿠데타 이후 7년 옥고
여정남(1944년)	16세, 2·28 민주운동 참여	경북대, 민청학련 학생운동 참여

1964

1963년 정치군인 박정희는 가까스로 대통령이 되었다. 야권 후보 윤보선을

1.55퍼센트인 약 15만 표 차이로 이길 수 있었다. 당시 박정희는 허약한 자신의 정치적 기반을 강화하기 위해 미국과 일본의 지지를 받아내야 했다. 대선과정에서 드러난 자신의 남로당 전력으로 인해 미국의 눈 밖에 난다면 한순간에 권력을 잃게 될 것이 뻔했다. 또한 권력을 유지하기 위한 재력을 확보하기 위해서 한반도 재진출을 노리고 있던 일본에 협력하려 했다. 당시 미국은 '한미일 삼각동맹'을 구축함으로써 동아시아의 패권을 장악하려 했다. 한미일 삼국의 수장들의 이해가 일치했던 것이다.

2015년 민족문제연구소가 공개된 미 CIA 문서를 통해 밝혀낸 액수만 해도 6,600만 달러의 검은 돈이 박정희에게 제공되었다고 한다. 한일협정 체결을 통해 '독립축하금' 명목으로 일본으로부터 우리나라가 받은 3억 달러의 20퍼센트가 넘는 액수를 개인이 착복한 것이다. 평생 집권을 원하던 박정희에게는 순식간에 엄청난 재력이 생기는 좋은 기회였다. 그런 연유로 박정희는 피 흘리며 저항하는 국민들을 억압하고 자신의 유일한 지지세력인 군부의 힘으로 한일협정을 밀어 붙인 것이다.

이 시기 사월혁명의 주역들은 정치 해금조치가 내려지자 다시 정당활동을 시작할 준비를 하고 있었다. 하지만 혁신계 주요 인사들의 정치활동은 계속 금지되었다. 그리고 군복을 벗고 민간인 신분을 가장한 채 대통령 후보로 나선 박정희가 대통령이 되었다. 박정희 집권하에서는 혁신계의 합법적인 정치활동이 영원히 금지될 것이 뻔했다. 혁신계는 군정의 연장과 다를 바 없는 박정희 정권에 맞서기 위해 대오를 재정비해야만 했다. 1964년이 되자 베트남 파병과 한일회담이 국정의 쟁점으로 떠올랐다. 특히 한일회담은 국민들의 반일감정에 불을 지르는 격이었고 전국에서 한일회담 반대운동이 들불처럼 타올랐다. 제2의 사월혁명을 떠올리기에 충분했다.

한일협정 반대투쟁은 1964년 한일회담 반대운동과 1965년 한일협정 조인·비준 반대운동 등 두 해에 걸쳐 진행된 시민사회운동이었다. 한국전쟁 후 가장 긴 시간동안 전개된 사회운동이었다.

1964년 3월 9일 한일회담이 본격적으로 시작되자, 야당을 비롯한 시민사회진영에서 '대일굴욕외교반대 범국민투쟁위원회'를 결성하였다.

6월 3일 서울에서만 1만 2천 명이 모이는 등 한일회담 반대운동이 절정에 달하자, 박정희는 이 날 밤 8시를 기해 서울 전역에 계엄령을 선포하고 반대시위를 무장군인을 동원하여 진압하기 시작했다.

8월 14일 당시 김형욱 중정부장(현재 국정원장)은 기자회견을 통해 '북한의 지령을 받고 국가변란을 기도한 남한 내 지하조직 인민혁명당을 적발했다'고 발표한다.

9월 5일 중정에서 검찰로 송치한 인혁당 사건 연행자 47명에 대해 이용훈 부장검사, 장원찬·김병리 검사 등은 증거가 없다며 기소를 거부한다. 그러자 중정은 공안부 담당검사가 아닌 사건 수사와 전혀 관련이 없는 당일 숙직검사 정명래로 하여금 기소를 강행하게 한다.

9월 9일 국회에서는 법무부장관 민복기(인혁당재건위 사건 당시 대법원장)를 출석시켜, 인혁당 사건의 무리한 기소경위에 대해 따지고, 관련자들이 고문까지 받은 사실을 밝혀낸다. 이후 중정 폐지안도 제출되었다.

10월 16일 사건 담당으로 새로 임명된 한옥신 검사는 재조사를 통해 사형까지 가능한 국가보안법 혐의는 삭제하고, 기소된 이들 중 13명만을 반공법 위반으로 공소장을 변경하였다.

1965년 1월 20일 유죄판결을 바라던 중정의 의도와는 달리 1심 재판부는 피고 13명 중 도예종과 양춘우에게 반공법 위반으로 각각 징역 3년과 2년을 선고하고, 나머지 11명에게는 무죄를 선고한 후 즉시 석방하였다.

5월 29일 중정의 압력을 받은 2심 재판부는 1심을 뒤엎고, 피고 13명 모두에게 유죄판결을 내린다. 1심 후 석방되었던 11명은 다시 구속되었다.

9월 21일 대법원은 피고인들의 상고를 기각하고 2심을 확정했다.

이렇게 1차 사건은 용두사미 격으로 끝났다. 하지만 사건 조작의 원인이 되었던 한일협정은 재판결과와 무관하게 1965년 6월 체결되고 만다.

아래는 사건 최종심 유죄판결자 명단이다.

징역 3년(1명)	도예종
징역 1년(13명)	박현채, 정도영, 김영광, 김금수, 이재문, 임창순, 김한덕, 김병태, 김경희, 전무배, 박중기, 양춘우, 우홍선 (1966년 대법원에서 형확정)

1974

1969년 '3선 개헌'에 성공한 박정희는 1971년 4월 27일에 치러진 대선에서 7.9퍼센트인 90만 표 차이로 야권 단일후보 김대중을 누르고 승리했다. 1963년 대선보다 1, 2위의 표차는 늘어났지만, 대선이 끝나고 박정희는 분노했다.

> 뚜껑을 열어보니까 박정희 후보가 634만여 표, 김대중 후보가 539만여 표를 얻었다. 박 후보가 94만여 표를 더 얻었다. 박 후보는 개표가 끝난 직후 "하마터면 정권을 도둑맞을 뻔했다. [⋯] 돈을 또 얼마나 썼는데 표차가 이것밖에 안 돼. [⋯] 이런 식의 선거 제도라면 안 되겠어"라고 말했다고 한다. [⋯] 김 후보는 호남에서 박 후보에게 62만여 표를 앞섰는데, 경상도에서 박 후보는 158만여 표를 앞섰다. 그 차이가 96만여 표였다. 그러니까 경상도와 호남의 표 차이를 보면 박 후보가 경상도에서 앞선 표에서 김 후보가 호남에서 앞선 표를 뺀 96만여 표, 이건 박 후보가 전체적으로 앞선 94만여 표보다 2만 표나 더 많은 것이었다. 한마디로 경상도 표 때문에 박 후보는 이길 수 있었다고 이야기할 수 있다. (「서중석의 현대사 이야기」〈132〉 유신 쿠데타, 스물다섯 번째 마당, 《프레시안》 2015. 12. 2.)

이어 5월 25일에 치러진 총선은 더 심각했다. 공화당은 선거 전 의석

수보다 4석이 줄은 113석을, 신민당은 52석이 늘어난 89석을 얻었다. 게다가 공화당은 서울과 부산에서 각각 1석과 2석밖에 못 얻었다. 야당인 신민당은 개헌저지선 69석을 넘었을뿐더러 독자적인 국회 소집을 할 수 있었다. 종신집권을 꿈꾸고 있던 박정희에게는 대패였다. 이렇게 박정희는 1971년 대선과 총선에서 불만족스런 결과를 얻자. 1972년의 유신이라는 명목하에 친위 쿠데타를 일으킨다.

그러나 박정희의 영구집권 시나리오는 흔들리고 있었다. 유신헌법 제정에 대한 국민적 저항운동이 거세게 일기 시작한 것이다. 함석헌, 장준하, 백기완 등 각계 민주인사들이 결성한 '헌법개정청원운동본부'는 발족(1973년 12월 24일)한 지 십여 일 만에 30만 명이 넘는 서명을 받아냈다. 이때 숨죽이고 있던 대학생들은 '민청학련 사건'으로 알려진 유신반대 투쟁을 준비하고 있었다.

1974년 4월 3일 '민청학련 활동 금지'와 '반유신데모를 할 경우 최고 사형까지 집행할 수 있다'는 내용을 담은 긴급조치 4호가 발동한다.

4월 25일 중정은 '북한의 지령을 받은 인민혁명당 재건위원회 조직이 민청학련의 배후에서 학생시위를 조종하고 정부 전복과 노동자·농민에 의한 정부 수립을 기도했다'고 발표했다. 이어 민청학련과 인혁당재건위 사건 관련자 1,024명을 연행하여 조사하고, 253명을 긴급조치 4호 위반·국가보안법 위반·내란예비음모·내란선동 등의 죄명으로 비상보통군법회의에 기소하였다.

6월 15일 민청학련 관련자와 인혁당재건위 사건 관련자에 대한 비상보통군법회의 첫 공판이 시작되었다.

7월 11일 한 달간 진행된 비상보통군법회의 1심 재판부는 인혁당 관련자 7명에게 사형, 7명에게 무기징역, 10명에게는 5년에서 20년까지의 장기형을 선고하였다. 13일에는 여정남을 포함한 민청학련 관련자 7명에게 사형을 선고하였다.

9월 7일 8월 22일에 시작된 비상고등군법회의 항소심 재판은 2주 만에 종결되었다. 2심은 형식적인 절차일 뿐이었다. 인혁당재건위 사건 관련자들의 1심 형량은 그대로 유지되었다.

1975년 2월 15일 국내외의 강력한 반발여론에 부딪힌 박정희는 민청학련 관련자 대부분을 감형하거나 형집행 정지로 석방시켰다. 이렇게 되자 인혁당 관련 2차 사건도 1964년 1차 사건과 마찬가지로 용두사미로 끝날 가능성이 높아졌다. 남아 있는 구속자들의 가족들은 1차 인혁당 사건 때와 마찬가지로 곧 석방될 것을 기대하였다.

2월 21일 박정희는 문화공보부를 연두순시한 자리에서 "최근 석방된 자들은 국가보안법으로 극형에 처할 수 있는 자들인데 형무소를 나올 때 마치 개선장군처럼 만세를 부르고 나왔다. 민청학련 사건은 인혁당이 뒤에서 조종한 것이 명백한데 일부 정치인들은 이를 부인하고 오히려 이들을 동지니, 애국인사라고 하는데 이렇게 해도 법에 안 걸리는가?"라며 관계자들을 질책하였다.

4월 8일 이날 '고려대 학내시위'를 겨냥한 '긴급조치 7호'를 발동하여 대학에 군인을 주둔시키는 등 사회 분위기는 더욱 어두워져갔다. 대법원은 아무런 거리낌도 없이 사형수 8인의 2심 형량을 그대로 확정하였다. 이날 인혁당재건위 사건으로 대법원의 형확정을 받은 이들은 다음과 같다.

사형 (8명)	서도원, 도예종, 우홍선, 이수병, 송상진, 하재완, 김용원, 여정남(민청학련)
무기 (7명)	이태환, 유진곤, 전창일, 이성재, 김한덕, 나경일, 강창덕
징역 20년 (4명)	정만진, 이재형, 조만호, 김종대
징역 15년 (4명)	전재권, 황현승, 이창복, 림구호
징역 5년 (2명)	장석구, 이현세

4월 9일 대법원의 형이 확정된 다음 날, 도예종을 비롯한 8인은 재심의 기회도 주어지지 않은 채 형장의 이슬로 사라졌다. 그러자 국제사회는 사법사상 있을 수 없는 일이 일어났다며 강력한 규탄발언이 쏟아냈다. 스위스 제네바에 본부를 둔 국제법학자협회에서는 4월 9일을 '사법사상 암흑의 날'로 규정하였고, 국제앰네스티는 사형집행에 대한 항의서한을 한국 정부에 보냈다. 미국도 국무부 대변인 명의로 '사형에 대

해 크게 유감스럽다'라고 발표하였다. 이 와중에 일본의 고위 급 관리가 '한국은 야만국'이라고 표현했다가 양국 사이 외교 문제로 비화되는 일도 발생했다.

1979년 10월 26일 이렇게 폭압적인 방법으로 유지되던 군사정권은 인혁당 사건 관련자들의 사형집행 이후 몇 년간 은 계속되는 듯했다. 그러나 18년 6개월간 총 6,370일간 군림했던 박정희는 이날 총애하던 부하의 총에 맞아 사망하였다.

진실 찾기

2007년 1월 23일 서울지방법원 형사합의 23부는 "이 사건의 공소사실 중 피고인 우홍선·송상진·서도원·하재완·이수병·김용원·도예종에 대한 국가보안법위반의 점, 내란예비음모의 점, 반공법위반의 점, 피고인 여정남에 대한 국가보안법 위반의 점, 내란예비음모의 점 및 반공법 위반의 점 중 반독재구국선언문 제작 배포로 인한 부분을 제외한 나머지 반공법위반의 점은 각 무죄"라고 판결하였다.

인혁당재건위 사건 관련자들이 재심을 통해 무죄를 받을 수 있었던 것은 끊임없는 진실규명운동이 있었기 때문이었다. 그 과정의 선두에는 항상 유족들과 살아남은 동지들이 있었다. 1989년 4월 9일, 인혁당재건위 사건 사형수 8인에 대한 공개적인 첫 추모제가 경북대에서 열렸다. 이 자리에는 박정희가 강제 추방시킨 시노트 신부가 14년 만에 귀국하여 참석했다.

30

그리고 다음 해인 1990년에는 서울 경희대에서 사형수 중 한 명인 '이수병 선생 15주기 추모식'이 열렸다. 그 후로도 경북대와 경희대에서 공개적인 인혁당재건위 사건 희생자 추모행사가 매년 열렸으며, 20주기인 1995년에는 사형집행 장소인 서대문형무소역사관 사형장 앞에서 추모제가 열렸다.

1998년에는 소위 '인혁당재건위 사건 명예회복 및 진상규명을 위한 대책위원회'(공동대표 이돈명·문정현)가 결성되었다. 이 대책위는 당시 국회 앞에서 422일간 농성을 벌이던 '의문사진상규명 유가협(민족민주유가족협의회) 천막농성'에도 참여하였으며, 그 결과 1999년 12월에 '의문사진상규명을 위한 특별법'과 '민주화운동관련자 명예회복 및 보상에 관한 특별법'이 제정된다. 2000년 6월에 출범한 의문사위는 인혁당재건위 사건 관련자 고 장석구의 의문사진상규명 신청을 받아들여 '인혁당재건위 사건'을 직권으로 조사하기에 이르렀고, 2002년 인혁당재건위 사건이 조작되었음을 밝힌다. 2005년 12월에는 가해자인 중정의 후신 국정원에서 국정원 진실위의 조사를 통해 인혁당 및 민청학련사건에 대해 '북과의 연계는 과도한 판단이며, 고문 및 강압수사로 사건을 조작하였다'고 밝힌다. 이어서 2006년에는 법원이 인혁당재건위 사건의 재심사유가 충분하다고 보고 재심 개시선언을 발표하였다. 이후 1년간에 걸친 재심을 통해 재판부는 2007년 1월 23일, 드디어 무죄판결을 내린다. 당시 사건을 변호했던 김형태 변호사는 ① 민주평화 통일운동의 결실, ② 냉전체제 극복의 시발점, ③ 유신체제의 위헌성에 대한 사법적 판단, ④ 국가의 불법행위에 대한 자성, ⑤ 과거청산의 전환 등 다섯 가지를 재심판결의 의미로 설명했다.

사형집행 32년 만에 밝혀진 길고 긴 진실 찾기 과정이었다. 법원이 무죄판결을 내리던 날 인혁당 진상규명 대책위는 다음과 같은 성명서를 발표하였다.

> 이번 판결은 32년간을 피눈물로 살아온 유족들의 끈질긴 싸움의 승리이자 인권의 승리이다. […] 하지만 형장에서 8명이 삼켰을 마지막 신음소리가 아직도 천둥같이 귓가에 울린다. […] 국가는 유가족과 피해자들에게 고개 숙여 사죄하고 이들의 실질적인 명예 회복을 위한 법적·제도적 장치를 만들어야 한다.

오직 조국의 완전한 통일만 바라던 사람들

인혁당 사형수 8인은 오직 조국의 완전한 통일만 바라던 사람들이었다. 한반도에 살았던 사람치고 분단을 해소하고 하나 된 나라를 원치 않은 사람이 어디 있으며, 명절이 되면 북에 사는 부모 형제들을 만나러 가고, 여행을 하자면 금강산이며 백두산이며 개성의 을밀대며 평양의 대동문이며 개마고원이며 가고픈 곳이 어디 한두 곳이겠는가. 그리고 북의 경치 좋고 살기 좋은 땅에 집을 지어 남은 인생을 보내고 싶은 마음을 가진 사람도 어디 한둘이랴. 그러나 그것이 어느 한 순간에 막혔다. 같은 마을인데도 3.8선이 그어지면서 어느 날부터인가는 한걸음도 건너갈 수가 없었다. 그것도 우리가 아닌 남에 의해 그어진 분단선이었다. 한반도를 사는 사람이라면 원치 않은 분단선을 어떻게 해서라도 없애고 싶은 것이 당연지사였다. 사형수 8인도 그러했다. 게다가 집안에는 독립운동을 했던 분들이 존재했고, 부모 형제자매들 중에는 분단의 직접적인 피해자들이 있었다. 한마을에서 가족처럼 살던 사람 중에도 독립운동을 했거나 분단의 피해자가 존재했다. 그들은 누구보다 절실했다. 게다가 젊었고 꿈은 확고했다. 어떤 억압도 이들의 꿈을 꺾을 수 없었다. 그러나 당시 실권을 잡고 있었던 이승만은 통일과는 정반대의 길을 걸었다. 커다란 상처를 준 한국전쟁이 끝났으나 이승만은 전쟁을 통한 통일을 무한정 외쳤다. 사형수 8인의 눈에는 이승만의 길은 결코 통일이 아니었다. 그것은 분단고착화였다. 같은 민족을 적으로 돌리는 일이었다. 이승만이 물러나고 한동안 존재했던 사월혁명 시기는 이들에게 그동안 감춰왔던 '남북협상에 의한 평화통일론'을 마음껏 펼칠 수 있는 기회였다.

한편, 이들은 출신이 모두 경상도였다. 사는 동네가 같거나 같은 학교에 다녔거나 아니면, 고향에서 사회생활을 하다 인연이 생기기도 했다. 이들의 만남은 그리 어려운 일이 아니었다. 살다 보니 만남이 자연스레 이뤄진 것이다. 하지만 사월혁명으로 생의 화려한 시기를 보낼 무렵 이들의 삶을 가로막는 악당이 등장한다. 같은 경상도 출신의 박정희라는 인물이었다. 그들은 마지막 순간 죽음이 목전에 왔을 때 한결같이 '조국의 평화적 통일을 원한다'라고 했다. 사형 현장에 있었던 이들이 지인들을 통해 전해온 말이다. 유언조차 거짓으로 작성되었던 그 시절은 어느 시인의 말처럼 '겨울 공화국'이고 '동토의 땅'이었다. 그 얼어붙은 땅은 수십 년이 지나 녹았으나, 그동안 쌓인 겨울의 잔상들은 그대로 유지되고 있다. 아직도 이들에게 간첩이라 부르는 이들이 있고, 이들이 가졌던 신념을 기억해 주는 이들은 점점 사라지고 있다. 겨울은 사라졌으나 아직 이들에게 봄은 오지 않았다.

33

차례

34

37

서도원

"우리들은 교원노동조합운동을 전개하면서 정당, 사회단체와의 공식적인 접촉과 교류에 많은 한계를 느끼며 대응해야 하는 내외적 여건을 안고 있었다. 이 가운데 나는 개인적으로 '민족자주통일중앙협의회'(약칭 민자통)와 '민주민족청년동맹'(약칭 민민청)에 남다른 관심이 있어 이들과 자주 접촉하면서 사회운동, 대중운동 이론을 함께 공부하고 정세분석, 전략전술에 관한 토론을 즐겨 했다. 당시 민자통에서는 독립운동가 안경근 선생, 방한상 선생, 안잠 선생 등이 참여하고 있었다. 그리고 청년단체였던 민주민족청년동맹은 대중운동 이론에 밝은 서도원이 위원장을 맡았고, 사무국은 박상홍 동지가 총괄했다.

당시 내가 관찰한 바로는 민민청은 자갈밭에 빛나는 보석 같은 조직이었다. 강령과 조직이 견고하고 참여 구성원들의 활동이 가장 활발하여 이상적인 청년운동단체로 인식되었다. 위원장을 맡고 있던 서도원 동지는 체구가 깡마르고 가냘픈 사람이었다. 가느다랗고 반짝이는 작은 눈에는 온갖 예지가 담겨 있는 듯했고, 침착하고 조용하기가 깊은 물속과 같다는 인상을 주었다. 잔잔한 음성으로 토해내는 그의 민족해방론의 논리가 정연하고 힘이 차 있었다.

우리는 5·16 후 옥중에 함께 있었으나, 다행스럽게도 그들은 일찍 풀려 나갔다. […] 나는 지금에 와서도 때때로 서도원 동지의 모습을 허공에 그려본다. 흡사 인도차이나 월맹의 민족적 영웅, 세계 최강대국과 싸워 당당하게 승리한 위대한 지도자 호지명 같은 사람으로!" (이목선생 옥중서간집, 『붉은 담 안에서 전한 사연』, 「자갈밭에서 보석같이 빛나던 민민청」에서, 2009)

서도원을 기억하는 사람들은 하나같이 인품이 훌륭하여 대인관계에 흠이 없는 사람이었다고 한다. 특히나 이수병과 여정남 같은 후배들을 사랑하여 그들과의 관계를 매우 아꼈다. 교사 이목이 그를 베트남 인민들이 '호 아저씨'라 부르던 호지명과 같았다는 표현은 과해 보이지 않는다. 안타까운 것은 그런 그가 지금은 우리 곁에 없다는 것이다.

창녕 대합면

서도원은 1923년 3월 28일 경남 창녕군 대합면 신당리 184-4번지에서 태어났다. 같은 인혁당재건위 사건 사형수 하재완(1931년생)이 태어난 이방면과 맞붙어 있는 곳이다. 또 친일문학론을 작성한 임종국(1929년생)이 서도원과 같은 신당리 출생이다. 대합면은 서쪽으로 낙동강이 흐르고 있어 강이 실려 보낸 퇴적물로 비옥한 토양에, 가장 높은 곳이 200여 미터밖에 안 되는 평탄한 지역이어서 예로부터 농사짓고 살기에 최상의 조건을 갖춘 지역이었다. 신당리는 대합면의 남쪽에 위치하며 마을 뒷산인 구룡산 너머에는 세계자연유산으로 등재된 우포늪이 있다.

서도원은 달성 서씨 부친 서인석과 모친 박성녀의 5남매 중 넷째 아들로 태어났다. 부친 서인석은 넷째 서도원이 태어난 뒤 얼마 안 있다가 사망

▲ 서도원 생가터(경남 창녕군 대합면 신당리 184-4, 2022년 9월 촬영)

하고 만다. 서도원은 큰형의 보살핌 속에서 성장하게 된다. 큰형 서호원은 1945년부터 1947년까지 대합면 초대 면장을 맡았다.

> 현재의 12만 평에 달하는 달성공원에 달성 서씨의 재실이 있었다. 그리고 박정희가 권력을 잡고 있던 시대에는 국방부 장관 등 고위직을 역임한 서종철이 문중을 잡고 있었다. 이때 우리 집안은 달성 서씨 족보에서 빠지게 된다. 사형당한 빨갱이 서도원을 족보에 넣을 수 없다는 것이다. 해서 현재는 그때부터 족보를 따로 만들어 가지고 있다. (서동훈 인터뷰, 2021)

같은 집안사람이면서 서도원의 구명운동은커녕 사형집행에 앞장섰던 서종철은 1924년 경남 양산에서 태어나 일제강점기 일본군 소위를 했으

사 형 집 행 명 령 서

사형수성명   서 도 원 (徐道源)

본 적   경남 창영군 대합면 신광리 184

생 년 월 일   19.23 년 3 월 27 일생 (52 년)

죄 명   대통령 긴급조치 위반등

구신일자   1975 년 4 월 8 일

검 제 12 호

구신청   비상 고등 군법 회의 검찰부

상기 사형수는 판결대로 사형집행을 명

령함

1975 년 4 월 8 일

국 방 부 장

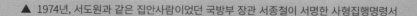

▲ 1974년, 서도원과 같은 집안사람이었던 국방부 장관 서종철이 서명한 사형집행명령서

며, 해방 후 육사 1기로 한국전쟁 당시에는 8연대장을 했다. 이후 박정희의 5·16 쿠데타에 참여하여 19대 육군참모총장과 20대 국방부 장관을 지냈다. 특히 국방부 장관 재임시절(1973~1977)에 서도원을 비롯한 8인의 사형집행명령서에 서명한 인물이기도 하다. 그는 육군 대장 시절 전두환과 노태우를 부관으로 두고 경상도 출신 장교 모임인 '하나회'을 지원한 배후세력이기도 했다. 전두환 정권 시절에는 한국반공연맹 이사장, 초대 한국야구위원회 총재로 재직했다. 2010년에 사망한 그는 국립대전현충원에 묻혀 있다. 박근혜 정부 시절 국토교통부 장관을 한 서승환이 그의 아들이다.

달성 서씨 집안 인물 중 서도원과 연관된 인물이 또 있다. 동암 서상일이다. 1886년 대구 남산동에서 태어난 그는 보성전문학교를 졸업하고 백산 안희제 등과 대동청년단을 결성하여 독립운동을 전개하였다. 해방 후에는 송진우, 장덕수 등과 한국민주당을 창당하여 총무를 맡은 우파 민족주의자다. 해방 직후 경북 우파 독립운동가들이 집결한 '경북치안유지회' 대표를 맡아 일제 조선주둔군 대구지구 헌병대장 간다(神田)로부터 일본인들의 본토 안전귀국을 보장하는 조건으로 대구시 치안유지권을 넘겨받은 인물이다. 이후 1948년 제헌의원으로 선출되었다. 이 시기 경산 출신 인혁당 재건위 사건 관련자인 강창덕이 서상일 의원의 경호보좌관을 맡았다.

그 서상일 의원이 내각책임제 제안자가 되었어. 그래 놓으니 국회의원 과반수가 제안자가 있어야 되는지 모르겠는데, 거기서 선봉장이 된 거야. 그러니 반이승만계에서는 두목이 된 거지. 서상일 의원이. 그래 두목이 돼가지고 활동할 적에 그 개헌

운동도 결국엔 실패로 돌아갔어. 1차 내각제 책임제 개헌운동이 그래 실패로 돌아가고. 그래가 내각책임제 개헌 운동파들이 이승만계에서 아주 탄압을 많이 하고, 탄압받고 그런 정세라. 여야가. 그때는 그래 진보진영은 별로 없었고 보수진영 내부에서 여야가. […] 인제 진보파는 국회프락치사건에 관련되었던 의원들, 인제 김약수 같은 사람 이문원 같은 사람 또 쟁쟁한 이론가들이 많이 있었어. 그분들은 나중에 국회프락치사건 같은 거에 그리 엉키 가지고 그래 탄압을 받았지. (4·9통일평화재단구술사업, 『인민혁명당과 혁신계의 활동』, 강창덕 편, 2011)

▲ 1960년 7·29 총선시기의 사진. 왼쪽부터 서상일, 이동화, 최석재, 불명(고개 돌린 이),박기출, 양호민이다. (대구민주화기념보존회, 『대구경북야당사, 초미의 바람』, 1999)

서상일은 1950년대 이승만의 독재정치에 반대하여 조봉암의 진보당에 참여하였으나, 조봉암과 갈등하다가 탈당하여 민주혁신당을 창당한다. 사월혁명 발발 이후 7·29 선거에서 대구시 을선거구에 사회대중당 민의원 후보로 출마하여 당선되었다. 5·16 쿠데타 이후 의원직을 상실하였으며, 중앙통일사회당 사건 등으로 유죄판결을 받는 등 시련을 겪다가 1962년 건강 악화로 76세의 나이로 사망한다. 사망 이후 독립운동가로서 대통령표창(1963), 애족장(1990)이 추서되었다. 현재 그는 수유리 북한산 진달래 능선 자락에 다른 독립유공자들과 함께 묻혀 있다.

진주고보

창곡공립보통학교(현재 대합면 창곡길 8에 있는 대합초등학교 전신)를 졸업한 서도원은 1938년 진주로 유학을 떠나 5년제인 진주고등보통학교(진주고보)에 입학한다.

　　진주고보는 1925년에 설립되었다가 서도원이 입학한 1938년에 진주공립중학교로 개명하였고 해방 후 1951년에 학제가 개편되면서 진주중학교(3년제)와 진주고등학교(3년제)로 개편된다. 15세의 서도원이 진주고보에 입학할 당시는 1929년 광주학생운동의 광풍이 휩쓸고 지나간 때였다.

　　　　1930년 항일만세시위는 1929년 11월 3일 광주에서 있었던 학생항일운동의 영향을 받아 1930년 1월 17일 오전 9시께 아침 조례가 끝난 후 조방제의 주도로 준비된 격문을 살포하고 "노예

46

적 교육 폐지, 경찰 침입 금지, 광주학생 석방" 등의 구호를 외치며 전교생이 학교 밖으로 뛰쳐나가 일신여자보통고등학교(현 진주여자고등학교)와 시내 각 학교를 돌며 동참을 유도해 만세시위를 펼친 사건이다. 이 사건으로 진주고보 학생 246명이 무기정학 처분을 받았고 29명의 학생은 구속됐다. 구속된 학생 중 조방제(3학년), 권태익(4학년), 정갑생(2학년), 정한영(2학년), 김병호(2학년), 이진하(2학년) 등은 기소되어 조방제는 징역 6개월, 다른 학생은 각 징역 4개월에 집행유예 5년을 선고받았다.

현재까지 이들 중 공적이 인정돼 국가로부터 서훈을 받은 사람은 김병호(대통령 표창, 1995) 선생과 정한영(애족장, 1992) 선생 단 둘뿐이다. 또한 이 사건 이후 전국적인 규모의 학생항일시위에 진주고보 학생들도 빠짐없이 동참했다. 1932년부터 35년까지 전국적으로 일어났던 항일학생 동맹 휴교를 비롯해 각종 학생항일시위 등에 진주고보 학생들은 꾸준히 참여해 무기정학 및 퇴학처분을 받았다. (《경남도민신문》 2019년 8월 26일 자, 「'진주 학생 항일운동의 성지' 진주고 항일투사들 재조명」)

광주학생운동에 이어 진주고보에서는 1935년까지 각종 학생항일시위를 벌였다. 이때 학생항일시위를 주도한 인물이, 바로 서도원이 입학하기 한 해 전 1937년에 진주고보에서 퇴학당한 하준수(일명 남도부)였다. 하준수는 1921년 경남 함양군에서 태어났다. 서도원보다 두 살 많다.

진주중학 3학년 때인 1937년에 들어서자 남도부의 인생은 엄청난 변화를 맞게 되었다. 그해 7월 7일 밤 중국의 노구교 부근에서 야간훈련을 하던 일본군이 중국군 37사단을 습격하면서 '중일전쟁'이 터진 것이다. 일본 군용열차는 매일같이 쉬지 않고 조선의 평야를 가로지르며 북으로 북으로 떼 지어 올라갔다. 군국주의와 침략전쟁을 찬미하는 일본은 조선인을 강제로 동원하여 일본군을 전송하게 했다. 일제는 조선 사람들을 일본인화해 나갔으며, 모든 것을 군국주의에 맞게 바꾸어나갔다. 남도부의 나이 17세, 암울한 식민지 조국 현실에 눈을 뜨기 시작하면서 그는 진주중학의 이른바 '문제아'가 되어 갔다. 그는 이미 퇴학을 여러 번 당할 뻔했고 그때마다 아버지 하종택이 일부러 진주까지 내려와 손이 발이 되도록 빌고 돈을 물 쓰듯 하여 위기를 넘겼다. 그러나 '사건'은 기어코 3학년 때 터지고야 말았다. 일본인 교사를 초죽음이 되도록 두들겨 패버린 것이었다. 이 일로 그는 퇴학을 당하고 말았다. (노가원, 『남도부』 상, 1993)

퇴학당한 하준수는 그 길로 일본으로 건너가 주오대학(中央大學) 법학부를 다닌다. 그러나 1941년 태평양 전쟁이 발발하자 학도병 징집령을 피해 귀국하여 지리산에 숨어 지내면서 자신과 같이 학도병을 피해 산으로 숨어든 동지들을 모아 항일 결사단체인 보광당을 결성했다. 해방 후에는 여운형의 건국준비위원회와 조선인민당과 남로당에 참여한다. 하지만 남로당에 대한 미군정의 탄압이 심해지자 다시 산으로 들어가 빨치산 활동을 벌였으며, 한국전쟁 때는 태백산 등지에 유격대 활동을 전개하다가 1954년에 체포되어 사형당한다.

이렇게 하준수가 퇴학당한 1년 뒤에 서도원은 항일독립운동의 기운이 넘쳐나던 진주고보에 입학한다. 그러나 서도원은 18세가 되던 1941년 7월, 졸업 1년을 앞둔 4학년 때 폐결핵이 악화되어 중퇴하고 만다. 진주고보 졸업장을 받지 못했지만 신당리 마을에서는 진주까지 유학을 다녀온 최초의 학생이었기에 "핵고(학교)아재"로 불렸다고 한다. 서도원의 진주고보 추억담에 관한 이야기가 한 가지 더 있다.

> 1974년 부친이 (중정요원들에게) 잡혀가시면서 그들에게 빼앗기기 전 아버지가 보시던 책·자료·사진들이 있었는데, 그중에 아버지의 진주고보 시절의 일기장이 있었다. 아버지가 사춘기 소년으로 진주여고(진주공립고등여학교)에 다니는 문학소녀 'B여학생'과 책을 읽고 나눈 이야기와 식민지 백성으로서 느끼는 나라의 운명에 관한 이야기들이 그 일기장에 적혀 있었던 것으로 기억하고 있다. 그리고 일본인 역사 선생에 대한 이야기가 자주 등장했다. 마치 경성트로이카 이재유를 숨겨준 미야케 교수처럼 그 역사 선생은 부친에게 상당한 사회주의 지식, 지금으로 치자면 진보적인 지식을 전달해준 선생으로 적혀 있었다. 중퇴 이후에도 그 일본인 선생이 건네준 진보적인 책을 집으로 가져와 간직했다. (서동훈 인터뷰, 2021)

창녕 대합면에서 더 남쪽으로 가면 경남 창녕군 도천면 영산도천로 11-14에 관음사라는 절이 나온다. 낙동강과 바로 인접한 절이다. 관음사는 도도한 낙동강의 물줄기가 훤히 보이는 곳이었다. 고향에 내려온 서도원은 폐결핵 치유를 위해 관음사에서 2년간 머물게 된다. 그는 이곳에 머물면서 외국어 공부와 진주고보 시절에 구한 책으로 독서를 했다. 그리고 공부만 한 게 아니라 독학으로 기타 치는 법도 배웠다고 한다. 관음사에서 보던 책들 중에서는 일본어로 된 마르크시즘 전집이 있었는데 진주고보 시절 일본인 역사 선생에게 얻은 책이었다. 그는 폐결핵이 어느 정도 완화되었는데도 절에서 나오지 않았다. 변화가 없는 일제 식민지 세상에 정상적인 길을 갈 수 없다고 판단하고서 스님이 되려고 한 것이다. 서도원이 절에서 돌아오지 않자 어머니가 직접 절을 찾아 아들을 설득하여 집으로 데리고 왔다.

서도원은 일제강점기라는 암울한 시대에 종교의 힘을 통해 정신적 해방을 느끼고자 했다. 그러던 중 8·15 해방이 다가왔고 더 이상 종교에 기대지 않아도 현실세계에서 자기가 꿈꾸던 세상을 만들어볼 기회를 갖게 되었다. 하지만 해방은 '가짜 해방'이었다. 일본군 대신 미군이 그 자리를 차지했고, 타도 대상이던 친일파는 제거되지 않고 오히려 미군정과 이승만의 하수인으로 변신하여 민중들을 잔혹하게 탄압했다. 특히 대구에서는 10월 항쟁 이후 자주독립국가를 꿈꾸던 이들이 반역자가 되어 피신하는 상황까지 발생했다.

대구매일신문

　8·15 해방이 되면서 전국 각지에서 지방신문들이 우후죽순처럼 생겨났다. 일제강점기에는 각 도에 신문사를 하나씩만 차릴 수 있게 제한되어 있었다. 대구에서도 여러 신문이 생겨났다. 《영남일보》(1945년 10월 11일 창간), 《경북신문》(1945년 11월 1일 창간), 《대구시보》(1946년 1월 창간), 《남선경제신문》(1946년 3월 1일 창간), 《대구공보》(1946년 6월 29일 창간), 《대구합동신문》(1947년 7월) 등이다.

　23세의 젊은 청춘 시절에 해방을 맞이한 서도원은 미군정의 등장과 친일파 청산 실패로 혼란한 사회상을 바로 세우고 자주독립국가 건설에 힘을 싣고 싶었다. 또 그동안 쌓은 지식을 글로 표현하여 세상에 알리려 했다. 그래서 선택한 직업이 기자였다. 그는 먼저 《대구합동신문》에 입사하였다. 《대구합동신문》은 1947년 7월에 사장 오재동, 부사장 박석홍, 편집국장 최영욱이 창간했다. 그러다 1950년 3월 6일 "부족한 신문용지를 해결하기 위해 신문사들을 통합하라"라는 이승만의 지시를 받은 경북 도지사 조재천에 의해 《대구민보》·《대구공보》와 합쳐져 《대구신보》로 통합되었다. 이 과정에서 1948년 서도원은 《남선경제신문》(발행인 우병진, 편집인 유근수)으로 자리를 옮긴다.

　　해방 직후 《남선경제신문》으로부터 《대구매일신문》이 걸어온 길은 기구할 정도로 변화와 굴절이 적지 않았다. 《대구매일신문》은 1946년 3월 1일 《南鮮經濟新聞》(사장 禹炳進, 영어 표기 South Korea Economy Press)으로 새롭게 출발하였다.

《남선경제신문》은 창간호에 현직 검사의 「모리배론」을 6단 내리닫이로 싣기도 하고 경제지답게 「시장물가란」을 2면 하단부에 2단으로 할애하여 싣기도 하여 해방 직후 경제 정론지로 전국적으로 배포되고 있었다. 미군정청이 1946년 9월 1일에 조선공산당 간부들과 좌익 신문을 검속하였음에도, 1946년 9월 24일에는 철도 총파업사건이 발생하였고, 대구·경북에서도 잇달아 우편, 철도 등이 파업하였을 뿐더러, '대구 10·1 인민항쟁'이 일어났다. '대구 10·1 인민항쟁'은 상인들의 매점매석으로 인한 '쌀값'의 폭등과 식량 부족으로 인해 일어난 민생고와 관련된 사건이었음을 《남선경제신문》은 밝혀주고 있다.

전국적으로 1947년 8월 1일에 우파 신문기자 조직인 조선신문기자협회가 결성되면서부터 점차 신문들은 우파 쪽으로 기울기 시작했다. 1947년 8월 11일에 미군정 당국이 남로당 당수 체포령을 내리자 좌익 활동은 모두 지하로 숨어들어야 했다. 이러한 상황에서 《남선경제신문》이 여전히 반일, 반제, 반봉건적인 「밥」과 「열풍」을 연재할 수 있었던 것은 경제지를 표방하였기 때문이 아닌가 한다. 《남선경제신문》은 좌우익 대립 공간에서 어떤 사상에 편들기보다는 민생을 돌보고 혼란기 경제를 살리기 위해 봉사하겠다는 민족적 자부심을 갖고 있었던 것이다.

그러나 《남선경제신문》은 1947년 좌익지 《민성일보》를 지지하던 자들의 테러로 인해 사옥을 현재의 《대구매일》 자리(계산동)로 옮겨 1950년 3월 1일 《경제신문》(사장 이상조)으로 제호를 바꾸고 3월 13일 《주간경제》를 6호까지 내기도 하다가 한국전쟁을 맞았다. 《경제신문》 경영진은 다시 운영의 어려움을 못 견디고 동년 8월 1일 《대구매일》(大邱每日, 사장 이상조)로 그 제호를 바꾸었지만 결국 9월 16일 천주교 대구대목구 유지재단(사장 최덕홍 주교)에 넘겨주어야 했다. (한명환, 「대구경북지역 신문 연재물의 이념 변화 연구―'대구매일신문'과 전신 '남선경제신문'의 연재물과의 비교를 중심으로」, 《로컬리티 인문학》 9호, 2013)

《남선경제신문》은 지방지로서는 흔치 않은 '경제신문'으로 출발했다가 1950년에 《대구매일신문》으로 제호를 바꾼다. 해방 이후 친일파의 득세와 경제적 양극화 문제 등을 거론하며 미군정 시절의 현실을 비판하는 기사를 주로 실었다. 하지만 이승만의 남한 단독정부가 들어서고 한국전쟁이 발발하자 경영에 어려움을 겪었으며, 결국 가톨릭 재단으로 운영권이 넘어간다. 일각에서는 《대구매일신문》이 반공 성향이 강한 가톨릭 재단으로 경영권이 넘어간 이유에 대해서, 기사 중에 '이승만 대(大)통령'이 '이승만 견(犬)통령'으로 잘못 인쇄된 채 배포된 탓이라고 주장하기도 했다. 하여튼 가톨릭 재단으로 넘어간 뒤에는 《대구매일신문》이 보수성향의 신문으로 바뀌었다. 하지만 《남선경제신문》 시절의 전통이 아주 사라진 것은 아니었다.

1955년 9월 13일 자 《대구매일신문》은 주필 최석채가 「학도를 도구로 이용하지 말라」라는 제목의 사설을 통해 임병직의 대구 방문 시 벌어졌던 대규모 학생 동원을 다음과 같이 비판하였다. "이즈음에 와서 중고등학생들의 가두 행렬이 다반사처럼 되어 있었다. 모종 행렬만이 아니라 최근 대구 시내의 예로서는 현관(顯官)의 출영까지 학생들을 이용하고 도열을 지어 서너 시간이나 귀중한 공부 시간을 허비시켜가면서 늦여름의 뜨거운 태양 밑에 서게 한 것을 목격하였다. 그 현관이 대구 시민과 무슨 큰 인연이 있고 또 거시(擧市)적으로 환영해야 할 대단한 국가적 공적이 있는지 모르겠으나 수천수만의 남녀 학도들이 면학을 집어치우고 한 사람 앞에 10원씩 내어 수기(手旗)를 사가지고 길바닥에 늘어서야 할지 아무런 이유를 발견하지 못하였다. (『한국민족문화대백과사전』, 최석채 편)

임병직은 2대 외무부 장관이었다가 1951년부터 1960년까지 유엔(UN) 대한민국대표부 대사를 맡은 인물이다. 1954년에 《대구매일신문》 비상임 논설위원이 된 몽향 최석채(1917~1991)는 경북 김천 출신이다. 일제강점기에 기자와 경찰서장 등을 역임하다가 1952년 부산정치파동(발췌개헌) 때 관직을 떠난 이력을 가지고 있었다. 몽향은 《대구매일신문》의 진보적인 기사 작성을 이끌었던 인물이다.

이후 몽향이 《조선일보》로 옮긴 다음에도 《대구매일신문》은 1960년 2·28 민주운동이 났을 때, 이를 적극 보도하여 사월혁명으로 발전하는 데 기여하였으며, 1965년에는 '영덕 간첩 필화 사건'으로 편집국장을 비롯한 편집국 기자들이 반공법 위반으로 구속되었고, 1969년에는 '3선 개헌 불가론' 등 박정희의 3선 개헌을 반대하는 기사를 내보내기도 했다.

《대구매일신문》은 이러한 각성된 기자들의 역할로 1950~60년대 대구·경북지역에서 《영남일보》와 함께 야당 성향이 강한 신문으로 인식되었다. 당시 전국 신문인 《동아일보》, 《경향신문》 등의 발행 부수가 4만 5천 부에 불과했는데, 지역 신문인 《대구매일신문》은 2만 5천 부에서 5만 부까지도 발행하였다고 한다. 서울에서도 《영남일보》와 《대구매일신문》을 우편으로 받아보는 사람들이 있었다.

서도원은 1948년 《남선경제신문》에 수석으로 입사하여 제호가 바뀌고 보수성향의 가톨릭재단으로 운영권이 넘어간 《대구매일신문》에서도 사회부 기자로 일했다. 그는 당시 신문에 '작은 돌'이라는 칼럼을 맡았다. 서도원은 칼럼을 통해 친일파들이 권력을 장악한 현실사회를 비판하고, 통일 대신 분단을 활용하여 반공이라는 미명하에 벌어지는 반민주적이고 비인간적인 만행을 고발했다. 그는 이때부터 정권의 부당한 압력을 받아야 했으며, 언제 신문사에서 쫓겨나게 될지 모르는 불안한 상황에 처해 있었다. 아쉽게도 당시 서도원이 쓴 칼럼은 아직 발견하지 못했다.

낙동강 전투

전쟁은 참혹했다. 한국전쟁 개전 한 달 만에 낙동강까지 후퇴한 국군은 낙동강을 최후의 장벽으로 두고 치열한 전투를 벌였다. 그 낙동강 최후

전선에 근접한 마을이 바로 창녕이었다.

> 서부 및 남부지역 작전은 1950년 8월 1일부터 9월 14일까지 부산에 이르는 창녕-영산 축과 진주-마산 축선에서 미 제1해병 여단으로 증강된 미 3개 보병사단(제2, 제24, 제25사단)과 전차로 증강된 북한군 5개 사단(제2, 제4, 제6, 제7, 제9사단) 간에 펼쳐진 약 45일간의 공방전을 일컫는다. 특히 작전 기간 동안 미군은 한국 해병대와 육군부대를 배속받아 북한군의 최종목표인 부산교두보를 방어하기 위해 영산과 마산지역에서 북한군 5개 보병사단과 격전을 치렀다. (국방부 군사편찬연구소, 『6·25 전쟁사 5—낙동강 방어작전』, 2008)

강원도에서 발원하여 남쪽으로 직진하여 내려오던 낙동강은 창녕에서 함안군의 산세에 막혀 동쪽으로 방향을 틀어 부산의 서남쪽으로 들어간다. 그러다 보니 물살이 세고 강기슭은 절벽에 가까운 곳이 많았다. 전쟁에서 방어하기엔 꽤나 훌륭한 지형이었다. 하지만 북한군 쪽에서도 창녕은 최종 목표인 부산을 점령하기 위해 가장 수월하게 진격할 수 있는 중요한 곳이었다. 창녕을 통하면 당시 혼전을 펼치고 있던 대구 쪽 전선과 마산 쪽 전선 사이를 뚫고 밀양을 지나 부산으로 직진할 수 있었다. 전투는 치열했다. 서도원의 고향 대합면은 창녕을 점령하기 위한 교두보로 한때 북한군에 의해 점령되기도 했다. 하지만, 9월 15일 인천에 상륙한 미군의 진격 소식에 북한군은 부산 점령을 포기하고 후퇴하기 시작한다.

북한군이 물러가고 피난 갔던 가족들과 서도원도 고향 신당리로 돌아왔으나, 마을은 처참했다. 특히 미군의 폭격으로 가옥은 말할 것도 없고 논이며 밭이 성한 곳이 없었다. 민초들의 삶의 터전이 그야말로 풍비박산 난 것이다.

> 창녕지역의 보도연맹원들은 한국전쟁이 일어나자 예비 검속되거나 창녕경찰서 등지로 소집되었다가 살해되었다. 진실화해위원회는 창녕군 민간인 51명이 한국전쟁이 일어난 후부터 1950년 8월 사이 보도연맹원이라는 이유 등으로 예비 검속되어 창녕읍 솔터마을 뒷산과 마산 앞바다 등에서 집단희생된 사실을 확인했다. 이 사건의 가해 주체는 창녕경찰서 경찰이며 육군본부 정보국 산하 경남지구 CIC가 개입한 것으로 판단했다. (경상남도, 『경상남도사 5』, '한국전쟁기 민간인 희생과 그 배경', 2020)

전쟁은 군인들만 죽인 것이 아니었다. 민간인 희생이 더 컸다. 10월 항쟁 이후 미군정의 탄압을 피해 산으로 숨어든 이들도 있었고, 보도연맹에 가입했다가 전쟁 발발 직후 정당한 법적 절차도 없이 무조건 총살당한 보도연맹원들이 한둘이 아니었다. 또 전쟁 이후에는 수복지에서 적에게 도움을 준 부역자라 해서 총살당한 이들도 있었다.

기자 서도원은 이러한 불합리한 현실을 그대로 묻어둘 수 없었다. 그가 본 전쟁의 참혹상을 거짓 없이 기사화하여 《대구매일신문》에 송고했다.

이 일로 안 그래도 전쟁 전부터 정권으로부터 불순한 기자로 찍혀 퇴직 압박을 당하고 있던 서도원은 1951년 가톨릭 재단으로부터 해고 통보를 받는다.

청구대학

서도원의 푸른 꿈을 앗아간 전쟁은 1·4 후퇴 이후 38선을 사이에 두고 지루하게 이어지고 있었다. 1952년이 되면서 청구대학(현 영남대학교)에서 서도원에게 동양사 강의를 해달라는 요청을 한다.

청구대학은 '독립촉성경북청년총연맹' 위원장이었던 최해청이 1948년 9월 대구문리과전문학원을 설립한 후, 1950년 3월 포정동으로 교사를 옮겨 설립한 사립대학이다. 독립촉성경북청년총연맹은 1946년 2월 8일 이승만의 독립촉성중앙협의회와 김구의 신탁통치반대국민총동원위원회가 통합하여 발족한 '대한독립촉성국민회 경북지부'의 산하 조직이다. 청구대학의 이사장은 정종수가 맡았으며, 학장은 최해청이 맡았다.

야청 최해청은 일화 최현달(1867~1942)의 둘째 아들이다. 부친 일화공은 경술국치의 소식을 듣자 청도군수직을 버리고 매천 황현과 향산 이만도와 같은 길을 가겠다며 단식을 시작하였으나, 연로한 모친의 만류로 뜻을 이루지 못했다. 최해청은 대구고보 시절 '소년혁진단'을 조직하여 항일운동을 벌이다가 퇴학당하고 일본으로 건너가 조선인 아나키스트 동맹인 '진우연맹'에 가입해(1926) 활동했다.

청구대학은 최해청의 노력으로 1964년 효목동에 30여만 평의 대학 부지를 확보하여 명실상부한 영남지방의 종합대학으로 발전하였으나, 1967년 박정희의 지시를 받은 중정부장 이후락에게 대학을 강탈당하고, 대구대학과 병합한 후 현재의 영남대학교로 변모한다.

청구대학의 강사가 된 서도원은 자기가 알고 있는 지식을 총동원하여 학생들을 가르쳤다. 그 결과 학생들의 신망이 높아졌으며, 이를 알게 된 학장 최해청은 그를 학생과장으로 임명하게 된다.

야간대학인 청구대학에는 직장인들이 많았다. 제 나이에 대학을 못 다니다가 나이 들어서 생활에 여유가 생기고 난 뒤에 대학을 들어온 것이다. 그러다 보니 사회적인 영향력도 갖추고 있어 학생들을 관리하는 데 여러 가지 애로점이 있었다. 그런 학생들을 잘 관리할 수 있는 사람이 서도원이었다. 그래서 전공인 동양사 강의보다 학생을 관리하는 학생과장을 맡게 된 것이다.

그는 1952년 10월 15일, 열 살 아래인 배수자(1934년생)와 결혼하여 대구 남산동에 단란한 가정을 꾸리게 된다. 딸 셋과 아들 둘을 낳았다. 배수자의 부친이자, 당시 대구상고에 재직 중이던 배명학이 서도원의 사람 됨됨이를 알게 되자, 나이 차이가 큼에도 결혼을 주선했다고 한다.

> 딸 셋을 낳고 아래로 아들 둘이었는데, 당시 사회 분위기가 딸만 낳으면 (남자 쪽에서) 섭섭하게 여기고는 했는데 서 선생은 그런 게 전혀 없었어요. "딸이나 아들이나 다 똑같다" 그랬죠. 그리고 첫째 아들 동훈이가 돌이 되었을 때 5·16이 나 감옥에 갔잖

아요. 그때 오는 편지에서 "아들이라고 편견해가 그래 키우지 말라"고 당부까지 했지요. (4·9통일평화재단구술사업, 『인민혁명당과 혁신계의 활동』 배수자 편, 2012)

유한종·도예종과의 만남

지금까지 발굴된 자료와 여러 증언들에서도 서도원과 도예종이 언제 만났는지 정확히 알려주는 기록은 없다. 다만 청구대학의 학생과장 서도원이, 1951년에 영주에서 대구로 이사 와 대구대학 경제학과에 편입학해서 1953년에 학과 조교를 하던 도예종과 안면 트는 인사 정도는 나눴을 것으로 보이며, 또한 둘 다 청구대학 법대에서 강의도 했던 대구대학 이종하 교수의 영향권에 있는 인물들이었기에 서로 생각을 나눌 만한 자리는 몇 차례 있었을 것으로 보인다. 게다가 이종하 교수는 사월혁명 이후 한국교원노동조합 고문을 맡았으며, 1961년에 경북지역 2대 악법 반대투쟁위원회 부위원장을 맡아 활동했다. 이 시기에 서도원과 도예종이 민민청 경북맹부 위원장과 간사장을 맡은 것은 자연스러운 일로 보인다. 또 장남 동훈의 증언에 의하면 이 시기 서도원은 유한종에게 여러 가르침을 받았다고 한다.

예전에는 친구들끼리 이름을 부르지 않고 호를 정해 부르잖아요. 그런데 그걸 부친은 구식으로 보신 것 같아요. 저희 어렸을 때는 설을 신정 설을 지냈어요. 다른 집들과 달리 부친이 강력히

60

주장하신 거죠. 그래서 따로 호가 없었는데, 유한종 선생이 부친의 호를 '와룡'이라고 지어주신 거죠. 이름만 달랑 지어주신 게 아니라 그 의미를 담은 글귀도 같이 주셨어요. 잘 기억은 안 나지만 '와룡이 와룡동에 와서 와룡산에 올라' 뭐 그런 글귀였는데, 대체적으로 내용이 '용이 날지 않고 누워서 시대를 관망하는 듯하지만, 그 속에는 큰 뜻이 숨겨져 있다.' 뭐 그런 정도의 이야기였던 것 같습니다. (서동훈 인터뷰, 2021)

유한종은 1914년 9월 21일 경남 산청에서 태어나 진주보통학교와 진해해원양성소를 다녔으며, 해방 전에는 의령군 유곡면 면서기를 했다. 해방 후에는 서울에 올라가 여운형을 면담하고 대구로 내려와 조선인민당과 남로당 그리고 근로인민당 등의 대구시당에서 활동했다.

나는 주로 4·19 당시 민민청에 있다가 나중에 희생된 동지들과도 가깝게 지냈습니다. 서도원, 도예종, 하재완, 여정남, 송상진 다섯이 사형을 당했는데, 여정남은 학생운동 할 당시 재판 때 만났고, 그다음에 나와서도 이야기도 했고, 나머지 네 사람은 거의 수시로 만나서 시국문제, 앞으로 할 일 토론을 하고 그랬습니다. 특히 서도원 동지와 나는 의견 차이가 거의 없었어요. 또 범어동의 가까운 아래 윗집에서 한 가족같이 살기도 했습니다. (김광식, 「혁신계 변혁·통일운동의 맥—유한종 인터뷰」, 『역사비평』 5호, 1988)

61

이렇게 유한종과 친분을 쌓게 되자, 이어 대구경북지역의 혁신계 인사들과의 만남이 시작되었다. 예를 들어 서도원이 1974년 인혁당재건위 사건이 터지기 전 침구사 자격증을 취득하여 구휼활동을 벌이게 되는데, 이때의 유한종의 소개로 맺어진 월촌한약방 우종수와의 인연이 그 계기가 된 것으로 보인다.

1957년에 이승만은 진보당을 탄압하면서 공안정국을 조성하는데 그때 근민당 잔존 그룹도 수사한다. 서울과 지방 모두에서 연행되었다. 대구에선 백기만, 유한종, 양재소, 윤형달, 윤정병, 강대휘, 두응규, 우종수(월촌한약방), 최용식, 근민당 대구시당 학생부 박충서가 연행되었다. 강창덕은 근민당 학생부 출신이었지만 이때 신문기자를 하고 있어서 잡혀 들어가지는 않았다. 백기만이 근민당 대표를 했고 양재소는 이론가이다. 유한종은 4·19 때 사회대중당 경북도당 대표(중앙당 대표 총무)를 맡는다. 이중 강대휘, 두응규는 사회당에 적극 참여한다. 우종수는 남성로 월촌한약방을 경영하였고 5·16 이후 사랑방을 내어 혁신계 인사들의 쉼터를 만들었다. 근민당은 사회당에 적극 참여하여 자기 역할을 한다. 하지만 활동가를 재생산하는 조직활동은 하지 않는다. (함종호, 「경북대구 통일운동의 뿌리찾기」, 2018)

이렇게 서도원에게 경북지역에서의 활동 근거를 만들어준 유한종은 서도원 사후에 어떻게 알았는지 그의 진짜 유언을 유가족들에게 전달했으며, 남은 서도원의 일가들을 보살피는 일에도 힘을 썼다.

민민청 경북맹부 위원장

사월혁명으로 1960년 4월 26일 이승만은 권좌에서 물러났다. 그리고 한 달 뒤인 5월 29일 하와이로 망명한다. 하지만 세상이 바뀌어도 정치권은 그대로였다. 이승만 정권에서 외무부장관을 맡았던 허정이 임시 내각의 수반에 오르고, 의원내각제를 택한 제2공화국이 들어서자 우파 정치가인 장면이 총리를 맡았다. 그러나 민중들은 그동안 눌려 있던 민주주의를 마음껏 발산하였다. 대구에서도 마찬가지였다. 당시 경북지역에서 먼저 시작하여 전국으로 확산된 시민운동이 있었다. 첫째는 교원노조운동이었고, 둘째는 전국피학살유족회 활동이었다.

교원노조는 1960년 5월 7일 대구지구 교원노조 결성을 시작으로 전국으로 확산되어 7월 3일 전국교원노조대표자대회를 개최하고 '한국교원노동조합총연합회'를 출범시킨다. 이 과정에서 서도원은 교원노조를 지지·지원하는 시민단체인 경북교원노조지원투쟁위원회에 참여하여 총무를 맡게 된다. 지원투위 위원장은 항일독립운동가인 방한상이 맡았으며, 이종하 교수와 독립운동가 안민생·최만혁 등이 부위원장을 맡았다. 또한 서도원은 교원노조를 반대하는 충남대 유정기 교수와 《대구일보》를 통해 지상논쟁을 벌이기도 했다.

유정기 선생! 나는 선생에게 일면식도 없고 선생이 어떤 분이라는 것을 전연 모르는 사람입니다만 지난 21일, 22일 양일 《대구일보》 석간에 「중대화한 교조의 문제」라는 제목하에 '그 해결책을 위해서'라는 부제를 단 선생의 글을 읽고 거의 분노에 가까운 심정으로 이 글을 쓰고 있습니다. 이러한 황당한 이야기를 거리의 사주(四柱)쟁이 선생님이나 동내일관(洞內日官) 선생님에게서 들었다면 그저 기가 찬다거나 할 수 없다거나 하는 가벼운 체념과 연민(憐憫)으로 웃어 넘겨버릴 것이지만, 선생님이 스스로 자처하시는 바와 같이 '진리를 연구하는 최고학부인 대학교수님'으로서 신문지면을 통하여 발표하신 의견이라는 데서 이렇게 반박을 시도하지 않을 수 없었던 것입니다. (《대구일보》 1960년 8월 25일, 「동화의 세계를 배회—유정기 씨 소론의 '교수문제'를 박함」)

이렇게 지면을 통해 서로 대립하던 두 사람은 곧 화해한다. 아들 서동훈의 증언에 따르면 "노동법 교수이기도 했던 유정기 교수는 부친과 지상 논쟁을 벌인 후, 우리 집까지 찾아와 자신의 주장이 잘못되었다고 사과까지 했고, 그 후 60대의 유 교수와 30대의 서도원이 친구처럼 친하게 지냈다"고 한다.

한국전쟁 당시 군경우익세력으로부터 집단 학살당한 경북지역의 유가족들은 1960년 6월 15일 경북지구 피학살자유족회를 결성했다. 이를 기화로 전국적으로 지역별 유족회가 결성되었으며, 같은 해 10월 20일 서울에서 '전국피학살자유족회'가 결성된다. 이에 서도원은 유해발굴과 진상 규명 투쟁 등 피학살자유족회를 지지·지원하는 활동을 벌이게 된다.

이렇게 서도원이 대구에서 적극적으로 사회참여 활동을 벌이던 시기에 부산에서 새로운 단체의 태동이 시작된다. 그 단체의 이름은 민민청이다. 민민청은 일제강점기부터 민족혁명론을 내세우며 독립운동과 해방이후 통일국가 수립을 위해 노력해 오던 부산대 이종률 교수의 제자들이 1960년 6월 12일 부산상공회의소에서 결성한 단체이다. 당시 민민청에는 부산맹부와 경남맹부 회원 1천여 명이 참여하고 있었다. 이어 서울에 중앙맹부를 두기 위해 위원장 이영석이 상경한다. 이 당시 서울에는 1950년대 부산지역 고등학생들이 만든 사회과학 서클 '암장' 구성원들이 대학에 입학하여 서울에 머물고 있었다. 이들은 자연스럽게 이영석의 제안을 받아들여 민민청 중앙맹부에 참여하였다. 김금수가 민민청 중앙맹부의 간사장을 맡았으며, 조직국장에는 박영섭, 투쟁국장에는 박중기가 맡아 일하게 된다.

그리고 경북지역과 전남지역에도 맹부를 결성하기 위해 노력하는데, 전남지역에서는 광주에 이미 통민청이 지부를 구성한 상태라 지역에서의 청년단체들 간에 혼선을 피하기 위해 맹부를 만들지 않기로 한다(4·9통일평화재단구술사업, 『인민혁명당과 혁신계의 활동』 김시현 편, 2013). 경북지역에는 에스페란토학회 회원인 부산대 출신의 김상찬을 파견하게 된다.

이종률은 한국전쟁 당시 청구대학에서 강사를 하였으며, 1956년부터는 진보적 언론이었던 《영남일보》에서 논설위원과 편집국장을 역임했다. 이미 대구 혁신계 인사들에게도 알려진 인물이었다.

결국 이종률의 대구지역사회의 친분과 김상찬의 역할로 1961년 1월

4일 민민청 경북맹부 발기대회가 열렸고, 그로부터 두 달 뒤인 3월 4일에 동성로 사무실에서 결성대회를 개최했다. 이날 선출된 임원은 '위원장 서도원, 간사장 도예종, 부간사장 이대룡, 연구위원장에 김충섭, 부연구위원장 박지수, 통제위원장에 박상홍, 사무국장 송상진, 조직국장 권달섭, 투쟁국장 정만진' 등이었다.

서도원이 민민청 경북맹부 위원장을 맡았던 1961년 상반기는 그의 인생에 가장 빛나는 순간이었다. 민민청 경북도맹이 적극 참여한 2대 악법 반대투쟁에는 한때 3만 명의 시민이 모여들기도 했다. 이렇게 대구지역에서의 서도원의 역할이 커나가자 이를 지켜보던 공안당국에서는 '4·2 데모' 주동자로 서도원을 체포하는 일도 발생했다.

이 시기 대구경북지역에서는 민민청과 더불어 통민청도 같은 활동을 하고 있었다. 1960년 9월에 결성된 통민청은 서울, 부산, 광주, 대구에 맹부를 두었다.

> 따라서 통민청의 초기 형성과정이 사회당과 직접 결합된 것은 아니었으며, 그 조직과정에서 성민학회 회원인 부산의 김배영·김한덕과 서울의 김영옥 그리고 통일청년회 김영광·우홍선 또 신진회의 양춘우 등이 합류하면서 통민청이라는 조직을 구성하게 되었다. 바로 이러한 과정을 통해 결성된 통민청은 중심인물인 김배영을 통해 이후 최백근과 관계를 형성하면서 사회당에 참가하게 되고 사회당의 외곽청년조직으로 인식되었던 것이다. (김지형, 「4·19 직후 민족자주통일협의회 조직화 과정」, 『역사

와 현실』21호, 1996)

통민청과 민민청은 조직 구성과 발전 과정은 서로 달랐지만, 당시 각 단체에서 활동했던 생존자들의 증언을 분석해 보면 이념상 별반 차이가 없었다. 대구·경북지역에서도 마찬가지였다.

> 민민청 경북도맹과 통민청은 "이념상 별다른 차이를 발견하지 못하였으며, 긴박한 국내정세와 조국통일의 역사적 지상명령에 복종한다"면서 양 단체의 통합에 원칙적인 합의를 보았다. 1961년 3월 23일 밤, 대구시내 송죽여관에서 민민청의 서도원(위원장), 송상진(사무국장), 권달섭(조직 국장)과 통민청의 최일(위원장), 배건식(부위원장)은 양 단체 통합회의를 가지고 이 같은 결정에 합의하였다. (《영남일보》 1961년 3월 23일 자, 「경북 민민청·통민청 양 단체 통합 합의」)

양 조직의 위원장인 서도원과 최일은 신문에 보도가 될 정도로 양대 조직의 공개적인 통합논의를 하였으며, 이에 대해 당시 통민청 회원이었던 김영옥은 "대체로 차이가 없고 약간의 차이가 있다면 민민청은 계급 중심이 조금 강했고, 통민청은 민족적 경향이 조금 강했다"고 말했으며, 사회당 기획위원장 출신의 유한종은 "민민청은 자생성이 서렸고, 통민청은 근민당 뿌리가 깊었으나, 그 이후 활동하는 데서는 과거의 계열을 따지지 않고 완전히 하나가 되어 버렸어"라고 말했다.

大邱에 檢擧旋風

이미 48名, 三十餘名은 手配

四·二데모事件

[慶北支社] 대구에는 지난 二일발생한 「데모」 군중의 충돌에뒤이은 선풍이일어나 일부 노동단체에서는 혁신정당계와 전경북 민족청년동맹 경북도연맹간부 서도원(徐道源) 양씨와 동 사랑(徐億均)씨를 연행한것으로 알려지고있으나 경찰당국은 이를부인하고있다

[데모] 찰사진에의거하여 [데모] 군중의 수사를확대시켜 三일하오현재 무려二十여명을 수배하였다

그리고 三일하오경찰당국은 이미체포된四十六명외에민주혁신정당계인사 박지수(朴智洙=三一) 서도원(徐道源=三一) 만鐵=大邱大學法科三年生) 군의 二명을 四·二 「데모」에참가했었다는혐의로 각 수배했다

[데모] 한편 경찰당국은 경북노조 연합회장 김종화(金鍾和=三五=金剛道동생)씨의 혁신정당관계자 수명과 지난 十八일과 二十四일에 갑행한 二개의법안데 모든 주최한 경북학생 공동투쟁위원장 정만진(丁萬鎭=大邱大學法科三年生) 군의 二명을 四·二 「데모」에참가했었다는혐의로 각 수배했다

▲ 4·2 데모로 서도원이 연행되었다는 기사(《조선일보》 1961년 4월 4일 자)

한편, 통민청 경북맹부에는 기자 출신의 이재문이 활동하고 있었다. 이재문은 서도원과 10년 나이 차이가 나지만, 기자가 되고 난 뒤《대구매일신문》사회부 기자 출신인 서도원의 집에 자주 찾아가 친한 선후배로 지내던 사이였다. 이재문은 경북대 4학년에 재학 중인 1957년 견습기자로《영남일보》에 입사한다. 하지만 이승만 정권의 탄압으로 퇴직하고 1959년에는《대구일보》에서, 1961년에는《민족일보》에서 기자생활을 한다. 그리고 5·16 쿠데타 이후 피신해 있다가 1963년에는 서도원이 다녔던《대구매일신문》에 취직한다. 서도원은 이재문에게 후일 이재문의 부인이 되는 김재원을 소개해주었다.

통일을 하자

제1. 피고인 서도원은 공소외 도예종과 공모하에 서기 1961년 1월 11일 동일자《영남일보》지상에 '국내외 정세는 조국통일이 목전에 다달음을 시사하고 있음에도 불구하고 반민주적 보수세력은 일부 외세에 아부 의존하여 조국통일을 지연시켜 보려는 기망상을 로정시키고 있다'는 내용의 호소문을 민민청 경북도맹 준비위원 일동 명의로 발표하여 대한민국정부의 통일방안과 우방 미국과의 유대정책을 왜곡 비난함과 아울러 자유우방 및 대한민국정부가 남북통일을 고의로 방해하고 있는 것처럼 왜곡 선전하여 용공사상을 고취하고, [⋯] (한국혁명재판사편집위원회,

1961년 1월 4일 발기인 대회를 마친 민민청 경북맹부는 사월혁명의 완성을 위해 조국통일운동에 매진한다. 1월 11일 《영남일보》에 실린 호소문은 조국통일운동에 일로매진하겠다는 선포였다. 이후 민민청 경북맹부는 1961년 2월 25일 오후 1시 대구 역전 광장에서 통일촉진응변대회를 개최하였고, 3월 1일에는 경북민통련과 합세하여 달성공원에서 3만의 인파가 모인 가운데 '3·1 민족통일촉진궐기대회'를 개최한다. 이 자리에서 "미·소가 문화 교류를 하는데 어찌 우리가 못 한단 말이냐. 남한의 면포와 북한의 비료 전기를 교역하고 통일을 위한 실정을 알기 위하여 인사 교류, 서신 왕래, 기자 교류를 하자. 1962년의 3·1 행사는 통일된 민족의 광장에서 하자. 일절의 외부세력을 배격한다. 선건설 후통일론을 배격한다"는 주장을 펼친다. 또한 사월혁명 1주년을 맞아 성명서를 《영남일보》를 통해 발표한다.

> 현재 우리 겨레가 처하고 있는 역사적 현실은 반봉건적 후진성을 극복하고 반외세 민족독립과 통일조국을 건설하며, 궁극적으로는 세계사 방향으로 전진하는 것이다. 이 역사적 엄연한 사변을 무시하고 민주사회주의 운운의 개량주의를 주장하는 것은 지극히 민족사 진로를 오도하는 결과로밖에 볼 수 없다. 이제는 진정한 반외세 민족자주를 표방하여 양심적인 범민족세력을 민족혁명 노선으로 이끄는 데 민족역량을 총집결해야 한다. (《영남일보》 1961년 4월 19일 자)

또 민민청 경북맹부 투쟁국장 강왕수는 1961년 4월 28일 자 《영남일보》에 '학생과 조국통일'이라는 제목으로 "자본주의의 경제적 식민정책의 침략세력과 그러한 착취세력에 아부 굴종한 민족반동세력으로 인하여 통일이 지연되었다"는 요지의 글을 싣는다.

영어의 몸이 되어

5·16 쿠데타가 발발하기 2주 전인 1961년 5월 초에 서도원은 청구대학에 사직서를 제출한다. 사월혁명 이후 교원노조와 피학살자유족회 지원활동을 비롯하여 민민청 위원장을 맡은 뒤로 각종 시위의 전면에 나서 투쟁을 이끈 탓에 대구시 공안기관으로부터 요주의 인물로 찍혀 있었기 때문이었다. 학교나 학생들에게 여러모로 피해를 주고 있다는 판단에서 스스로 교직을 내려놓고 말았다.

이후 서도원은 쿠데타 세력에 의해 구속된 지 5개월이 지나서 첫 재판을 받았다. 영장 없이 체포된 채로 5개월간 불법구금을 당하고 있었다. 서도원과 함께 옥살이를 한 하태환의 회고록에 당시 상황이 기록되어 있다.

> 그들은 영장에 의하지 않고 5천 명으로 추산되는 대인원을 검거했으며, 약 5백 명을 송청했고, 그중 약 절반을 기소(불기소자 약 250명은 불기소 확정

徐道源에 10年

31일상오혁재제2심판
부(재판장金丞대령)
는 경남·북민주민족
청년동맹의 반국가행위사
건의 피고인들에게 북별
법제6조물 적용 각각다

음과같이 판결됐다

◇本籍 慶北
年齡·前職·求括

10年▲刑
徐道源＝10年
·權達燮

12年▲劉
赫＝10年
局長 7年33
·7年
·薑柱守
·5 26·10年
組織局長
慶南民民黨事件
준비위원장

▲ 서도원에게 10년 형
이 선고된 소식을 전하
는 기사(《경향신문》
1962년 1월 31일 자)

까지의 7개월간을 부당 구속당했었음)하였을 뿐 아니라, 그 가운데의 130여 명에게 실형을 언도했고, 2명을 교수대의 이슬로 사라지게 하였는가 하면 7명이 옥사되는 등 참으로 반문화적 반민주적인 불의를 감행했다. (하태환, 『지우지 못할 이야기』, 2013)

하태환(1927~1988)은 함안군 군북면에서 태어나 1949년 서울 감신대를 졸업하고, 고향 함안으로 내려가 여러 곳의 초중등학교 교사와 교감을 역임했다. 1956년에는 조봉암의 진보당에 입당하여 경남 도당에서 활동했다. 사월혁명 이후 하태환은 사회대중당·조국통일민족전선·민자통 등에서 활동하고, 2대 악법 반대투쟁을 벌이다가 소요죄로 구속되기도 한다. 5·16 쿠데타 이후에는 '중앙사회당' 사건과 '조국통일민족전선' 사건으로 투옥되어 7년간의 옥살이를 하면서 『지우지 못할 이야기』의 초고를 작성했으며, 출옥 후 발간을 못하다가 사후 25년 만인 2013년에서야 출간했다. 그는 1968년 출옥 뒤 신민당과 민주사회당 등에서 정치활동을 계속 이어가다가 1988년에 사망했다.

서도원은 1962년 3월 19일 열린 혁명재판상소심(재판장 전우영 대령)에서 징역 7년의 판결을 받는다. 이어 4월 17일에는 혁명재판상소심판결을 박정희의 형 확인과정을 거쳐 교도소로 이감되었다.

> 아침 식사가 끝나면 점검을 받게 되고 이어서 취조가 시작된다.
> 해당자는 간수가 직접 호명을 하여 불러내면 담당 직원이 데리
> 고 간다. 취조에 걸리지 않은 사람들은 감방 안에서 시간을 보내
> 게 되는데, 독서가 일체 금지되어 있기 때문에 시간 보내기에 지
> 루하기가 짝이 없다. 그러나 경찰서에 따라서는 그날그날의 일간
> 신문 등을 자기 돈으로 사서 보도록 허용한 데도 있다고 들었다.
> 이런 특수한 때를 제외하고는 아무것도 읽을거리가 없고 하니
> 까 꼬니도 두고 윷도 논다. 꼬니판은 대체로 마룻바닥 위에 그려
> 져 있고 윷은 밥풀로 이겨서 만들어가지고 잠시 말리면 아주 단
> 단하여진다. 그러면 그 위아래를 구별하기 위하여 종잇조각 같
> 은 것을 어느 한쪽에만 발라가지고 논다. […] 유치장의 구조는
> 부챗살 모양으로 반원형이 되어서 가운데에 간수가 서기도 하고
> 앉기도 하면서 감시하게 되어 있고, 각 감방의 모양은 철책으로
> 되어 있어 앞은 의례히 훤하고 뒤에는 아주 높게 자그마한 문이
> 공기통으로서 가설되어 있을 뿐이다. (하태환, 『지우지 못할 이
> 야기』, 2013)

서도원에게 형무소는 또 다른 '핵고(학교)'였다. 전국에서 모여든 혁신
계 인사들을 만나 지난 시기의 활동을 평가하고 앞으로의 활동에 대해 논
의하는 학교였다.

우리 혁신진영의 동지들은 처음에 해당되는 법도 없이 무턱대고 인신만을 구속당하였다. 법이 없었다는 것은 우리 대한민국 내의 그 어떤 법규에도 우리들은 위반된 사실이 없는 것을 이유 불문하고 잡아 가두기에 할 수 없이 갇혔던 것이다. 그래서 우리는 이미 제1부에서 적은 바와 같이 얼마 안 있어서 모두 구속이 해제될 것으로만 헤아리고 있었다. 그러던 것이 뜻밖에도 모든 상식과 사리를 초월해서 소급법이라는 기상천외의 천하 악법이 만들어졌던 것이다. 다시 말하면 죄 없는 사람들을 일단 잡아 가두어놓고 이 죄 없는 사람들을 처벌하기 위해서 상당 시일이 지난 뒤에 가서야, 그 유명한(?) 5·16을 일으킨 사람들 맘대로 법을 만들어냈다는 사실이다. (하태환, 『지우지 못할 이야기』, 2013)

쿠데타의 향방이 어디로 갈지 숨죽이며 지켜보던 이들이 하루아침에 군인들에게 체포되어 교도소로 끌려갔다. 내가 무슨 죄를 저질렀냐고 항변을 해봐도 소용이 없었다. 법은 그들이 수감되어 있는 상태에서 만들어졌고, 게다가 소급법은 법 제정 3년 6개월 이전에 벌인 행위까지 처벌할 수가 있었다. 새로 제정된 법의 이름도 무시무시했다. '특수범죄처벌에 관한 특별법'이었다. 이들에게 '특수범죄'의 내용은 '통일운동을 한 것이 북한괴뢰의 입장에 동조했다'는 것이다. 지금으로서는 지나가는 소도 웃을 일이다. 한마디로 '어거지 징역살이'를 한 셈이다.

한번은 서도원과 유한종의 곧은 성품과 운동가로서의 모습을 잘

들여다 볼 수 있는 조그만 사건이 하나 있었다. 여러 사람이 모여 논쟁을 벌이던 중 사회당 경북도당위원장을 지낸 백기만이 나이가 어린 서도원을 얕잡아보고 야단을 쳤다.

"예끼 고얀 놈. 어디서 함부로 할 말 다 하노."

그러나 서도원은 눈도 깜짝 안 하고 대답했다.

"본질적으로 사회당도 반동입니다. 그게 인텔리의 운동이지 기층 계급정당은 아니지 않습니까?"

원래 성품이 곧은 서도원은 쉽사리 옳은 의견을 꺾지 않았다. 이때 유한종이 나섰다.

"백 동지! 동지들 사이의 토론에서 '고얀 놈'은 안 됩니다. 운동은 감정이 아니라 올바른 이론으로 해야지요."

이후 백기만은 서도원을 찾아가 사과하고 서로 친해지게 되었다. (이수병선생기념사업회 편, 『암장』, 1992)

그래도 감옥은 그동안 자주 볼 수 없었던 동지들과 매일 만날 수 있는 기회를 제공했다. 그는 감옥에서 많은 동지들과 깊은 만남을 가졌다. 그러다 진주고보 시절 얻은 결핵이 재발했다. 엉터리 법으로 엉터리 재판을 통해 어떻게든 징역을 시키려는 쿠데타 군인들의 무지함에 분노했을 것이고, 구치소의 열악한 식사와 잠자리도 결핵을 다시 키워버렸을 것이다. 하지만 여기서 꺾일 서도원이 아니었다. 형이 확정되고 마산교도소에 머무는 동안 '투병일지'를 작성한다. 그리고 출옥한 후에는 '투병일지'를 경북대 의과대학에 기증하여 '결핵환자 치료자료'로 활용하게 됐다고 하니, 그의 능력도

75

놀랍거니와 나태해질 수 있는 교도소 생활을 계획성 있는 것으로 바꿔낸 것도 대단하다고 하지 않을 수 없다.

　　서도원은 감옥에 갇힌 지 2년 7개월 만인 1963년 12월 14일에 출옥한다. 그리고 3일 뒤인 17일에 박정희가 5대 대통령으로 취임한다. 그가 자신의 당선을 자랑하듯 선심성 사면을 진행한 것이다.

　　서도원의 유족들은 이 사건과 관련하여 2010년 2월 11일에 '헌법에 규정된 소급효금지원칙과 169일간의 불법구금상태에서 작성된 조서들도 증거능력이 없다'며 재심을 청구한다. 그리고 1년 뒤인 2011년 5월 13일 대법원에서 무죄 확정 판결을 받았다.

불령선인

　　죗값(?)은 치렀지만, 정작 서도원은 전 직장인 청구대학으로 다시 돌아갈 처지가 못 되었다. 본인 스스로 사직서를 제출했기 때문이기도 하지만, 당시엔 전과자가 되면 호적에 빨간 줄이 그어지거나 스탬프가 찍히고 '불령선인'이 되어 정상적인 사회생활을 할 수 없었다. 게다가 연좌제까지 있어 자녀들도 사회생활을 하는 데 여러 가지 제약이 따랐다. 하지만 이때도 서도원의 잠재력이 발휘된다.

　　출소하시고 나서 남문시장에서 전파사를 차리셨습니다. 출옥하고 나서 아시겠지만 할 일이 없잖습니까. 부친은 '공업대구', '기술대구'를 주창하시는 분이었습니다. 손재주가 워낙 좋아 전기를 잘 만져서 전파사를 했는데, 제가 여섯 살 때 어느 날 부친이 어느 집에 전깃불을 설치하러 갔는데, 먼저 초인종을 누르니까 안에서 문을 열어주는데 주인이 '와 교수님 아닌교' 하면서 구십 도 절을 하는 거예요. 부친이 웃으면서 아는 척을 하고 전깃불을 달아 주고 계셨죠. 그사이 주인이 자기 부인한테 '저분 우리 학교 교수님이셨는데' 하면서 부친 칭송을 하는 거예요. 그때 속으로 은근히 뿌듯했습니다. 그런데 그 전파사도 좋은 말로 전진기지였습니다. 거기에 아버님을 아는 분들이 자주 찾아온 거죠. 모이면 뭐 하겠습니까. 시국 이야기 하고 새로운 사람도 소개받고 뭐 그런 거죠. 그리고 부친이 손재주가 좋으셔서 […] 예를 들자면 당시 선풍기가 귀하잖아요. 그런데 부친이 선풍기를 직접 만들었습니다. 큰 거는 아니고 양은으로 된 구멍 난 벤또(도시락)를 가지고 평평하게 펴서 날개를 만들어 전동기에 달아요. 그러면 자기 앞에 놓고 바람을 쐴 수 있는 1인용 선풍기가 되는 거예요. 그런 비슷한 거를 여러 개 만들어 전시를 해 놓으면 사람들이 와서 신기하다고 구경하고 그랬죠. 전파사가 우리 집이었습니다. 전파사 말고도 점포가 세 칸 더 있어 세를 주고 살고 있었습니다. (서동훈 인터뷰, 2021)

출소 후 대구 남문시장에서 '번개사'란 전파사를 차린 것이다. 전파사 운영도 운영이지만 이곳이 대구지역의 혁신계 인사들의 사랑방 구실을 했다. 그러다 보니 번 돈은 사랑방 운영비로 곧잘 사용되었다. 그것도 부족해서 찾아온 손님들 점심식사로 밥 대신 고구마를 접대하는 경우가 흔했다. 그래도 찾아온 손님들이나 반기는 서도원은 무척 행복했다.

한편, 쿠데타가 일어나기 전 민민청과 통민청의 통합에 대한 논의는 쿠데타 이후에 살아남은 구성원들에 의해 계속되었다. 하지만 쿠데타 이전과 같은 공개적인 통합 활동은 불가능했다. 세상은 박정희가 곧 민간인에게 정권을 이양할 것이라 생각했지만 이들은 민정 이양은 없을 것이라고 예측했다. 결국 이들은 비공개 조직을 선택할 수밖에 없었다. 조직 명칭은 정하되 탄압을 우려해 운영은 점조직으로 하기로 한다. 공안기관에서 주장하는 인민혁명당이라는 명칭은 당시 거론된 여러 명칭 중 하나였다. 하지만 그러한 논의들이 마무리되기 전에 1차 인혁당 사건이 터졌고, 이들은 또다시 영어의 몸이 되었다.

1차 인혁당 사건 기록을 살펴보면 서도원의 이름도 등장한다. 수사과정에서 등장한 것인데 사건을 아무리 조작해도 서도원을 인혁당 구성원으로 꿰맞추기는 무리였다. 1차 인혁당 사건이 터진 1964년 8월보다 8개월 전인 1963년 12월에 출감한 서도원을 '와꾸'에 넣기는 시간상 맞지 않았다. 만약 도예종처럼 5·16 쿠데타가 나고 피신하여 구속되지 않았더라면 서도원도 1차 인혁당 사건에 연루되었을 것이다.

핵고아재

서도원은 우직한 사람이었다. 아들 동훈에게는 언제나 변함없는 큰 산과 같은 든든한 배경이었다.

> 특히 아버지는 너무도 가정적이었기 때문에, 일 년에 피치 못할 사정이 있으신 1~2일을 제외하고는 항상 저녁은 집에서 우리 가족들과 같이 잡숫는 것을 철칙으로 세울 만큼 가정에 헌신적이셨습니다. 또 제가 아버지와 한 이불 밑에서 잤기 때문에 너무나 잘 기억하고 있는데, 아버지는 평생 담배와 술은 입에 대지도 않으셨을 뿐 아니라, 밤 11시에 잠자리에 드시면, 새벽 4시에 일어나시는 근면한 습관을 갖고 계셨습니다. 일어나셔서는 당연히 책을 보시고, 5시경에는 산책을 나가시거나, 겨울철에는 냉수마찰을 하시는 것으로 일과를 시작하시는 자기관리에 엄격하신 분이셨습니다. 이런 기억이 없었다면 아마 저의 사춘기 시절은 엉망이 되었을 것입니다. 왜냐고요? 주변에서 온통 빨갱이 자식이라고 눈총을 주는 마당에 어떻게 자기 정체성을 찾을 수 있었겠습니까. 세인들의 편견이 아닌, 아버지의 자상하고 엄격한 자기관리생활을 추억하는 것만이 내 자신을 지탱하는 힘이었습니다. (서동훈 인터뷰, 2021)

가족뿐만이 아니었다. 이웃에게도 친절했고, 멀리 창녕에서 찾아오는 친인척과 고향 마을 사람들에게도 마찬가지였다. 친가는 물론 외가 쪽에서도 항상 중요한 일(결혼, 취직, 입학 등)이 생기면 서도원을 찾는 것이 집안 통례였다. 게다가 고향에서 대구로 온 유학생들은 친척이 아니더라도 서도원 집에서 머물며 학교를 다니는 것이 당연한 일이 되었다. 서도원의 집에 머무는 사람들은 다들 그를 '핵고(학교)아재'로 부르고 있었다. '핵고아재'라는 별호는 고향 대합면 신당리에서 유일하게 진주로 유학을 다녀왔다고 해서 붙은 것이다.

1968년에는 범어동으로 이사한다. 전파사를 그만두고 양계업을 하기 위해 좀 더 넓은 곳이 필요했기 때문이다. 하지만 양계업을 시작한 지 2년 만에 파산하고 만다. 뉴캐슬병으로 닭을 모두 잃었기 때문이다. 그다음에는 개를 키웠고, 꿩과 메추리도 키웠는데, 산으로 가서 꿩과 메추리알을 주워다가 직접 만든 부화기에 넣어 키워냈다. 다 자란 꿩과 메추리는 대구에서 제일 큰 서문시장에 납품했다. 개는 50마리 정도 키웠다. 여러 종의 개를 키웠는데, 그중에 수레를 끌 수 있는 세인트버나드 종과 족보가 있는 세파트 종이 한 마리씩 있었다.

그런데 개들을 한 우리에 넣어놓으면 비싼 세파트 개가 왕따를 당하는 거예요. 다른 개들에게 물리기도 하고 그러는 거죠. 그러면 덩치 큰 세인트버나드 개가 세파트를 돌봐주는 거예요. 참 신기하죠. 그때 부친이 세파트를 꺼내 다른 우리에 넣으시면서 한마디 하셨는데, 그때 제가 5학년인가 그랬거든요. "사람이나 짐승이나 노동을 해본 놈은 다르다." 그러시면서 "친구를 사귈 때

80

지 몸 아끼는 놈과는 친구하지 마라" 딱 그러십디다. (서동훈 인터뷰, 2021)

진주고보를 나오고 기자로 생활하다가 대학에서 강의했던 그는 학자로서 생활을 계속할 수도 있었으나, 편한 길을 택하지 않았다. 실제 박정희의 수하들이 사람을 보내거나 편지로 그를 계속 회유했다고 한다. 한번은 서울신문사 사장 자리를 줄 테니 자기들과 같이 일하자는 구체적인 제안도 있었다. 하지만 서도원은 '돈과 명예'를 선택하지 않았다. 그는 항상 '반독재 민주화와 민족의 평화통일'에 관심을 두고 그것을 어떻게 대중적인 실천과 연결시킬 것인지 고민하고 그 과학적인 방안을 연구했다.

또 이런 일도 있었습니다. 학교에서 광복절이 되면 대문에 태극기를 달라고 시키잖아요. 부친이 그걸 지켜보면서 "태극기를 다는 것은 좋은데 한 가지는 알고 있어야 한다. 아직 우리나라는 광복이 된 게 아니다." 이 말을 듣고 저는 깜짝 놀랐죠. 그때 정해진 날에 태극기를 안 달면 불순분자인 거잖아요. 게다가 5·16 때 잡혀가신 걸 자랑스럽게 이야기하시는 거예요. "사식으로 들어온 빵을 가지고, 빵가루를 창문 밖에 뿌려두면 비둘기가 먹으려 날아오는데 그때 빵 봉지를 잘게 잘라 고리를 만들어 비둘기를 잡아 구워 먹었다." 뭐 그런 감옥살이에 대해 아무런 부담 없이 이야기하시는 거죠. 제가 그때 5학년쯤 되었는데, 이런 말을 들을 때마다 부친은 도대체 어떤 사람인가 하는 고민이 들기도

81

했습니다. 진짜 빨갱이인가 하는 […] 하하하. (서동훈 인터뷰, 2021)

계속되는 사회운동

서도원은 계속되는 공안요원들의 회유와 감시 속에서도 자신이 가야 할 길을 잊지 않았다. 혁신계 인사들과의 교류는 물론이요. 차세대 일꾼으로 성장하는 후학들을 키워내는 일도 중요하게 여기고 있었다. 범어동으로 이사하여 양계업과 꿩 등을 사육한 것도 일하는 과정에서 혁신계 인사들을 자연스럽게 만나기 위한 것이었다. 또 후학 중에는 이수병과 여정남을 중요하게 생각했다.

1968년 군대를 마치고 복학한 여정남은 3선 개헌 반대투쟁을 벌이고 1970~1971년 사이에 교련반대시위를 비롯한 학원민주화운동을 적극 벌이면서 대구지역 학생운동 지도자로 성장하고 있었다. 서도원은 그 과정에서 '대중적인 시위 활동'과 '각종 선언문 작성' 등에 구체적인 도움을 주었다.

1968년 7년간의 감옥생활을 마치고 사회로 귀환한 이수병이 안양교도소 문턱을 넘어 고향 땅으로 갈 때 중간 기착지인 대구에 들러 서도원과 도예종을 만났다. 서도원은 혁명재판과정에서 학생들 가운데 가장 긴 징역형을 받은 이수병을 잊을 수 없었다. 민민청 경북맹부 위원장 시절 민민청 중앙맹부 간사장을 했던 김금수의 친구이고, 사월혁명시기 학생민통련을 이끌며 남북학생회담 성사투쟁을 앞장서 벌였던 이수병을 모를 수가 없었다. 그는 이수병의 출감 소식을 듣고 어느 때보다 기뻐했다.

> 범어동에서 양계를 할 때죠. 사건이 있기 전 3년 전쯤인데, 이수
> 병 선생이 저희 집을 찾아오셨어요. 뭔가 중요한 일이 있겠다 싶
> 었죠. 그날 집에서 주무시게 되었는데, 그런 날이면 우리 집이 대
> 이동이 벌어져요. 방이 세 칸인데 평상시에는 큰방에 아버지 어
> 머니 그리고 저와 남동생이 자고, 작은 방에는 누나들이 자죠.
> 그리고 세 번째 방은 세를 줬고요. 그런데 큰방에 부친과 이수병
> 선생이 주무시면 나머지는 피난을 가야죠. 저는 이모님 댁에 가
> 서 자고 그랬죠. (서동훈 인터뷰, 2021)

1971년 3월이 되면 코앞에 닥쳐온 제7대 대통령 선거를 앞두고 김
재준, 이병린, 천관우 등 재야인사들이 모여 '민주수호국민협의회'를 결성
한다. 이어 대구에서도 '민주수호경북협의회'를 결성한다. 대표에 유한종
을 비롯한 박삼세, 최해청 등이 선출된다. 그리고 이 단체에 도예종과 서
도원, 송상진, 하재완 등도 참여한다. 이재문은 대변인을 맡았다.

경락연구회

1972년 서도원은 침구사 학원에 다니고 자격증을 따 월촌한약방 침술사로
취업한다.

부친이 침구사 공부를 하던 때에 술에 취한 적이 두어 번 있었는데, '내가 아무것도 할 게 없다. 침구사 자격증을 따서 정식으로 구휼활동이라도 해야겠다.' 하시는 거죠. 모친이 대책 없이 일만 벌인다고 한 소리 하니까 답답한 마음에 술을 한잔하셨나 봅니다. 침을 배울 때는 현풍까지 나갔다 오셨어요. 그곳에 명의가 있다고 해서 그 기술을 배우러 가신 거죠. 저도 한 역할을 했습니다. 모르모트죠. 제가 감기가 걸리면 침을 놓으시고 맞는지 틀리는지 보시는 겁니다. 또 뭐 하나 중요한 걸 배우시면 저에게 침을 놓으시면서 그 결과를 보시는 겁니다. 한번은 금침(대침)을 놓으셨는데 침이 길거든요. 와 겁나더라고요. 부친에 대한 믿음 없이는 그거 쉽게 맞을 수 있는 침이 아니었습니다. 그렇게 어렵게 익히셔서 어느 정도 실력이 쌓이니까 동네에 소문이 난 거예요. 어느 날부터는 월세방을 비우고 그 방을 환자방으로 썼습니다. 한번은 그 방에 혼자서 대소변을 못 보는 환자가 들어왔는데 며칠 만에 제 발로 걸어서 나가는 거를 보고 깜짝 놀랐죠. 그런데 부친은 치료비를 안 받았죠. 구휼이니까요. 그러면 치료받은 환자들이 먹을 거를 갖다 놓고 가요. 쌀을 몇 가마니씩 들고 오시는 분도 계셨습니다. 아마도 침술로 한 길을 가셨다면 소문난 명의가 되셨을 것입니다. (서동훈 인터뷰, 2021)

이어 아들 서동훈은 부친이 침술을 배운 것은 지하운동을 하기 위한 위장술이었다고 한다. 그 위장술의 실체가 '경락연구회'였을 것이라고 말한다.

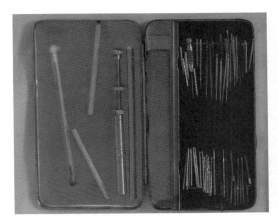

▲ 서도원이 생전에 사용하던 침구함

우리 다섯 사람은 자유토론시간을 가진 다음 우동읍의 사회로
회의를 시작했습니다. 우동읍은 우리가 가야 할 길과 해야 할일
은 재확인할 필요가 없으므로 기본적인 문제는 생략하고 실천에
관한 실무문제만 논의하는 것이 좋겠다고 했습니다. 그러고 나
서 우동읍의 개회선언과 1분간의 묵념이 있었습니다.

　우동읍이 그 자리의 좌장座長으로 서도원을 추천했고 이에
모두 동의했습니다. 회사의 명칭은 경락연구회(經絡研究會)로
정해졌습니다. 경락(=신경)은 육체 전부를 조정하는 것이므로
'경락연구회'라는 이름은—어떤 '과학적 명칭'을 부여하는 대신
으로—우리들 모임의 취지에 걸맞은 것이었습니다. 우동읍이 계
속 사회를 보면서 우리 5인이 전원 모이는 것은 연 2회(3, 9월)
로 하고, 각기 다른 지역의 3인이 만나는 것은 3개월에 1회, 2인

이 만나는 것은 매월 1회로 하는 것이 어떤가 하고 제안하여 통과시켰습니다. 각자는 자기 지역의 전통의학과 민속의학을 주체적으로 적극 연구하여 지역민의 보건건강 발전에 기여해야 하며 회(會)는 그 연구진행을 총체적으로 연구·교환·지도한다는 데 의견이 일치했습니다. 우동읍은 이 모임을 '모든' 것에 우선하고, '모든' 것의 우위로 하여 우리의 희망이 성공할 때까지 전력을 다하여 발전 번영시킬 것이며 종국적 결실이 영글 때까지 발전 강화할 것을 다짐하자고 했습니다.

서도원 동지는 우리에게 부과된 막중한 과업을 성공적으로 성취하기 위하여 우리 모두 건강하고 자중자애하자는 말로 회의를 끝냈습니다. (증언 김세원, 구성 한상구, 「4월 혁명 이후 전위조직과 통일운동―사회당, 인혁당, 남민전」, 『역사비평』 15호)

윗글에 나오는 경락연구회의 5인은 증언자인 김세원과 대구의 서도원, 서울의 우동읍, 부산의 이영석, 학원·문화 담당자 이수병 등이다. 우동읍은 통민청 중앙위원장을 맡았던 우홍선의 다른 이름이다.

하지만 1970년대 전위당과 기층조직을 연결하려 했던 경락연구회에 대한 연구는 현재 전무한 상태이다. 1995년에 작고한 김세원의 증언만 있을 뿐이다. 2023년 6월에 작고한 부산지역책 이영석은 '한두 차례 모임을 갖는다고 하여 상경했을 뿐이지' 그리고 '상경한 일'이 '경락연구회라는 조직의 모임이었다'라는 답은 하지 않았다. 현재로서는 김세원의 증언과 그 시대를 살았던 몇몇 혁신계 인사들의 '존재했을 것'이라는 추측만 난무한

상태이다. 50년도 더 지난 작금의 상황에서는 '경락연구회'를 생각 이상의
것으로 표현해 내기란 매우 어려운 일이다.

후퇴냐 전진이냐

1973년 11월 5일 경북대에서 '반유신 학생시위'가 일어난다. 그 후로 전국
에서 반유신 대학생 시위가 들불처럼 타올랐다. 유신 쿠데타로 성공적인
영구집권에 돌입했다고 판단했던 박정희는 이에 놀라 조기방학으로 대학
가 반유신 운동을 진압하려 했다. 하지만 대학가가 잠잠해지자 이번에 시
민사회진영이 나서 '유신헌법개헌청원 백만인 서명운동'이 벌어진다. 결국
박정희는 빼지 말았어야 할 칼을 빼고 말았다. 1974년 1월 '긴급조치 1호'를
선포하고 반유신 투쟁을 폭력적으로 탄압한다.

　1974년 4월 3일, 전국 대학생들의 반유신 투쟁이 기획된 날이다. 일
명 '민청학련 시위'가 전국적으로 벌어진다. 하지만 시위의 양상은 6·3 항쟁
이나 3선 개헌 반대투쟁 때처럼 거세지는 못하였다.

　　1973년 11월 5일, 경북대 반유신 투쟁을 수습하면서 여정남은
　　대구지역 학생운동을 넘어, '학생운동 전국화'를 목표로 서울과
　　지방 학생운동을 연결하는 데 힘을 쏟게 된다. 하지만 이 부분에
　　대해서는 당시 대구지역 혁신계 인사들 내부에 이견이 있었던
　　것으로 확인된다. 여러 증언에 따르면, 여정남에게 학생운동의

전국화를 맡게 하여 유신체제에 한층 직접적이고 강력한 집중투쟁을 전개하자는 주장과, 여정남을 청년운동 진영으로 전이시키고 학생운동의 새로운 세대를 발굴하는 등 좀 더 장기적인 반유신 투쟁 전략을 수립할 것을 주장하는 측의 토론이 있었던 것으로 보인다. (여정남기념사업회·경북대학교학생운동사편찬위원회, 『청춘, 시대를 깨우다』, 2017)

한마디로 현재를 투쟁 국면으로 볼 것이냐, 후퇴 국면으로 볼 것이냐 하는 논란이었다. 이 논란 과정에서 서도원은 '유신헌법 철폐와 박정희 정권 타도'를 '시대의 대의'로 규정하고 반유신 투쟁을 적극 지원하는 쪽에 섰다. 그래서 1973년 11월 5일과 다음 해 3월 21일 경북대 시위에 사용된 '반독재 구국선언문'의 핵심내용을 정리하여 여정남에게 전달하였으며, 1973년 말 여정남이 이수병을 만나기 위해 서울로 올라가는 일도 주선한다. 『이수병 평전』에서는 서도원이 다음과 같이 말했다고 적고 있다.

원래 학생들은 배후 지원이 빚을 위험을 알기 때문에 독자적으로 준비를 합니다. 학생들은 이발료를 아끼고 등록금을 털어 운동 계획과 준비에 쓰기 때문에 일단 계획된 시위는 재정상, 조직상 연기나 중단은 불가능할 것입니다. 여기서 후퇴하면 학내 분위기는 식어버리고 현 지도부는 지도력을 상실하게 됩니다." 상황은 쉽게 판단하고 결정할 만큼 간단하지 않았다. 의견은 둘로 갈렸고 나름대로 타당성이 있었다. 서도원이 회원들을 돌아보며 다시 말을 이었다. "이것은 아주 중대한 일입니다. 저는 이 상황이 독재 권력의 타격투쟁에서 물러설 수 없는 국면이라고 봅니다. 지금은 아주 중요한 시기이면서 의미 있는 싸움이 될 것이라 판단합니다. 앞서 살핀 바와 같이 이번 학생투쟁이 유신독재를 끝장내고 사회변혁을 이룰 수 있는 싸움이라고 생각하지는 않습니다. 그러나 투쟁은 조직을 확대시키는 측면이 있습니다. 일시적인 패배는 있겠지만 금번 싸움은 장기적인 투쟁을 준비할 학생 운동가를 양산시킬 수 있는 기회입니다.(이수병선생기념사업회, 『이수병 평전』, 2005)

마지막 인사말

그러다가 1974년 4월 20일 아침 6시경 남대구경찰서 형사 2명에 의해 집에서 연행되었습니다. 형사들은 처음 집으로 찾아와 남편에게 고향 사람의 집을 찾는 데 도움을 달라고 말하며, 남편을 데려갔습니다. 그러나 약 한 시간 후 사복을 입은 형사 3명이 와서 집을 샅샅이 뒤졌으나 아무것도 없자 책상 서랍에 들어 있는 '코리아의 분단을 반대함'이라는 강연회 초대장을 가지고 갔습니다. 그리고 3일 후 다시 와서는 구형 라디오를 가져갔습니다. 나중에 재판 과정에서 보니, 이것 두 개가 인혁당재건위의 유일한 증거물로 채택되어 있었습니다. (2002년 재심신청서 중 서

도원의 부인 배수자의 진술서)

서도원은 체포되면서 직감했다. '이놈들이 날 살려두지 않을 것이라고.'

4월 20일 아침 잡혀가실 때 현장에 내가 있었거든요. 다 학교 가고 없는데 내가 수학여행 준비 때문에 집에 있었는데, 기관원 두 명이 집을 찾아와 부친을 찾더니 '이래저래 해서 같이 갔으면 좋겠다.' 그러니까 부친이 '알겠다. 나가 있어라, 방에 들어가 옷 갈아입고 갈 테니.' 하고 큰 방을 들어오셨죠. 그때 저와 어머니 세 명이 있었는데, 그 자리에서 차분하게 한 말이 있었습니다. 어머니에게 '애들 잘 키워라'하고 말씀하셨습니다. 아마도 부친은 자기가 이번에 끌려가면 죽을 수도 있다는 것을 알고 계셨던 것 같습니다. 그 소리를 듣고 어머니는 정신이 반쯤 나간 상태에서 쓰러지시고, 저도 그런 어머니를 부축하느라 따라 나가보지도 못하고 집에 있었죠. 나중에 동네 친한 친구에게 들어보니, 저희 동네가 골목이 좁아 차가 들어올 수 없고 5분에서 10분 정도를 걸어 나가서 동네 어귀가 나오고 거기에 차를 대거든요. 그때까지 수갑을 채우지 않고 차에 다 가서야 수갑을 채웠답니다. 기관원들도 부친의 인품을 아는지라 동네 사람들이 보는 데서 함부로 대하지 못한 것이죠. 그날이 부친의 양력 생일날이었습니다. (서동훈 인터뷰, 2021)

1975년 4월 9일은 스위스 제네바에 사무실을 둔 국제법학자협회에서 '사법사상 암흑의 날'로 선포하였다. 박정희의 사법살인을 국제적으로 공인한 것이다. 이날 새벽 서도원은 일제강점기 독립운동 선열들이 섰던 서울구치소 사형장에 들어섰다. 4시 55분 사형수 여덟 명 중에서도 가장 먼저 형장의 이슬로 사라졌다. 가해자들은 사건 조작과 비정상적인 사형집행도 모자라 유언까지 조작하는 만행을 저질렀다.

1975년 4월 9일 아침 일찍 사식을 넣기 위해 교도소로 달려가니, 교도소 출입문이 굳게 닫혀 있고, 관계자가 피고인들에 대해 사식 등 일체 활동이 중단되었다고 말했습니다. 가족들이 강하게 항의하고 있는 상황에서 누군가가 피고인들의 사형이 이미 집행되었다는 라디오 뉴스가 나왔다고 전해줬습니다. 이후 교도관이 가족들을 교무과로 데리고 가서, 사형집행 사실을 알려줬습니다.

그리고 유언이라는 메모 '1. 종교의식을 거부한다. 2. 아홉 살먹은 막내가 보고 싶다. 3. 통일된 조국을 염원한다.'를 전해주었습니다. 또 장지를 어디로 할지 묻고, 다음 날 가족들이 올라와 시신을 인도받았습니다. 그러나 교도소 측은 영구차를 자신들이 마련한 것으로 가야만 한다고 해, 시신을 싣고는 우리 가족들이 함세웅 신부님이 주임신부로 있는 서울 응암동 성당으로 가 연미사를 할 예정으로 있었는데, 앞뒤로 경찰차와 검은 지프차 등의 차량들이 영구차를 선도해 곧바로 선산이 있는 창녕으로 직행했습니다. 시신 상태는 고향에 가서 염을 하는 과정에서 밝혀진 것이, 등어리 부분에 흉터 자국이 있음을 확인했습니다. (당시 사진촬영은 못했습니다.)

당시 1975년 4월 11일 장례를 마친 산소에서 친분이 있는 검사로부터 들었다며 유한종 선생님(작고)께서 적어주신 유언내용은 '1. 내가 무엇 때문에 사형을 당하는지 지금 이 순간까지도 모르겠다. 2. 나는 4·19 후에 혁신운동을 했다. 그로 인해 징역을 살았다. 3. 무엇 때문에 여정남 같은 젊은 학생을 사형시키는가? 4. 통일된 조국을 염원한다. 5. 아홉 살 먹은 막내가 보고 싶다.' 등이었습니다. (2002년 재심신청서 부인 배수자의 진술서)

서도원은 한평생 분단을 해소하고 평화적인 남북통일을 위해 투쟁하였다. 그가 떠난 지 올해로 반세기가 흘렀다. 그사이 원흉 박정희도 비명에 가고, 군사정권도 무너지고, 정치권력은 직선제에 의해 5년마다 국민의 심판을 받아 한편으로 같은 정권이 유지되기도 하고 여야가 바뀌어 새로운 정권이 들어서기도 했다. 덕분에 그를 사형대에 세운 법원의 판결은 재심을 통해 무죄로 바뀌었다. 하지만 그의 꿈은 아직도 이뤄지지 못하고 있다. 그가 죽음으로 이루고자 했던 꿈을 알기에 우리들의 가슴을 더욱 아파온다.

세상 돌아가는 줄 모르고 그날 밤을 지냈다. 늦은 아침이 되었는데도 기상하라는 지시가 없다. 일어난 사람에게는 도로 누우라고 교도관이 호령한다. 아무도 일어나지 못하게 감시한다. 이상하다. 교도관에게 왜 이러는가 물으니 대답이 없다. 한참 시간이 흘러서야 기상하라 한다. 불길한 예감이다. 아래층 세면장에 내려갈 순번이 되자 나는 며칠 전에 전방 온 서도원 동지 방으로 교도관의 제지를 뿌리치고 달려갔다. 침울하게 앉아 있는 사람들에게 물으니 아침에 끌려 나갔다는 것이다. 왈칵 치밀어 오르는 울음을 누를 길 없었다. 나는 창살을 붙들고 울먹이며 나갈 때 어찌하고 나갔느냐고 물었더니, "모두들 통일된 조국에서 행복하게 잘 사시라" 하시면서 담담한 표정으로 끌려 나갔다고 한다. (전창일, 「세칭 인혁당 사건을 말한다」, 민청학련계승사업회, 『실록 민청학련 1974년 4월』 4권, 2005)

▲ 경기도 이천시 민주화운동기념공원에 있는 서도원의 묘

도예종

둘이 한 몸
—서도원과 도예종의 혁명적 우정

그날
포도를 사서 종이봉지에 담고
다 큰 어른이 어린아이처럼 걷고 뛰다가
그만 넘어져
흩어진 포도를 찢어진 봉지에 다시 주워 담아
가슴에 겨우 오두바* 쥐고
재차 걸었다

서 선생의 큰 여식
이리저리 알음을 동원해 높은 사람 연락하고
특유의 설득력으로
그렇게 직장이 귀하던 시절에
은행에 취업시키는 데 성공한다

이 소식 빨리 알리려
정신없이 서 선생 댁으로 가는 길

그날따라
서 선생 댁 가는 길은

멀고 멀었다

자식들이 많고 곤궁했던,
형님 같은 친구를 위해
'한 건' 한 기쁨에 벅차
포도를 움켜 안은 어설픈 자세로
환하게 웃으며 삽작걸** 들어섰다

* 오므리다(경상도 방언)
** 사립문 주변(경상도 방언)

1964년 7월이 되면서 전국에 수배전단지가 뿌려진다. 전 민자통 조사위원장, 전 민민청 경북맹부 간사장 도예종을 국가보안법 및 내란음모 등 위반자로 수배한다는 내용이었다. 현상금은 10만 원! 당시로는 쌀 80킬로그램짜리 30가마니를 살 수 있으며, 전국씨름대회에서 우승자에게 주어지던 황소를 네 마리나 살 수 있는 큰돈이었다. 그렇다면 이렇게 큰돈을 걸고서 박정희가 잡으려 했던 도예종은 누구인가? 정말로 중정의 말대로 국가를 전복시킬 수 있는 능력을 가진 어마무시한 사람이었던가? 아니면 날로 커져만 가는 국민들의 한일회담 반대시위를 무마하기 위해 꾸며낸 조작극이었던가? 과연 진실은 무엇인가?

교육자로 성장하다

도예종은 1924년 12월 25일 경남 울주군 두동면 봉계리 89번지에서 부친 도경성과 모친 최재동 사이에서 5남으로 태어났다. 열다섯 살이 되던 1939년 일본 동경으로 유학을 떠나기 전까지는 경주에서 살면서 공립경주보통학교(현 계림초등학교)를 졸업했으며, 시내 화신연쇄점 점원, 보생위원 사환으로 일했다. 울산에서 태어나 경주에서 성장한 것은 자세한 이유는 알 수 없으나, 부친의 호적이 경주시 서악동인 것으로 보아 친인척들이 경주에 살고 있어 성장기를 이곳에서 보낸 것으로 보인다. 실제 인혁당 사건에 같이 연루되는 종질 도혁택은 당시에 경주시 청동에 살고 있었다. 일본 동경으로 건너가서는 동경 영수학원에 입학하여 1년을 수료한 후, 동경 서성중학에 진학하여 노동하며 고학생활 끝에 1944년 2월에 졸업하고, 3월에 고향으로 돌아왔다.

이때 나이가 열아홉 살이었다. 귀국해서 자신보다 두 살 아래 열일곱 나이의 김필영과 결혼을 하여 슬하에 3남 2녀를 두었다. 이후 그는 8·15 해방을 맞이하기 전까지 가업인 농사일을 도왔다.

도예종은 해방이 되자 다음 해인 1946년 8월에 초등학교 교사시험에 합격한 후, 1946년 12월 15일 고향인 경남 울산군 두동면 봉계리 봉월초등학교(1944년 개교, 현 울산시 울주군 두동면 봉계리에 있었던 공립초등학교, 2012년 두동초등학교와 통폐합) 교사로 취직했다. 이 시기에 도예종이 남로당에 가입했다고 한다. 남로당에서 도예종이 무슨 활동을 했는지는 알려지지 않았으나, 이 시기 사촌 도응종(도혁택의 부친)이 경주지역에서 인민위원장을 했다고 한다.

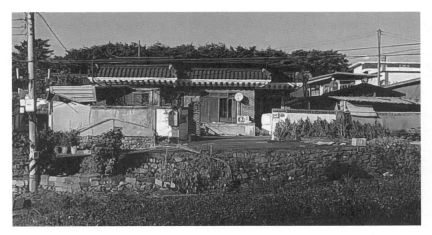

▲ 도예종 생가터(경남 울주군 두동면 봉계리 89번지, 2022년 9월 촬영)

1948년, 영주군으로 건너간 도예종은 영주 서부초등학교 교사가 되었으며, 한국전쟁이 나자 1951년에 영주를 떠나 대구로 옮겨와 대구대학 경제학과 3학년에 편입함과 동시에 대구초등학교와 성서초등학교 교사로 일했다.

대구대학

도예종이 영주를 떠나 대구대학 경제학과에 입학한 것은 특별한 의미가 있어 보인다. 우선 대구대학 설립 경위를 보자. 현재의 대구대학교가 아닌 옛 대구대학은 경주 최부자 후손인 문파 최준(1884~1970)이 해방되던 해 10월에 대학설립준비위원회를 구성하여 1947년 9월 22일 문교부로부터 인가받은 단과대학이다. 대구대학은 최준을 비롯한 경북지역의 독지가들이 희사한 재산을 기반으로 세워졌으며, 인재를 양성하여 지역사회를 발전시키자는 취지로 설립되었다. 이후 1960년대 중반까지 20여 년간 지속하면서 지역인재를 육성하였으나, 박정희 정권이 들어선 후 교육지원책이 부실해지면서 경영난에 빠지게 되었다. 이에 설립자 최준은 1965년 삼성 이병철 회장에게 "대구대학을 좋은 대학으로 만들겠습니다"라는 약속을 받고 무상으로 경영권을 넘겨주었다. 그러나 곧이어 사카린 밀수 사건으로 위기에 빠진 이병철은 이를 모면하기 위해 최준과의 약속을 헌신짝처럼 버린 채 박정희에게 대구대학을 헌납하고 말았다. 경북지역의 인재육성이라는 창학정신이 사라지는 순간이었다. 여기에 박정희는 당시 중정부장이었던 이후락을 통해 아나키스트 항일운동가 야청 최해청(1905~1977)이 1950년에 설립한 청구대학마저 빼앗아 대구대학과 병합하여, 현재의 영남대학교를 설립하였다(1967년 12월 22일). 이러한 과정으로 인해 지금까지도 영남대학교의 소유권 논란이 지속되고 있다.

또한 대구대학에는 여민 이종하(1913~2007) 선생이 법대 교수로 재직하고 있었다. 여민은 대구 에스페란토협회 설립자이며, 1946년 대구 10월 항쟁 당시 대구사범대학 교수로 있으면서 시민대표로 미군정과의 협상에 참여했으며, 1950년부터(1967년까지) 대구대학 교수로 재직하면서 1958년 11월 10일 한국노동법학회를 창립하여 대구에서는 '노동자를 사랑하는 노동법 교수'로 불렸다. 사월혁명 이후 한국교원노동조합 고문을 맡았으며, 1961년에 경북지역 2대 악법 반대투쟁위원회 부위원장을 맡았다. 또 대구대학 제자인 도예종과 함께 교원노조 지지투쟁과 2대 악법 반대투쟁에 참여하였다. 이 시기 도예종이 《영남일보》에 노동법과 관련한 투고를 하게 된 것도 이종하 교수의 가르침 덕분이었다. 노무현 정부 비서실 초대 정책실장을 맡아 '동반성장론'을 내세웠고, '참여정부'라는 명칭을 제안한 이정우 교수가 그의 둘째 아들이다.

도예종은 이러한 대구지역사회에서 영향력을 갖춘 대구대학에 편입하여 2년 만인 1953년에 졸업장을 받았다. 그리고 수년간 종사해오던 교직을 그만두고 대구대학 경제학과 조교가 되었다.

도예종은 대구대학에서 또 다른 동지를 만나게 되었다. 1975년 4월 9일 인혁당재건위 사건으로 도예종과 함께 사형당한 송상진(1928~1975)은 1956년 대구대학 경제학과에 입학하여 1959년에 졸업하였으며, 인혁당재건위 사건으로 무기징역을 받고 8년간 옥살이를 한 정만진(1940~1998)은 1958년 대구대 법학과에 입학하여 1965년에 졸업하였다.

1956년 5월 도예종은 다시 경주로 간다. 대구대학을 설립한 문파 최준이 경주에 자신의 호를 딴 문파교육재단을 만들어 1955년에 설립한 계림학숙(초급대학)의 전임강사가 된다. 그러나 계림학숙은 설립 3년 만인 1958년에 '교육시설 미비와 정원 미달'로 문교부로부터 폐교조치를 받아 대구대학과 통합이 되고 말았다.

이때 도예종은 계림학숙에 단순히 전임강사로만 활동한 것이 아니라 계림학숙을 정식 대학으로 발전시키기 위해 경영진의 일원으로 참여하였다. 도예종의 장남 도한구의 기억을 들어보자.

제 기억으로는 아버지가 계림대학을 만들기 위해 노력을 했습니다. 우선 설립자인 최준 씨와 저희 할아버지가 잘 아는 사이였습니다. 그래서 도예종은 최 부자 집안에 경주에도 대학을 만들자고 제안을 했고, 이 제안에 동의한 최 부자 집안에서 땅과 건물을 마련해주었다고 합니다. 그리고 경주에서 사시던 저희 큰아버지가 논밭을 팔아 대학 운영자금을 마련하셨다는 이야기를 들었습니다. 큰아버지가 큼지막한 돈 자루를 아버지에게 건네던 기억이 납니다. 그러나 오래가지는 못했지요. 제 꿈이 아버지의 꿈을 이어받는 것입니다. 지금도 제가 하고 있는 일이 잘 된다면 저는 아버지의 뜻을 따라 계림대학을 다시 설립하여 운영해보고 싶습니다. (도한구 인터뷰, 2016)

▲ 계림대학의 개교를 알리는 광고(《동아일보》 1955년 5월 5일 자)

그런데 수상한 신문기사가 하나 발견된다. 계림학숙이 1955년 5월에 인가받았는데, 같은 해 8월 문교부 국과장회의에서 전국에 대학을 조사해보니 '대학 설치기준령에 맞지 않는 대학들이 많다며, 특별한 행정조치를 취할 것이다'라는 취지의 문교부 발언이 보도되었고, 그 기

사에 문제학교로 '계림학숙'이 포함되어 있었다. (《동아일보》 1955년 8월 26일 자 1면 사설)

당시 계림학숙의 이사장은 최준이며, 학장은 김범부(1897~1966)였다. 시인 김동리의 친형이기도 한 김범부는 한학을 공부하였으며, 동경제국대학 독어독문학과를 졸업했고, 이외 일본에서 동양철학과, 영어학과 등을 졸업해 외국어에 능통하였으며, 한때 양주동, 최남선과 함께 조선의 3대 천재로 불렸던 사람이다. 1950년 2대 민의원 선거에서 무소속으로 부산 동래구에서 출마하여 당선되었다. […] 이승만은 국회에서 다시 2대 대통령으로 재선출되기가 어려워지자, 대통령 직선제 개헌을 추진한다. 그러나 야당의 반대로 부결되자, 당시 이승만은 직선제 개헌안을 통과시키기 위해 '백골단', '땃벌떼(땅벌떼)'라는 정치 테러단체를 만들어 반대하는 국회의원을 협박하거나, 국회의원들에게 비밀투표가 아닌 기립투표를 하게 하는 등 반대의견이 나오지 못하도록 철저하게 통제하여 개헌안을 통과시킨다.(발췌개헌) 하지만 김범부는 다른 두 명의 의원들과 폭력에 굴하지 않고 기립을 끝까지 거부하여 반대의사를 분명히 표시하였다. 당시 발췌개헌안에 끝까지 반대한 야당의원은 다섯 명이었는데, 회의에 참석한 김범부를 포함한 3명과 국회에 참석하지 않은 박순천 여사와 또 한 명이 있었다. (이희환, 「김동리와 남한 '국민문학'의 형성」, 2007)

결국 김범부는 이승만에게 미운털이 박히고 말았다. 또한 일제강점기 독립운동에 자금을 지원했던 이사장 최준 역시 친일파 청산을 도외시한 이승만과 원만한 관계가 아니었다. 이승만과 정치적 대립으로 계림학숙이 문을 닫았다는 것을 입증할 증언이나 자료가 발견되지는 않았지만, 설립된 지 3개월도 안 된 학교가 문교부의 경고를 받았다는 것은 정상적인 상황에서는 있을 수 없는 일이다. 게다가 최 부자 집안과 도예종 가계에서 돈을 대고 있었으며, 경주 출신으로 전국에 이름난 인물이던 김범부가 학장으로 있는 계림학숙이 '재정 곤란'이나 '정원 미달' 등으로 대학 설치기준령에 맞지 않게 운영되었다는 점도 이해할 수 없다. 이러한 비정상적인 문교부의 경고장이 계림학숙으로 날아든 것은 학장과 이사장이 대통령과 불편한 관계에 있었기 때문임을 어렵지 않게 추측해볼 수 있다. 이렇게 이승만과 박정희 집권 시절에 대구대학이나 계림학숙처럼 대통령과 정치적으로 대립했던 집단이나 개인을 숙청한 사례들은 비일비재하다. 그런 탓이었을까. 권력에 순응하기 시작한 김범부는 박정희 5·16 쿠데타 이후 박정희의 외곽지지 세력인 '오월동지회'의 부회장으로 취임한다. 이 단체는 1963년 6월 13일에 결성되었으며, 회장은 박정희 최고회의 의장이었다. 단 40여 일 만에 회원 16만 명을 모았다고 한다. 한때 '5·16 이후 박정희의 사상적 스승'으로까지 불렸던 그는 70세인 1966년에 돌연 사망한다. 그런 선대의 인연으로 그의 조카 김○○ 변호사는 2016년 박근혜 대통령의 탄핵심판 대리인으로 참여한다.

어찌했든 대학 설립이라는 풍운의 꿈을 갖고 계림대학의 전임강사가 되었던 도예종은 계림학숙이 대구대로 병합이 되자, 1958년 12월 전임강사 자리에서 물러나 상주고등학교 교사로 취직한다. 이때 도예종의 나이가 34세였다.

한편, 도예종은 1957년 대구국민학교에 재직하고 있던 경주 출신의 신동숙(1930년생)을 만나 재혼한다. 전 부인과는 한 해 전에 이혼했다. 나이도 나이지만 재혼이란 점에서 신동숙 집안에서는 반대가 심했다. 하지만 뜻을 굽히지 않고 가족들을 설득한 신동숙의 결심대로 결혼은 이뤄졌다.

> "사실 키도 작고 뭐 인물이 좋은 것도 아니고, 돈이 있나, 학벌도 그렇고, 단지 머리가 좋고 뜻이 있는 사람 같아서…. 또 경제학 공부를 하셨잖아요. 대구대학 교수들과 토론을 해도 안 밀리고 그때 내가 '머리는 좋으시니까 내가 뒷바라지를 해서라도 경제학 박사 또 노벨상도 받게 하고 그게 뜻있는 일이다'라고 생각을 했죠. 그렇게 도 선생이 경제학자가 되기를 바랐는데 정치활동을 할 줄은 꿈에도 몰랐죠. 필체도 좋으시고 목청도 좋아 망년회 뭐 이런 행사가 있으면 사람들에게 노래를 부르라고 하고 학교에서 학생들이나 선생들에게 인기가 좋았죠. 그리고 항상 민족을 내세우는 이야기를 하고 '우리가 미국의 식민지다. 일제강점기나 다름없다. 우린 독립을 해야 한다'고 그랬죠." (4·9통일평화재단구술사업, 『인민혁명당과 혁신계의 활동』 신동숙 편, 2012)

영주교육감

1960년 사월혁명이 일어나고 이승만이 물러나자, 도예종은 접었던 꿈을 다시 펼친다. 이번에는 교육감 선거에 뛰어든다. 우리나라의 교육감은 1992 년까지는 대통령이 임명하였으나 1992년 이후부터는 교육위원이 선출하는 간선제 방식으로 바뀌었으며, 2006년에 직선제가 도입되어 첫 교육감 직선제 선거가 2010년 지방선거 때 치러졌다. 1960년 사월혁명 직후에 일부 지역에서 교육감을 대통령이 직접 임명하지 않고, 교육주체(교육위원, 학부모)들이 선출하는 직선제로 선출하는 경우가 있었다.

이 같은 사례들은 서울시 김영훈 교육감이 사임하자, 열한 명의 시교육위원 투표로 새로 교육감을 선출하기로 했다는 기사(《동아일보》 1960 년 5월 10일 자)와 강원도 원성군에서 교육감을 군내 교원들이 직접투표로 뽑기로 했다는 기사(《경향신문》 1961년 5월 4일 자)에서 확인된다.

이는 이승만이 임명한 교육감들이 사월혁명 이후 대통령이 사임하자 자신도 스스로 물러나거나, 비위사실들이 폭로되어 법정 구속당하는 경우가 생겨서 문제가 많은 '하향식 임명'보다 '상향식 투표'로 선출하자는 의견이 대두되었기 때문이었다. 그러자 임시정부인 허정 내각은 교육계의 목소리를 마음대로 무시할 수 없어 교육감 직선제에 동의하게 된다.

이승만 정권에서 임명되었던 영주군 송병찬 교육감이 불법 선거자금을 제공한 사실이 드러나 1960년 6월 1일 구속되었다. 이후 영주군에서도 교육감을 '상향식 투표'로 선출하게 된다. 여기에 도예종이 후보로 등록하여 당선되었다. 투표권을 누가 행사했는지는 알 수 없으나, 영주군의 교육주체들의 지지를 받아 선출된 것으로 보인다. 그러나 도예종의 교육감 당선을 달가워하지 않는 세력에 의해 발령이 나지 않았다. 이에 대해 도예종의 장남 도한구는 이렇게 설명한다.

> "아버님이 영주군 교육감에 당선되었지만 당시 민주당 소속 참의원이었던 이원만(1904~1994)의 반대로 교육감에 임명되지 못하였습니다. 코오롱 창업주인 이원만은 1960년 7·29 선거에서 참의원 경북 선거구에 민주당 후보로 출마하여 당선된 인물이었습니다. 그는 자기가 아는 사람을 교육감에 당선시키려 했으나 저희 아버님이 당선되자, 이를 달가워하지 않았던 것입니다. 이원만은 5·16 쿠데타로 박정희가 권력을 잡고 1963년에 공화당을 창당하자, 민주당을 탈당하여 공화당 후보로 대구 동구 국회의원 선거에 출마하여 당선되었던 사람입니다." (도한구 인터뷰, 2016)

코오롱그룹 창업주 이원만(1904~1994)은 포항에서 태어나 일본에서 유학을 하고 해방이 되자 귀국하여 1947년 경북기업주식회사를 창립하고, 1956년 재일한국무역협회회장에 당선된 사람이었다. 그런 그가 1960년 7·29 선거에 민주당 후보로 경상북도 참의원(대선거구)에 출마하여 5대 국회의원으로 당선되었다. 임기는 6년이었으나 5·16 쿠데타로 1년 만에 의원직을 잃고 만다. 그러나 쿠데타 세력에 동조한 그는 1963년에 공화당 소속 후보로 대구 동구에 출마해 6대 국회의원이 된 인물이었다.

장남 도한구는 아버지 도예종이 이원만의 방해 공작으로 교육감에 취임을 못했다고 증언하고 있으나, 7월에 당선된 경상북도 참의원이 영주교육감 선정에 어느 정도 영향력을 발휘했는지는 불명확하다. 당시 영주군 민의원은 민주당 황호영이었다. 다만 교원노조 설립에 반대했던 장면 정권이 교원노조운동에 참여했던 도예종이 교육감으로 선출된 것에 대해 불만이었던 것은 사실이다. 명보위에서는 이에 대해 "1960년 4·19 당시 교원노조운동에 참여하면서 같은 해 5월경 영주교육감 선거에 출마하여 당선되었으나 민주당 정권에서 발령을 내지 않아 동직을 수행하지 못하였고"라고 판단하였다.

한 가지 더 짚어 보자면, 현재 영주교육지원청 홈페이지에는 송병찬 교육감이 1958년 10월 27일부터 1960년 2월 20일까지 근무하고, 이어 1960년 2월 21일부터 1962년 2월 20일까지 김한묵이 교육감을 했다고 적혀 있다. 그러나 당시 신문기사들을 보면 송병찬은 6월 1일 구속되어 교육감 자리가 공석이 되었으며(《동아일보》 같은 날 기사) 김한묵은 8개월 뒤인 1961년 2월 23일 임명된 것으로 보도되었다(《조선일보》 '정부인사'란). 이 두 기사들로 보아 영주교육청 홈페이지 기록은 잘못된 것이며, 이 교육감 자리가 비어있던 8개월은 선출된 도예종을 발령을 내지 않았기 때문에 생긴 공백기로 판단해 볼 수 있다.

사월혁명의 시작, 대구

기다리던 교육감 발령은 결국 나지 않았다. 도예종은 상주에서 다시 대구로 근거지를 옮긴다. 대구에서 대구대학에서 만난 인물들을 다시 만난다.

　　당시 대구는 일제강점기 시절부터 '조선의 모스크바'라는 별칭이 붙을 정도로 진보적인 인사들이 대거 포진하고 있었다. 또한 한국전쟁 당시 북의 미점령지로서 전쟁 이후에도 다수의 진보적인 인사들이 존재하고 있었다. (《한겨레신문》 2017년 1월 11일 자, 「좌파도시 대구는 어떻게 반공과 지역주의의 첨병이 되었나」)

　　"그럼에도 다른 지역에 견주어 대구지역에서 활발하게 운동이 전개된 까닭은 지역성에서 찾을 수 있다. 대구는 영남권의 중심지로, 정보와 교통, 물산이 집중하는 곳이었다. 근대에 들어와서는 민족자본가, 외국 선교사 그리고 일제에 의해 설립된 많은 학교가 있으며, 경상도와 전라도를 담당하는 2심법원이 대구에 있어 근·현대 영남지역의 교육·문화의 중심지로서 인재를 배출해내는 저수지 역할을 담당하였다. 아울러 근대 이후 꾸준히 진행되어 온 대구의 도시화는 대민 접촉 공간의 밀집성, 정보 이용의 용이성으로 여론 형성이 쉽게 이루어지는 공간을 형성하여 정부 정책 등에 비판적인 의식을 형성하는 작용을 하였을 것이다. 무엇보다 대구지역의 진보적 성격은 한국전쟁 중 북한의 점령지가 되지 않은 몇 개의 도시 중의 하나였다는 점과 관련 있다. 이것은 다른 지역에 비해 진보세력의 보존이 잘 되었다는 점, 그리고 시민적 가치의 훼손이 상대적으로 적었다는 점을 의미한다." (윤정원, 「제2공화국 시기 대구지역 통일운동의 조직과 활동」,『사회와 역사』제108집, 2015)

"첫째 4·19 당시 서울 인구가 245만이며, 대구는 68만 정도였고 큰 군 단위는 대개 10~15만 정도였다. 그러니까 아직 자본의 축적과 이에 따른 도시화가 본격화되지 않은 시점이었다. 지금처럼 모든 정치의제가 서울에서 시작하고 서울에서 끝나는 구조는 전혀 아니라는 사실이다. 그다음에는 대구를 비롯한 영남권이 매우 진보적이었으며, 특히 대구는 박정희가 미국의 사주에 의해 쿠데타를 일으켜 대구를 정치적으로 점령하기 전까지는 서울과 함께 진보 대중운동의 전국적 구심 역할을 했다는 사실이다. 즉 4·19 전후하여 요즘으로 말하면 광주 이상의 역할을 한 지역이었다." (함종호, 「경북대구 통일운동의 뿌리찾기」, 2018)

대구의 진보성에 대해 주목할 만한 부분이 지역언론이었다. 당시 대구지역 언론 현황을 취재한 《사상계》 1961년 5월 호에서는 "최대 5만 부를 발행하는 《대구매일》(1946년 창간), 최대 2만 부를 발행하는 《대구일보》(1945년 창간), 최대 4만 부를 발행하는 《영남일보》(1945년 창간), 1만 부 내외를 발행하는 《시사일보》(1951년 창간) 등 4대 신문이 있었다."고 보도하였으며, 여기에 서울의 일간지들까지 빠짐없이 내려와 좁은 시내 바닥에 신문이 넘쳐났다고 했다. 심지어 '아침에 사소한 사건이 대서특필되어 저녁의 화제로 강요되는 실정'이었고, 시청이나 도청에서는 기자를 찾는 소리가 비명을 울렸다고 한다. 실제 《영남일보》는 서울의 중앙언론사에도 없는 비행기를 마련하여 취재 경쟁에 나섰다고 한다.

이러한 대구지역의 진보성은 1956년 대선 당시 대구에서 조봉암 후보의 지지율이 72.26퍼센트였다는 사실에서도 확인할 수 있다. 당시 조봉암 후보의 전국 평균 지지율이 30퍼센트대였던 것을 감안하면 상당히 높은 수치이다. 게다가 대구에서는 사월혁명과 3·15 마산항쟁에 앞서 2·28 민주운동이 일어나 사월혁명을 예고하였다. 이러한 시기에 대구로 돌아온 도예종은 혁신계의 중추적인 인물로 활약하게 된다.

경북시국대책위원회

사월혁명이 일어나자 대구지역의 원로그룹인 독립운동가 출신들이 모여 시국선언을 발표하고 민주구국동지회를 결성한다. 결성장소도 독립운동가 야청 최해청이 설립한 청구대학이었다. 민주구국동지회는 당시 대구사회의 혁신계 인사들의 입장이 담긴 여론을 형성하는 역할을 하였다. 그러나 패배로 끝난 7·29 총선 이후 새로운 변모가 필요하였다. 아직 혁신계의 입장이 지역민들의 마음까지 사로잡지 못했다. 또한 새롭게 출범한 제2공화국이 평화통일은커녕 친미사대주의 경향에서 벗어나지 못하고 있었다. 그래서 1960년 10월 22일에는 민주구국동지회를 확대하여 경북시국대책위원회로 발전시킨다. 이 단체에 위원장은 민주구국동지회의 좌장 역할을 하던 안경근이 맡았다.

안중근 열사의 사촌동생인 안경근은 1896년 황해도 신천에서 태어나 1918년 중국으로 망명하여 원난 육군강무학교를 졸업하고 황포군관학교 교관을 지냈다. 1932년부터는 김구의 보디가드로서 '한국특무대독립군학생훈련소'와 '중국육사 낙양분교 한인특별반' 등에서 교관을 맡았다. 이후 일본군이 상해를 점령한 뒤 중국 내륙까지 전쟁을 확대하자 장개석의 군대에 들어가 항일전쟁을 벌이다가 해방직전 광복군에 참여하였다. 1946년 5월에 귀국한 뒤, 1948년 4월에 평양에서 열린 '남북제정당사회단체연석회의' 성사를 위해 김구의 특사로 북에 파견되어 김일성과 김두봉을 대면하고 김구의 입장을 전달했다. 그의 노력 덕분에 김구는 북행길에 오를 수 있었다. 하지만 본인의 바람과 달리 조선은 남북으로 분단되어 급기야 동족끼리의 뼈아픈 전쟁을 치르게 된다. 전쟁이 발발하자 안경근은 대구로 피난을 왔으며 그 뒤로 대구에 머무르며 시민사회의 원로로 대접받고 있었다. 이때 그의 나이는 52세였다. 그는 경북시국대책위원회를 시작으로 경북민통련 위원장, 전국조직인 민자통 경북 대표로서 참여하였다. 하지만 박정희의 쿠데타로 그의 애국충절의 인생길은 끝나고 만다. 그는 쿠데타 세력에게 체포되어 재판받아 7년 형을 선고받고, 1963년 12월 16일 구속된 지 2년 6개월 만에 석방되었다. 이후 정치와 관련된 활동을 접고, 항일운동 훈장도 거부한 채 남은 인생을 살다가 1978년 12월 9일에 사망하였다. 사망하기 한 해 전인 1977년 건국훈장 독립장을 받았다. 이때 같이 활동한 조카

안민생은 7년 옥살이를 하다가 1968년에 출옥하였다. (정운현,『안중근家 사람들』, 2017)

　도예종은 경북시국대책위에 참여한 것으로 보인다. 경북시국대책위 원회는 1960년 11월 12일 대구 종로초등학교에서 '통일문제시국대강회'를 개최하였으며, 이 자리에는 3천여 명의 시민들이 참여하였다. 이 당시 도예 종은 서도원과 함께 지역의 원로들과 만나며 시국을 논의했는데, 이러한 내용은 강창덕(인혁당 사건 관련자)과 도혁택(도예종의 조카, 민민청 경북 맹부 회원) 그리고 류근삼(민민청 경북맹부 회원) 등의 증언에서 드러난다.

> "1960년 11월 26일 경북민통련이 결성되기 전에는 대구시 중 구 소재 아카데미극장 부근에 소재한 성림다방이 지역 혁신활 동가들의 사랑방 구실을 하였다. 이곳에 가면 늘 서도원, 도예종, 송상진을 만날 수 있었으며, 이들이 신구세대를 연결해주는 역 할을 했다고 한다. 권달섭, 박상홍도 다방에 더러 나왔던 것 같 다. 그리고 대구시 중구 남일동 약전골목에 위치한 '월촌약방'은 우종수가 운영하는 침술·약방으로 과거 항일운동을 전개했던 안민생, 안경근 등의 지사들이 자주 모이는 장소였는데, 이곳을 서도원이 자주 방문하여 독립운동가들과 교분을 쌓았다고 한다. 5·16 이후 서도원은 여기서 배운 침술로 치료사로 일하기도 했 다." (윤정원, 「도혁태·강창덕·류근삼의 구술」, 2015)

경북민통련

민주구국동지회와 경북시국대책위원회에 이어 결성된 조직이 경북민족통일연맹(경북민통련)이다.

> 1960년 11월 26일 경북시국대책위원회는 지역민의 통일 열기를 높이고 적극적으로 통일운동을 벌이기 위해 경북민통련으로 전환하였다. 창립 당시 회원이 1만 명에 이르렀고, 대구뿐만 아니라 안동·예천·영천·문경·고령·청도 등에서도 조직 준비 활동이 전개되었다. 1961년 1월 1일 새해에는 통일 관련 내용의 포스터 1만 부를 제작하여 대구 곳곳에 살포하였다. (편찬위원회, 『대구경북민주화운동사』, 2020)

사월혁명이 일어나자 국내외적으로 한반도 평화통일의 기운이 솟구치기 시작한다. 대구의 혁신계 인사들은 이러한 바람을 타고 경북민통련을 결성한다.

> 제1. 피고인 안경근 동 안민생 및 공소외 김성달 등은 서기 1960년 11월 9일 오후 2시경 대구시 종로 소재 경상북도시국대책위원회 사무실에서 평화통일에 관한 시국강연회를 개최할 것을 결의하고 동년 11월 12일 오후 2시경 대구 종로초등학교 교정에서 통일문제시국대강연회를 개최하여 청중 약 3,000여

명이 운집한 동 강연회에서 공소외 류병묵 동 주홍모 등으로 하여금 남북통일을 싫어할 어떠한 이유도 배격되어야 한다. 현 정부는 통일을 원치 않고 있다. 오스트리아식 통한(統韓)논의 주창과 같은 보람 있는 국제기운을 재빨리 받아들여 통일에의 자세를 굳게 하자. 통일을 겁내는 장내각은 소아병적인 피해망상증에 사로잡혀 우리의 일은 우리 스스로 해결하여야 하며 중립노선도 자립노선이라는 내용의 연설을 행하게 하고 […]

제2. 피고인 안경근 동 안민생 동 백규천 등은 서기 1960년 11월 26일 오후 2시경 대구 청구대학 강당에서 개최한 민족통일경상북도연맹(이하 민통련이라 약칭) 상임위원회에 참석하여 우리는 통일 전이라도 우선 우리들의 기본권에 관한 부모처자의 소식조차 모르는 일이 없도록 남북간의 자유와 삶을 위한 경제적 교류와 정치적 목적 외의 인사 왕래 및 문화 교류는 급속히 실현되어야 하고 세계의 그 어떠한 힘도 이것을 막을 수 없을 것이라는 내용의 서결문(誓決文,결의문) 선언문 등을 채택 결의하여 발표케 하여 […] (한국혁명재판사편집위원회, 「경북민족통일연맹사건 공소장」, 『한국혁명재판사』 3권, 1962)

경북민통련의 임원진은 다음과 같다. 위원장 안경근, 부위원장 김성달, 총무위원장 이정상, 총무위원회 기획부장 안민생, 외무위원회 섭외부장 강신용, 조사위원장 백규천, 선전부장 안잠 등이었다. 도예종은 앞서 경북시국대책위원회 때처럼 서도원, 송상진과 함께 경북민통련의 실무 일들을 도

맡았다.

한편, 서울에서는 민자통을 결성하려는 움직임이 일렁였다. 민자통은 해방 직후 부산대 교수 이종률이 조직한 '민족건양회'가 모태가 되었다. 4월 25일 교수단 시위를 주도한 민족건양회는 사월혁명 이후 '진보적이고 평화통일을 지향하는 모든 대중단체, 정치단체, 종교단체 등을 망라한 전선체'를 구성하여 '반민중적 반민족적인 세력'을 끝장내야 한다고 판단하였다.

이종률의 이러한 구상은 7·29 총선 이후인 8월에 가서야 실현된다. 8월 20일 이종률을 포함하여 박래운·함석회·주홍모·문한영·박진 등이 모여 발기인 대회를 가졌으며, 9월 3일에 주비위원회를 결성하고, 10월 10일에 확대발기대회를 개최하여 중앙상무위원 99명을 확정하고 준비위원회로 발전한다. 그리고 위원장으로 심산 김창숙을 선출하였다.

민자통은 창립 준비에서부터 결성과정이 순조롭지만은 않았다. 통일방안에 대한 입장 차이로 인해 통일사회당 계열은 탈퇴하여 '중립화조국통일연맹'(중통련)을 결성하였고, 재정문제와 지도

三·一精神으로 自主統一達成을 宣言

▲ 천도교 본당에서 열린 민자통 출범식 장면(《민족일보》 1961년 2월 26일 자)

력의 한계 등 내부 문제로 결성과정에 어려움을 겪게 되었다. (윤
정원, 「제2공화국 시기 대구지역 통일운동의 조직과 활동」, 『사
회와 역사』 제108집, 2015)

이러한 시기에 경북민통련은 민자통 결성에 참여하기로 하고 상임위
원회 의장으로 김성달을, 조직위원회 부위원장으로 도예종을, 총무위원장
으로 이영옥을 각각 파견한다. 민자통보다 먼저 출범한 경북민통련은 민
자통 경북지부를 자임한 셈이었다. 또한 당시 금성직물 사장이자 경북민통
련 부위원장이었던 김성달은 민자통 활동 자금을 적극 지원하였는데, 그는
"지금의 통일운동은 과거의 항일운동을 하는 것이나 조금도 다를 바 없다"
고 말했다고 한다.

이렇게 한때 조직과 자금난으로 어려움을 겪던 민자통은 경북민통련
의 참여로 재정과 조직에서 안정을 찾게 되자, 1961년 1월 15일 준비위원 1
천여 명의 명단을 발표하고 통일선언서와 강령을 발표한다. 그리고 2월 25
일 1,560여 명의 대의원들이 운집한 가운데 천도교본당에서 출범식을 갖
는다.

통일선언서

"[…] 우리는 외세에만 좌우될 것이 아니라 자주적으로 해결하
려는 노력이 있어야 하겠고 미·소 양국 및 국제의 공정한 협조
를 촉구해야 할 것이다. 또한 이 문제는 우유부단하는 정부의 활

동에만 맡기고 있을 것이 아니라 범민족운동을 통하여 정부를 독려하고 유엔에 제언하는 등의 온갖 활동이 요청되는 것이다. 여기서 우리는 정당 사회단체 및 개인으로서 민족역량을 총집하는 민족자주통일협의회 구성을 준비하면서 3·1 운동의 독립선언 정신에 입각하여 민족자주통일을 선언하는 바이다."

강령

1. 우리는 민족자주적이며 평화적인 국토통일을 기한다.
2. 우리는 민족자주역량의 총집결을 기한다.
3. 우리는 민족자주의 처지에서 국제우호의 돈독을 기한다.

도예종이 부위원장으로 있던 조직위원회의 위원장은 문한영이었다. 문한영(1919~1996)은 함경남도 원산에서 출생하여 원산부두노동자파업 투쟁에 참여하였으며, 원산 건국동맹에 참여하였다. 해방 후에는 지청천 장군의 대동청년단과 대한노총에 가입하여 일을 하였으며, 민세 안재홍의 개인비서로 활동하였다. 그리고 민족건양회에서 일하며 이종률과 친분을 가졌다. 5·16 쿠데타 이후 '민자통 간부로 활동하면서 남북 교류와 평화통일을 주장한 것이 반국가단체로서 북한의 이익이 된다는 점을 알면서 한 것'이라고 하여 징역 10년 형을 받았으나, 그가 사망 후인 2009년 진실화해위로부터 재심 권고 결정을 받아 2012년 12월 24일 서울중앙지법에서 무죄를 받았다.

이 시기 도예종의 통일운동관을 살펴볼 수 있는 글이 있다.

> 민족지상명령이 통일이라면 미국이나 혹은 중립국 뿔럭이니 하
> 는 따위의 외세 의존적 사고방식을 버리고 통일이야말로 곧 우
> 리의 사활문제이니만큼 누가 하란다고 누가 하지 말란다고 하
> 고 아니하고가 문제는 아니다. 우리 민족 자신의 문제를 우리 민족
> 자신이 타개의 길을 발견하고 모색해야 될 줄 믿는다. 현재 통일
> 을 논하는 입장에 있는 사람들이 지나칠 정도로 자기본위에서
> 논리를 전개하는 것 같다. 통일하면 공공(恐共, 공산주의를 두
> 려워한다)한다. 환언하면 통일이 되면 공산주의가 된다고 아주
> 결론을 내린다. (도예종, 《영남일보》 1961년 1월 22일, 「경제적
> 으로 본 통일의 필연성」)

즉, 경제적으로도 외세 의존성을 벗어나기 위해 통일을 해야 하지만,
민주주의를 위해서도 통일이 필요하다는 주장이 담겨 있다.

도예종은 1961년 2월 민자통 활동을 위해 상경하기 전 서도원, 송상
진 등과 부산지역에서 결성한 민민청의 경북맹부를 만들기로 하고 1월 4일
발기인 대회를 진행한다. 그리고 위원장에 서도원을 추대하고 자신은 간사
장을 맡는다.

2대 악법 반대투쟁

이즈음 민주당 장면 정권은 사월혁명 이후 분출하는 민중들의 요구를 힘으로 누르려고 하였다. 게다가 2월에 장면 정권이 야심차게 추진한 '한미경제협정' 체결과정에서 혁신계에서는 '미국에 예속될 수밖에 없는 경제협정'이라며 각계각층이 참여하는 '한미경제협정반대 투쟁위원회'까지 구성해 거세게 반발하였다. 이에 장면 정권은 분출하는 민중들의 요구를 받아들이기는커녕 이를 억누를 수단을 강구하게 된다. 결국 3월 8일 장면 정권은 '집회와 시위운동에 관한 법률안'을 제정하기 위해 심의 중에 있으며, 내무부와 법무부 양 장관이 '반공을 위한 특별법'을 구상하고 있다고 발표하였다. 장면 정권의 이러한 발표에 격분한 시민사회의 각계각층 인사들은 '2대 악법 반대 공동투쟁위원회'(이하 공투위)를 구성하고 그 첫 집회를 서울에서 3월 22일에 열기로 선포하였다. 이후 공투위의 투쟁은 전국적으로 벌어졌다.

이 시기 민자통 사업을 위해 서울에 올라왔던 도예종은 2대 악법 반대투쟁의 확산을 위해 다시 대구로 내려와 있었다. 3월 22일 서울의 반대집회를 규모 있는 집회로 만들어내기 위해서는 무언가 사전 조치가 필요했다.

서도원과 도예종은 경북지역 학생공투위 주최로 2대 악법 반대집회를 전국 최초로 3월 18일에 개최하기로 한다. 이날 대구역 광장에는 1만여 명의 학생 시민들이 모인 가운데 반대집회가 열렸으며, 야간까지 이어진 시위에서는 횃불까지 등장하여 장면 정권을 긴장시켰다. 이날 민민청 경북맹부 위원장 서도원은 '장 정권은 자신의 부패와 무능을 은폐하기 위하여 2

대 악법을 제정하려 한다. 미국의 맥카시 선풍이 예상된다.'라는 내용을 담아 개회사를 했다.

　이렇게 대구에서만 3월 18일 첫 집회 이후, 5만여 명이 모인 4월 2일 대구역 광장 집회까지 총 아홉 차례 집회가 열렸다. 이어 서울의 3월 22일 집회도 대규모로 진행되었으며, 이후 부산역과 마산·전주·원주·이리·안동 등 전국적인 시위가 이어졌다. 시위가 전국으로 확산되자, 3월 24일 내무부 장관은 "2대 악법 반대 데모는 정국 혼란을 목적으로 하는 것"이라 주장하고, 다음 날 법무부 장관도 "어떤 데모가 있더라도 보안법을 보강하려는 정부의 태도에는 변동이 없을 것"이라고 했다. 그러나 장관들의 이러한 발언에도 불구하고 국민들의 반대가 계속되자 민주당은 "금회기의 국회 통과를 포기하고 다음 회기에 야당의 협조를 얻어 통과시킨다"며 한발 물러서고 만다.

남북학생회담

이렇게 하여 2대 악법 반대투쟁을 성공적으로 마무리한 도예종은 쉴 틈도 없이 다시 서울로 급히 상경한다.

　1961년 사월혁명 1주년을 준비하던 학생운동진영에서 논의된 남북통일론은 5월 3일 서울대 민통련(민족통일학생연맹)에서 '① 빠른 시일 안에 남북학도회담의 개최, ② 남북학도간의 기자교류, 학술토론대회, 예술·학문·창작의 교류, 체육대회의 개최' 등을 제안하면서 불이 붙기 시작한다.

당시 민자통 조직위원회 부위원장이었던 도예종은 학생들의 상황을 파악하여 민자통에 보고하였다. 이틀 뒤인 5월 5일 북에서는 평양방송을 통해 '서울대 학생들의 제안을 받아들인다'고 발표하였다. 이어 6일에는 장충단공원에서 '남북학생회담 성사를 위한 실무자회담'이 개최되었다. 이 자리에는 각 대학 학생대표를 비롯해 도예종 등 민자통과 민민청의 주요 간부들이 참여했다. 그리고 5월 13일 동대문 서울운동장 육상경기장에서 '남북학생회담 환영 및 민족자주통일촉진궐기대회'를 열기로 합의하였다.

5월 13일 오후, 민자통 주최로 열린 대회에는 5만여 명의 시민, 학생들이 모여들었다. 대회에서는 각계의 대표들의 궐기사와 더불어 '장 총리 및 유엔 사령관에게 보내는 메세지'가 채택되었으며, '남북학생회담을 전폭

▶ 1961년 5월 13일 서울운동장 민자통 집회(《민족일보》1961년 5월 14일 자)

적으로 지지한다'라는 결의문이 낭독되었다. 이날 연사들은 '자주적이고 평화적인 남북통일을 이룩하는 길은 남북협상이고 남북학생회담은 남북한정당사회단체간 협상의 서막'이라고 강조하였다. 대회를 마치고 종로와 을지로를 거쳐 서울역 광장까지 행진을 하였다.

휴전 7년 만에 가장 큰 통일촉구집회가 열렸다. 대회에 참가한 평화통일론자들에게는 매우 감격적인 자리였다. 하지만 사흘 뒤, 박정희 쿠데타

세력은 채 피어나지도 못한 평화통일의 싹을 군홧발로 짓밟아버린다.

　　이 시기 도예종은 민민청 중앙맹부 간사장인 김금수의 하숙집에 임시로 머물고 있었다. 이때 도예종을 처음 만난 김금수는 다음과 같이 회고하였다.

> 두 분 선배들을 만나게 되는데, 선후배 관계보다는 지향점이 같다고 봐야지. 민족민주혁명 노선이야. 그분들은 남로당의 마지막 세대로 봐야 되고. 처음부터 변혁적인 사람들이고. 4·19 공간에서 할 수 있는 일은 '민자통'이고, '민자통'을 뒷받침할 수 있는 세력이 '민민청'이다. 이렇게 판단을 한 거지. 그러니까 우리 같은 후배들을 만나면 좋을 수밖에. 우리는 '멘토'라고는 없었는데, 이때 처음으로 […] (박미경,『김금수 회고록-인간조건을 향한 역정』, 2015)

　　김금수는 그의 회고록에서 도예종을 '처음으로 만난 진짜 변혁운동가'라고 했다. 짧은 만남이었지만 자신의 인생에 '마지막 멘토'였으며, '민족민주혁명의 정치노선과 조직노선을 확실하게 인식했다'고 적고 있다. 그리고 이 당시 도예종을 기억하는 또 한 사람이 있다. 도예종과 같이 1차 인혁당 사건으로 옥고를 치른 성대경이다.

　　질문자: 도예종 선생님은 어떠셨어요? 인상이 어떠신 분입니까?
　　성대경: 쪼끄만 분이, 새카맣고 단단하게 생겼지. 근데 굉장히

그 달변이시고, 특히 마르크스 경제학에 굉장히 그 통
달을 하셨고, 그리고 정세파악 같은 게 굉장히 아주 예
리하고 굉장히 활동적인 분이었습니다. (4·9통일평화
재단구술사업, 『인민혁명당과 혁신계의 활동』 성대경
편, 2014)

5·16 쿠데타

사월혁명이 일어나기 전 부산군수기지 사령관 박정희는 현실정치에 불만
을 품고 쿠데타를 꿈꾸고 있었다. 그러나 학생들에 의해 사월혁명이 일어나
고 이승만이 실각하자 꿈을 접을 수밖에 없었다. 그러던 중 다시 기회가 왔
다.

1961년 상반기에는 장면 정권의 실정으로 '3~4월 위기설'이 널리 퍼
져 있었다. 특히 사월혁명 1주년이 그 위기의 촉발점이 될 것이라는 주장이
었다. 실제로 장면 정권의 실정에 분노한 대학생들은 사월혁명에 버금가는
시위를 준비하고 있었다. 하지만 군부 쿠데타를 염려한 학생과 혁신계 인사
들이 대규모 시위를 벌였으나 침묵시위로 일관하여 경찰들과 큰 마찰은 없
었다. 사월혁명 때처럼 피비린내 나는 경찰과 시민 간의 대치를 기대했던
박정희는 당황했다.

이렇게 쿠데타를 꿈꾸고 있던 박정희가 실망할 무렵 학생 민통련이
주도하고 민자통이 후원한 '5·18 남북학생회담'이 실현될 가능성이 커지자,

발등에 불이 떨어진 것은 미국이었다. 이에 대해 역사학자 서중석은 다음과 같이 이야기한다.

> 미국은 장면 정부를 상당히 불안하게 여기고 있었다. 사실 민간인 정부에 대한 불신이었다. 민주와 자유를 어느 정도 지키는 민주주의 정부가 과연 한국에 적합한가 하는 것이었다. 진보 세력이 등장해 통일 운동 같은 걸 펼 것이라는 두려움인 건데, 그 두려움은 바로 현실로 찾아왔다. 4월 혁명 후 통일 운동이 활발하게 일어나는 것은 물론 한국전쟁 전후 학살을 비롯한 과거사의 진상을 규명하자는 주장도 강하게 나온다. 미국은 '저게 어디로 진전될 것인가'하는 것에 상당한 두려움과 걱정을 갖고 있었다. 그러면서 장면 정부 대신 자기들이 정말 믿는, 탄탄한 반공 정부가 들어서는 것을 생각했을 수 있다. 다만 쿠데타를 직접 지원했겠느냐. 그건 아닐 것이라고 볼 수 있지만, 쿠데타가 진행되는 것을 막을 필요를 미국이 못 느꼈다는 것도 확실한 것 아니냐고 볼 수 있을 것 같다. (《프레시안》 2014년 6월 18일, 「서중석의 현대사 이야기」〈46〉 5·16 쿠데타, 다섯 번째 마당)

또, 시간이 흘러 공개된 5·16 쿠데타 당시 미국 정부의 문서자료를 취재한 MBC 이인용 워싱턴 특파원은 1996년 10월 8일에 다음과 같이 보도한다.

미 국가안보위원회의 로버트 존슨은 1961년 6월 28일 로스토우 대통령 안보담당 부보좌관에게 다음과 같은 메모를 보냅니다. '더 큰 위험은 쿠데타 주요 세력이 남북통일이 가능하고 바람직하다고 믿는 것이다.' 미국은 5·16 쿠데타로 한국의 민족주의적인 성향의 정권이 등장해 미국의 영향력 밖에 놓일 것을 우려했습니다.

그리고 이인용 특파원은 1961년 8월 5일 딘 러스크 국무장관이 주한 미 대사관에 다음과 같은 전문을 보낸 사실도 보도한다.

미국은 앞으로 몇 년 동안 박정희나 박정희가 선택한 사람을 한국의 지도자로 받아들일 수밖에 없다. 한국에서 지도자로서 요구되는 충분한 정보와 비전, 군에 대한 장악력을 갖추고 있는 사람은 박정희가 유일하다.

당시 미국은 쿠데타 세력 중에서도 '남북통일이 가능하고 바람직하다'고 생각하는 세력조차도 허용하지 않을 태세였다. 김일성의 밀사 황태성이 '평화통일의 메시지'를 가지고 온 북의 밀사이기 전에 비운의 죽음을 맞이한 자신의 형 박상희의 친구이자, 자신이 어린 시절 은사처럼 모시던 존재였음에도 불구하고, 사형대에 세운 이유도 쿠데타로 얻은 자신의 권력을 지지해준 미국의 이러한 입장을 박정희는 알고 있었기 때문이었다.

그러자 쿠데타의 배경을 수상적게 여기던 도예종은 부산으로, 박중기는 상주 등 지방으로, 김금수는 군대로 등 각자의 길로 피신했다. 이수병도 피신을 결심하고 하직인사를 하기 위해 고향으로 향하던 중 이미 의령까지 마수를 뻗은 쿠데타 세력에게 체포된다.

그런데 당시 혁신계 일부 인사들은 박정희의 쿠데타에 일정 정도 기대하는 입장을 취하고 있었다. 《민족일보》 사장 조용수나 민주사회당 고정훈 등은 박정희의 남로당 전력이나 박정희 형 박상희의 이야기를 끄집어내며, 군부 내 민족주의 세력이 중심이 되어 이번 쿠데타가 발생한 것으로 이해하려 했다. 실제로 조용수는 쿠데타 다음 날인 5월 17일 자 《민족일보》 사설에 미국의 간섭을 우려하면서 '자유 진영 우방국가들은 이 군사혁명의 원인을 깊이 이해하고, 진정한 지원을 베풀어주기를 바란다'라는 내용을 담는다. 또 이종률 교수도 김금수와의 대화에서 그런 의견을 피력했다.

> 그게 5월 18일인가, 이종률 선생과 종로 1가에 있는 다방에서 만나 정세 얘기를 나누고 있었어. 그때 육사생도들이 가두행진을 벌인다고, 나한테 '자네는 어떻게 보나?'하고 물어봐. 나는 분명 쿠데타라고 잘라 말했어. 그때까지만 해도 이 양반이 쿠데타를 나세르로 본 거야. 반동은 아닐 거다. 그렇게 미련을 갖고 있었어. 이 선생이 3년 반을 살고 나왔는데. 내가 부산에 있을 때였어. 나를 보더니 '내가 상황 판단을 크게 잘못했네. 미안하네.' 이러시는 거야. 참 순수한 분이었지. (박미경, 『김금수 회고록-인간 조건을 향한 역정』, 2015)

1차 인혁당 사건

일시적으로 쿠데타를 피해 피신했던 도예종은 쿠데타 다음 해인 1962년 1월 서울 서대문구 부암동의 우홍선 집을 찾는다. 1차 인혁당 사건 관련자들의 증언과 2005년 국정원 진실위 보고서, 그리고 2015년 재심 판결문 등을 모아보면, '5·16 쿠데타가 나고 체포되지 않은 인사들끼리 비밀리에 만나 향후 혁신계 활동방향에 대해 서로의 의견을 나누는 자리가 있었다.' 라든지, '1962년 1월의 만남과 1962년 8월 부산 광안리해수욕장의 모임, 1963년 5월 모임 등을 가졌는데, 이때 논의한 내용은 곧 정치 해금이 이뤄지고 군정이 끝나면 민간인들의 정치활동이 시작될 텐데 이에 대비한 혁신 정당 창당문제였다.'라는 내용들이 나온다.

　위 내용에 대해 국정원 진실위 보고서는 좀 더 자세히 설명하고 있다.

　▶ 1962. 1. 우홍선 집에서의 모임과 1962. 8. 부산 광안리해수욕장 모임에서 언급이 되었던 것으로 보이는데, 이후에도 지속적으로 활동한 도예종, 우홍선, 김영광의 당시 진술 내용을 살펴보면, 1962. 1. 모임에서 여러 가지 이름이 제시되었고 '인민혁명당'은 제시된 이름 중 하나였는데 의견 일치를 보지 못했다는 것이 일관된 진술이고, 공판조서에 따르면 1962. 8. 모임 이후 서클에 참여한 임창순, 이재문, 박현채, 정도영, 김병태 등도 당명을 알고 있지 못하고 당명을 공식적으로 채택한 바 없다는 진술이며, 1962. 8. 이후 당명에 대해 논의한 사실을 확인할 수

있거나 당명이 공식적으로 합의되어 채택되었다는 명확한 증거가 없음.

▶ 따라서 소위 '인혁당'은 혁신계의 인물들이 5·16 군사쿠데타로 사회단체의 정치활동이 금지되자 장차 혁신정당 활동이 합법화될 것에 대비해 동지 규합의 필요성을 느끼고 혁신계의 통합을 위해 논의하고 활동한 형태가 드러난 것으로 일부에서는 소위 '인혁당'은 관련자들이 주장하는 순수한 학술적 연구단체가 아니라 조직 구성 및 강령·규약, 활동 등을 지속적으로 전개하는 등 북한의 평화통일방안에 동조·표방하는 지휘체계를 갖춘 단체(서클) 성격의 비합법 지하조직으로서의 실체를 갖춘 것으로 판단하는 견해도 있음.

▶ 「국정원 진실위」는 이상의 조사결과를 토대로 세칭 '인혁당'이 공식적인 당명과 강령·규약을 채택하고 '국가 변란'을 기도한 黨 수준의 반국가단체는 아닌 것으로 판단.

즉, 도예종이 주도한 모임은 강령과 규약을 정식으로 채택한 정당은 아니며, 합법·비합법 여부를 떠나 '당시 시대상황에 대해 공유하는 사람들의 모임' 정도였다. 그리고 앞으로 모임이 발전하여 정당을 만들게 된다면 당명을 '인민혁명당'이라고 하자는 정도의 의견 일치는 있었다. 그들이 인민혁명당이라는 당명을 생각한 것은 당시 국제정세를 고려했기 때문이다.

1960년대를 당시 프랑스 드골 대통령은 '데탕트시대'라 명명했다. 핵전쟁 직전까지 치닫던 소련과 미국의 대립이 무너지자, 그동안 냉전에 숨

죽이고 있던 식민지 국가들과 신식민지 국가들의 인민들은 자주독립의 기치를 내걸며 투쟁을 벌였다. 그리고 투쟁에서 성공한 나라들의 집권정당은 '인민'이 들어간 명칭을 사용하고 있었다. 베트남은 지금도 인민혁명당이 집권하고 있다. 도예종을 비롯한 당시 혁신계 인사들은 자주적인 국가를 수립하려면 '인민혁명'이 필요하다고 보았다.

그러나 자주적인 인민들의 투쟁을 짓밟고 쿠데타를 일으킨 박정희는 세계사 흐름과 달리 자신의 권력야욕을 채우기에 급급했다. 그는 당시 비동맹회의 운동의 지도자였던 이집트의 나세르를 거론하며 자신의 쿠데타를 정당화하려 했다. 마치 자신의 쿠데타가 인민혁명인 양 위장하려 했다. 하지만 나세르 혁명과 박정희의 쿠데타는 질적으로 달랐다. 나세르는 박정희와 같이 군인이었지만 그는 '반봉건 반외세'를 혁명공약으로 내걸고 실천에 옮겼다. 하지만 박정희는 '반공'이 혁명공약이었다. 탈냉전시대를 거스르는 혁명공약을 내세운 것도 우스운 일이지만, 쿠데타에 성공하자마자 그는 제국주의의 수장인 미국의 승인을 받기 위해 워싱턴의 백악관 문을 두드렸다.

박정희는 자신의 저서『국가와 혁명과 나』에서 나세르를 논하는 데 많은 페이지를 할애했지만 그것은 말장난에 불과했다. 예를 들어 나세르의 "우리들은 자본주의도 공산주의도 아니다. 단지 우리는 우리의 사회를 형성 중에 있을 뿐이다"라는 말을 인용하면서, 자신은 혁명을 통해 "민족적 민주주의국가를 세우겠다"고 주장했다. 하지만, 쿠데타 이후 그의 행보는 전혀 민족적이지도 민주적이지도 못했다. 온 국민이 반대한 한일회담과 베트남 참전은 미국의 세계 지배전략에서 동아시아 지역의 대리인 역할을 했다는 증좌인 것이다.

도예종과 혁신계는 달랐다. 특히 1961년 2월에 창간된 혁신계의 대변지 《민족일보》에서는 연일 쿠바혁명을 다루면서 제3세계의 소식을 속속들이 전하고 있었다. 인혁당재건위 사건에서 사형을 당한 이수병은 제3세계의 혁명을 거론하면서 "베트남에는 정글이 있어 혁명이 가능했지만 우린 정글이 없다. 대신 '인의 정글'을 만들어야 한다."고 말했다. 즉, 인민들이 스스로 주인이 되어 혁명을 일으켜야 한다는 생각이었다. 그러니 '인민혁명당'이라 해도 전혀 이상할 것이 없었다. 하지만 한국에서 '인민혁명당'이라는 이름을 표방하기에는 아직 일렀다. '친구' 대신 '동무'라는 말을 쓰면 바로 간첩으로 낙인찍히는 사회에서 '인민'이라는 단어가 들어간 당을 만들겠다는 것은 '섶을 지고 불로 뛰어드는 꼴'이었다. 인민의 힘으로 정당을 꾸려 혁명을 통해 외세를 몰아내고 민족자주국가를 만든다는 것 또한 아직은 요원한 일이었다.

1963년이 되면서 예상한 대로 정치활동 해금조치가 발표되었으나, 혁신계 인사들의 정치활동은 계속 금지되었다. 도예종도 계속 피신 상태로 남아 있어야 했다. 또한 쿠데타 세력은 3월 16일에 '민정 이양계획을 백지화하고, 군정을 4년 연장한다.'는 '3·16 군정연장선언'을 발표한다. 박정희의 장기 집권 야욕을 가감 없이 드러내는 순간이었다.

도예종은 박정희의 군정 연장선언을 예견하고 있었다. 좀 더 치밀한 계획이 필요했다. 지하당 건설을 이야기하는 인사들도 있었지만 그러기 위해서는 더 많은 논의가 필요했으며, 역량은 부족했다. 우선 군정 연장이 뜻대로 되지 않자, 군복을 벗고 민간인 흉내를 내며 대통령 후보로 나선 박정희의 낙선이 무엇보다도 중요한 과제로 떠올랐다. 하지만 군정 시절부터 준비된 공화당의 세는 만만치 않았다. 결국 1963년 10월 15일에 치러진 제5대 대통령선거에서 박정희가 당선되고 만다.

1964년이 되면서 베트남 파병과 한일회담이 국정의 핫이슈로 떠오른다. 특히 한일회담은 국민들의 반일감정에 불을 지르는 꼴이 되었으며, 전국에서 한일회담 반대시위가 들불처럼 타오른다.

대학생들이 주도한 한일회담 반대시위는 제2의 사월혁명을 떠올리기에 충분했다. 도예종은 한일회담 반대시위를 계기로 학생운동 지도자들과의 접촉을 늘려나갔다. 다행히 사월혁명시기에 남북학생회담 투쟁에 참여했던 학생운동 인맥들이 남아 있어 학생운동 지도부와의 접촉은 어렵지 않았다.

이때만 해도 중정은 도예종이 학생운동 진영과 연관이 되어있다는 사실을 알 수 없었다. 그러던 중 한일회담 반대시위로는 가장 컸던 6·3 항쟁 이후 위수령까지 내리면서 학생운동 지도부를 검거하였는데, 그중 서울대 학생 지하서클 '불꽃회'의 대표 김정강이 체포된다. 김정강의 비밀노트에 '도예종'과 '인민혁명당'이라는 두 단어가 적혀 있었다.

어떻게 보면 1차 인민혁명당(인혁당) 사건은 김정강 때문에 만들어진 거라고도 할 수 있습니다. 김정강은 도예종이니, 이종률이니 하는 선배들을 만나고 다니면서 토론도 했는데, 그걸 전부 일기 형식의 기록으로 남기는가 봐요. 6·3이 딱 났는데, 광범위한 수배령 아래 집요한 압수수색 과정에서 김정강의 기록 일체가 나온 거죠. 거기에 기록되어 있는 사람들, 도예종과 무슨 토

134

론을 했고, 뭐 했고, 누구랑 만났고, 또 비판도 하고 […] (한인섭 외, 『그곳에 늘 그가 있었다 - 민주화운동 40년 김정남의 진실역 정』, 2020)

김정강은 1940년 경남 진주에서 태어났다. 1959년 진주고를 졸업하고 서울대 정치학과에 입학하여 학생운동을 하다가 '민통학련 사건'(1962), '불꽃회 사건'(1964)으로 검거되어 옥살이를 했다. 1966년부터 1980년 '무명당 사건'으로 구속되기 전까지 노동운동가로 활약했다. 이후 민정당, 통일민주당, 신민당에 참가하여 정치인으로 변신했다가 1995년에는 보수성향의 월간지 《한국논단》 편집위원으로 활동한다.

1차 인혁당 사건은 광복절을 하루 앞둔 1964년 8월 14일, 당시 김형욱 중정부장이 기자회견을 통해 '북한의 지령을 받고 국가 변란을 기도한 남한 내 지하조직 인민혁명당을 적발했다'라고 발표하면서 세간에 알려지기 시작했다. 박정희는 한일회담 반대시위 진압을 자신의 친위대인 중정에 하달했고, 중정은 이를 충실히 따른 것이다. 결성되지도 않은 '인민혁명당'이 만들어지고, 이들이 한일회담 반대시위의 배후가 되었다. 도예종은 어느 날 갑자기 인민혁명당의 당수가 되었다. 그러나 김형욱의 발표와는 달리 검찰은 증거가 없다며 기소를 거부하였고, 당직검사에 의해 기소된 후 재판 과정에서는 고문을 가한 사실까지 밝혀져 국회로까지 확전이 되자, 결국 1차 인혁당 사건은 흐지부지 끝나고 만다.

당시 서울지검 공안부는 이용훈이 부장검사로 있었고, 최대현·김병리·장원찬 검사가 있었다. 세 검사 모두 장래가 촉망되는 유능한 검찰 엘리트

135

犯人懸賞手配
범 인 현 상 수 배
(國家保安法및內亂騷擾等違反者)

도 예 종 (都禮鍾) 41년
(전 민자통 조사위원장)
(전 민민청 경북도맹 간사장)
본적 경북 경주시 서악리 633
주소 경북 대구시 동구 신암동 1238

특징 1. 얼굴은 둥글넓직하며 하관이 빨고 병자
처럼 얼굴색은 황색임

2. 신장은 164ᶜᵐ 정도이며 체격은 약한편임

3. 머리는 새치가 많아 수시 염색한다 하며

4. 간혹 도수없는 안경을 쓴다 함

착의 수시 변장함

현상금 신고 또는 체포한자에 10만원을 지급함

처벌 숨긴자는 국가보안법 제9조(불고지)및반
공법제7조(편의제공)에 의거 처벌 받
게됨

1964년 7월 일

내무부 치 안 국 장

▲ 도예종 수배전단지

로 평가받고 있었다. 그런데 이들이 중정의 조사 결과 발표에 대해 제동을
건 것이다.

> 서울지검 공안부에 송치된 피의자들은 구속자가 22명이었으며,
> 불구속자가 12명, 미체포된 자가 13명으로 관련자는 모두 47명
> 이었다. 이처럼 피의자도 많고 사건의 기록 또한 방대했으므로
> 나는 구속된 피의자 22명을 세 검사가 분할 담당하여 조사하도
> 록 명했다. 그리고 나는 종합분석 정리와 취합 지휘를 하기로 하
> 고 바로 구속된 피의자들에 대한 조사에 착수했다. […] 증거를
> 찾을 수 없었던 것이다. 우리는 그럴수록 더욱 더 엄정하고 치밀
> 한 조사를 행하였다. 그러나 의문은 점점 더 커져만 갔다. 우리
> 는 우리가 할 수 있는 한의 모든 조사를 끝내고 그달 29일 일단
> 수사를 종결지었다. 그러고 나서 이 사건에 대한 결과보고회의
> 를 가졌다. 이 사건의 피의 사실의 핵심은 피의자들이 […] 학생
> 데모를 조종해 오다가 6·3 계엄령의 선포로 지하로 잠적해 기회
> 를 노리고 있다가 검거되었다는 데 있다. 그러나 결과보고회의
> 에서 우리는 단 한 사람도 빠짐없이 위의 핵심 사실을 인정할 수
> 있는 증거가 없다는 데 의견의 일치를 보았다. 따라서 이렇듯 증
> 거가 없으므로 공소 제기를 할 수도 없다고 입을 모았다. 이 같은
> 결론은 바로 큰 고민으로 연결되었다. 이토록 중대한 사건을 증
> 거도 없이, 또 검찰에 송치도 하기 전에 전 국민을 상대로 대대적
> 으로 발표부터 해버린 중앙정보부가 원망스러웠다. (이용훈, 『사

정의파 검사들에게 가로막힌 김형욱 중정부장은 중정기록을 살펴보지도 못한 당직검사 정명래의 이름으로 기소를 강행하였으며, 1심에서는 기소된 13명 중 도예종과 양춘우를 제외한 나머지 11명은 무죄로 풀려났고, 중정의 압력을 못 이긴 2심은 다시 13명 모두에게 유죄를 내린다. 이어 1965년 9월 21일 대법원에서 2심의 형을 확정하였다. 무시무시한 북한 괴뢰집단의 사주를 받은 인민혁명당의 당수라는 죄목(국가보안법 반국가단체구성죄, 사형까지 가능)으로 구속된 도예종은 반공법(고무찬양죄)으로 겨우 3년 형만 받았다. 이후 도예종은 안양교도소에서 2년을 더 살다가 1967년 8월 25일에 석방되었다.

이상배

이상배는 1935년생이다. 1924년생인 도예종과는 열한 살 차이가 난다. 이상배는 경남고등학교를 졸업하고 서울대 법대를 다녔다. 그는 김금수와 고등학생 시절부터 교류가 있었고, 부산대 법대를 다니던 김규철은 대학 재학 시절에 만났다. 김규철과 김금수는 고교 시절부터 사회운동에 관심을 두고 활동을 벌였지만, 이상배는 대학을 졸업하려면 등록금을 직접 벌어야 했기에 사회운동에 발을 담글 여유가 없었다.

도예종은 5·16 쿠데타가 나고 부산으로 피신하여 김규철 집에 6개월간 머물게 되었는데, 이때 김규철의 소개로 이상배를 만났다. 1962년에 서울대를 졸업한 이상배는 제일은행에 입사하여 도예종의 활동거점인 대구지점에 근무하고 있었다. 당시 도예종은 수배가 허술해진 틈을 타 서울에 올라와 혁신계 인사들을 만나며 활동을 재개하고 있었다. 도예종은 대구에 있던 그를 통해 부인 신동숙과 연락을 취하고 있었다. 신동숙은 당시 대구 지역의 인사들에게 서울에 소식들을 전했다. 그러던 중 1963년 그는 서울로 전근하게 되어 올라왔고, 그의 거처는 도예종의 주요 비밀 아지트가 된다. 서울에서는 김금수가 도예종을 만나고 있었다.

> 서울 남대문 지점으로 발령을 받은 이상배는 어머니와 여동생과 더불어 단란한 둥지를 틀었다. 김금수와 이상배의 '아름다운 시절'은 영원할 것만 같았다. 그러나 생각하기조차 끔찍한 종말이 닥쳐왔다. 도예종이 수배되기 직전 머무르던 집을 정보부가 찾아냈다. 그 집에 은행 달력이 걸려 있었다. (당시에는 은행 달력은 귀한 물건이었다.) 거기서 그들은 냄새를 맡았다. '이거 누가 준 거야!' 이상배는 성북경찰서로 끌려갔다. […] 이상배는 도예종이 어디 있는지 알고 있었다. 고문을 이길 자신이 없었다. 그는 선배를 살리기 위해 취조실 창밖으로 몸을 던졌다. (박미경,『김금수 회고록-인간조건을 향한 역정』, 2015)

이 일로 이상배는 척추를 다치는 큰 부상을 당하게 된다. 그러나 1964년 7월 13일에 행한 그의 살신성인도 하늘을 감동시키지 못했는지, 도예종은 보름이 조금 지난 7월 30일 체포되고 만다. 그런데, 성북경찰서 경찰관이 작성한 수사기록에 나오는 '이상배가 뛰어내린 곳의 사진'이 정확하다면, 그 위치가 건물 2층 높이였고 이상배가 유단자였던 것까지 고려해보면, 경찰이 주장한 대로 '자해'가 아니라, '탈출'을 위해 뛰어내리다가 실수로 부상을 입은 것으로 보인다. 어쨌든 운이 없었던 이 일로 그는 남은 생을 반신불수로 누워 지내게 된다. 1차 인혁당 사건이 끝나고 출옥한 도예종을 비롯한 동지들이 그의 건강을 되찾게 하려고 백방의 노력을 다했으나, 끝내 그 뜻을 이룰 수 없었다.

이상배는 1970년 6월 9일 사망했다. 자신 때문에 고생하는 식구들과 결혼도 못 하고 있는 여동생을 안타까워하며 식음을 전폐하였고, 끝내 사망하고 말았다. 그의 장례를 치르던 날 도예종은 긴 한숨을 내쉬며 조사를 낭독해야 했다. 오빠를 돌보던 여동생은 2019년 사망한 범민련 남측본부 서울연합 명예의장 고 김규철의 부인이다. 그는 죽기 전 절친인 김규철에게 여동생을 소개해 두 사람이 결혼한 것이다.

이수병

그리고 이수병은 1차 인혁당 사건으로 투옥 중인 대구지역의 뛰어난 조직운동가 도예종을 선생으로 깍듯이 모시고, 그로부터 변혁운동의 이론과 실천의 자세를 배운다. 두 사람은 운동 시간도 잊은 채 방 안에서 나오지도 않고 토론에 열중한 적이 한두 번이 아니었다. 감옥은 이수병에게 갇혀 있다는 수동적 의미를 넘어 검열된 활동가를 만나고, 이를 통해 자신을 성장시키는 진정한 학교였다. (이수병선생기념사업회, 『이수병 평전』, 2005)

이수병은 1936년 경남 의령 출생이다. 도예종과는 쥐띠 띠동갑이다. 부산사범학교를 마치고 초등학교 선생을 하다가 사월혁명이 발발하기 1년 전인 1959년에 경희대 경제학과에 편입학했다. 부산사범 시절에는 부산지역의 진보적인 고등학생 독서모임 '암장'을 결성하였다. 사월혁명 공간에서는 당시 대학생들이 결성한 '민족통일전국학생연맹'에 경희대 대표로 참여하면서 '남북학생회담' 성사를 위해 발로 뛰었다. 하지만 5·16 쿠데타로 그 꿈은 무산되었으며, 혁명재판소는 당시 대학생 최고형인 15년 형을 그에게 선고했다.

이수병과 도예종은 이미 사월혁명 공간에서 만남이 있었다. 하지만 민자통 활동을 통해 도예종과 밀접한 접촉이 있었던 암장 동지 김금수와 박중기 등과 달리 그는 학생운동 진영에 있었기 때문에 도예종과 긴밀한 접촉은 없었으나 쿠데타 이후 감옥에서 도예종과 만나 깊은 교감을 나누게 된다. 1차 인혁당 사건으로 수감되어 있던 도예종이 그가 있던 안양교도소로 이감한 것은 석방을 4개월여 앞둔 1967년 4월이었다.

1차 인혁당 사건 관련자인 박중기도 '당시 옥중에서 이 둘의 재회를 지켜본 사람한테 들은 이야기'라고 전제하면서, "이수병 씨가 매일 아침 운동시간마다 마당에 나와서 돌보던 텃밭이 있었는데, 도예종 씨를 만나고 나서부터는 운동시간에도 나오지 않고 텃밭도 돌보지 않고 매일 같이 감방

안에서 도예종과 무슨 이야기를 나누는지 도통 볼 수가 없었다고 하는 이야기를 들었다. 나이 차이가 십여 년 이상 나는 둘 사이였지만, 아마도 서로가 생각하는 사회운동의 이해가 서로 일치했기 때문에 서로의 속마음을 다 털어놓느라고 외출을 삼갔을 거라는 생각을 하게 되었다"라고 말한다.

4개월이라는 짧은 만남이었지만, 이수병과 도예종은 목숨까지 주고받을 수 있는 깊은 동지적 관계로 발전했다. 이수병은 다음 해인 1968년 4월, 7년을 복역하고 출감한다.

김배영 사건

1967년 8월 25일에 만기 출소한 도예종은 또 다른 간첩사건에 연루된다. 출옥한 그해 11월, 1차 인혁당 사건으로 수배되어 있던 김배영이 체포된다.

김배영은 부산에서 태어나 1957년 진보당에 입당하고, 사월혁명 당시에는 통민청에서 활동하다가 5·16 쿠데타 이후 인혁당 사건 관계자들과 향후 활동에 대해서 모색하던 중 1962년 10월에 일본으로 밀항한다. 그가 일본으로 건너간 것은 중정의 주장처럼 인혁당 창당을 북에 보고하기 위해서가 아니라, 쿠데타 발발 이후 혁신계 인사로 낙인찍혀 생활이 곤란해지자, 일본에서 피혁가공업을 하고 있던 형 김배준을 만나 경제적인 문제를 해결해 보려는 심사였다. 그러나 1964년 1차 인혁당 사건으로 수배령이 떨어지고 일본 경시청에서 자신을 옥죄어오자 이를 피해 그해 11월 북으로 건너갔다. 아마도 일본에 머물던 김배영이 체포되었다면, 조총련과 인혁당을 연결시켜 당수인 도예종을 사형대에 세웠을지도 모를 일이었다. 어찌했던 북에서 머물던 김배영은 1967년 9월 7일 부산에 도착하였다. 그리고 3개월 만인 11월 21일에 검거되고 만다.

김배영의 판결문에는 '반미구국통일전선 형성의 토대가 되는 정당 또는 사회단체를 조직하기 위한 기초를 구축하는 사업을 하는 한편, 가능하면 기본 군중을 조직하기 위한 초급지도부를 구성하고 이와 같은 사업 수행과 관련하여 선차적으로 첫째 안전거점을 조성하고, 그리고 초급지도부를 구성하기 위해 '전 인민혁명당 및 혁신정당 간부를 포섭하라'라는 지령을 받은 것으로 나온다. 그리고 포섭 대상자에 '도예종'이 등장한다.

하지만 출옥한 지 3개월밖에 안 된 사람을 간첩 운운하며 또다시 구속할 수는 없었다. 도예종은 무혐의로 풀려났지만, 김배영은 1971년 사형을 당하고 만다.

짧은 기간이었지만, 이미 3년간의 감옥살이로 초췌해진 그의 몸은 김배영 사건으로 다시 망가졌다. 이 시기 도예종을 만났던 남민전 관련자 황금수의 증언에 의하면 '상당 기간 요양원에 머물면서 지냈다'라고 말한다.

《영남일보》 지사장

도예종은 몸이 어느 정도 회복되자 《영남일보》 영천지사장을 맡는다. 《영남일보》는 해방되던 해인 1945년 10월 11일 민족지를 지향하며 대구지역의 전현직 언론인 한응렬·김영보·조약슬·허무열 등에 의해 창간된 신문이다. 처음에는 중도성향의 신문으로 출발하였으며, 한국전쟁을 거치면서 대구경북지역의 대표적인 언론으로 성장했다. 특히 1956년부터 1972년까지 사장을 맡은 내외방직 대표이사 이순희는 당시 혁신계의 활동을 적극 보도하면서 서울의 《민족일보》와 함께 진보적인 신문으로 자리매김했다. 이순희는 도예종과는 막역한 사이였다.

사장 이순희(1908~1971)는 대구에서 태어나 조선방직 대구메리야스 공장을 적산 불하받아 1953년 내외방직을 설립하여 사업가로 성공하게 되자 《영남일보》을 인수하고 민자통 등 혁신계 활동에 많은 자금을 댄 인물이다.

사월혁명 시기에는 《영남일보》에 도예종의 글이 여러 편 실렸다. 1961년 1월 21일부터 24일까지 세 차례에 걸쳐 「경제적으로 본 통일의 필연성」 그리고 2월 8일부터 2월 12일까지 네 차례에 걸쳐 「노동운동과 통일문제」라는 글을 연재했다.

이러한 인연으로 좀 더 안정적인 생활을 하며 기운을 회복한 도예종은 다시 사회운동에 나서게 된다. 다만 그의 경력이 문제였다. 그가 출옥한 1967년은 박정희가 당시 헌법에서 금지한 '세 번째 대통령'을 하기 위해 모종의 작전을 펴고 있던 때였다. 이러한 시기에 도예종이 다시 나선다면 박정희 3선 전략의 먹잇감이 되기 충분했다. 도예종은 드러나지 않는 활동을 펼친다. 그러기 위해서는 새로운 직업이 필요했다. 그는 활동반경이 큰 건축업을 선택한다. 건축사업을 통해 여러 지역을 합법적으로 활보할 수 있고 여러 사람들을 만날 수 있었기 때문이었다. 직함도 여러 개 만들었다. 대구 삼성토건회사와 선아기업회사 전무이사, 그리고 인혁당재건위 사건으로 체포되는 시점에는 삼화토건의 회장으로 있었다.

이런 비밀스런 활동을 벌이던 이 시기 도예종이 기관원들의 눈을 피해 특별히 접촉한 사람들은 서도원과 이재문 그리고 이수병이었다. 도예종은 이들과 만나는 자리를 통해 당시 한국사회 진보운동의 중심축인 학생운동과 시민사회운동의 현황을 파악하고 향후 활동방침에 대해 의견을 전달했다.

서도원은 도예종보다 한 살 위인 1923년생이다. 그는 일제강점기 진주고보를 나온 수재였다. 해방 후에는 청구대학(현 영남대)에서 정치학을 강의하며 학생과장으로 있었다. 1960년에는 도예종이 간사장으로 있던 민민청 경북맹부 위원장을 맡았고, 5·16 쿠데타로 구속되어 2년 7개월 동안 옥살이를 했다.

이재문은 경북 의성 출신이다. 경북대 정외과를 졸업하고 사월혁명 당시 통민청과 《민족일보》 기자로 활동했다. 《영남일보》 기자로 있던 중 1차 인혁당 사건으로 구속되었으며, 1971년에는 민주수호경북협의회에서 활동했다. 1974년 인혁당재건위 사건으로 수배자가 되었으며, 중정의 눈을 피해 1976년 남조선민족해방전선(남민전)준비위원회를 결성을 주도하였고, 1979년에 체포되어 1981년 서울구치소에서 옥사했다.

서울에 살던 이수병은 결혼 이후 기관원의 감시를 피해서 도예종을 만나기 위해 친가 방문을 핑계로 경남 의령으로 가는 길목인 대구에서 일부러 하룻밤을 잤다.

당시 우리 집에는 사람들이 별로 안 왔어요. (항상 기관원의 감

145

시가 있었기 때문에) 도 선생 자신도 쫓겨 다니며 일했지. 다만 이수병 씨는 고향에 갈 때 도 선생을 찾아왔는데 나는 이수병 씨를 자주 못 봤어요. 도 선생이 '이수병 씨 부인이 왔다. 여관 정해 줬다.'고 하면 이수병 씨가 온 줄 알았지요. 한 번은 서울에 올라가 이수병 씨가 은평구에서 지물포 하는 데도 가봤어요. 내가 보기에는 우리 도 선생이 이수병 씨한테 폭 빠진 것 같더라고요. 그리고 '진짜 똑똑한 청년이다.'라고 이수병 씨를 높이 평가하더라고.(4·9통일평화재단구술사업, 『인민혁명당과 혁신계의 활동』신동숙 편, 2011)

또 도예종은 이수병을 만나기 위해 건축일을 핑계로 서울에 올라간다. 그러고는 기관원들 몰래 이수병이 근무하던 종로구 청진동에 위치한 삼락일어학원을 찾았다. 당시 이 학원에는 1차 인혁당 관련자인 박중기를 비롯하여 혁신계 인사 여러 명이 드나들고 있었다.

이렇게 도예종은 어렵게 세 사람을 만나면서 많은 이야기를 나눴다. 이들이 무슨 이야기를 나눴는지 아는 사람은 아무도 없다. 도예종을 비롯한 세 사람 모두 세상을 떠나고 없기 때문이다. 또 남은 사람들도 이들이 무슨 이야기를 나눴는지 전해 들은 바가 없다고 한다. 그만큼 이들은 철저한 보안 속에서 만남을 유지했다. 다만 인혁당재건위 사건 때 고문으로 기록된 신문조서에서 희미한 흔적을 찾아볼 수 있다. 다음은 1974년 4월 23일에 작성된 「도예종 피의자 신문조서」의 내용을 축약한 것이다.

문: 이수병과 만나 어떠한 대화를 하였는가?

답: 학생운동을 통하여 다수 대중의 참여와 지원을 위하여는 학원을 중시해야 되고 학생의 반정부 데모에 국민이 호응하면 정권이 넘어질 가능성이 크고, 정권을 넘어뜨리기 위하여는 학생의 힘과 자각된 대중의 힘이 합해야 된다. 즉, 자연 발생적으로 가세된 대중과 학생의 힘이 뭉쳐질 때 정권을 넘어뜨릴 수 있으나 일부의 폭력으로는 불가능하다. 항간에 3, 4월 위기설이 떠돌지만 이 역시 위에 말한 바와 같이 불가능하므로 기대를 가질 필요는 없다. 무엇이 자연 발생적으로 일어날 민중의 자각된 힘을 만들 수 있는가, 이것은 역시 우리들의 힘으로 민중 계몽에 나서야 된다. 국민을 계몽하는 방법은 정부기관이 제일 좋으나 이것은 불가능하고 다음은 언론기관, 학생들을 통한 계몽운동이 효과적일 것이다.

그리고 같은 신문조서에 다음과 같은 내용도 나온다.

문: 이수병과 토의한 내용을 구체적으로 말하시오.

답: 전술한 서도원과 토의한 내용과 같이, 정치, 경제, 외교, 군사, 남북통일의 방안 등에 대한 구체적인 의견을 교환했는데, 그 중 경제면에 있어서 세제 개혁문제와 문화면에 대하여 언급했습니다. 그것은 말하자면 세제를 개혁하여 빈부격차를 세제면에서 촉진하여 누진과세에서 빛(얻)은 막대한 세금을

중소기업 육성 자금으로 투입하여 전체 고용을 증대시키고 나아가서는 확대 재생산이 이루어져 사회가 안전한 기틀 위에 발전을 이룩할 수 있다고 하(였)고, 문화면에 있어서 공산국가와 문화 교류를 하여 우리의 고유한 민족문화를 더욱 발전시켜 외국에 소개시키며 우리 고유의 문화재산을 외국에 인식시켜 공산국가(와의) 문화 교류를 통하여 상호 이해가 증가되고 평화통일 촉진에도 도움이 된다고 했습니다.

구속된 지 3일 만에 자신의 범죄행각을 인정하는 신문조서가 작성된 데에는 엄청난 고문이 가해졌기 때문이다.

도예종의 항소이유서에는 '공소장 1~6번까지의 범죄사실은 허위 조작되었으며 검사 조서 작성 시 4. 20~25(일) 철야 취조를 받고 4~5일에 걸쳐 고문당함(311호실)'이라고 적고 있으며, 상고이유서에는 '중정 취조 시에 협심증까지 일으켜 수차 졸도하는 등 만신창이가 되었다. 이때 중정에서 사준 외제 응급 협심증 치료제인 설하정·리트로그리셀린정을 먹고 회복이 되었는데 약을 현재 보관하고 있다.'라고 적었다.

그러나 이러한 고문 속에서 조작되어 작성된 조서일지라도 그는 '첫째, 폭력적인 방법보다는 계몽을 통한 대중들의 자발적 항쟁을 통해 부정한 정권을 무너뜨려야 한다고 주장하고 있으며, 둘째, 빈부격차를 줄이기 위해서 대기업에게 고율의 과세를 가하여 얻은 세금으로 중소기업 육성자금으로 사용하자는 것이고, 셋째, 공산국가(북한)와의 문화 교류를 통해 평화통일을 촉진하자는 것이다.'라는 부분은 평소 그의 주장과 일치하는 대

148

목이라고 보여진다. 그리고 이러한 도예종의 주장은 지금의 사회진보운동 세력이 추구하는 것과 크게 다르지 않는 것을 보면, 당시 도예종의 선견지 명이 어떠했는지를 가늠해 볼 수 있는 대목이다.

적화통일

민청학련 시위의 배후로 지목된 인혁당재건위를 처음 모의한 사람은 혁신 계 인사가 아닌 영구집권의 꿈을 가지고 있던 박정희와 그의 수하 중정부 장 신직수와 그리고 5국 대공과장 이용택이었다.

> 박정희와 이후락(1973년 12월 중정부장 사퇴)의 지령을 받은 신 직수, 그리고 신직수의 심복 이용택은 10년 전에 문제됐다가 증 거가 없어서 석방한 사람들을 다시 정부 전복 음모 혐의로 잡아 넣었다. 중정이 발표한 혐의사실로 보아서는 이용택이가 새로운 혐의와 이를 뒷받침할 결정적인 증거를 확보하지 못한 것으로 판 단되었다. 나는 단번에 그 사건이 조작된 것임에 분명하다고 직 감하였다. [⋯] 8명은 정부에 비판적이되 국제적인 연관관계를 가지지 않았다는 것이 특징이었다. 박정희는 구체적 말썽이 일어 날 가능성이 적다는 것을 계산하고 이들을 속죄양으로 본보기 삼아 처형함으로써 국민들이 더 이상 반항을 못 하도록 하려는 속셈이었다. (김형욱·박사월,『김형욱회고록』3권, 1989)

박정희의 위협을 피해 미국으로 도피해 있던 전 중정부장 김형욱도 쉽게 분석할 수 있는 일이었다.

실제 4월 3일 긴급조치 4호를 선포한 박정희가 발표한 특별담화문에 '민청학련이 반국가적 불순세력의 배후 조종하에 그들과 결탁하여 공

▲ 박정희의 특별담화문을 보도(《동아일보》1974년 4월 3일 자)

산주의자들이 이른바 그들의 인민혁명을 수행하기 위한 상투적인 방편으로 으레 조직하는 소위 통일전선의 초기 단계적 지하조직을 우리 사회 일각에 형성하고 반국가적 불순활동을 전개하기 시작했다는 확증을 포착하기에 이르렀다.'라는 내용을 담고 있었다.

만약 1975년 4월 3일 민청학련의 봉기를 사주한 사람이 도예종이고 이수병이고 서도원이라면, 시위가 불발로 끝나고 게다가 박정희의 특별 담화에서 '그 배후가 인민혁명을 수행하기 위한'이라는 배후조직의 성격까지 발표했다면 그 순간 바로 관련된 인혁당 인사들은 도피를 하는 게 정상이다. 그러나 인혁당재건위 사건 관련자들 중에 피신한 사람은 이재문·하재완·이성재 등 세 사람밖에 없었다. 나머지는 다니고 있던 직장이나 생활하는 집에서 체포되었다. 도예종은 4월 20일 새벽 집에서 자고 있다가 체포되었고, 같은 날 서도원도 집에서 체포되었다. 이수병은 이보다 앞서 4월 18일 근무지인 삼락일어학원에서 체포되었다.

도예종은 1974년 5월 27일 기소되어, 같은 해 7월 11일 비상보통군법회의에서 '긴급조치 1, 4호, 국가보안법, 반공법, 형법' 위반으로 사형이 선고되었으며, 이후 항소심과 상소심을 거쳤으나 1심 그대로 사형이 확정된다.

도예종의 사형집행은 1975년 4월 9일 오전 8시 50분경에 진행되었다. 사형수 8명 중 제일 마지막에 진행되었다. 그의 유언이 적혀 있는 정부 공식문서 도예종의 '사형집행명령부 비고란'에는 '조국이 하루속히 적화통일이 되기를 바랄 뿐이다.'라고 적혀 있다. '적화통일'이라는 말은 혁신계 인사들이 쓰는 말이 아니다. 반공세력이 혁신계를 친북인사로 분류하기 위해서 쓰는 말이다. 그런데도 사형집행 다음 날 모든 일간지들은 중정의 발표 그대로 '사형수 도예종은 조국의 적화통일을 바란다는 유언을 남겼다'고 베껴 썼다. 요즘으로 치자면 팩트 체크를 하지 않은 셈이고, 가짜뉴스를 내보낸 것이다. 그러나 당시 《동아일보》(1975년 4월 10일 자)에만 "비상보통군법회의 관계자의 말에 의하면 도예종의 유언 중 '조국의 통일'이라는 표현은 '공산주의 적화통일'을 뜻하는 것이라고 해명했다"라는 기사가 보도된다. 누군가 도예종 유언중 '적화통일'이라는 말을 문제 삼자 에둘러 해명한 내용으로 보인다. 즉, 도예종의 진짜 유언은 '조국의 통일을 바란다'는 것이었다.

대법원 판결이 난 지 하루도 지나지 않아 사형을 집행하고 유언마저 조작한 반인륜적 범죄가 저질러졌다. 그리고 고문의 흔적을 숨기기 위해 시신들을 강제로 화장터로 끌고 갔다. 다행히 도예종은 강제 화장을 면했다.

대법원 판결을 하루 앞두고 밤에 꿈을 꿨는데, 넷째 큰아버님이 꿈속에 나타나서는 '지금 니그 아버지가 죽는데 여기서 뭘 하고 있느냐' 하고 호통을 치시는 거예요. 저는 꿈을 잘 안 꾸는데 너무 놀라서 바로 서울로 상경해 아버님 면회신청을 했어요. 그게 8일인데 그날은 재판도 있고 하니 다음 날 오라는 겁니다. 그래서 동생 집에 가서 자고 다음 날 일어났더니 난리가 난 거죠. 사형이 집행된 겁니다. 사형 소식이 고향으로 전해지자 큰아버지를 비롯한 여러 사촌들이 차를 대절해서 서대문구치소로 달려왔죠. 그리고 시신을 내놓으라고 소리를 치니까 이것들이 아버님을 앰뷸런스에 실어 화장장으로 가는 거예요. 그래서 안 된다, 하면서 제가 앰뷸런스 앞에 누웠습니다. 내 몸을 밟고 지나가라고 했죠. 그 모습을 보고 친척들도 몰려나와 항의를 했습니다. 그러니까 위에서 지시를 받았는지 물러나더라고요. 그리고 고속도로를 타고 대구로 왔습니다. 여기서 또 실랑이가 벌어졌는데,

저희는 대봉동 집에서 며칠 모셨다가 매장을 하려는데 이놈들이 그거까지 허용을 하지 않더라고요. 그래서 하는 수 없이 현대공원으로 바로 가 다른 세 분과 함께 장례를 치렀죠. (도한구 인터뷰, 2016)

도예종은 교육자로서의 꿈을 키웠으나, 사월혁명과 박정희 군사통치를 겪으면서 사회진보운동가로 성장한 인물이었다. 그의 꿈과 희망의 크기를 지금 우리가 가늠할 수 없으나, 지금의 사회진보운동의 과제와 도예종의 지향이 일치했다는 점은 확인할 수 있다. 아직도 많은 부분이 베일에 싸여 있는 '도예종의 진실 찾기'는 향후 우리나라 사회진보운동의 폭과 깊이를 넓히는 데 큰 기여를 할 것이라고 본다.

▲ 대구 칠곡 현대공원에 있는 도예종의 묘

송상진

본 상고인은 청렴결백을 생활의 신조로 삼고 가사에 종사하던 사람으로서 초춘부터 만추에 이르기까지 시골 밀원지를 돌아다니면서 양봉 관리를 영위해 왔습니다. 언제나 자연과 낭만을 벗삼아 연중 3분지 2라는 시간은 산중에서 가계를 위하여 진력해 왔습니다. 이번 대통령긴급조치 4호가 발포되자 1974. 4. 28 구속되어 금년 4. 30부터 수사기관에서 본 상고인의 소신을 쓰라는 것이었습니다. 거기서 떠오르는 몇 가지 소신을 적었습니다.

그 골자는 ① 민족자본을 육성해서 자립 경제 확립, ② 실업자 보험제도를 마련하는 구휼책 수립(노사 협조에 의한 노동자 보호책), ③ 의료기관을 공중의 의료기구화(영국노동시책), ④ 자유방임의 투자낭비를 지양하고 혼합경제 채택해서 복지국가 경제시책을 쓰는 것이 소신이라 했으며, 저 북구의 스칸디나비아반도 제국의 고소득 경제권과 같은 복지 사회를 희망한다는 것이었습니다. 이것이 오전의 시간을 소요했고 오후부터는 고문이 시작되었습니다. 그 내용을 대략 회상해보면 ① 여러 사람의 이름을 호명하면서(전연 모르는 사람이었음) 접선관계를 대라는 것 추궁 ② 자금의 출처 ③ 북괴와의 접선(상부선)들을 추궁하는 것이었습니다.

이같이 하여 정신적으로 신체적으로 공포와 협박으로 심신을 위축케 하여 극도의 위약상태를 만들어놓고 복지국가가 공산주의 국가 건설로 둔갑하였을 뿐만 아니라 관제 사상까지 조작 성립케 되었던 것입니다. 이야말로 인권을 송두리째 박탈당한 채

수사가 계속되었던 것입니다.(인혁당재건위 사건 송상진의 상고
이유서)

야로 송씨

송상진은 1928년 10월 30일 경북 달성군 공산면 백안동 574번지에서 야
성 송씨 집안의 부친 송길용 모친 김순이의 장남으로 태어났다. 할아버지
대부터 이곳에 자리를 잡고 농사를 지었다. 부농은 아니었지만 아주 가난
한 것도 아니었다. 마을에서 소 한 마리만 있으면 부농이라고 부를 정도여
서 큰 부자도 없었기 때문이다. 백안동과 가까이 위치한 신무동에도 집성
촌은 아니었지만 송씨가 많았다. 야성 송씨는 야로 송씨로도 불리는데, 야
성 송씨가 경남 합천군 야로면을 본관으로 하기 때문이다. 여기서 야로는
풀무, 즉 대장간에서 쇠를 불리는 노를 말한다. 예전에 야로면에는 쇠를 만
드는 곳이 많았다는 뜻이겠고, 아마도 융성한 철기문화를 자랑하던 가야
국 시절에 붙은 지명으로 보인다.

　백안동은 북으로 팔공산(1,192m), 남으로 문암산(427m)과 환성산
(807m)이 둘러싸고 있는 분지다. 그러다 보니 마을의 모양이 배 모양으로
생겨 배안이라 불리다가 마을이 커지면서 편안하게 지내라는 뜻의 백안
동이 되었다고 한다. 백안동은 팔공산 갓바위로 가는 길목에 있다. 팔공산
일대의 교통 중심지이다. 또 백안동에 있는 공산초등학교에서 동남쪽으로
700미터 떨어진 곳에 '서당마을'이 있는데 예부터 명당으로 알려져 무당들

▲ 대구 동구 백안동 574번지 일대. 송상진의 생가는 순두부집 뒤편에 있었다(2022년 9월 촬영).

이 자주 찾는 서당터가 있었다고 해서 그리 이름이 붙었다고 한다. 현대에 들어와서는 고시생들이 많이 살았고 고시 합격생이 많이 나오자 '고시촌' 또는 '대구의 신림동'이라고 불린다고 한다. 1958년 이전에는 달성군에 속해 있다가 대구시 동구로 편입되었다.

송상진은 1943년 15세의 나이에 공산공립초등학교(현 공산초등학교)를 졸업하고, 대구사범학교에 입학한 수재였다. 백안동에서 가까운 공산면 신용동에는 노태우 전 대통령의 생가가 있다. 노태우는 1945년에 공산초를 졸업하고 그해 대구공업중학교에 들어간다. 대구공업중학교에는 한 해 전인 1944년 하재완과 전두환이 입학해 있었다. 노태우는 송상진의 초등학교 4년 후배이고, 하재완의 중학교 1년 후배인 셈이다. 게다가 1937년 대구사범학교 졸업생 박정희는 송상진의 선배이니, 박정희는 후배를 형장의 이슬로 보낸 잔혹한 선배가 된다.

이렇게 초등학교와 중학교의 얽히고설킨 학연은 사월혁명 시기부터 꼬이기 시작하여 결국은 영원히 함께 할 수 없는 관계로 발전하게 된 것이다.

대구사범학교

대구사범학교는 1923년 초등교원 양성을 목적으로 경북도립사범학교라는 이름으로 개교하였다가 1929년 대구사범학교로 이름을 바꾼다. 일제강점기 시절 대구사범학교는 경성사범, 평양사범과 더불어 조선 3대 사범학교로 꼽혔다. 조선총독부는 '황민화 교육'이라는 목적을 달성하기 위해 사범학교 학생들에게 공을 들였다. 학비와 기숙사비를 조선총독부에서 대주고 용돈도 지급했다. 그리고 졸업 후에는 초등학교에 전원 임용되었다. 그러다 보니 전국의 수재들이 모여들었다. 하지만 총독부의 의도대로 학생들이 움직이지 않았다.

1930년 대구사범 학생들은 '주먹대'라는 비밀항일결사를 조직했다가 일제에 적발되어 여섯 명이 체포되고 네 명이 실형을 받았다. 또 1932년에는 교사 현준혁이 주도한 사회과학연구회 사건으로 37명이 검거되었다. 이 사건은 1932년 2월 23일 자 《동아일보》에 실리기도 했다.

대구서원이 평안남도 개천(价川)에 출장하여 다수한 청년을 검거하였다 함은 기보와 같거니와 이 주범은 조선총독부 관립 대구사범학교의 현직 교유 현준혁(29)이다. 공산주의 운동을 하였다는 것으로 대구서 고등계의 손에 검거되어 취조를 받는 중이다.

1934년에도 독서회 사건으로 20명이 처벌을 받았으며, 1939년에는 경부선 복선 공사현장에 동원된 대구사범 학생들이 '백의단'이라는 비밀 항일운동 조직을 만들었다가 20여 명이 퇴학과 무기정학을 당했다. 여기서 그친 것이 아니다. 태평양 전쟁이 한창이던 1941년에는 '다혁당'이라는 조직을 결성해 항일운동을 이어가다가 교사, 학생, 학부모들까지 약 300여 명이나 연행되어 조사받기까지 했다. 이렇게 항일정신으로 빛나는 대구사범학교는 해방 후 1946년 국공립 대구사범대학으로 승격했다가 현재 경북대학교로 흡수되었다.

1943년에 입학한 송상진 역시 대구사범학교의 빛나는 항일투쟁의 정신을 잘 알고 있었다. 그도 선배들의 항일정신을 이어받아 해방된 조국을 꿈꾸며 학업에 매진했다. 그는 대구사범학교 3학년 재학 중에 8·15 해방을 맞이한다. 그러나 해방을 맞이한 조국은 어수선했다. 외세에 의해 38선이 그어지고 양단된 채 남쪽은 미군정 체제하에 들어가고 살아난 친일세력은 제 세상이라도 만난 듯 설쳤다. 그사이 일본인 교사가 떠난 각급 학교에서는 부족한 교원을 채우기 위해 사방팔방으로 교사를 구한다. 아직 사범학교를 마치지 못한 송상진도 속성 교원양성과정을 수료한 뒤 교원으로 채용된다. 그는 18세의 나이인 1946년 3월 모교인 공산국민학교에 임용된다.

162

그는 이곳에서 1953년까지 7년간 근무를 했다.

김진생

1950년 봄, 송상진은 자신보다 한 살 적은 김진생(1929년생)과 결혼한다.

> 우째서 송 선생하고 결혼을 했는가 하면, 우리 어머니 친구가 송 선생 학교 주변에 있었어. 그분이 송 선생을 나한테 소개를 시켜 준 거야. 그래서 만났는데 송 선생이 전화를 한번 하더라고. 그래서 다시 만나고, 또 다방에서도 만나고, 스물하나에 만나서 스물둘 되던 해 봄에 결혼을 했어요. (첫인상이 어땠어요?) 참 잘나고, 잘생기고, 내가 제대로 표현을 할 줄 몰라서 그렇지 '당당하고 올곧은 사람이다'라는 생각이 들었어요. 내하고 살면서도 한 번도 허튼 모습을 못 봤어요. 그 시절에 남자들은 결혼하고도 나가 놀다가 외도하는 수도 있잖아요. 평생 그런 모습을 한 번도 못 봤어요. 가정생활에 철두철미 했어요. 나한테만 잘한 게

▲ 김진생과 송상진의 결혼식 사진

아니라 자식들 애끼고 생활이 어려워도 힘든 내색 한 번도 안 하고, 자기는 사범학교까지 나왔으니 나보다 교육을 잘 받았잖아요. 한 번쯤은 모른다고 나를 구박할 뻔도 한데 그런 불평불만 하나도 없었지요. 지금 생각해보면 그런 게 참 고마워요. (4·9통일평화재단구술사업,『인민혁명당과 혁신계의 활동』김진생 편, 2011)

위 구술은 그의 나이 82세가 되던 2011년에 실시되었다. 한 가지 특이한 점은 그에게 '결혼 직후 벌어진 한국전쟁이 자신의 결혼생활에 어떤 영향을 미쳤는가'에 대한 물음에 '기억이 없다'고 대답한다. 물론 그의 기억력이 나이로 인해 감퇴된 탓도 있겠지만, 당시 대구는 북한군이 점령하지 못한 지역이었다. 그래서 송상진의 가족은 그 힘든 피난살이를 하지 않아도 되었다. 그리고 송상진은 교원이라는 이유로 군에 가지 않아도 되었다.

"인혁당을 비롯 지하 조직운동의 인적 기반이 대구에 치중되었던 것은 대구지방의 특수한 역사적 배경이 가로놓여 있다. 대구지방은 근래 조심스럽게 새로운 평가가 이루어지고 있는 1946년의 10월 민중항쟁의 주무대였던 만큼 그 희생 또한 자못 심각했다. 그러나 대구, 영남지방은 한국전쟁 당시 북한에 의해 점령되지 않은 지역이었기 때문에 지하조직이 전면에 드러나 활동하지 않았고, 따라서 타 점령지역의 지하조직이 공개 노출되어 이후 혹독한 탄압을 받고 파괴되었던 데 비해 대구, 영남지방의 지

164

하 저항세력에 호의적이었던 일부 자본가들도 큰 타격을 받지 않고 존재했던 것으로 보인다.

이상과 같은 대구지역의 특수한 조건은 해방 직후 좌익운동과 민족운동이 공공연했던 시기의 민중운동과 사월혁명 이후의 운동이 상호 이질적으로 단절되지 않고 개인적 연관으로 이어져 내려온 사실을 설명해줄 수 있을 것이다. 이 연관 속에서 역사적 경험의 계승도 이어졌다고 볼 수 있을 것이다. 이러한 조건으로 해서 대구지역은 제2차 인혁당 사건으로 8명이 사형당하고 지역운동이 큰 타격을 입기까지 지하 저항운동의 중요한 인적 기반으로 남아 있었다." (안병용,《역사비평》 1990년 가을호,「남민전」)

김진생의 기억에서 전쟁은 사라졌다. 그는 한창 아이들의 성장으로 기쁘기도 했겠지만, 경제적으로 힘들었던 40대 중반에 남편을 잃었다. 그것도 반국가단체의 구성원이 되어 버렸으니 그의 가족은 사회적 생매장을 당한 것이다. 어려운 시기 그는 삯바느질로 자녀들을 키우며 남편이 없는 자리를 메워야 했다. 그런 예기치 않은 힘든 인생을 이겨낼 수 있었던 것은 무엇보다도 남편 송상진과의 행복한 생활에 대한 기억 때문이었고, 생전에 남편이 보여준 자기와 가정에 대한 성실함 때문이었다. 그러니 전쟁에 대한 기억은 팔십이 넘은 김진생의 머릿속에 남아 있을 틈이 없었다.

큰딸 명희는 결혼 한참 후인 1957년에 낳았다. 다음 해 1958년에 장남 종환을 낳았고, 1960년 1월에 차남 철환을 낳았다. 이 당시 송상진은 대구대학교 경제학과에 재학 중이었다.

> 시부모님을 모시고 같이 살았어요. 시동생들도 둘이나 있었죠.
> 아이들은 낳기 전에 여섯 식구가 살았는데, 나중에는 아이 셋까
> 지 아홉 명이 한집에 산 셈이죠. 시부모님들도 저에게 알뜰하게
> 살림살이를 잘한다고 칭찬해주셨고, 손녀 손자들도 애끼시면서
> 잘 거둬주셨어요. (그래도 자녀 셋에 시부모님까지 모시고 살면
> 힘드셨을 텐데, 송 선생님 학비는 어떻게 대셨어요?) 잘 모르겠
> 어요. 다만 기억나는 거는 신진욱 씨라고 중고등학교 여러 개를
> 가지신 분인데, 그분 학교에 다니셨던 적이 있어요. 그분한테 도
> 움을 받았는지 […] (4·9통일평화재단구술사업, 『인민혁명당과
> 혁신계의 활동』 김진생 편, 2011)

경북 의성 출신인 신진욱은 일제강점기인 1924년에 태어나 송상진과
같은 대구사범학교 강습과를 졸업하고 해방되던 1945년에 대구초에서 근
무를 시작했다. 이렇게 송상진과 인연이 맺어졌으나, 신진욱은 곧 교사직을
그만둔다. 그는 이후 전쟁고아들을 모아 1955년 협성상고를 설립하고, 이
를 기반으로 협성재단을 만들어 이사장이 되었고, 이어 12개 중·고교를 개
교하게 된다. 그가 2014년 사망하기까지 협성재단 소속 학교에서 40여만
명이 졸업했다고 한다. 그는 사학재단 이사장을 하면서 여당보다는 야당 인
사들이랑 친하게 지내는 바람에 이승만의 탄압을 받기도 했다고 한다. 그
덕분에 8대(1971년, 신민당, 대구 남구)와 14대(1992년, 민주당, 전국구) 국

회의원을 야당에서만 지냈다.

> "자유당 시절 민주당에 학교 운동장을 선거 유세장으로 빌려주었어요. 그때만 해도 어느 기관이든 야당에 선뜻 집회장소를 빌려주지 않았습니다. 부당했지요. 대구사범을 나와 교사 시절엔 신사참배를 거부하고 […] 저는 미련해서 옳다고 생각하는 것은 끝까지 밀어붙이는 고집이 있었습니다." 그 일은 야당과 가까워지고 정치에 입문하는 계기가 됐다. 그는 "야당 생활을 하느라 관(官)으로부터 많은 멸시도 받았다"며, "이상한 것은 나를 미워하던 이들도 세월과 함께 다 사라지더라"고 빙그레 웃었다. 신 학원장은 재단 50주년을 맞아 다음 달 3일 협성 가족을 대구시민회관 뮤지컬 잔치에 초대한다. 어려운 시기를 헤치고 재단을 지켜준 협성재단 소속 교사·직원 등 가족에 보내는 보답 행사다. 그는 요즘도 특별한 일이 없으면 재단 소속 학교를 들러 '힘을 합해 이룬다(協成)'는 창학 정신을 확인하고 이야기를 나누는 만년 교육자다. (《중앙일보》 2005년 5월 30일 자, 「인터뷰 ―설립 50주년 신진욱 협성학원장」)

서도원의 장남 서동훈은 '유한종 선생이 부친에게 신진욱을 소개하여 부친과 가족처럼 지냈다'라고 증언한다. 지금까지 알려진 송상진의 이력에는 부인 김진생이 말하는 '신진욱이 설립한 학교에 다녔다'는 증언에 부합하는 협성재단 소속의 학교 이름은 보이지 않는다. 다만 신진욱은 유한종·송상진·서도원 등과 상당한 친분이 있었고, 자신이 가진 재력의 일부를 혁신계 인사들에게 지원한 것으로 보인다.

그리고 이 시기 송상진은 대구대에 재학하면서 대구 덕화중학교 야간 교사(1957년 5월)로 1년간 근무했으며, 1958년 10월부터는 대구시 중구 북성로 25번지에서 '북성여관'을 4년간 경영했다고 한다. 북성여관이 있던 자리에 지금은 새 건물이 지어지고 자동차 부품회사가 들어서 있다.

이렇게 그는 신진욱의 도움과 여러 부업을 통해서 대가족의 부족한 생활비와 학비를 벌어 댄 것이다.

도예종

한국전쟁 이후 도예종과 송상진의 삶은 그 궤적이 일치한다.

> 네. 1954년도 대구초등학교 교직에 있을 때 도예종은 본인과 같
> 이 교직에 있었고 이후 본인이 대구대 경제과에 학생으로 있을
> 때 도예종은 조교로 있었고 앞에 말한 민주민족청년동맹 사무
> 국장직에 있을 때 도예종은 간사장직에 있었습니다. 유달리 잘
> 알던 사람이올시다. (인혁당재건위 사건 송상진 진술서)

도예종은 전쟁이 한창이던 1951년 5월 대구초등학교 교사를 하면서 대구대 경제학과 3년에 편입학한다. 그리고 1953년 4월에 졸업하고 나서

는 대구대 경제학과 조교를 한다. 송상진은 1954년 4월 대구초등학교를 사임하고 1955년 4월에 대구대 경제학과에 입학하여 1959년 졸업한다. 둘은 약속이라도 한 것처럼 도예종이 3년 먼저 대구초와 대구대를 거쳐 사월혁명을 맞이하였으며, 송상진도 같은 경로로 사월혁명을 맞이한다. 그리고 청구대학의 서도원도 이 두 사람과의 뜨거운 만남에 참여한다. 또한 이 세 사람은 대구지역사회에서 '노동자를 사랑하는 노동법 교수'로 불리던 대구대의 여민 이종하 교수 아래에서 수학했다. 이때 부산에서는 진보적인 고등학생들이 사회과학 서클 '암장'을 결성하고 세상을 바꾸겠다는 결심을 세워가는 때였다. 그러니 인혁당재건위 사건 사형수들의 인연과 의리는 1950년대 초중반에 형성되어 1960년 사월혁명 이후 세상에 그 모습을 드러냈으며, 그 후로도 연락의 끈을 놓지 않고 있다가 1975년 형장의 이슬로 사라지기 전까지 이어졌던 것이다. 그 과정에 박정희와의 쉼 없는 대결의 장이 이어지고 있었다.

민민청 경북맹부 사무국장

송상진이 서른두 살 되던 해에 사월혁명이 일어났다. 혁명 한 해 전인 1959년에는 송상진에게 약간 여유로운 시간이 주어진 것으로 보인다. 부인 김진생이 그의 호적에 등재된 날이 결혼 후 10여 년이 흐른 1959년 1월 29일이다. 혼인신고가 늦어도 한참 늦었다. 그리고 1957년과 1958년에 태어난 자녀들의 출생신고도 이날 이루어졌다. 그동안은 바쁜 삶 때문에 호적 정리에 신경을 쓰지 못하고 있다가 이제야 정리가 된 것이다. 그리고 이 해에 대학을 마친 송상진은 새로운 삶을 준비하고 있었다.

하지만 1959년은 송상진의 삶과 달리 격정의 한 해였다. 1959년 1월에는 쿠바에서 공산주의혁명이 일어난다. 초강대국 미국을 코앞에 두고 일어난 쿠바혁명 소식이 세계인의 이목을 주목시켰으며, 한국에서도 1961년 창간된 《민족일보》는 쿠바의 혁명과정을 연재물로 싣기도 했다. 송상진 역시 1950년대 중반부터 활발히 전개된 베트남, 알제리 등 그동안 제국주의에 신음하던 신식민지 국가들에서 일어난 민족해방운동에 깊은 관심을 가지고 있었다. 또 2월에는 이승만의 정책을 수시로 비판하는 기사를 실어오던 《경향신문》이 '여적필화사건'으로 폐간되고 7월 30일에는 진보당 조봉암의 사형이 전격 집행되었다. 게다가 9월 추석을 앞둔 시기에 태풍 사라호가 불어 닥쳐 농가에 큰 피해를 입혔다. 안팎으로 불어 닥친 격변으로 배고픈 백성들의 불만은 고조되고 새로운 시대에 대한 갈망은 높아져만 갔다. '동방의 고요한 나라에서 벌어진 혁명'의 여명은 그렇게 시작되었다.

이 시기 그의 행적과 관련하여 1차 인혁당 사건 때 송상진 진술서에는 '1960년 4월경 대구시에서 실시하는 시의원 선거에 출마하였으나 낙선하고'라는 내용이 나온다. 그런데 1960년의 지방선거는 12월에 '특별시·도의회(12일), 시·면·읍의회(19일), 시·면·읍장(26일), 특별시장·도지사(29일)' 선거가 진행되었다. 그리고 아들 송철환은 1960년 지방선거에 출마한 것이 아니라 1950년대 지방선거에 출마한 것이라고 말한다. 1950년대 지방선거는 1952년에 전쟁 중인 관계로 서울·경기·강원을 제외한 지역에서 '1회 지방선거'가 진행되었으며, 1956년에 '2회 지방선거'가 진행되었다. 하지만 중앙선거관리위원회 웹사이트의 역대 선거 검색을 통해 1, 2회 지방선거에서 대구시 달성군 시·도의회 의원 출마자 검색을 했으나, 송상진의 이름은 보이지 않았다. 아들 송철환의 증언이 맞는다면, 출마를 했으나 중도에 사퇴하거나 타 지역에서 출마한 것으로 보인다.

1961년이 되면 송상진은 민민청 경북맹부 사무국장을 맡는다.

> 4일 오후, 민주민족청년동맹(이하 민민청) 경북도연맹 결성식이 대구시내 동성로에 위치한 경북도맹 준비위원회 사무실에서 열렸다. 민민청 경북도연맹은 지난 1월 4일 준비위원회를 만들고 청년의 자각과 국토통일사상 고취 등을 촉구하는 운동을 해왔다. 이날 선출된 임원은 다음과 같다. •위원장:서도원 •간사장: 도예종 •부간사장: 이대룡 •연구위원장: 김충섭 •부위원장: 박지사 •통제위원장: 박상홍 •사무국장: 송상진 •조직국장: 권달섭 •투쟁국장: 정만진 (《영남일보》 1961년 3월 5일, 조간 2면)

민민청 경북맹부는 1961년 3월 4일에 출범했다.

> 민민청 경북도맹은 비교적 체계를 갖추고 있는 조직이었다. 강령과 깃발, 조직의 노래가 있었으며, 회원 가입 시 가입원서를 작성하여야 했다. 지금까지 확인된 민민청 경북도맹의 회원은 표3(생략)의 임원진 외 도혁태, 류근삼, 이낙호(여성), 조만호, 하정기, 이복녕, 각 대학 민통련 간부들이 회원으로 활동했다. 당시 경북

171

고등학교 2년생이었던 백승홍도 사무실에 교복 입은 채로 오곤 했다(류근삼, 도혁태 구술). 특히 민민청 경북도맹의 투쟁국장을 맡은 정만진은 당시 청구대 학생으로 '학생민족통일연맹연합회' 위원장을 맡고 있었다. 따라서 대학민통련 소속 학생들도 민민청 회원으로 가입되어 있을 개연성이 있다. (윤정원, 「제2공화국 시기 대구지역 통일운동의 조직과 활동」, 『사회와 역사』 제108 집, 2015)

당시 민민청은 학생조직화에 힘을 기울였다. 해방 직후부터 초등학교 선생을 한 송상진을 비롯하여 청구대 학생과장을 한 서도원 그리고 초중고 선생을 한 도예종의 이력만 봐도 충분히 예측할 수 있다. 게다가 갑작스럽게 터진 혁명으로 인해 그동안 진보적 조직활동이 전무했던 노동자·농민계급을 당장 시위에 동원하는 일도 쉽지 않은 일이었다. 2대 악법 반대투쟁 및 여러 사회진보 제반투쟁에 동원이 쉬운 조직이 청년 학생들 조직이었다. 이들은 이미 사월혁명과정에서 그 투쟁력이 확인된 바도 있었다. 그 임무는 송상진에게 주어졌다. 도예종은 서울에서 주로 활동했으며, 위원장인 서도원은 교원노조, 피학살자 유족회 민자통 등 사회연대활동에 중심을 두고 있었기 때문이다.

이재문은 《대구매일신문》 기자 생활할 때 알게 되었습니다. 인혁당 사건(1차)이 있을 때 서울 교도소에서 만났고, 대구에 내려와서 생활할 때는 생활에 대한 사업 구상에 대해서 종종 물으러

오기도 했습니다. 근래 만난 것은 작년 11월경 염소 80마리를 매각 처분하는데 좀 협조해달라고 온 후로는 한 번도 만난 사실이 없습니다. (인혁당재건위 사건 송상진 진술서)

송상진은 민민청 사무국장을 맡으면서 인맥의 폭이 상당히 넓어졌다. 그 과정에 남민전 위원장 이재문도 있었다. 그의 인혁당재건위 사건 진술서에는 이재문을 1차 인혁당 사건 후 처음 만난 것으로 나와 있지만, 쿠데타 이전부터 《영남일보》와 《대구일보》 기자였던 이재문과도 서도원, 도예종을 통해 안면이 있었다. 또 쿠데타 발발 이전에 대구지역의 통민청과 민민청이 통합할 예정이었기 때문에 민민청에서 활동하던 송상진과 통민청에서 활동하던 이재문이 서로 모를 리 없었다. 그런 연유로 위 진술서에서 이재문이 《대구매일신문》 기자를 하던 시절에 만난 것으로 나와 있지만, 이재문이 《대구매일신문》에 입사한 때는 5·16 쿠데타 이후인 1963년이므로 사실관계가 맞지 않다. 아마도 인혁당재건위 사건 당시 잡히지 않은 이재문과의 관계를 최대한 축소하려는 의도에서 작성된 진술 내용으로 보인다.

송상진은 1961년 5·16 쿠데타 직후 반국가 행위자로 혁명검찰부에 검거되어 약 5개월 동안 신문을 받고, 같은 해 12월 기소유예로 석방된다. 당시 혁명검찰부가 경북민민청 사건으로 구속한 '위원장 서도원과 조직국장 권달섭, 투쟁국장 강왕수'의 공소장을 종합해보면 다음과 같다.

① 1961년 1월 11일 동일자 《영남일보》 지상에 '국내외 정세는 조국통일이 목전에 다다름을 시사하고 있음에도 불구하고 반

173

민주적 보수세력은 일부 외세에 아부 의존하여 조국통일을 지연시켜보려는 기망상을 노정시키고 있다'는 내용의 호소문을 민민청 경북맹부 준비위원 일동 명의로 발표한 일. ② 1961년 2월 25일 오후 1시경부터 동일 오후 6시경까지 사이에 대구역전 광장에서 통일촉진웅변대회를 개최하여 구태희 외 6명으로 하여금 남북문화교류 등을 통한 평화통일론을 역설한 일. ③ 1961년 3월경 야당 및 사회단체의 활동을 탄압하는 데 악용될 수 있는 '반공임시특별법 및 데모규제법' 등 2대 악법을 장면 정부가 강행하자, 3월 21일 대구역전 광장에서 2대 악법 반대공동투쟁위원회가 주최한 2대 악법 반대시위대회에 참가하여 위원장 서도원이 '장 정권은 자신의 부패와 무능을 은폐하기 위하여 2대 악법을 제정하려 한다. 한국에도 미국의 매카시 선풍이 예상된다'는 요지의 개회사를 하였으며, 또 4월 7일에는 대구수성천변에서 공동 투쟁위원회 주최의 2대 악법 반대궐기대회에 참가하여 투쟁국장 강왕수가 '장 정권은 선거공약을 이행하지 않고 자신의 부패를 은폐하려고 2대 악법을 제정하려 하므로 한사코 이를 반대한다'는 요지의 투쟁사를 한 일. ④ 투쟁국장 강왕수가 1961년 4월 28일 자《영남일보》지상에 「학생과 조국통일」이라는 제목하에 자본주의의 경제적 식민정책의 침략세력과 그러한 착취세력에 아부 굴종한 민족반동세력으로 인하여 통일이 지연되었다는 요지의 논문을 게재한 일 등이 반국가단체인 북한괴뢰집단의 이익이 되었다.

결성 3개월 동안 벌인 민민청 경북맹부의 활약상은 실로 대단한 것이었다. 공소장에서는 경북맹부가 2대 악법 반대투쟁과 통일운동에만 참여한 것으로 나오지만, 송상진은 이외에도 교원노조·피학살유족회 활동·제일모직 등의 노조투쟁 등 대구·경북지역의 모든 사회현안에 관여하며 지역의 차세대 지도자로서의 역할을 다하고 있었다. 하지만 5·16 쿠데타는 이모든 일을 무위로 만들고 말았다.

괴상한 법

5·16 쿠데타로, 인혁당재건위 사건으로 사형당한 여덟 명 중 송상진을 비롯하여 서도원·우홍선·이수병·하재완 네 명은 연행되었으며, 도예종은 수배자가 되었다. 이들을 가두거나 도망자 신세로 만든 '괴상한 법' 하나가 쿠데타 발발 한 달 후인 1961년 6월 22일에 제정된다. 바로 '특수범죄처벌에 관한 특별법'이다. 이 법이 괴상하다는 것은 법이 제정된 후에 사람들을 잡아간 것이 아니라 사람들을 잡아간 다음에 법이 제정되었기 때문이다.

우리 헌법은 제정 이래로 죄형법정주의를 채택하고 있다. 죄형법정주의는 '법률이 없으면 범죄도 없고 형벌도 없다'라는 말로 해석된다. 그러므로 이 괴상한 법은 탄생부터 잘못된 것이었다. 반면, 1948년에 제정된 반민족행위처벌법의 경우는 같은 소급법이라고 하더라도 제헌헌법 101조(친일파를 처벌한다는 내용)에 의해 제정된 법률이므로, 쿠데타 세력이 국민의 동의를 받지 않고 만들어낸 이 특별법과는 비교조차 할 수 없는 일이다. 그

175

렇다면 이 괴상한 법의 문제점을 짚어보자.

첫째, 이 법은 3년 6개월 전까지 일어난 일에 대해 처벌할 수 있는 소급입법이었다는 점이다. 이 괴상한 법이 1961년 6월 22일에 제정되었으니, 1957년 12월 21일부터 벌어진 일에 대해 처벌할 수 있다는 뜻이 된다. 쿠데타 세력은 소급입법을 제정한 이유에 대해 '반국가적 반민족적 반혁명적 범죄를 중점적으로 일벌백계주의로 엄정 신속히 처리'라고 밝혔지만, 그 소급 시기가 3년 6개월인 것은 진보당 사건 발발(1958년 1월) 후에 발생한 혁신계 활동에 대해서도 처벌하려 했음을 가리킨다.

둘째, 이 법이 제정됨으로써 쿠데타의 목적이 확실해졌다는 것이다. 대부분의 쿠데타는 전 정권에 반발하여 일으키는 것이 예사이다. 한데 이들은 전 정권의 인사들을 처벌하기보다는 오히려 전 정권의 실정을 비난하던 야당 인사들을 처벌했다. '구악일소'를 내세우며 (이미 장면 정부에서 특별조사와 재판을 받고 있던) 자유당 부패세력과 깡패들 500여 명을 구속하였지만, 사형당한 몇몇을 빼놓고는 대부분 군정시기에 출옥하고 이후 박정희 정권에 빌붙어 호의호식한다. '구악일소'는 국민들의 눈가림 수단에 불과했다.

이에 반해 향후 자신의 집권에 방해가 될 혁신계 인사들은 잔혹하게 탄압했다. 이 괴상한 법으로 조용수(민족일보)와 최백근(사회당)을 사형시키고, 일곱 명(통사당 이훈구, 경북피학살자유족회장 신석균, 사회당 최근우, 사회당 두응규, 민자통 경남협의회 정순종, 민자통 충남협의회 김차경, 경남피학살자 유족회장 문대현)이 옥사하고 말았다. 그 외 200여 명의 혁신계 인사들에게 15년 형 등의 무거운 형을 내려 무고한 옥살이를 시켰다.

176

하지만 48년이 지난 2009년 10월 13일, 진실화해위는 '5·16 쿠데타 직후 인권침해 사건에 대한 재심권고 결정'을 내렸고, 이후 법원은 관련 사건 당사자(유가족)들의 재심 요청을 받아들여 각각의 사건에 대해 줄줄이 무죄를 선고했다. 이것만 보아도 쿠데타의 목적은 '구악일소'가 아니라 '정권 찬탈'이었음을 쉽게 알 수 있다.

셋째, 이런 괴상한 법이 제정되기 하루 앞서 또 하나의 반헌법적인 법이 하나 생긴다. '혁명재판소 및 혁명검찰부 조직법'이다. 이 또한 괴상한 법이 아닐 수 없다. 죄지은 사람을 먼저 잡아 가두고 법원을 만들었다는 점도 수상쩍은 일이기도 하지만, 검찰과 재판부의 지휘급 인사들이 법조인이 아닌 군인들이었다. 그리고 조선시대 경국대전에도 명시된 삼심제가 아닌 이심제였다.

박정희의 '혁명재판소와 검찰부'는 사월혁명 이후 3·15 부정선거 사범을 처벌하기 위해 장면 정부가 중구 필동에 만들었던 '특별재판소와 특별검찰부' 자리에 들어섰다. 혁명재판소장과 검찰부장은 국가재건최고회의의 제청에 의해 당시 대통령이었던 윤보선이 임명하도록 하였고(동법 3조 1, 2항), 5개소의 1심 심판부와 2개소의 상소심판부의 재판장은 현역 국군

▲ 혁명재판소장이 된 최영규 준장에게 임명장을 하사하는 윤보선 대통령(『한국혁명재판사』)

장교 중에서 한 명을 임명하고(동법 4조 1, 2, 3항), 30여 명 이내의 검사로 구성되는 혁명검찰부장도 현역 국군장교 중에서 뽑도록 했다. 그래서 1961년 7월 12일 만들어진 혁명재판소의 소장은 최영규 준장이, 검찰부장은 박창암 대령이 맡았다. 담당 사건들은 혁신계를 잡아 가둔 '특수 반국가 행위 사건'을 비롯하여 '3·15 부정선거 사건', '반혁명 행위 사건', '부정 축재 및 밀수 사건', '공무상 독직 사건', '정치폭력배 사건' 등을 다뤘으며, 혁명검찰부는 697명을 혁명재판소로 넘겼다. 그 뒤 혁명재판소는 1962년 5월 10일까지 290일 동안 헛된 천여 회의 재판을 진행하고 역사에서 사라진다.

사월혁명이 일어나자 '이승만의 사진을 떼어 밑씻개로 하자'고 외쳤던, 시인 김수영은 5·16 쿠데타가 일어나자 이번에는 '아직 싹도 틔지 못한 민주주의 꽃가지를 꺾어버리는 짓'이라고 분노하였다. 19세기 말부터 한반도를 침략했던 외세에 기대어 세력을 키웠던 매판세력을 민중의 힘으로 처음 꺾은 것이 사월혁명이었다. 100여 년 만에 조선 민중들이 자주성을 되찾고 제대로 된 민족국가를 만들려 했다. 그 과정에서 100년간 누려온 기득권은 저항했고, 혼란은 가중될 수밖에 없었다. 그런 당연한 역사의 합법칙성을 무시한 쿠데타 세력은 '정의를 바로 세워나가는 과정'을 혼란으로 몰아 총칼을 들이밀며 민중을 겁박하여 '정권 찬탈'이라는 자신들의 사리사욕을 채우려 했다. 혁신계 인사들에 대한 혁명재판소 판결문에 한결같이 똑같은 문구가 들어 있다. 바로 '반국가단체의 이익이 된다는 점을 알면서'이다. 과연 '반국가단체'는 누구를 지칭하는 말인가. '북한'인가? 아니다. 쿠데타 세력이 '찬탈한 권력'이었다. 송상진은 이 괴상한 법들로 인해 1961년 12월 구속되었다가 1962년 4월경 석방된다.

양봉업

소설가 김원일은 2005년 '인혁당재건위 사건 사형수 8인'을 소재로 한 연작소설집『푸른 혼』을 출간했다. 소설가의 부친 김종표(1914~1976)는 일제강점기 사회주의 독립운동가였으며, 해방 후 월북한 인사였다. 그는 부친의 이력으로 독재정권 시절 편안한 삶을 살 수 없었다. 그렇기에 인혁당재건위 사건을 지켜본 뒤 이들의 삶을 소설로 그려낼 것을 결심했다.『푸른 혼』에서 '팔공산' 편은 송상진의 일대기를 그리고 있다. 소설은 송상진이 운영했던 양봉업에 대해서 이렇게 쓰고 있다.

> 이듬해 봄인 1963년, 한 해 경험을 쌓은 나는 한결 다부진 결심을 하고 팔공산으로 들어가 본격적인 양봉에 나섰다. 벌통 수를 스무 개로 늘렸다. 4월에 들어 온갖 꽃이 피어나자 늙은 일벌들은 월동을 못한 채 죽고, 늦가을에 태어난 젊은 일벌들은 겨울 한철을 제 집 속에 들어앉아 저장했던 꿀로 체력을 다진 끝에 첫 비행을 시작했다. 벌통에서 한꺼번에 쏟아져 나와 밀원식물을 찾아 비상하는 벌떼를 보면 마치 나를 반기는 듯하여 그렇게 기쁠 수가 없었다. 회천하는 연어 떼의 뜀박질을 보는 듯했고, 통일을 향해 태극기 흔들며 나서는 민중을 보는 듯 했다. 붕붕거리는 벌떼들의 날갯짓 소리가 통일을 절규하는 함성과 다를 바 아니었다. […] 동서양을 막론하고 양봉업은 그 역사가 수천 년에 이르고 우리나라만 해도 삼국시대에 이미 양봉을 시작했는데,

따지고 보면 그 목적은 채밀을 통한 금전적 소득에 있다. 단맛을 좋아하는 인간의 혀를 즐겁게 녹이는 데는 벌꿀이야말로 더 이상일 수 없는 자연산 당분이다. 그러나 나의 경우 양봉은 금전적 이득이 주목적이라기보다 벌들과 함께 자연 속에 묻혀 사는 게 좋아 그 보람에 만족한 나날이었다. 한 마리의 여왕벌 아래 이삼천 마리의 수벌, 수만 마리의 일벌이 한 단위를 이루어, 역할 분담을 철저히 지키는 그들의 조직사회는 인간의 짜낸 지혜인 공동체 생활의 여러 규약을 능가할 정도로 그 질서가 일사불란함은 잘 알려진 사실이다. (김원일, 『푸른 혼』, 「팔공산」 편, 2005)

범법자가 된 송상진은 더 이상 정상적인 일자리를 가질 수가 없었다. 얼마간 건축재료상을 해보기도 했으나, 한평생 교직에 있었던 그에게 사업 수단이 잘 나올 리 없었다. 그래서 선택한 것이 양봉업이었다. 높은 산으로 둘러싸인 백안리에서 하기에 딱 좋은 직업이었다. 게다가 쿠데타로 인해 시끄러워진 세상일로 사람을 만날 일이 없어 좋았으며, 산속 깊은 곳으로 가 벌통을 놓아두고 권력의 감시망을 피해 뜻 맞는 동지들과 만남을 유지할 수 있어 좋았다. 소설가 김원일은 송상진이 벌들의 세계를 해석하며 그보다 못한 인간 세상을 한탄하는 장면을 그리고 있다. 송상진은 인혁당재건위 사건으로 검거되기 전까지 10여 년 넘게 양봉업을 하면 정상적인(정의로운) 인간 세상이 이루어지는 꿈을 꾸고 있었다. 하지만 권력은 그가 자유로운 꿈조차 꿀 시간도 허용하지 않았다.

1963년 바로 도예종이 지휘하는 인민혁명당에 가입하며 활동하다가 동년 8월경 검거되어 서울 지법에서 심리하다 3개월만에 불기소 처분을 받은 사실이 있습니다. (인혁당재건위 사건 송상진 진술서)

1차 인혁당 사건이 벌어진 것은 1964년이다. 즉 송상진이 검거된 것은 1963년이 아니라 1964년이다. 진술서가 강압에 의해 엉터리로 작성된 것이

▶ 1차 인혁당 사건으로 연행된 송상진이 공소취하로 풀려났다는 신문기사(사진 좌측 맨 위가 송상진,《조선일보》1964년 10월 17일 자)

다. 그해 한일회담을 반대하는 6·3 항쟁이 벌어졌으며, 박정희는 이를 잠재우기 위해 1차 인혁당 사건을 조작한다. 사건 발표 당시 중정부장 김형욱은 '북한의 지령을 받은 간첩이 관여한 조직'으로 '학생들을 조종해 정부를 전복하려 했다'고, 엄청난 반국가단체가 발견되었다고 큰소리쳤다. 하지만 사건을 넘겨받은 검찰은 중정의 발표와는 달리 '북한의 지령을 받았다는 구체적인 증거가 없다'며 13명만을 기소했고, 1심 재판부는 이들 중 도예종과 양춘우 두 명에게만 실형을 내리고 나머지는 무죄

석방했다. 사건의 전모를 두고 김형욱도 자신의 회고록에서 '무리한 수사였다'라고 회고한 바 있다.

송상진은 이 과정에서 도예종과 접촉이 있었다는 점만으로 체포되어 간첩단의 일원으로 조작되었으나, 검사들이 반발하는 과정에서 불기소 처분을 받고 석방되었다. 하지만 독재자 박정희는 반발하는 검사들을 검찰에서 쫓아낸 후 새로운 검사를 등장시키고 2심 재판부를 매수하여 도예종을 '인민혁명당 당수(주범)'로 만들고 '당원(조력자)' 양춘우, 박중기, 김금수, 박현채 등 13명에게 기어이 실형을 선고한다. 3년 전 혁명검찰부의 조사과정에서 얻은 상처가 다 아물지도 않은 채, 또다시 같은 일을 겪어야 했던 송상진은 이 사건 이후 벌통을 메고 더 깊은 산속으로 들어가게 된다.

용호늪

송 선생은 완고하지 않고 온화한 분이셨죠. 우리 집은 가정교육을 매우 엄격하게 시켰어요. '문지방을 밟지 마라', '재떨이를 타고 넘지 마라', '어른들이 오면 일어나서 인사하고, 앉으라고 하면 앉아라' 등등 그랬는데, 송 선생은 초등학교 교사도 하신 교육자답게 아이들을 자유분방하게 키우셨다고 합니다. 그래서 그랬는지 송 선생네 집안 아이들은 아주 공부를 잘했어요. 도예종 선생과는 요즘 영남대라고 하는 한 학교에서 만났다고 하더라구요. 우리 하 선생 하고는 언제 만났는지 모르지만 4·19 때 송 선생이 우리 집에 자주 왔어요. 도예종, 서도원 선생이랑. 그분들이 우리 집에 오면 내가 자주 밥을 해드리고는 했지요. 그리고 우리 하 선생이 창녕에서 양조장할 때도 자주 왔어요. 그때가 토지 개간 할 때인데, 우리 양조장에 머물면서 큰댁에서 나온 식모들이 밥도 해드리고 했어요. 하 선생 띠가 뱀띠(29년생)고 송 선생은 용띠(28년생)니까 한 살 차이여서 아주 형제처럼 친하게 지냈죠. (이영교 인터뷰, 2022년)

하재완의 처 이영교는 1차 인혁당 사건이 벌어졌을 때 송상진이 하재완을 고변하지 않아 남편이 잡혀가지 않았다고 말한다. 그가 말하는 창녕의 양조장은 '이방양조장'이며, 양조장 소유자는 남편의 사촌형이었는데, 대구의 양조장에서 일한 경험이 있는 남편이 전적으로 도맡아 운영했다고 한다. 그러다가 남편이 폐종양에 걸려 더 이상 양조장 운영을 맡을 수 없는 상황이 되자, 1968년 3월 중순경에 양조장을 다른 사람에게 팔았다고 한다. 이런 과정에 1967년에는 송상진이 양봉업을 잠시 접고 창녕에 있는 하재완 집안의 양조장 숙소에서 기거하게 된다.

창녕군에는 50년 전까지 우포늪 크기의 자연 늪이 하나 더 있었다. 낙동강과 가까운 대합면 용호마을에서 산을 끼고 구미마을로, ㄷ자 모양으로 오른쪽 위 목단마을로 이어졌던 용호늪이다. 넓게 잡아 65만 평 규모였던 이 늪에서 32만 평 정도는 그사이 개간이 진행됐다. 인근 용산마을의 정미소 맞은편에서 '점빵'을 하

183

▲ 경남 창녕군 대합면 목단리 일대의 옛 용호늪 위치(《경남도민일보》 2022년 3월 2일 자)

는 이춘자(90) 씨는 개간 이야기만 나오면 '학'을 뗀다. "말 몬한다. 땅을 돋아나먼(돋우어 놓으면) 물 담고 돋아나먼 물 담고…. 고생할 때는 진짜 누구 모가지라도 잡아서 씹었으면 싶었다." 이 씨는 나이 서른둘이던 1964년 "국유지를 개간해서 논으로 만들면 소유권을 넘겨주겠다"는 박정희 정부 강권으로 이웃 30여 가구와 함께 진해에서 이주했던 '용호개척단'의 마지막 현지 생존자다. 당시 진해 해군작전사령부 확장으로 터전을 잃고 쫓겨 온 그들에게는 "개간하면 전부 다 너희 땅"이라는 호언뿐, 단 한 푼의 돈도 장비도 주어지지 않았다. "논밭을 만들라 카는데 삽으로 괭이로, 심지어 손으로 메꾼다꼬 물구덩이가 바로 논밭이 되나." 1960년대 박정희 정부의 국유지 개간 역사의 현장이다. 그렇게 용호늪에 얽힌 지 60년이 돼버린 이 씨의 인생사를 3회에 걸쳐 전한다. (《경남도민일보》 2022년 3월 2일 자, 「늪을 논으로 맹그는 게 오데 말처럼 쉽나」)

송상진의 진술서에는 용호늪과 관련해 다음과 같이 적혀 있다.

하재완과 관계 및 접촉내용—1967년 창녕 용호라는 호수를 수로 변경시킴으로 호수에 간척사업을 하면 가장 좋은 곳이 있어 그 땅 간척하러 가서 알게 되었습니다. 오랫동안 그곳에서 양조장 경영을 하다가 대구에 온 지 5, 6년경 되는가 합니다. 정치적 모의를 한다는 일은 없고 현 정세에 대한 보도 내용에 관하여 의견을 교환합니다. (인혁당재건위 사건 송상진 진술서)

4월 30일에 작성된 송상진의 1회 진술서 내용이다. 4월 28일에 체포되어 이틀 뒤에 작성한 것이다. 진술서 문장을 보면 도저히 수십 년간 교육계에 머물렀던 사람이 쓴 문장으로 보이지 않는다. 주어도 빠지고 문맥도 잘 맞지 않는다. 그가 고문 수사를 받았던 10년 전 두 차례의 악몽이 떠오르는 순간이었다. 갑작스러운 체포에 이미 짜 맞춰놓은 대로 진술서 작성을 강요받았으니 문맥이 옳게 작성될 수 없었다. 게다가 조사하는 자도 이런 엉터리 진술서를 받고도 잘했다고 진술서 말미에 송상진의 날인까지 강요했으니 문맥까지 따져 봐야 무슨 소용이 있겠는가.

그렇게 송상진은 창녕으로 내려갔지만, 위 《경남도민일보》 기사처럼 장비 없이 늪을 땅으로 만든다는 것이 어디 쉬운 일이

▲ 하재완과의 관계를 설명하는 송상진의 인혁당재건위 사건 진술서 일부

185

었겠는가. 게다가 어렵사리 땅을 만들어놓아도 끊임없이 물이 솟아나 농사를 지을 수가 없었다고 하니 그는 대구로 되돌아가는 수밖에 없었다.

하재완의 처 이영교의 인터뷰 중에는 송상진 처가 이야기가 담겨 있다.

> 송상진 씨의 처 외삼촌이 《영남일보》 사장을 한 이순희 씨입니다. 남자인데 여자 이름을 썼죠. 집안이 양반 집안이고 부유해서 양조장도 경영하고 신문사도 경영을 했죠. 신문사는 전두환 때 폐간이 되었는데 요즘은 다시 보이더라구요. 이분이 (저의) 아버지가 독립운동 할 때 자금책 역할을 하셨다고 합니다. (이영교 인터뷰, 2022년)

그러니 송상진의 처 김진생과 하재완의 처 이영교는 선대에서 서로 알고 지내던 사이였던 것이다. 이 선대의 인연이 후대의 사위들에게도 이어졌다.

민주수호경북협의회

1971년 3월, 3선 개헌의 패배를 딛고 코앞에 닥쳐온 4월 27일 7대 대통령 선거의 야당후보 단일화, 공정선거 등을 목표로 재야인사들이 한자리에 모이게 된다. 기독교장로회 목사 김재준(1901년 함북 경흥 출생), 변호사 이병린(1911년 양평 출생), 기자 출신의 천관우(1925년 제천 출생)를 공동대표로 내세워 '민주수호국민협의회'를 출범시킨다. 이 소식은 곧바로 대구에도 전달되었다.

대구 재야인사들은 범어동 기요고 식당에서 여러 차례 모임을 갖고 '민주수호경북협의회'를 출범시키기로 결정한다. 이들은 동성로 대구백화점 7층 717호에 사무실을 개설하고 협의회 출범에 박차를 가한다. 출범식은 1971년 4월 22일 현대예식장에서 진행되었다.

> 이날 대회는 성명서를 통해 전 국민은 주권자의 긍지와 사명감을 갖고 민주적 기본권 회복에 총궐기하자고 호소했다. 이날 대회는 김재준 씨와 천관우 씨를 명예운영위원으로 추대하고 대표위원에 박삼세, 최해청, 유한종 씨 등 3명을, 위원에 김호길 씨, 이백희 씨, 김증도 씨, 강창덕 씨, 김순택 씨를 뽑았다. 대회가 끝난 뒤 천관우 씨와 이병린 씨는 「언론의 자유」와 「민주적 기본질서」라는 제목으로 각각 강연했다. (《동아일보》 1971년 4월 23일 자 7면)

이날 대표로 뽑힌 최해청은 서도원이 재직했던 청구대학 전 학장이고, 박삼세는 6·3 항쟁 때 해직당한 전 경북대 교수이며, 유한종은 혁신계를 대표하여 나섰다. 또 《동아일보》 보도내용 외에도 운영위원에 서도원을 비롯한 도예종·송상진·하재완·이재형·백정호(학원 강사)·우종수(한의사)·나경일·권오봉·이태환·이재문·정만진·도혁택(출판사)·류근삼(청년운동)

등 인혁당재건위 사건 관련자들이 다수 참여하였고, 학생 대표로 여정남·임구호도 참여하였다. 실무진으로는 총무위원장에 강창덕, 선전 및 대변인에 이재문, 청년위원장은 정만진이 맡았다.

1971년 4월 26일에는 결의문 2항 '민주공명선거를 위해 총력을 경주한다'를 실천하기 위해 '민주수호경북협의회 공명선거 감시단'을 조직하여 부정선거를 감시하기로 하였다.

신민당 경북도지부와 협의하여 경산군 각 투표소에 참관인을 배치하기로 하였다. 그리하여 대형 버스 1대에 45명의 회원이 경산 신민당에 도착하여 신민당 군당과 협의, 군내 1읍 10개 면에 회원들을 배치하고 다음 날(27일, 선거일) 아침 투표 시간 전에 투표소에 도착, 투표 마감 시간까지 부정 투표 방지를 위해 과감한 활동을 하였다.

몇몇 투표소에서는 공화당 측 깡패들과 싸우기도 하였고, 투표 당일 각 투표소 순찰임무는 이재문 선전 및 대변인이 담당하였다.

기억나는 대로 적으면 도예종(투표소명 미상), 강창덕(하양 제1투표소), 나경일(고산면 모 투표소), 이태환(압량면 방면), 송상진(와촌면 방면), 하재완(자인면 방면), 전재권(안심면 방면), 정만진(남천면 방면), 서도원(진량면 방면), 백정호(와촌면 어느 골짝투표소), 권오봉(하양면 모 투표소) 등등이다.

30여 개 투표소를 모두 기억할 수는 없다. 당시 서류는 위수령 발동 후 사무실을 폐쇄하여 강창덕 총무위원장이 보관 중 긴급조치 사건 때 가택수색을 당하면서 압수되었다. (재경대구경북민주동우회 등, 『인혁당재건위 사건, 그 진실을 찾아서』 90쪽, 2005)

10여 년 전 2공화국 시절 장면 정부에 대항하여 각종 사회민주화운동과 통일운동을 전국에서 가장 먼저 강력한 투쟁으로 발전시킨 대구·경북의 전통이 이어지는 순간이었다. 그리고 송상진에게는 마지막 공개적인 활동이 되었다.

8·15등산회

1974년 5월 6일 경찰의 「수사상황보고 제107보」에 '송상진은 용공지하당재건위 사건 관련자로 전재권·서도원·유한종 등과 경북 각지의 산을 등산하면서 인혁당 재건을 모의했으며'라는 내용이 나오고, 인민혁명당재건위 사건 공소장에서는 '1970년 8월 15일에 결성한 8·15등산회가 반국가단체를 결성하기 위한 목적으로 조직되었다'고 적혀 있다.

먼저, 1974년 인민혁명당재건위 사건의 공소장에는

(송상진은) 1965. 4부터 현주소지에서 양봉업에 종사하고 있는 자인바, 피고인은 평소 공산주의사상을 포지(抱持)하고 공산주

189

의국가 건설을 목적으로 과거 혁신계 인물 중 이념을 같이하는 용공분자를 접촉 동조세력을 규합하여 정부를 타도하고 공산주의 국가건설의 기회를 규시(窺視)하던 중 70. 8. 15 평소 이념을 같이하는 전 좌익수 전과자인 상피고인 전재권, 동 공소 외 전능 및 용공 혁신계인 상피고인 서도원 등과 8·15등산회를 조직하고 경북지방의 각 산악지대를 등산하면서 공산주의 정부를 수립하자는 데 상호이념이 상통되어, 과거의 인혁당을 재건하여 대정부 투쟁 전열을 정비하고자….

라는 내용이 담겨 있으며, 또 송상진의 항소이유서와 상고이유서에도 '8·15등산회'가 등장한다.

공소사실 전문에 대하여 말씀드리겠습니다. 본 피고인은 평소 공산주의 사상을 포지하고 공산주의국가를 건설할 목적으로 70. 8. 15 등산회를 조직했다고 되어 있습니다. 본 피고인은 상기 목적으로 등산회를 조직한 사실이 없습니다. 본 피고인은 대구에서 약 24킬로미터 떨어진 경북 달성군 공산면 신두동(부인사)에서 양봉업을 하는데 그곳에 4, 5천 되는 사람들이 등산을 왔다면서 코스를 동화사를 거처 대구까지 기로를 정했다기에 본 피고인은 양봉장에서 동화사까지의 산길을 안내해주었습니다. 그리고 본 피고인은 양봉장으로 되돌아왔을 뿐인데 이 등산 온 것을 본 피고인이 용공혁신계의 규합을 목적으로 조직한 것이라고까지 과잉 추리 해석이란 전무후무한 일이라 아니할 수 없습니다. 이 당시 그 누구 한 사람도 정치에 대한 발언은 하지 않았습니다. 도시의 공해로부터 산소를 담뿍 마시는데 또 맑은 냇물, 기묘히 생긴 나무들에 홀려서 정신을 잃을 정도였습니다. 그때 처음으로 상피고인 전재권과 인사를 나누게 된 것입니다. 그 후로는 본 피고인은 전혀 바빠서 참석한 일이 없습니다. 상기와 같은 단순한 길 안내가 오늘에 와서 그 무시무시한 공산주의 국가 건설의 모의조직이란 누명을 쓰게 되었다는 것은 억지 모해인 것입니다. (인혁당재건위 사건 송상진의 항소이유서)

공소 전문에서 1970. 8. 15의 등산을 본 상고인이 공산주의 국가 건설을 목적으로 동조세력을 규합하여 조직을 목적했다는 공소내용이온데 본 상고인은 당시 봉상을 대구에서 북으로 24킬로미터 떨어진 팔공산 중턱[경북 달성군 공산면 취무동 산 부인사(부인사)에서 관리하고 있는데 공소장에 기명된 상피고인 전재권 공소 외 전능 상피고인 서도원 외 수명이 부인사(고려시대의 거찰로서 속장경을 가치해 둔 곳)를 경유하여 동화사(경북 달성군 공산면 도학동 산중턱) 주차장에서 귀구(歸邱) 코스를 정하고 본 상고인은 부인사에서 동화사까지 도산 안내해주고 되돌아왔습니다. 그 당시 본 상고인 신체의 장애로 등산에 참가할 수 없었을 뿐 아니라 봉군(蜂郡)을 관리하는 바쁜 환경에 있었음으로 시간적으로 불허케 되었습니다. 신체의 장애란 만성

191

된 항문병인 치질로 장거리 보행은 그 통증이 심하여 등산이 보건상 좋은 줄 알면서 할 수 없었던 것은 안타까운 일이었습니다. 등산회를 만들어 등산한 것이 무슨 잘못함이나 있는 것처럼 어마어마한 공소내용을 본 상고인에게 혐의한다는 것은 오해요 억지인 것입니다.

근래 도시민은 목요일마다 가족 동반 혹은 친구, 동창, 직장단체가 함께 도시 공해를 벗어나 신선한 공기와 자연 속에 피로를 풀라는 등산회가 붐을 일으키고 있는 현실입니다.

본 상고인이 등산 한번 했다는 것을 가지고 공산주의 정부를 수립하는 데 이념을 상통했다는 막연한 추리를 한다는 것은 너무도 엄청난 오인된 해석이라 아니할 수 없습니다. 당시에 등산한 여러 사람이 건재하고 있습니다. 그들에게 조사해본다면 본 상고인의 정상이 명백히 그 전모가 드러날 것임으로 단순히 가형하기 위해서 억지해서 대정부투쟁 정비니 조직이니 하는 공소내용 사실의 왜곡임을 주장합니다. (인혁당재건위 사건 송상진의 상고이유서)

8·15등산회는 송상진의 항소이유서와 상고이유서에 등장하는 것으로 보아 실재했을 것이라고 보인다. 하지만 8·15등산회의 결성목적이 검찰의 공소장에서는 나오는 내용처럼 반국가단체 결성이었다고 보기는 어려울 것이다. 송상진의 주장처럼 친목 도모가 대체적으로 그 목적이었을 것이며, 그 과정에서 정세와 관련된 이야기가 오고 갔음은 충분히 예측 가능한

부분이다.

그런데 검찰과 공안기관에서 송상진의 죄상을 조작하는 과정에서 중요하게 등장한 8·15등산회 관련 사항들이, 참여했던 전재권의 진술에서만 일부 등장하고 주요 참가자였던 서도원과 도예종의 진술서 등 조사과정에서 작성된 문서에는 등장하지 않은 이유가 무엇인지 궁금해진다. 또한 도예종의 진술서와 진술조서에는 등장하지 않던 8·15등산회가 갑자기 그의 상고이유서에 등장한 까닭은 무엇인가? 왜 도예종은 경찰이나 검찰의 조사과정에서 등장하지 않았던 8·15등산회를 굳이 상고이유서에 넣어 자신의 무죄를 강조했을까? 도예종이 조사과정에서 발언을 했음에도 진술서와 진술조서가 중정의 의도대로 작성되는 과정에서 관련한 내용이 삭제된 것은 아닐까? 여러 의문이 든다. 어찌했든 8·15등산회라는 단체가 당시에 어떠한 역할을 했는지에 대해서는 앞으로도 더 자세히 살펴볼 필요가 있다.

이렇게 송상진은 '8·15등산회'를 친목 도모의 장으로 마련했을 뿐인데, 이 등산회를 '인혁당 재건 조직을 만들기 위한 특별한 조직'으로 만들어가는 과정에 송상진에게도 엄청난 고문이 자행되었다. 그는 항소이유서에서 '수사는 오로지 피고인의 의사를 물어서가 아니고 청사진에 본을 박아 놓고 강요 필기 무인케 한 것이다.'라고 주장하였으며, 상고이유서에는 항소이유서보다 더 구체적인 고문사실을 적고 있다.

> 4월 28일 구속되어 4월 30일부터 본인의 소신을 적으라고 하여 몇 가지를 적은 후 오후부터 고문이 시작 […] 6월 7일 21시경부터 중정 지하실에서 김○○ 수사관으로부터 고문하겠다는 협

박하에 인혁당 재건에 대한 조직을 부르는 대로 쓴 것임.

국민의 평등과 자유를 위해

다음은 1974년 5월 4일 서울 중부경찰서에서 사법경찰관 경사 이○○이 사법경찰관 임○○을 대동하여 송상진을 신문한 조서 내용의 일부이다.

> 문: 피의자는 상피의자인 서도원, 도예종 등과의 접촉사실을 말하세요.
>
> 답: 예. 도예종은 인혁당재건위 사건 후에는 접촉을 하지 않으며, 서도원은 평상시 동인이 경영하는 대구시내 약장골목 침술 놓는 곳에서 만나는 것이 있으나 인사 정도에 그치는 것이 많았고, 국내외 정세에 대하여 의견을 발표하고, 질의 토론하여 각자의 교육수준을 놓이는 등 회합을 한 것입니다. 말하자면 혁신세력의 지도자로서의 모임이올시다.
>
> 문: 피의자는 그러면 누구누구가 주로 만나는 것인가요.
>
> 답: 예. 서도원, 하재완, 본인이 주로 만나는 것입니다.
>
> 문: 회합 장소는 어딘가요.
>
> 답: 예. 서도원이가 경영하는 약장골목 침놓는 곳, ○○부근, 약전 다방, 본인 가, 하재완 가, 서도원 가 등지에서 만난 것입니다.

문: 피의자는 언제서 언제까지 몇 회 회합을 한 것인가요.

답: 예. 1973. 5일 자 불상경부터 1974. 2 어간에 약 8회에 준하여 서도원 가와 본인 가, 하재완 가 등지에서 회합한 것입니다.

문: 1회에 몇 시간 정도의 시간을 소요한 것인가요.

답: 약 한 시간에서 두 시간 정도 시간을 소요하고 있습니다.

문: 피의자는 서도원과 주로 어떠한 말을 하는가요.

답: 서도원과 주로 국제정세문제를 말하고, 신문에 나온 ○○를 자료로 하고 있는 것입니다.

문: 피의자는 주로 어떠한 말을 하였는가요.

답: 예. 본인은 경제문제에 대하여 잡지, 신문지상에서 발췌하여 말을 한 것입니다.

문: 피의자에게 하재완은 무엇이라고 하던가요.

답: 예. 하재완은 별다른 발표를 하지 않고, 듣고만 있던 것입니다.

문: 피의자는 혁신세력의 지도자로서 각자 교육수준을 높이고자 하였는데 그 취지라든가 궁극적 목적은 어떠한 것인가요.

답: 예. 혁신정당이 참여할 수 있는 시기에 필요로 하여 사전에 지식을 높이는 것입니다.

문: 피의자는 1974. 4. 3 대통령 긴급 조치 제4호에 민주청년학생총연맹에 가담하거나 이에 관련된 자에 대하여 1974. 4. 8까지 수사기관에 고지하여야 하며, 고지한 자에 대하여 불

문에 부하고, 고지하지 아니한 자에 대하여 주모자에게는 사형 (또는) 무기징역 최하 15년 이상의 유기징역에 처한다고 되어 있는데 고지한 사실이 있는가요.

답: 본인은 고지한 사실이 없습니다.

문: 무엇 때문에 고지하지 않았는가요.

답: 예. 본인은 관련 사건이 아니라고 오신한 나머지 고지하지 못하였습니다.

문: 피의자는 더 할 말이 있는가요.

답: 예. 없습니다. 앞으로는 손을 떼겠사오니 관용하여 주심을 바랍니다.

위 문답에서 송상진의 죄목은 '긴급조치 4호를 알고 있으면서, 서도원과 하재완을 왜 경찰서에 고발하지 않았는가.'가 주된 내용이다. 이에 대해 송상진은 '평상시 현 정세에 대해 이런저런 의견을 주고받는 사이라 특별히 이들을 고발할 처지가 못 되었다.'고 답하고 있다. 게다가 앞으로 혁신세력의 지도자가 되기 위해 그 흔히 볼 수 있는 '신문지상'에 나오는 기사들을 보고 토론하면서 실력을 배양했다는 것이다. 게다가 이런 반국가단체를 모의하는 장소가 '동네 약방이거나 다방 그리고 각자의 집'이었다고 하니 정말로 '지나가는 소도 웃을 일'을 버젓이 진술서와 진술조서에 적고 있으며, 이를 재조사한 검찰도 이의가 없었으며, 재판부도 철저한 현장 검증도 없이 작성된 공소장을 토대로 판결을 내리고 만다. 이렇게 혹독한 고문 조작 속에서도 세상을 분석하는 송상진 안목이 담긴 진술이 간혹 보인다.

저는 1974년 2월 초경 하재완과 같이 우리 집에서 유신정책과 민주정책의 차이점에 대해서 이야기했다. 유신정책은 의정상에서 순탄하게 운용되어가는 반면, 군소정당의 의사가 충분히 반영되지 않는 것이 가장 중요한 단점이라 할 수 있다. 국가 시책은 전 국민의 의사를 반영할 수 있는 최대 다수의 최대 행복을 추구하는 대표기관임으로 국가는 국민의 평등과 자유를 구현하는 데 역점을 두어야 한다. 거기서 유신정책은 좀 더 폭넓은 단계로 발전되어가야 한다고 의견을 토론했다. [⋯] 아랍 국가 등의 원자재(석유) 횡폭적인 과점으로 세계 모든 국가가 물가 상승으로 그 생활은 더욱 궁핍한 상태로 빠뜨려지는데 특히 우리나라와 일본, 영국 같은 나라는 심각한 문제로까지 이르게 되어 앞으로 원자재를 가진 나라와 원자재를 가지지 않은 나라 사이에는 그 모순점이 계속 다가올 것이라는 전망에 대해서 의견 교환을 했다.

박정희의 유신헌법이 대다수 국민의 뜻을 반영하고 있지 못한 점을 지적하고 있으며, 세계정세 또한 놓치지 않고 날카롭게 분석하고 있음을 보여준다. 이렇게 하여 송상진은 반국가단체의 구성원으로 조작되었고, 거기에다가 여정남을 서울로 파견하여 민청학련 학생들이 거사를 일으키도록 모의한 일에 서도원·하재완과 함께 공모하였다는 죄목이 더해져 사형장에 서게 되었다.

전재권·이태환과의 인연

송상진의 죄상을 적은 공소장에 '전재권·이태환 등으로부터 총 113,000원을 모금, 여정남에게 전달했고'라는 내용이 나온다.

전재권은 1928년 대구에서 태어나 일제강점기부터 양복점 견습공으로 지냈고 해방 직후 남로당에 가입하였다가 한국전쟁 직전에 체포되어 1953년 5월까지 3년간 옥살이를 하였다. 그는 출소 이후에 양복점을 경영하였고 사건 당시 대구 대신동에서 '승리라사점'을 운영하던 중 구속되었다. 또한 그는 광복 25주년을 맞이하던 1970년 8월 15일 같은 남로당 출신의 전능, 송상진, 서도원 등 8인과 '8·15등산회'를 조직하여 회장을 맡았다. 한편, 그가 운영하던 대신동의 '승리라사점'은 대구지역 남로당 출신들이 모이는 사랑방과 같은 구실을 했다. 사월혁명 시기에는 직접 참여하지 않았지만 경북 사회당과 민자통 등 혁신계단체에 재정 지원을 했다고 알려져 있다. 그는 송상진에게 '학생 데모를 돕기 위해 5만 원과 1만 원을 지급하고 1974년 4월 22일에는 도피자금으로 3천 원을 전달하는 등 총 6만 3천 원'을 전달했다는 혐의로 징역 15년 형을 받는다. 그리고 1982년 형집행 정지로 출소하여 4년 뒤인 1986년 5월 7일 복역 후유증으로 사망하였다. 현재 이천 민주화운동기념공원에 안장되어 있다.

이태환은 1924년 대구에서 태어나 대구공고 토목과를 졸업하고 교사로 재임하던 중 1949년 조선문학가동맹 사건으로 구속되어 2년간 옥살이를 하였다. 출소 이후에는 1952년 '대한수리조합연합회 경북지부 기술부'에 취업하였다가 사월혁명이 난 뒤인 1961년 3월부터는 측량 설계를 담당하는 '신광공무사'를 개업했다. 그리고 1965년에는 측량 설계 용역 합자회사인 '경북 정지사' 상무로 취업하다가 1972년 대표로 승진하였다. 그는 송상진에게 '학생운동을 도울 목적으로 자금 5만 원을 제공'하고, 이를 '수사정보기관에 고지하지 않은' 혐의로 무기징역형을 받았다. 이후 1982년 12월 25일 형집행 정지로 출소하여 2001년 3월 8일 복역 후유증으로 사망하였다. 현재 이천 민주화운동기념공원에 안장되어 있다.

아버지는 동갑내기 친구 송상진 선생과 각별했다. 1차 인혁당 사건으로 구속됐다 나온 뒤 송 선생이 이렇다 할 밥줄을 못 찾아 고생 중이었다. 아들 고등학교 입학금도 없어 절절맸다. 이 이야기를 전해 듣자마자 아버지는 송 선생 손에 선뜻 5만 원(현재 65만 원 상당)을 쥐여 줬다. 민주화운동으로 경찰에 쫓긴다는 말을 들었을 때도 3,000원(현재 3만 9,000원 상당)을 여비로 줬다. 송 선생의 뜻을 지지했기 때문이다. 하지만 중앙정보부는 아버지가 송상진 선생을 알고, 푼돈이나마 송 선생에게 건넸다는 이유만으로, 아버지를 조작 사건에 엮어 넣었다. 참 손쉬웠다. 증거도 없고, 뚜렷한 증언도 없었지만, 중앙정보부는 손쉽게 아버지를 국가 전복을 꿈꿨던 빨갱이로 만들었다.

아버지가 떠난 양복점을 경찰들이 지켰다. 매일 문 앞에 진을 쳤다. 경찰은 오는 손님마다 신상과 방문 이유를 물었다. 자연스레 손님의 발길은 끊겼다. 대구의 으뜸 양복 천 도매점이 문을 닫는 데는 1년이 채 걸리지 않았다. 풍족했던 살림은 조금씩 다른 사람 손에 넘어갔다.

아버지가 빨갱이라는 뜬소문은 삽시간에 동네 전체로 퍼졌다. 엊그제만 해도 반갑게 인사를 나눴던 이웃의 얼굴은 갑자기 차갑게 변했다. '혹시 나도 엮일까?' 외상값을 갚지 않는 사람도 많았다. 그때 돌려받지 못한 돈은 무려 2,000만 원(현재 2억 6,000만 원 상당)에 달한다. 그럼에도 영순은 아버지를 믿었다. […] 남편의 무고함만 증명할 수 있다면, 어머니는 곡기도 끊을 각오까지 했다. 실제로 금식 기도도 했다. 어린 자식들을 대구에 두고, 서울에서 남편의 구명활동에 온 힘을 다했다. 노력에도 불구하고 아버지는 끝내 15년 형을 확정받았다. 형장의 이슬로 사라진 8명의 영혼을 위로할 틈도 없이, 아버지는 안양교도소로 바로 이감됐다. 첫 면회를 가는 길에 영순은 다짐했다.

'아버지를 비롯한 수감자와 억울하게 목숨을 잃은 8명의 명예를 다시 회복하리라.'(《진실탐사그룹 셜록》, 2018년 2월 25일자, 「국정원은 아파트만 뺏은 게 아니다」- 전재권의 딸 전영순 인터뷰)

전영순의 증언처럼 다른 사건 관련자들보다 부유했던 전재권과 이태환은 송상진에게 약간의 돈을 전달한 것은 사실인 것으로 보인다. 또한 4월 30일에 같은 날 잡혀가 약 두 달여 동안 진행된 이들의 경찰(중정)과 검찰의 신문조서에도 '송상진을 통해 여정남에게 활동자금을 전달했다'라는 범죄사실 외에는 적시된 것이 없다. 즉, 이태환과 전재권은 송상진에게 현재 금액으로 150만 원 정도 되는 돈을 전달했다는 이유로 간첩이 되었으며, 각각 징역 15년과 무기징역을 받고 억울한 옥살이를 했다.

시신 탈취

송상진이 사형을 당한 다음 날 10일 오전 11시, 소식을 들은 가족들이 서울구
치소 내 사형장에서 송상진의 시신을 인수받았다. 가족들은 고인을 위로하고
연미사를 드리기 위해 함세웅 신부가 기다리고 있는 응암동성당으로 이동하고
있었다. 그런데 시신이 응암사거리(현 응암오거리)에 도착할 때, 기동경찰 3백여
명이 운구차를 가로막았다. 이들은 시신을 응암동
성당이 아닌 곧바로 백제화장터로 갈 것을 요구하
였다.

인혁당 사형 집행이 이슈화되는 것을 막기
위한 반인륜적인 행태였다. 이에 유족들은 경찰에
항의하였고, 연미사에 참석하려고 왔던 20대의
젊은 신부 문정현과 전태일의 어머니 이소선 등은
강제로 끌고 가려고 하는 영구차를 빼앗기지 않
기 위해 차 열쇠구멍에 껌을 밀어 넣기도 하고, 차
바퀴 사이에 드러눕는 등 경찰에 저항했다. 그러
자 경찰 쪽에서는 크레인을 동원하여 영구차를
끌어가려 했다. 이때 문정현 신부가 크레인에 올
라가 크레인이 영구차를 끌어가지 못하도록 저항

▲ 경찰의 송상진 시신 탈취를 보
도하는 신문기사(《조선일보》,
1975년 4월 11일 자)

201

을 했다. 그 과정에서 크레인에서 떨어진 문 신부가 다리를 다치고 말았다. 현재 80대 중반의 나이인 문 신부는 아직도 지팡이를 짚고 그날의 상처를 안고 살아가고 있다.

결국 4시간여 실랑이 끝에 송상진의 시신을 벽제 화장터로 끌고 가 기어코 화장을 시키고 말았다. 이후 그의 유골은 유가족에게 전달되어 경북 칠곡 현대공원에 묻혔다. 유가족은 정상적인 장례절차조차도 치르지 못한 채 고인을 보낼 수밖에 없었다.

무시무시한 사법 살인이었다. 심지어 박정희 정권은 시신을 가족에게 넘겨주지 않고 몰래 화장을 하려 했다. 벽제 화장터로 간다는 소식이 전해지자 유가족과 재야인사들은 응암동 오거리에서 시신을 실은 구급차를 가로막고 차에 뛰어들었다. "아직 죽은 남편 얼굴도 보지 못했는데…" 유가족이 울부짖자 누군가 관 뚜껑을 열어젖혔다. 얼마나 조급했던지 관 뚜껑이 제대로 못질도 하지 않은 상태였다. 시신은 손이 등 뒤로 묶인 채 엎어져 있었고 발로 짓밟았던지 등에는 구둣발 자국이 선명했다. 죽은 이들이 입고 있던 하얀 한복은 온통 피로 젖어 있었다. 이소선은 경악했다. "독재 놈들아! 니들이 사람이냐, 세상에 이런 법이 어딨냐. 어제 판결하고 오늘 새벽에 죽이는 법이 어딨냐. 그리고 시신을 관에 쑤셔 넣는 놈들이 대명천지에 어딨단 말이냐." 이소선은 고래고래 소리 지르며 시신을 똑바로 눕히려고 안간힘을 썼다. 손이 끈적끈적한 피로 물들었다. (오도엽, 『이소선 여든의 기억·지겹

202

도록 고마운 사람들아』, 2008)

또 현장에 있었던 김대중 대통령의 부인 이희호 여사도 다음과 같은
기록을 남겼다.

> 박정희 정권은 잔혹한 고문 사실이 알려질까 두려워 인혁당 사
> 형수들이 가족을 만나는 것조차 막았다. 사형수들은 마지막 날
> 까지 가족 면회를 하지 못했다. 사형수의 부인들은 대법원 사형
> 확정이 난 다음 날 남편을 면회할 수 있다는 말을 듣고 새벽부터
> 서대문형무소 앞에서 기다렸다. 그러나 부인들이 접한 것은 남
> 편의 얼굴이 아니라 사형이 벌써 집행됐다는 날벼락 같은 소식
> 이었다. 유신정권은 사형수들의 시신을 돌려주지 않고 화장터로
> 빼돌리기까지 했다. 몸에 남은 고문 자국을 지우려고 저지른 또
> 다른 만행이었다. 이희호는 그날 운구차를 지키려는 사람들 속
> 에 있었다. "그날 목요기도회가 있어서 아침에 기도회장으로 갔
> 는데, 인혁당 사형수들이 새벽 잠결에 모두 처형됐다는 소식을
> 들었어요. 함세웅 신부가 시무하는 응암동성당에서 영결미사가
> 열린다는 말을 듣고 다시 응암동으로 달려갔지요. 송상진 씨의
> 관을 실은 트럭이 녹번동 로터리에서 발이 묶인 채 경찰과 대치
> 하고 있었어요. 나는 트럭에 올라가 소복을 입은 젊은 부인을 붙
> 잡고 엉엉 울었어요." (고명섭, 『이희호 평전 - 고난의 길, 신념의
> 길』, 2016)

인혁당 사형수들의 사형이 집행되던 날 저녁 인혁당 판결을 규탄하는 기도회가 명동성당에서 열렸다. 문정현 신부를 포함한 여러 재야인사가 자리에 함께 했다.

> 그날 밤은 서울 응암동성당 함세웅 신부는 사제관에서 잠을 잤는데 이튿날 이른 아침 다급한 전화벨이 울렸다. '사형이 집행됐다니….' 함 신부는 말을 잇지 못했다. 기독교방송국에 전화를 했더니 사실로 확인해주었다. 그길로 서울 서대문구치소로 달려갔더니 이미 경찰들이 배치되어 있고 하재완 씨 부인 이영교 씨를 비롯한 가족들이 도로에 주저앉아 땅을 치며 울고 있었다. "도대체 사는 게 무슨 의미가 있습니까, 나도 죽겠습니다." 나는 몸부림치며 자꾸만 찻길로 뛰어들려는 부인들을 말리느라 곤욕을 치러야 했다.
> 메리놀 선교회 소속의 제임스 시노트 신부, 윤보선 전 대통령 부인 공덕귀 씨를 비롯한 기독교 인사들이 구치소 앞에 모이자 함 신부가 내게 귓속말을 했다. "주검을 명동성당에 안치하자!" 함 신부가 김수환 추기경을 만나러 자리를 뜨자 경찰이 낌새를 챘는지 주검 인도를 중단했다. 경찰은 교도소에서 나온 주검을 철통처럼 호위해 대구행 고속버스로 끌고 가버렸다. (《한겨레신문》, 2010년 6월 17일 자, 「길을 찾아서」)

송상진의 강제 화장을 막는 과정에서 다리를 다친 문 신부는 평생을

204

인혁당재건위 사건에 매달려야 했다. 사형 집행 후에는 살아남은 유가족들의 어려운 생활을 돕기 위해 애를 썼으며, 90년대 들어서면서 공개적인 추모제가 열리는 곳곳을 찾아다니며 인혁당 사형수들의 억울한 죽음을 목청 높여 외쳤다. 또 1998년에는 '소위 인혁당 사건 진상규명과 명예회복을 위한 대책위원회'를 결성하고 인권변호사 이돈명 변호사와 공동대표를 맡았다. 그 이후 의문사위에서 인혁당재건위 사건을 직권으로 조사하면서 인혁당재건위 사건의 실체가 드러나기 시작했다. 2007년 1월 23일 인혁당재건위 사건이 법원에서 재심을 통해 무죄를 받기까지 33년간의 문 신부의 각고의 노력이 있었다. 그날 문 신부는 KBS 취재기자에게 다음과 같이 말했다.

> "오늘 이 판결은 감격적이기도 하지만 그 판결이 이 가족들에게 무슨 의미가 있을까? 놓칠 것 다 놓쳐버리고 죽은 사람 살릴 수도 없을 뿐만 아니라 […] 그동안 당한 그 고초, 정말 입에 담을 수가 없습니다. 이 고초를 누가 갚을 것인가."

삯바느질

부인 김진생은 살림살이도 잘했지만, 바느질 솜씨도 좋아 집안 살림에 큰 보탬이 되고 있었다.

송 선생님 댁은 본체와 화장실 딸린 방 두 칸에서 식구들이 살고, 나머지 방 세 개는 세를 주고 살고 있었어요. 그리고 부인이 바느질을 잘하니까 여자 손님들이 일감을 주러 집을 자주 찾아오고 하니 송 선생은 주로 바깥으로 나가시게 되었는데 그러다가 양봉업을 하신 거 같아요. 나도 바느질 맡기러 종종 들렀죠. (이영교 인터뷰, 2022)

하지만 남편이 사형을 당하고 나자 그 많던 일감도 줄었다.

남편이 그렇게 떠나고 생계를 꾸려가기 위해서는 계속해서 하던 한복 삯바느질을 할 수밖에 없었는데 […] 그마저도 간첩 집이라는 소문이 나서 그 많던 일감도 다 끊어지고, 심지어는 모르고 맡겼다가도 세상 인심이 얼마나 고약한지 누구에게 무슨 말을 들었는지는 몰라도 그다음 날 허겁지겁 와서 도로 가지고 가버리는 통에 생활고가 참으로 심하였습니다. (김진생 재심진술서, 2002)

차남 송철환은 아직도 오열하고 있다.

아버지의 마지막 유언마저 조작한 천인공노할 범죄행위에 그 범죄의 가담자들은 웃음꽃을 피우며 살고 있고 그 피해자인 우리 가족은 지금 이 순간까지 굴복을 감내해야 하는 것이 본인의 가장 큰 피해 사실입니다. 무엇이 두려워서 […] 아니면 대한민국의 어떤 죄인이 체포 구금부터 사형을 집행하고 난 후까지 가족의 면회를 금지하고 얼굴 한 번 보지 못하게 하고 당부의 말 한마디 나눌 수 없게 하는 야만의 법이 존재합니까? 이러고도 이게 납치 감금 살해가 아니라면 무엇이 납치 살해입니까? (송철환 재심진술서, 2002)

당시 송철환은 박정희 대통령에게 아버지의 선처를 바란다는 내용의 편지를 보낸다.

박 대통령 각하께 눈물로 호소합니다.

각하, 저는 이번 민청학련(인혁당) 사건으로 기소돼 사형을 선고받은 송상진의 아들입니다. 저는 미미한 지식으로나마 민주주의가 무엇이며 어떠한 것이라는 것을 어느 누구 못지않게 잘 알고 있습니다.

존경하는 대통령 각하 저의 아버지께서는 과거 교직 생활을 한 바 있습니다만 10년을 학생들에게 교육시키면서 (제자들 중에) 그 어느 하나라도 공산주의자가 있으며, 공산주의를 찬양한 사실이 있다는 자가 그 누구입니까?

저희들에게 민주주의의 건전한 교육을 시켜주신 아버지께서 인혁당 당원으로 공산주의자라니 전혀 믿어지지 않습니다. 저희 형이 경북고에 입학하여 입학금 때문에 걱정하던 중

207

아버지께서 친구분에게 돈 꾼 것을 공작금이라고 하다니 억울할 뿐입니다.

저는 다만 법치국가로서 법정증거주의로서 어쩌면 이렇게 억울한 재판을 하였는가 하여 슬프고 억울한 마음밖에 들지 않습니다.

대통령 각하, 이번 민청학련 사건을 잘 살피시어 바른 재판을 열어주셨으면 하는 마음 간절합니다.

대통령 각하, 우리나라를 살기 좋은 나라로 만드시려고 무한히 바쁘신 줄 엄연히 알고 있지만 이 미미한 인간에게나마 은혜를 베풀어주시면 무어라 존경과 숭앙을 표현하겠습니까?

각하, 저희 아버지는 결코 그러한 인물이 아닐 것입니다. 저희 가정에도 행복이 찾아올 수 있도록 각하께서 돌보아주신다면 저는 조국의 한 민주시민으로서 열심히 일하겠습니다.

각하께서 어버이의 은혜로 보살펴주십시오. 만국민이 모두가 행복하게 웃으며 내일의 영광의 조국의 발전을 볼 수 있게 바쁜 시간이나마 저희들의 아픈 가슴을 풀어주시기를 바랍니다.

1974. 11. 3.
경북 대구시 경상중학교 3학년 5반 송철환
바쁜 시간에 무례를 무릅쓰고 각하께 편지를 올립니다.

박 대통령 각하께 눈물로 하소연 합니다.

각하 저는 이번 민청학련 (인혁당) 사건으로 기소되어 사형을 선고받은 송상진의 아들입니다.

저는 미미한 지식으로나마 민주주의가 무엇이며 어떠한 것이라는 것을 어느누구 못지않게 잘 알고 있읍니다.

존경하는 대통령 각하 저의 아버지께서는 과거 교직 생활을 한바 있읍니다만 10년을 학생들에게 교육시키면서 그 어느 하나라도 공산주의자가 있으며 공산주의를 찬양한 사실이 있다는 자가 그 누구 입니까?

저희들에게 민주주의의 건전한 교육을 시켜주신 아버지께서 인혁당 당원으로서 공산주의자 라니 도저히 믿어지지가 않읍니다.

저의 형이 경북고등학교에 입학하며 입학금때문에 걱정을 하던중 아버지께서 친구분에게 돈을 빌것을 공작금으로 받았다니 너무 억울한 일입니다.

저는 다만 법치국가로서 증거법정주의 로서 어쩌면 이렇게 억울한 재판을 하였는가 하며 슬프고 억울한 마음 밖에 들지 않읍니다.

대통령 각하. 이번 민청학련사건을 잘살피시어 바른재판을 멸어 주셨으면 하는 마음 간절합니다.

우리 대한민국을 살기좋은 나라로 만드시려고 무한히 바쁜신줄 엄연히 알고있지만 이미미한 인간에게 나마 은혜를 베풀어 주시면 무어라 존경과 숭상을 표하겠읍니까.

▲ 송상진의 차남 송철환이 박정희 대통령에게 보낸 편지

각하. 저의 아버지 ▬는 결코 그러한 인물이 아닐것입니다.

저희 가정에도 행복이 찾아 올수 있도록 각하께서 돌보아 주신다면 저는 조국의 한 민주시민으로 열심히 일하겠습니다.

각하께서 어버이의 은혜로 보살펴 주십시오.

만국민이 모두가 행복스럽게 웃으며 내일의 영광된 조국의 발전을 볼수있게 바쁜시간이 따마 저희들의 아픈 가슴을 풀어 주시기를 바랍니다.

1974. 11. 3 일요일.

경북·대구시 경상중학교 3학년 5반

송철환.

바쁜 시간에 묵례를 무릎쓰고 각하께 편지를 올립니다.

▲ 지난 2024년 10월 22일 이천 민주화운동기념공원에서는 10월 4일 작고한 김진생과 대구 현대
공원에 있던 송상진의 합장식이 열렸다. 부부는 49년 만에 다시 만났다.

송상진의묘
배위 김진생

· 대구사범 대구대 경제학과 졸업
· 1960년 10월 4.19혁명 이후 교원노조활동 민주민족청년동맹
  사무국장
· 1964년 '인민혁명당'(인혁당) 사건으로 연행, 무혐의 석방
· 1971년 4월 22일 '민주수호경북협의회' 결성 적극 참여
  대통령 부정선거 방지를 위한 공명선거감시단 활동을
  하며 반독재 민주화 운동에 참여
· 1974년 4월 '인혁당재건위' 사건으로 구속
· 1974년 7월 11일 비상보통군법회의에서 사형선고
· 1975년 4월 9일 사형집행
· 2007년 1월 23일 서울중앙지방법원 재심에서 무죄선고

1928년 9월 18일 대구 동구 출생
1975년 4월 9일 서대문형무소 사망

우홍선

아!
이 민족의 한, 이 민족의 한
이 한은 정녕 풀릴 날이 없을 것인가? 없을 것인가?

사람과 사람들은 아귀다툼을 하고
속이고 죽이고 …
오! 사랑하는 나의 지아비도
꽃 피는 사월(9일 새벽)
이렇게 죽어갔네

전야마다 오곡이 풍성하고
인심이 소박하고
서로가 서로를 사랑하며 도우는
그런 날이 올 것을
밝아오는 아침 태양이 솟아오듯
그렇게 올 것을 당신과 같이
믿으며

당신을 그리워하듯
애타는 마음으로 기다리며
살겠노라
기다리며 살겠노라

그날이 오면 당신과 같이

모든 슬픔 잊고

당신과 같이 노래하며

춤추리라.

1975. 4·19. 아내 강순희

언양 삼총사

우홍선은 경남 울주군 언양면 동부리 130(현 울산 울주군 언양읍 헌양길 10)에서 부친 우만석의 4남 1녀 중 4남으로 1930년 3월 6일 출생하였다. 서쪽으로 영남알프스의 가지산 도립공원과 신불산 군립공원이 위치해 있고 동쪽으로 울산광역시가 있다. 울산역이 가까이 있으며, 동부리에는 삼국시대에 축조된 울주군 언양읍성이 있다. 현재의 언양읍성은 임진왜란 때 무너졌다가 광해군 때 다시 지은 것이라고 한다. 지금은 없어진 언양시외버스터미널 바로 앞 참기름집 농자재마트 등이 있는 곳이 그의 생가터다.

　　요즘처럼 도로가 발달하지 않던 시절에는 부산에서 경주로 가는 육로 길목이었다. 임진왜란 때 부산 함락 후 경주로 치고 올라가던 왜군들과 언양읍성에서 큰 전투가 벌어지기도 했다.

　　부친은 농부였다. 그리 큰 부자는 아니었다. 우홍선의 다른 이름인 '동읍'은 아명이었다.

시아버지는 보질 못했어요. 결혼 전에 돌아가셨나 봐요. 난 시어머니만 봤어요. 시어머니는 둘째 부인이셨는데, 첫째 부인이 아들 하나 딸 하나를 낳았고, 시어머니는 아들 둘을 낳았는데, 막내가 우리 애들 아빠인 거죠. 결혼하고 시어머니에게 인사를 하는데 "야야 우리는 법으로 살지 말고 우리는 정으로 살자" 그러시더라고요. 내가 복이 많은 사람이죠. 그리고 둘째 형님이 배 농사를 지으셨는데, 어머니가 살아 계실 때는 매년 수확을 하고 나면 서울에 있는 우리 집으로 배 두 상자를 집에 보내왔어요. 아주 달고 맛있었던 게 기억나요. (강순희 인터뷰, 2022)

울주군의 현대사 시기 지명변천사가 이채롭다. 1992년까지는 울주군으로 있다가 1994년에는 울산군으로 이름이 바뀌었고 1995년에는 울산시에 포함되어 울주구로 바뀌었다가 울산광역시가 들어서는 1997년에는 울주군으로 되돌아갔다.

초중등 시절 그는 공부를 잘했다. 그의 중고교 동창인 신동익(92세, 삼남면 가천리) 씨는 "초중등 시절 동읍은 수재는 아니었지만 공부를 잘해 교사들의 칭찬을 받았다"고 말한다. 어린 시절 그의 언양 생활은 잘 알려져 있지 않다. 그는 형이 둘 있었는데 맏형 병기는 언양파출소 사거리 인근에서 장롱을 짜는 큰 목재소를 운영했고, 두 번째 형 동조는 삼남면 상천리에서 살았는데 집 인근에 큰 과수원을 갖고 있었다. 부모도 아버지는 아는

218

사람이 없고 단지 어머니 이기옥 씨가 홍선과 함께 맏형 병기 집에서 살았던 것으로 알려져 있다.

우 씨는 언양을 떠나기 전까지만 해도 언양 사람들의 기대주였다. 당시 언양 사람들은 우 씨를 포함, 김무용과 김영광을 '언양 삼총사'라고 부르면서 이들을 앞으로 언양을 빛낼 인물로 보았다. 삼총사 중 김무용은 제헌 국회의원이었던 김수선의 동생이었는데 그는 언양초등학교 28회로 나중에 육군 대령으로 육군본부 통신참모를 역임했다. 그러나 무용을 제외한 홍선과 영광은 서울까지 유학을 갔으나 젊은 시절 인혁당 사건에 연루되는 바람에 면민들의 기대를 충족시키지 못했다. (《경상일보》, 2022년 4월 4일 자, 「장성운의 울산현대사: 박정희 정권의 '인혁당 사건'에 울산 청년 2명도 인권 짓밟혀」)

우홍선은 세 명의 형과 누나가 있었는데, 누나는 미국으로 이민 갔다. 우홍선의 둘째 형 동조는 이혼 후 롯데 창업주 신격호의 여동생 신경애(1928년생)와 재혼하여 3녀 1남을 낳았다. 신격호의 집안은 울주군 삼동면에 있었는데 그들이 살던 생가는 대암호가 생기면서 수몰당하고 말았다. 신격호(1922년생)의 형제들은 역시 우홍선 가의 형제들처럼 언양에 있는 초·중등학교를 다녔다.

위 《경상일보》 기사에 나오는 김영광은 경남 울주군 언양면 서부리에서 태어났으며, 생가터는 언양읍 성터 안에 있었으므로 현재는 읍성 남쪽 복원된 영화루 안에 있었다. 그는 우홍선보다 3일 앞선 1930년 3월 3일에 태어났다. 우홍선 집과는 직선거리로 500미터가 채 안 되었다. 그는 언양면에서 우홍선과 함께 초중등학교를 같이 다녔으며, 한국전쟁 당시 학도병으로 같이 참전하였고, 1956년 육군 정훈장교(계급 대위)로 복무하고 만기 제대하였다. 이후 우홍선과 통일청년회와 통민청에 같이 참여한다.

우홍선은 15세의 나이에 언양읍 동부리에 있는 언양공립보통학교 졸업(1945년 3월)하고, 해방을 전후한 시기에 일 년을 쉰 다음 1946년 9월에 언양공립중학교(현 언양중학교)에 입학한다. 그리고 4년 뒤인 1949년 9월에 언양중학교를 졸업하고 가업을 잇기 위해 언양농업전수학교에 입학하여 1년을 수료하고 1950년 5월에 학업을 마친다.

언양초등학교 출신자 선배로 색동회 아동문학가 정인섭, 오위영 국회의원, 오영수 소설가 등이 있으며, 여의도 순복음교회 조용기 목사도 이 학교를 졸업했다.

우홍선이 다닌 언양농업전수학교와 관련해 한 일본 여인의 이야기가 있다. 규슈 가고시마 출신의 구와바라 다끼(桑原瀧, 1890~1955)다. 그는 일제강점기 남편을 따라 한국으로 건너왔다가 해방 이후에도 떠나지 않고, 언양읍 어음리에 머물면서 잠사와 야생차농사를 지으며 돈을 번 여성이다. 그는 번 돈으로 울산공립농업보습학교(언양중학교 전신)와 울산농업전수학교(언양고등학교 전신)를 키웠고, 두 농업학교에서 누에생산기술을 학생들에게 전수했다. (《경상일보》, 2017년 12월 10일 자, 「인물로 읽는 울산유사(278): 해방 후에도 울산에 남아 척박한 언양 땅에 교육의 씨 뿌려」)

신불산

한국전쟁이 나자 농업전수학교를 수료하고 가업을 잇기 위해 농사를 지을 준비를 하던 우홍선은 1950년 9월 돌연 학도병으로 입대하게 된다. 언양읍 가까이 있는 신불산에 공비가 나타났기 때문이다.

운문산을 뒤로한 남한유격총책 남도부 중장은 남행을 서둘러 경남·복도계이며 경남 밀양·울주군계에 위치한 가지산(1,240m) 골짜기에서 왼쪽으로 고헌산(1,033m)을 바라보면 경남 밀양·울주군계를 타고 계속 남행, 역시 밀양·울주군계에 자리 잡은 천황산(1,189m)으로 들어가 일단 거점을 잡았다. 예로부터 아랑의 전설이 서린 영남루로 유명한 경남 밀양은 특히 '밀양 10경'으로 더욱 빛나는 곳이기도 하다. […] 남도부 중장 제7군단이 이동한 곳은 천황산에서 동남쪽으로 가까운 지점에 위치한 경남 울주군 신불산(1,209m)였다. 한반도의 등줄기로서 백두대간을 이루는 태백산맥 최남단에는 1,000미터급 여덟 개의 고준산령이 연이어 고원을 이루고 있어 일찍이 산악인들 사이에는 '영남의 알프스'라고 불린다. […] 신불산은 임시수도 부산과, 국군과 유엔군의 수뇌부가 자리 잡고 있는 군사도시 대구를 남북으로 두고 거의 중앙에 위치하고 있다. 기왕에 제2전선의 유격투쟁 목표가 적후방 교란일진대, 임시수도 부산과 군수뇌도시 대구를 교란 목표로 잡은 것은 당연했다. (노가원, 『남도

부』하권)

    한국전쟁 당시 학생들은 군인들의 전투지역이 아닌 곳에서 전투가 발생하면 부족한 군인들을 대신해 자원입대하는 형식으로 군인이 되었다. 학도병들은 주로 대구와 포항지역에서 조직되었다. 울산은 전쟁지역은 아니었지만 신불산에 남도부를 비롯한 북한 유격대가 등장하면서 부족한 병력을 채우기 위해 학도병을 모집한 것으로 보인다. 1930년생인 우홍선은 1950년이 되면서 20세를 전후한 나이였기 때문에 징집대상자가 될 수도 있었기에 입대는 어쩔 수 없는 선택으로 보인다. 초등학교 동창인 김영광도 같이 입대한다.

    '남도부'는 북한군의 작전명이었다고 한다. '남조선 경상남도 부산을 탈환하라'는 뜻이었다. 본명 하준수는 일제강점기 학도병을 거부하고 지리산에 입산하여 보광당을 조직하여 독립운동을 전개했다. 해방 후에는 남로당에 가입하여 활동하던 중 단정반대투쟁을 벌이다가 지리산에 다시 입산하여 빨치산 활동을 펼치던 인물이다. 한국전쟁 직전 북에 머물다가 작전명 '남도부'를 수행하기 위해 본진보다 먼저 남하하여 신불산에 머물면서 후방교란전투를 벌였다. 인천상륙작전 후 인민군 후퇴 시에도 북으로 가지 않고 신불산에 머물면서 빨치산 활동을 계속 전개하다 1954년 대구에서 특경사에 체포되어 사형당했다.

    가지산 기슭인 울주군 상북면 석남사 입구에서는 신불산 공비토벌작전에서 사망한 140여 명을 기리는 추모비를 세워놓고 반쪽의 역사를 기록하고 있다.

육군종합학교 31기

지역적 특성으로 인해 일찍 입대한 우홍선은 1951년 4월 육군종합학교 31기 간부 후보생으로 입학하여 4개월간 교육을 이수하게 된다. 육군종합학교는 약칭 '육종'이라고 불리기도 했는데, 한국전쟁이 발발하자 부족한 군인과 지휘관을 보충하기 위해 급조된 학교였다. 육종은 1950년 8월 15일에 개교하여 일 년 뒤인 1951년 8월 18일까지 운영되었다.

31기인 우홍선은 육종에서 4개월간의 훈련을 받고 전장에 투입되었다. 간부는 1기부터 32기까지 2,531명이 배출되었으며, 일반 사병은 4,747명 등 7,288명이 이곳에서 훈련받았다. 학교는 징발된 부산 동래여자고등학교와 동래고등학교에 설치되었다. 초대 교장은 독립운동가 출신의 김홍일 소장이 맡았다.

육종 간부 1기생이 임관한 것이 1950년 10월경이었는데, 이때는 막 중공군이 한국전쟁에 개입했던 시기였다. 짧은 훈련을 마치고 전장에 투입된 육종 출신자들은 중공군의 진격으로 후퇴 시기에 벌어진 전투에 참여하게 되어 수많은 사상자를 내었다고 한다. 1,300여 명이 전사하고 2,300명이 부상을 당하는 등 육종 졸업생 절반 가까이가 한국전쟁 사상자 명단에 올랐다. 이들을 두고 '1분간 소위'(전장에 투입되어 1분만 생존했다)라는 말이 돌았다고도 한다. (충용회·6·25참전40주년기념사업회, 『실록 6·25 한국전쟁과 육군종합학교』, 1990)

1951년 8월에 육종을 졸업한 우홍선은 화천 전방6사단 19연대 일선 보병 소대장을 맡아 여러 전투에 참여하였으며, 다리에 총상을 입고 후송

되어 치료가 끝난 다음에는 병참장교로 근무했다고 한다. 친구 김영광 역시 우홍선과 학도병을 하다가 같은 시기에 육군종합학교에 31기 간부후보생으로 입학하여 졸업한 다음에는 소총부대 소대장으로 근무하다가 1954년 육군본부 정보장교로 복무하던 중 우홍선보다 일 년 먼저 1956년 만기제대하였다.

강순희

우홍선은 1954년 부산에서 8병참기지창 장교로 근무하던 중 강순희를 만나 2년간 열애 끝에 1956년 서울에서 결혼했다.

> 제가 한국은행 부산지점에서 근무하고 있을 때예요. 나는 지불계에서 일하고 있고 총무계에서 일하던 친구가 있었어요. 그때는 퇴근하고 나서 영화 보는 것이 큰 기쁨이었는데 한번은 그 친구랑 퇴근 후에 〈황혼〉(1951)이라는 영화를 보기로 했어요. 그런데 그날 저녁에 그 친구한테 손님이 온 거예요. 무슨 일인가 싶었는데, 그 친구의 남자 친구가 군인이었는데 그만 사고로 군에서 죽었다는 이야기를 전하러 온 거예요. 그 자리에 제가 같이 있었죠. 남자 친구는 목사의 아들이었고, 그 소식을 전하러 온 사람이 바로 애들 아빠였죠. 그날 친구랑 헤어지고 각자 집을 가는데 애들 아빠가 저를 따라오면서 어디로 가느냐 하고 물어보

224

더니 자기도 그쪽으로 볼 일이 있다고 하면서 같이 가자고 하는
거죠. 그러다 그 일이 인연이 되어서 한두 번 만나기도 하고 아마
도 첫 데이트로 만난 곳이 범어사였어요. (4·9통일평화재단구
술사업,『인민혁명당과 혁신계의 활동』강순희 편, 2011)

강순희는 1933년 평북 박천에서 태어났다. 세 살 때 농업기계 무역업

을 하는 아버지를 따라 만주
로 가서 초등학교 4학년까지
다니다가 해방되기 전 1943
년 귀국했다. 해방 후 평양에
서 평양중학교와 평양여고
를 다녔다. 한국전쟁 때 남으
로 내려와 부산에서 살게 되
었다. 그리고 부산으로 피난

▲ 1969년 11월 28일에 촬영된 우홍선 가족사진

와 있던 한국은행에 입사하게 된다.

결혼은, 스물한 살 때 만나서 스물둘에 약혼하고 스물셋(1956)
에 결혼했어요. 그러구 스물넷에 우리 큰딸 낳았구요. 그러니까
1년에 하나씩 하나씩 낳았죠. 그이 대위 때 결혼했어요. 연애할
때는 중위였는데 대위 달고 결혼했지요. 결혼식은 제가 부산에
서 서울 본점으로 발령을 받은 때여서 서울에서 결혼식을 올렸
습니다. (4·9통일평화재단구술사업,『인민혁명당과 혁신계의

활동』강순희 편, 2011)

1956년 군에 있을 때 결혼한 우홍선은 슬하에 1남 3녀를 두었다. 그리고 1957년에 제대 후에는 부산에 있던 장인 회사 제일축전지제작소에서 근무했다.

통일청년회

통일청년회는 우홍선의 고향 친구이자 당시 무소속 국회의원 김수선의 비서인 김영광이 주도하여 만든 통일청년웅변회(학원)를 모체로 1958년 9월 우홍선, 채규태, 김영옥 등이 참여한 청년모임이었다. 이 단체는 서울에서 결성하여 사월혁명 발발 이후 서울대 학생들과 대구·부산·광주 출신의 청년들이 함께 결성한 통민청에 참여하게 된다.

김수선 의원은 1911년 언양에서 태어나 진주사범학교를 졸업했다. 일제강점기에는 언양과 상주 등지에서 교사로 근무했다. 해방 후 1948년 제헌의원을 지냈으며, 농림부장관이던 조봉암과 토지 개혁을 위해 힘썼다. 1954년 무소속으로 국회의원에 선출된 뒤, 이후 사사오입 개헌을 반대하는 등 반 이승만 진영에 머물렀으나, 1955년 자유당에 입당한다. 입당 후 의원내각제를 주장하다가 자유당에서 제명되고 만다.

1956년 김 의원은 진보당 조봉암과 함께하면서 '광릉회합'에 참여하였고, 1957년에는 대통령에게 평화통일과 남북 교역문제, 남북 통신 교류

문제, 남북 주민 교류문제 등에 대한 정부의 정책 입안을 촉구하는 질문서를 발표하는 등 평화통일론을 주창한다. 1960년 7·29 선거에서는 사회대중당 후보로 울산 갑에서 출마하였으나, 민주당 최영근 후보에 밀려 낙선하였다. 이후 당적을 바꿔가면서 국회의원 선거에 출마하였으나 연거푸 낙선했다. 그 후 1972년 사망한다.

　　김영옥은 1934년 전남 광양군 옥곡면 수평리에서 9남매 중 다섯째로 태어났다. 초등학교 시절인 1947년에 발생한 여순항쟁을 눈으로 목격하면서 세상 돌아가는 일에 눈을 뜨게 된다. 이때 빨치산과 서북청년단의 활동을 눈으로 직접 보았으며, 빨치산에 참여한 학교 선배의 죽음도 목격하기도 했다. 한국전쟁 시기 인민위원회에서 활동한 경력이 드러나 47일간 구속되어 고초를 당하기도 했지만 다행히 경무국 김정호 공안국장의 도움으로 풀려났다. 이후 더 이상 광양에 머물기가 어려워 상경하여 1955년에 건국대에 입학한다. 그는 통일청년회에서 우홍선을 만난 뒤 그가 형장의 이슬로 사라지기 전까지 가까이하면서 그와 통일운동에 매진했다. 1979년에는 남민전 사건에 연루되었다가 1988년에 출감하여 이후 새롭게 건설된 민자통, 범민련 등 통일운동단체에서 활동하며 구순이 지난 현재에도 활동을 멈추지 않고 있다.

> 서울에 올라와 건국대를 다니는데, (뜻 맞는 동지들을 찾으려고) 여러 군델 다 다녀봤죠. YMCA도 가보고, 흥사단도 가보고, 뭐 교회들도 가보고 별의 별 곳을 다 돌아 다녀봐도 없어요. 그래도 얘기가 조금 통하는 친구들이 있었는데, 정외과 채규태라고 있

어요. 그 친구를 통해 '통일청년웅변학원'엘 가게 됐어요. 광화문 사거리에서 중앙청 쪽으로 올라가면 경복궁 담벼락을 따라 경무대로 돌아가는 길이 있잖아요. 효자동 쪽에 웅변학원이 있었어요. 그 학원을 운영하는 사람이 김수선 국회의원 비서를 하던 김영광이고 거기서 우동읍(우홍선)을 만난 거죠. 그렇게 네 명이 주축이 되어 '통일청년회'라고 서클을 만들었죠. 인원은 소수였는데 현실 정치와 남북통일에 관한 이야기를 주로 나눴죠. 그러다가 4·19 이후에 '통일민주청년동맹(통민청)'이라고 하는 것을 만든 거죠. (4·9통일평화재단구술사업,『인민혁명당과 혁신계의 활동』김영옥 편, 2011)

김영옥에게 통일청년웅변학원을 소개한 채규태는 전남 김제 죽산면 출신이고 김영옥과 대학 동기(1955년 입학)다. 건국대 정외과를 다녔으며, 김영옥과는 월남전에 가기 전까지 교류가 있었으나, 그 이후 연락이 두절되었다. 채규태는 부산의 청년단체 '성민학회' 쪽 청년들과도 연계가 있었다. 통민청이 부산에서 결성되는 데 역할을 했다.

7·29 선거

1960년 7월 29일, 독재자 이승만이 사월혁명으로 물러나고 4대 국회가 해산되자 5대 국회의원 선거가 치러진다. 당시 이수병은 고향인 경남에서 출마한 혁신계 후보들의 선거운동을 돕기 위해 경남으로 내려갔다. 이처럼 서울에서 활동하고 있던 진보적인 청년들이 자신의 고향 또는 연고가 있는 곳에 출마한 혁신계 후보들을 지지하기 위해 해당 지역으로 파견되었다. 이 과정에서 악질 친일경찰 노덕술이 울산 을구에서 출마한다. 아마도 우홍선도 노덕술의 낙선과 진보성향의 후보들의 당선을 위해 고향으로 내려갔을 것으로 추정된다.

> 울산에서는 갑구에서 3명, 을구에서 8명 등 모두 11명의 후보가 출마하였다. 갑구에서는 당초 사회대중당의 신도환과 김수선 그리고 최영근과 고기업이 무소속으로 출마했으나 이 중 고기업은 가족들의 만류로 중도 사퇴했다. 을구에서는 김성탁, 노덕술, 양기태, 정해영, 탁장제가 무소속으로 나왔고 김택천이 민주당, 이수갑이 사회대중당, 김병용이 한국사회당으로 출마하였다. 제5대 국회의원선거의 특징은 일제강점기 고등계 형사로 많은 애국투사들을 고문하고 투옥시켰던 장생포 출신 노덕술의 출마였다. 광복 후에도 이승만 정권의 비호 아래 민주 인사를 괴롭히는 데 앞장섰던 노덕술은 자신이 광복 후 좌익 세력을 분쇄했던 반공주의자라면서 득표 활동을 벌였지만 2,000여 표를 얻는 데 그쳤다. (『울산역사문화대전』, 제5대 국회의원 선거)

이수갑은 1925년 경남 양산에서 머슴의 아들로 태어나 어렵게 살다가 해방 후 조선노동조합전국평의회(전평)부터 조선공산당과 진보당을 비롯한 혁신정당 활동에 참여하였으며, 6월 항쟁 이후에는 전민련·범민련·민주노동당에 참여하였다. 또한 철도노조 명예 조합원이자 고문으로 활동하면서 반전·반제 아시아 공동행동(AWC)에 함께해 국제연대에도 앞장섰다. 2013년 치러진 그의 장례식은 '철도노조장'으로 진행되었다.

> 이를 금권 선거와 부정 투개표만으로 설명할 수는 없었다. 진보세력이란 이들은 자조했다. 정견도 듣지 않고 당도 상관 않고 무조건 기호 1번을 찍는 것이 서울을 제외한 전국의 공통된 현상일 정도로 민중의 정치의식이 낮다며 자조했다. 그러나 이야말로 철저히 민중의 지혜를 무시하는 시각이었다. 훗날에도 계속되는 민중이 보수언론에 속고 있다거나 친일파에 속고 있다는 따위의 주장들이야말로 진보세력들이 자신들의 무능을 감추려는 치졸한 핑계에 불과했다. 남한 민중이 제일 원하는 것이 남북통일이라고 착각하고 주구장창 평화통일을 외치던 당시의 진보세력과 달리, 실제 남한 민중의 다수는 전쟁의 당사자인 북한 정권과의 화해니 화합에 대해서도 심한 거부감을 갖고 있었다. 무엇보다도 현실 정치란 지역대중과의 지속적인 접촉과 신뢰로 이뤄지는데 진보당 계열의 후보들은 평상시 활동이라곤 거의 한 적이 없이 불쑥 등장해 학생들이 맺어 놓은 피의 열매만 따 먹으러 한 결과였다. (이성아·안재성, 『이수갑 평전』, 2018)

선거 결과, 울산 갑구에는 최영근 후보, 을구는 정해영 후보 등 무소속 출마자들이 당선되었다.

통민청 중앙위원장

통민청은 민민청과 함께 사월혁명 이후 진보적인 청년 학생들이 참여한 양대 조직이었다.

사월혁명 이후 통일청년회는 1960년 말, 서울대 문리대 이념서클 '신진회'의 양춘우·이규영 등과 함께 통민청 준비위원회를 결성한다.

> 1950년대 중반 이후 등장한 대학생 이념서클 중 대표적인 것은 서울대 문리대의 '신진회', 서울대 법대의 '신조회', 고려대의 '협진회'였다. 신진회는 1956년 말 서울대 문리대 정치학과 학생들이 민병태 교수를 지도교수로 하여 조직하였다. 초대회장(대표간사) 김지주를 비롯하여 하대돈, 유한열, 김형열, 서정균, 류근일 등이 초기의 중심 학생이었고, 회원 가운데 특히 대구·경북 출신 학생들이 많았다. 신진회는 비밀조직이 아니었지만 회원 5명의 추천을 받아야 가입할 수 있었기 때문에 서클멤버들을 '알음알음'으로 선별하여 뽑았다. (오재연, 「1960~1971년 대학 학생운동 연구」, 2014)

1956년에 결성된 신진회는 류근일 필화사건으로 1958년 1월 강제 해산당하고, 1959년에 후진국문제연구회로 재출범했다가 사월혁명 이후 신진회라는 이름을 다시 사용하면서 부활한다.

통민청 초기에 대종교 출신의 김선적이 위원장을 맡았다가 이후 우홍선이 중앙위원장을 맡았고, 친구 김영광은 간사장을 맡아 이 둘은 통민청에서 핵심적인 역할을 하게 된다. 통민청은 정식발족을 위해 지역 조직도 서둘러 건설하려 했다.

초기 위원장 김선적(1926~2022)은 배재중(1947)과 연세대 철학과(1950)를 졸업하고, 한국 7대종단연합회 집행위원장(1965)·3·1 국민회의 사무총장(1970)·민족성업추진본부 추진위원장(1981) 등을 역임하고, 1987년 일체민주당 총재가 되어 13대 대선에 출마했다가 노태우 후보를 지지하며 사퇴했다. 1995년에는 초대 문교부장관 안호상과 함께 방북하여 단군릉 준공 남북공동행사를 치르고 돌아와 구속되었다. 또한 6·15공동선언 이후 개천절 남북 해외 공동행사를 위해 수차례 방북하여 남북 교류에 앞장섰던 인물이다.

부산에서는 건국대 채규태와 인연이 있던 성민학회의 멤버들이 주축이 되어 통민청을 결성하였다. 성민학회는 진보당 출신인 박기출이 이사장으로 있으면서 부산지역 청년 김배영, 김한덕 등이 참여하고 있었다.

김배영은 1933년 부산에서 태어나 부산중학교에 입학하여 4년을 다니다가 그만두고 조선방직과 해동토건사, 유엔민사처(UNCAC), 대흥공사 등에서 일하다가 1957년 진보당에 입당하여 경남 상무위원으로 활동했다. 5·16 쿠데타 이후 혁신계에 가담했다는 이유로 취직이 어려워지자 형 김배준이 살고 있던 일본으로 1962년 10월경에 건너간다. 이를 두고 중정은 우홍선이 김배영을 당활동 자금을 조달하려고 일본으로 건너가게 해 조총련계 인물을 통해 월북시켰다고 왜곡하여 발표했다. 김배영이 일본에서 만난 형 김배준은 조총련과 아무런 관련이 없었다. 또한 월북한 이유도 1964년 중정이 1차 인혁당 사건을 발표하고 김배영에게 수배를 내린 뒤 일본 경시청을 통해 자신의 소재를 파악하고 있다는 사실을 알게 되고 더 이상 일본에도 머물 수 없게 되자 북한으로 건너가게 된 것이다. 이후 북에 머물던 김배영이 다시 남하한 것은 1967년 9월이었다. 하지만 곧 체포되어 간첩으로 몰려 1971년에 사형당했다.

김한덕은 1931년 부산에서 태어나 일본에서 초등학교를 졸업하고 동아중학교와 동국대 법학과를 졸업했다. 진보당과 성민학회에 김배영 등과 함께 참여하면서 민주주의와 통일운동의 길에 들어섰다. 1960년 7·29선거 당시 사대당 박기출 후보 선거 사무장을 맡기도 했으며, 통민청과 민자통 등에서 활동했다. 1964년 1차 인혁당 사건으로 1년을 복역한 뒤, 대산목재소·성남제재소·블록제조업자 등 목재상과 건축업에 종사하던 중, 1974년 인혁당재건위 사건으로 5월 2일에 체포되었다. 무기징역형을 받았으나 형집행 정지로 1982년에 출옥하였으며, 이후 민족자주평화통일중앙협의회 상임의장, 범민련 부의장 등을 역임하다가 2020년에 숙환으로 운명하였다.

전남에서는 전남대생 김시현이 주축이 되어 조선대 학생 등 전남지역 청년들을 모아 1961년 2월 19일에 '통민청 전남위원회'를 건설하였다.

그때 내가 광주공원에서 '통일운동촉진궐기대회'(1961년 3월

233

경)를 준비할 때, 서울에 연락해서 《민족일보》의 조용수 선생님과 사회당의 유병묵 교수와 그리고 젊은 동지로서 우동읍(우홍선), 김영광 등 4~5명을 연사로 초청을 했지요. 그래서 맨 먼저 유병묵 교수가 연설을 하고, 그다음에 조용수 《민족일보》 사장이 또 연설을 하고, 그다음 젊은 층에서 이제 우동읍이 하고 김영광이 하고 그렇게 해가지고 대회가 끝나고 시위를 했는데, 시위 제목이 '반민주공(公) 장송대회' 그럴 때였거든. (4·9통일평화재단구술사업, 『인민혁명당과 혁신계의 활동』 김시현 편, 2013)

유병묵 교수는 1910년 함남 홍원군에서 출생하여 중학교 4학년 재학시절에 일본인 교사 배척운동을 벌이다가 퇴학당한다. 이후 일본으로 건너가 법대와 철학과를 다녔으며 귀국 후에는 신문기자로 일한다. 해방 후에는 여운형과 김규식 계열에서 좌우합작 및 단정반대운동을 벌이다가 구속되었다. 1954년에는 중앙대 철학교수가 되었으며, 1957년 '근로인민당 재건 사건'으로 1년간 옥살이를 했다. 사월혁명 당시 6명의 사망자를 낸 중앙대 제자들의 목숨 건 투쟁으로 이승만을 몰아내자, 제자들의 피값에 보답하고자 당시 사회대중당 대변인을 맡아 혁명의 완성을 위해 노력했다. 7·29 선거 시에는 영등포 을구 민의원으로 출마하였으나 낙선했다. 이후 새롭게 창당한 사회당의 대변인이 되었으며, 《민족일보》 창간에 관여하여 '평화통일의 원칙은 자주·민주·평화라는 3대 원칙으로 요약할 수 있다'는 내용을 담은 「평화통일의 주체성과 객관성」이라는 제목의 논설을 싣기도 했다.

5·16 쿠데타 이후 수배령이 내려져 오랫동안 정상적인 생활을 하지 못하고 사회과학 서적을 번역하는 일을 하다가 1979년 '크리스챤아카데미 사건' 배후로 체포되어 조사받았다. 그는 불행하게도 팔순을 한해 앞둔 1988년 7월 13일 강릉 자택 앞 연곡천으로 산책을 나갔다가 급류에 휩쓸려 숨지고 말았다.

대구·경북에서는 진보당 출신의 최일이 위원장을 맡았으며, 그는 통민청 중앙조직의 '통민청 준비위원회 발기인'으로 참여하기도 했으나, 이후 7·29 선거에 사회대중당 후보로 영일군 을구에 출마했던 이종문에게 위원장직을 넘겨주었다. 당시 부위원장에는 배근식 그리고 조직부장은 이승춘이 맡았다. 그 외 박광서, 최춘자, 김영한, 이재문, 황금수 등이 참여하고 있었다.

통민청 활동과 관련한 내용은 5·16 쿠데타가 발발하고 통민청 관련자들 중에서 유일하게 혁명재판소에 기소가 된 '전라남도 통일민주청년 사건'(서기1961년혁검형제142호) 관련자 김시현의 재판 기록에서 엿볼 수 있다.

그의 죄목에는 "①전남 통민청 대표로 전남 민자통 학생부장에 선임되어서 첫째, 1961년 2월 25일 중앙민자통 결성대회에 전남 통민청 대표로 참석한 점. 둘째, 동년 3월 12일 광주공원에서 6,000여 명이 참석한 가운데 열린 '조국통일 촉진 강연회'를 개최한 점. 셋째, 동년 3월 28일 송정읍 공회당에서 500여 명이 참석한 가운데 열린 '조국통일 촉진 강연회'를 개최한 점. ②통민청 간부들을 모아 국회가 준비 중이던 반공임시특별법과 데모규제법을 반대하자고 결의하고 첫째, 동년 4월 1일 광주공원에서

6,000여 명이 참석한 가운데 열린 '2대 악법 반대 시민궐기대회'를 개최한 점. 둘째, 동년 4월 19일 광주공원에서 2,000명이 참석한 가운데 열린 '사월혁명 완수촉진 성토대회'를 개최하고 '2대 악법 반대 학생 성토대회 및 시가 행진'을 개최한 점. ③동년 5월 14일 금남로 소재 YMCA회관에서 300여 명의 고등학생 및 대학생이 모인 가운데 '남북학생회담 촉진 전남학생대회'를 개최한 점." 등이 나열되어 있다.

이렇게 우홍선이 중앙위원장으로 있던 통민청은 1961년 상반기 '민자통 결성'과 '2대 악법 반대 투쟁' 그리고 5·16 쿠데타 직전에 벌어진 '남북학생회담 성사투쟁'등에 직접적으로 참여하였으며, 민민청 청년들과 거의 동일한 활동을 했다.

한편, 통민청은 준비위원회로 시작하여 본 조직이 결성되기 전 민민청과 통합까지 가려 했지만 5·16 쿠데타로 결실을 보지 못하였다.

> 통민청과 민민청의 논쟁은 쟁점을 형성하는 것이 아니라 계급(해방)과 민족(해방)이 불가피하게 통일되어 있다는 점을 이론적으로 알아가는 과정일 것이다. 김영옥이 증언한 대로 통민청과 민민청은 "대체로 차이가 없고 약간의 차이"가 있다면 "민민청은 계급 중심이 '조금' 강하고, 통민청은 민족적 경향이 '조금' 강하다"고 한다. 아마 맑스주의를 정통적으로 공부했던 민민청 멤버들이 계급의 중요성을 거론했을 테고 근로인민당, 그것도 조국전선 소속의, 근로인민당 출신 이론가(최백근)의 영향을 받은 통민청은 주로 민족문제를 강조했을 것이다. 그렇지만 당연히 이들

236

은 반제반봉건 민족해방 민주주의 노선을 합의했을 것이다.

　민민청은 그 단체 자체의 활동보다는 민자통에 참여하여 실무의 중심을 이루었다는 점이 중요하다. 중앙민자통은 도예종과 중앙민민청이 거의 중심 실무진를 이루고 조직을 이끌었다. 통민청은 다수는 아니지만 중앙민자통의 조직부 차장인 김배영과 상임위원을 맡은 김영옥이 참여하였고, 그리고 서울협의회 등 지방조직의 실무진으로도 참여했다. 민민청과 통민청은 통합 논의를 진행하여 5·16이 일어나기 직전에는 통합을 합의했다고 한다. (함종호, 「경북대구 통일운동의 뿌리찾기」, 2018)

　5·16 쿠데타가 발발하자 우홍선은 서울중부서로 연행되었다. 통민청 전남맹부 위원장이었던 김시현은 구속되었지만, 통민청 중앙위원장이었던 우홍선은 다행히 20여 일 만에 풀려난다. 이에 대해 부인 강순희는 '대위 경력'과 한국 전쟁시 '1분간 소위'로 활약했던 남편의 군 경력을 고려하여 쉽게 풀어준 것 같다고 설명한다.

소멸시효

화려했던 사월혁명의 시기가 지나고 다가온 쿠데타의 화마를 어렵사리 피한 우홍선은 일단 몸을 추스른 후에 암중모색의 시간을 갖는다. 이 시기 그는 다니던 장인의 회사 제일축전지제작소를 그만두고, '계림요업 유한공사 서울사무소장'을 맡는다. 계림요업은 현재 구미공단에 있으며 1943년에 창립하여 위생도기(양변기 등)를 제작하는 회사이다. 그 후 그는 계림요업을 그만두고 1962년에 제일축전지제작소의 '서울 사무소'가 생기자 여기서 근무한다. 그리고 1965년에 원륭건설(현 우남건설) 총무부장으로 일하다가 1차 인혁당 사건으로 투옥된다.

여기까지는 우홍선의 인혁당재건위 사건 진술서에 나오는 이야기이다. 부인 강순희는 여기에 더해 '제일축전지를 그만두고 자신이 한국은행을 그만두고 받은 퇴직금을 가지고 부산에 내려가 우홍선의 삼촌과 기름장사'를 했다고 말한다. 그리고 '기름 장사를 하다가 여기저기 외상값을 깔아 두었는데, 1차 인혁당 사건으로 잡혀가는 바람에 외상값을 다 못 받았다'고 말한다.

우홍선에게 수배령이 내려진 것은 중정이 인혁당 사건의 전모를 발표

▶ 우홍선 수배 신문기사(《동아일보》 1964년 9월 2일 자)

238

하고 난 뒤인 1964년 9월 3일이다. 당시 우홍선에게 걸린 현상금은 10만 원이었다.

당시 중정에서는 "1962년 1월 우동읍의 집에서 남파간첩 김영춘의 사회로 우동읍(본명 우홍선)·김배영·도예종 등이 창당발기인 모임을 갖고 북괴 노동당의 강령과 규약을 토대로 인민혁명당의 신강령과 규약을 채택하여 발족한 것으로 보고, 1962년 10월에는 김배영을 당 자금 수령차 일본을 경유하여 월북시켰다. 그리고 1964년 2월 북괴 노동당의 지령을 받고 한일회담 반대시위를 사월혁명과 같은 혁명으로 발전케 함으로써 현 정권을 타도할 것을 결의하고 전국학생조직을 정비 강화하고 데모 주도 학생을 포섭하였다."고 주장하였다. 그러나 서울지검 검사들의 기소 거부와 국회조사과정에서 밝혀진 고문 사실이 드러나면서 중정의 의도는 물거품이 된다.

이 같은 사실은 1989년 발간된 당시 중정부장이었던 『김형욱 회고록』에서도 등장한다. 회고록에서 김형욱은 1차 인혁당 사건 당시 담당자인 이용택이 무리하게 사건을 조사했다고 밝히고 있다.

> 그들은 혁신계들로서 1962년 10월 중순경 민정 이양을 계기로 공소외 우동읍의 집에서 밀회하여 비밀 '서클'을 조직한 사실은 확인되었으나, 그 후 그들이 북한의 남북통일방안에 동조하는 인민혁명당 강령심의위원회에 참여한 사실은 확인할 수 없고, 또 그 이후 강령 내용을 알았다는 점도 인정할 수 없다는 것이 제1심 판결의 주된 이유였다. 따라서 1965년 1월 20일 서울지방법원 김창규 부장판사는 부책 도예종에게 3년, 양춘우에게

실형을 언도한 외로는 나머지 11명에게 전원 무죄판결을 내리고 말았다. 이 사건은 내가 중앙정보부장으로 재직했던 7년 동안 가장 곤란하고 다루기 어려운 사건이었다. (김형욱·박사월, 『김형욱 회고록』 3권 '4. 인민혁명당과 「사꾸라」 파동', 1989)

1964년 1차 인혁당 사건 1심 판결 시 '공소외'의 인물이었던 우홍선은 수배령을 피해 다니다가 1년 뒤인 1965년 8월 26일에 체포되었다. 1965년 9월 21일, 1차 인혁당 사건의 대법원 판결이 나기 약 한 달 전이었다. 우홍선은 체포되어 조사과정에서 1차 인혁당 사건 조작에 실패한 이용택에게 보복성 고문을 혹독하게 받는다. 우홍선의 1심은 1966년 2월 15일에, 항소심은 1966년 5월 27일에, 그리고 대법원 최종심 상소심은 1966년 8월 22일에 진행되었다. 최종 확정 판결은 앞선 1차 인혁당 관련자들의 판결과 마찬가지로 징역 1년과 자격정지 1년 그리고 집행유예 3년을 받았다. 우홍선의 구금일은 272일이었다.

피고인은 위의 여러 사람들과 함께 국헌을 위해하며 정부를 참칭하고 대한민국을 변란할 목적으로 불법 조직된 반국가단체인 북한 괴뢰집단이 6·25 남침을 시도하다가 실패로 돌아가자 간접침략 전술의 일환으로 많은 간첩을 남파하여 소박한 민족적 양심에 호소하여, 반미·반정부 사상을 고취하고 남한의 민심과 사회질서를 교란시켜 공산 침략의 목적을 달성하기 위하여, 외국군 철수·남북 협상·경제문제·사회 교류를 내용으로 하는 위장적 민족자주 평화통일방안을 끈덕지게 국내외에 제안, 호소, 선전하고 있는 사실을 알고 있을 뿐만 아니라 이러한 북한 괴뢰 집단의 위장적 통일평화방안에 동조하는 것은 그들의 침략활동에 이익이 된다는 사실을 예견함에도 불구하고 […] 또한 반공법 제16조, 국가보안법 제11조의 규정에 의하여 자격 정지 1년에 처하며 형법 제57조를 적용하여 원심판결 선고전의 구금일 수 중 175일을 위 징역형에 산입하고 기록에 나타난 피고인의 본건 범행의 동기 법행의 정황, 피고인의 연령, 피고인이 6·25 사변 시 육군에 입대하여 7년간이나 복무하다가 육군 대위로 제대한 사실 등 피고인의 경력과 피고인의 가족관계 생활환경 등 형을 정함에 있어서 참작하여야 할 형법 제51조 소정의 양형 조건을 검토하면 범죄의 정상에 참작할 만한 사유가 있다고 인정되므로 형법 제62조를 적용하여 이 재판 확정일로부터 3년간 위 징역형의 집행을 유예하기로 하고 주문과 같이 판결한다. (1966년 5월 27일 1차 인혁당 사건 우홍선 항소심 판결문)

1차 인혁당 사건 관련자들은 사건 발생 50년이 지난 2015년에 대법원에서 무죄판결을 받았다. 또 국가 배상 청구 소송도 진행되어 승소하였다. 하지만 우홍선의 국가 배상 청구 소송은 현재(2024년 12월)도 진행 중이다. 대법원이 재심을 통해 무죄판결을 내리자, 1965년 원심 재판부가 다른 우홍선의 유가족들은 따로 국가 배상 청구 소송을 내야 했다. 그런데 2017년 7월 19일 이를 담당한 민사재판부는 느닷없이 '소멸시효'를 거론하면서 국가 배상 책임이 없다는 판결을 내린 것이다. 먼저 진행된 1차 인혁당 관련자 국가 배상 청구 소송과 다른 판결을 내린 것이다. 이에 부인 강순희는 법원의 판결에 불복하여 항소하였지만 서울고등법원에 7년째 계류 중이다.

> 위와 같이 수사 과정에서 불법체포, 구금 및 고문 등 가혹행위가 이루어졌다는 사실을 인정하기 어려운 이상, 망 우홍선에 대한 증거들 대부분이 증거능력이 없거나 임의성이 없어 증명력이 없는 증거들이고, 나머지 증거들만으로는 망 우홍선에 대한 공소사실을 유죄로 인정하기에 부족함에도, 당시 법원이 망 우홍선에 대하여 유죄판결을 선고하여 위법하다는 원고의 주장도 받아들이기 어렵다. 또 사건 발생 후(대법 판결 1966년)로부터 5년이 경과된 2015년 11월 6일에 소송을 제기하였으므로 소멸시효가 완성되어 소송이 재기되기 어렵다. (서울지방법원의 우홍선 국가 배상 청구 소송 1심 판결문)

변절

한편, 인혁당은 실제로 존재했던 지하조직이었다고 말하는 사람들이 있다. 서울대학교 문리과대학 정치학과를 졸업하고, 《조선일보》 정치부 기자를 하다가 민족주의비교연구회(민비연)사건으로 구속된 전력을 가진 박범진은 2010년 출간된 『박정희 시대를 회고한다』(이지수 엮음)에서 "제가 입당할 때 문서로 된 당의 강령과 규약을 직접 봤고, 북한산에 올라가서 오른손을 들고 입당선서를 한 뒤 참여했습니다."라고 주장하면서, "당시 서울대학교 재학생으로는 다섯 명이 참여했습니다. 지금은 다 생각을 바꾸어 정상적으로 생활을 하고 있어서 이름은 이야기하지 않겠습니다."라고 말한다.

1940년 충북 영동에서 태어난 박범진은 1차 인혁당 사건 이후에도 1975년 《조선일보》 언론자유수호운동에 참여했다가 파면된 전력도 가지고 있으나, 1988년 13대 국회의원 선거에서는 민정당 후보로 출마했다가 낙선하였으며, 14, 15대 국회의원 선거에서 민자당과 신한국당의 후보로 출마하여 당선되었다. 그러다가 16대 총선에서는 새천년민주당 옷을 입고 화려한 변신을 하며 출마하였으나 낙선하였다.

또 한 사람은 박현채의 서울대 경제학과 후배인 안병직이다. 그는 2011년에 펴낸 『보수가 이끌다 - 한국 민주주의의 기원과 미래』에서 '1962년 대학원에 진학해서 박현채를 만나 민족주의를 중심축으로 하는 사회주의자가 되었다.'라고 하면서, '박현채가 자신을 인혁당에 가입시키려 하는 과정에서 사건이 터져버렸다.'라고 말했다.

1936년 경남 함안에서 태어난 안병직은 서울대 경제학과를 졸업하고 대학원을 다니던 중 인혁당 사건 관련자들과 교류했다. 당시에는 마르크스 경제학에 심취해 있었으며, 특히 6·3 항쟁 당시 일제강점기부터 일본 자본에 농락당하고 있는 한국 경제에 대한 자료를 발굴하여 당시 항쟁을 이끌던 서울대 후배들에게 전달하였다고 하며, 이후에도 한국 경제는 일제 식민지와 다를 바 없는 미국의 식민지라고 주장을 했다. 하지만 1986년 일본으로 건너가 동경대 경제학부 교수로 재임하면서부터 입장이 변화하여 1989년에는 일본 도요타 재단으로부터 연구자금을 지원받고 '식민지 근대화론'을 주장하기 시작했다. 그는 뉴라이트 재단 이사장, 여의도 연구소 이사장 등을 역임하면서 뉴라이트계 지식인들의 수장이 되었다.

민족통일촉진회

또다시 무의로 돌아갔다. 쿠데타 이후 어렵사리 동지들을 모아 혁신계 운동을 이어가려 했던 우홍선의 노력은 이렇게 물거품이 되고 말았다. 하지만 여기서 끝나지 않았다. 그의 투쟁은 계속되었다. 1974년 5월 4일 우홍선의 진술서에는 민족통일촉진회(통촉)에 대한 이야기가 나온다.

> 그간 저는 4·19 때 민자통 운동이나 그 후 인민혁명당에 가담 활동 중 뼈저리게 느낀 것은 그 조직이나 명칭이 잘못되었다는 것입니다. 어디까지나 대중이 두려워하지 않고 따를 수 있는 조직이라야 수백만의 대중의 지지를 받을 수 있다고 생각했습니다. 정치 운동이란 결국 지지해주는 대중이 많아야 최후의 승리를 할 수 있기 때문입니다. 그러기 위해서는 명칭도 독립이나 민주가 표방되어야 대중이 위험성을 느끼지 않기 때문입니다. 그렇게 생각하고 있던 중 7·4 남북공동성명이 발표되고 민족통일촉진회가 생긴 것입니다. […] 왜냐하면 우리 혁신계는 기히 딱지

가 붙어 무슨 활동을 하려해도 일반의 경계를 받을 위험성이 있으니 정식회원으로 들어가 출입하면서 우리의 이념을 위장하고 전국 곳곳에 촉진회 지부까지 파고들어 동지를 포섭규합하자는 것이었습니다. 그 때 전창일이가 자신을 극동건설 용산 현장 사무소 소장직에 있기 때문에 바빠서 곤란하다고 말하고 저에게 인혁당 전과는 아무것도 아니니 먼저 입회 활동하라고 말하였고 이수병이도 자기는 학원 일을 핑계로 저보고 먼저 입회하라고 권유하다가 차일피일 하던 중 뜻을 이루지 못했습니다. (인혁당 재건위 사건 우홍선 진술서)

이 시기 통촉은 두 개가 존재했다. 우선 위 진술서에 나오는 통촉은 7·4성명 발표 후에 발족했다고는 하나 사실은 7·4 남북공동선언 전인 1972년 2월 25일 설립된 '민족통일촉진회'를 이야기하고 있는 것이다. 이 단체는 1970년대 세계사 조류가 데탕트시대로 접어들면서 남북화해의 기운을 감지한 재야인사들이 만든 단체이다. 대표는 독립운동가 출신인 이인을 내세웠으며, 여기에 정석해·유석현·박진목·김지환·함석헌·이강훈·이동화·김재호 등 당시 재야인사들이 망라되어 참여하고 있었다. 현재도 위 단체는 동대문에 사무실을 두고 평화통일과 자주독립을 목적(이사장 하동혁)으로 활동하고 있다. 그러나 실제 우홍선이 가입한 통촉은 1960년대 후반에 결성되었다. 이 같은 사실은 전창일의 증언과 국정원 진실위 보고서에 등장하고 있다.

5·16 쿠데타 이후 구속되었던 혁신계 동지들이 하나, 둘 출옥했다. 가장 늦게 출소한 이수병(민족통일전국학생연맹 사건, 1968년 4월 17일 출소)을 비롯해 우홍선, 이성재, 박중기, 이석준(전 사회당 경북선전위원장, 1965년 12월 25일 출소), 강무갑 등이 주축이 되어 민족통일촉진회(통촉)를 조직하였다. 중구 삼각동(현 법정동)에 사무실을 차리고 박정희의 3선 개헌 반대운동에 참가하면서 전국에 흩어진 혁신계 동지들의 운동 참여를 독려했다. (김상구, 『호산 전창일과 통일운동 77년사』, 2023)

이 사실은 2005년 발표된 국정원 진실위 보고서에서도 등장한다.

민족통일촉진회는 5·16 쿠데타 이후 구속된 혁신계 인사들이 주축이 되어 1960년대 후반에 결성했던 통일운동단체로 박정희의 3선 개헌 반대운동 등에 참여했다. (국가정보원, 『과거와 대화, 미래의 성찰』 주요 의혹사건 편 상권(II), 2007)

전창일은 1928년 함남 북청에서 태어나 1947년 북청공고를 졸업한 뒤 서울로 와 한국대학(현 서경대 전신)을 다녔다. 재학시절 단선·단정 반대운동을 벌이다가 서대문 서울형무소에 투옥되었다. 한국전쟁이 나고 고향 북청으로 갈 수 없게 되자 남쪽에서 살게 되었다. 1961년에는 민자통 중앙위원이 되어 한미경제협정 반대투쟁과 2대 악법 반대투쟁에 참여하였다. 5·16 쿠데타 이후 수배령을 피해 다니다가 극동건설에서 일하던 중 1974

년 인혁당재건위 사건에 연루되어 투옥되었다. 1982년에 출옥한 뒤 범민련 부의장과 통일연대·진보연대·진보당 고문으로 활약했다.

또 통촉에 참여한 또 다른 인물인 이성재는 1925년 경기도 광주에서 태어나 서울대 정치학과를 다니던 중 남로당 산하조직 민애청에 참여하여 1946년 '국대안 반대운동'을 벌이다가 제적당한다. 1960년에는 사회대중당 중앙위원이 되었으며, 이후 혁신정당 통합운동을 벌였다. 5·16 쿠데타가 발발하고 사회대중당 사건으로 투옥되어 1963년에 출옥하였다. 또 1974년 인혁당재건위 사건에 연루되어 구속되었다가 1982년에 출옥한다. 2006년에 민주화운동 관련자로 인정되었으며 2008년에 인혁당재건위 사건 재심을 통해 무죄를 받고 2016년에 숙환으로 별세하였다.

강무갑은 3·1 운동이 일어난 1919년 경남 의령에서 태어나 경성광산전문학교를 졸업하고 일본으로 건너가 교토대 광산공학과를 졸업했다. 1945년에는 형 강성갑 목사의 권유로 한글학회에 가입해 활동했으나, 한국전쟁 직전에 치러진 1950년 5·30 선거에 출마했다가 남로당 가입전력이 드러나 투옥된다. 1960년에는 7·29 선거 시 김해갑에서 사회대중당 후보로 출마했으나 낙선했다. 이후 1차 인혁당 사건으로 투옥되어 모진 고문을 받아 투병생활을 시작한다. 그러다 1973년 54세의 일기로 사망했다.

사실 혁신계나 재야인사들이 사용한 '통일촉진회'라는 단체명은 김구 선생이 생존했던 1948년에 처음 등장한다. 이때는 명칭이 '통일독립촉진회'였다. 그해 김구는 4월 평양에서 열린 '남북제정당사회단체연석회의'에 참석하는 등 남북통일정부 수립을 위해 노력하지만, 5·10 선거를 치른 남쪽은 단정수립에 나섰고, 북에서도 8월 해주 대표자회의 이후 단정수립에 나서게 된다. 이에 김구와 김규식이 중심이 되어 단독정부를 위해 나서는 남북 양쪽 진영을 비판하는 성명서를 내고, 7월 21일 서울 소공동 조선연무관에서 '통일독립촉진회 발기회 겸 결성대회'를 진행한 것이다. 우홍선 등은 여기에 착안하여 사월혁명 시기에 만들었던 민자통을 대신할 조직의 명칭으로 '민족통일촉진회'라는 명칭을 거론하게 된 것으로 보인다.

우홍선은 진술서에서 1960년 말에 혁신계 인사들이 결성한 통촉이 아닌 1972년에 재야인사들이 설립한 통촉을 거론한다. 그것은 인혁당재건위 사건 조사과정에서 통촉이라는 단체가 등장하자, 혁신계 통촉을 감추기 위해 마침 재야인사들이 구성한 통촉을 거론한 것으로 보인다.

경북·서울지도부의 실체

국정원 진실위 보고서에서는 '인민혁명당 재건위원회'라는 명칭이 '용공지하당 재건준비위→용공지하당 재건위→인혁당재건위'로 변경되었다고 지적하고, 기소와 재판이 진행된 다음 대법원 판결문에서도 '인혁당 재건단체'라고 명칭이 변경되었다고 지적하고 있다. 그리고 평가에서 '인혁당재건위 사건 수사는 중정의 주도하에서 경찰, 보안사 등의 지원을 받았지만 체계적이지 못한 채 다분히 임기응변적이었는데, 1차 수사기관인 중정에 검찰부의 검찰관들이 조기에 투입되면서 강도 높은 수사가 진행되었으나, 중정이 제기한 혐의를 충분히 입증할 수 있는 증거는 빈약하여 다분히 임기응변적인 수사였다는 비판을 면할 수 없음.'이라고 적고 있다.

실제 우홍선이 구속된 지 한 달여 시간이 지날 무렵 6월 8일 검찰에서 작성된 진술조서에 '4인 지도부'와 '서울지도부'라는 말이 처음 등장한다. 경북지도부는 하재완의 진술서에 "1970년 8월 하재완의 집에서 이재문, 송상진 등 3인이 만나 가칭 '인혁당재건위'를 구성키로 하고 우선 '경북지도부'을 결성하고, 서도원을 지도위원으로 이재문을 교양지도책으로 하재완을 조직책으로 송상진을 자금조달책으로 여정남을 학원조정책으로 분담한다."라고 한 부분에서 등장한다. 또한 5월 23일 우홍선의 진술서에서 '가칭 인혁당재건위'라는 단어가 등장하면서 다른 피의자들의 진술서에서 '가칭 인혁당재건위'로 통일되어 작성된다.

이러한 수사과정에서의 혼선은 검찰 공소장에서도 드러나는데 '국헌을 문란할 목적으로 인민혁명당 재건을 위한 공산 비밀 지하조직인 경북지도부, 서울지도부, 서울지도부와 같은 조직 등을 각 조직하여 정부를 전복하고 공산주의 국가를 건설하려고 하였다.'라며 '인혁당재건위'라는 단체 이름은 적시하지 않은 채 공소를 제기했다.

1973. 10 초순경 오전 11시쯤 서울 충무로에 있는 '지'다방에서 이수병과 이성재 그리고 전창일, 본인 4명이 모여서 국내외 정세를 논의했는데 당시 주로 이수병이가 얘기를 하면서 국내외 정세에 관하여 말하기를 국제적으로는 냉전 상태가 해빙기에 들어서고 국내적으로는 7·4 공동성명 이후 혁신정당의 정치활동이 허용될 것 같으니 동지들의 힘을 모아 사회주의 국가 건설을 위하여 투쟁할 시기가 온 것 같다, 우리들 혁신계 동지들은 흩

	경북지도부	서울지도부	서울지도부와 같은 조직
결성일자	1970년 8월	1973년 10월초	1973년 11월초
주도자	하재완	이수병	김용원
참여자	이재문, 송상진, 여정남	우홍선, 전창일, 이성재	황현승, 이창복 김종대, 유진곤
조직체계	지도위원: 서도원, 도예종 조 직 책: 하재완 교 양 책: 이재문 자금조달책: 송상진 학원조종책: 여정남	지도위원: 서도원, 도예종 4인 지도부: 이수병, 우홍선, 전창일, 이성재 *체계·명칭·규약 등은 갖지 않으며 점조직 운영	1조: 김달수, 유진곤, 박중기 2조: 김용원, 황현승, 이창복 3조: 김용원, 김종대, 이창복 *보안상 조직명칭이 없으며 상호 모르게 운영

▲ 1975년 대법원 판결문에 등장하는 인혁당 재건단체의 구성표(출처: 국정원 진실위 보고서)

어진 세력을 하루 속히 규합하여 우리가 갈망하는 사회주의 국
가건설을 위하여 노력하고 인혁당 재건을 위하여 투쟁대열을 정
비하고 대정부 투쟁을 전개하여야 할 시기가 올 것 같다고 얘기
를 함에 있어 저와 전창일, 이성재가 다 같이 이에 합의를 보고
나아가서 이러한 투쟁을 위하여는 조직에 있어서 혁신계와 전인
혁당 당원들 중심으로 사상적으로 이념이 같은 사람을 대상으
로 포섭한다. 동지들의 조직은 점조직을 원칙으로 하고 상호연락
을 중단한다. 그 조직은 우리 4인 지도부에 조종, 운영하며 우리
4인 지도부의 지도위원으로 도예종, 서도원을 추대한다. 우리 4
인 지도부의 정기적인 회합은 매월 첫 일요일 10시로 하고 연령
순에 의하여 소집책임자가 되어 소집하고 사회를 담당한다고 합

의 결정을 하고 명칭은 우선 서울지도부라고 부르기로 했습니다. (인혁당재건위 사건 우홍선 진술서)

이렇게 서울지도부 혹은 4인 지도부라고 불리던 가상 조직에 참여했다고 하는 이성재와 전창일은 다음과 같이 증언한다.

> 문: 이수병 선생, 박중기 선생, 우홍선 선생, 전창일 선생 등이 모인 모임이 어떤 모임이셨어요?
> 답: 군사독재가 한창 강하게 불타고 있는데 우리가 당시에 뭔가, 즉 군사독재를 쳐부수기 우해서 작은 힘이지만 모여 서서히 뿌리를 내려 결국에서 큰 조직으로 자라나야 하지 않겠냐 뭐 그런 뜻에서 모인 거죠. 매주 한 번씩 만나 한 3년가량 지속하다가 사건이 터지면서 중단이 된 거죠. 우리는 모임을 노출시키지 않으려고 했어요. (4·9통일평화재단구술사업, 『인민혁명당과 혁신계의 활동』 이성재 편, 2014)
>
> 충무로 '지'다방에서 우홍선·이수병·박중기·전창일 다섯 사람이 모여, 한일협정 굴욕외교를 반대한 학생운동을 배후에서 지원·선동하던 '인혁당'과 유사한 지하당을 조직하여 유신헌법을 반대하는 학생운동단체인 '민청학련'을 지원하고, 기독교세력과 혁신세력을 규합하여 국가 전복을 기도했다는 자백을 강요했다. […] 며칠 후 다시 끌려갔다. 이번에는 지난번 자필진술서에서 5인 지도부로 쓴 것을 4인 지도부

251

로 고치고, 박중기를 빼라고 하였다. 전창일의 동지들은 4인 혹은 5인 때로는 7명 정도 모였지만, 지도부라는 명칭은 사용한 적이 없었다. 지도부라는 말은 중앙정보부가 만들어 조작한 명칭이다. 박중기를 왜 빼라고 하느냐는 질문에, 잠시 난처한 표정을 지으면서 "희생자를 줄이는 것이 좋지 않겠냐"라고 대답한다. (김상구, 『호산 전창일과 통일운동 77년사』, 2023)

증언자들의 말처럼 몇몇 사람들이 만나 이야기를 나누는 모임은 있었으나, 서울지도부니 경북지도부니 하는 조직 명칭은 존재하지 않았다. 이는 중정과 검찰에서 자신들의 수사 편의상 갖다 붙인 조작된 명칭일 뿐이다.

와허증

1974년 5월 2일은 남서풍이 부는 따듯한 날이었으며, 오전에는 맑았다가 오후에 들어 흐려졌다. 우홍선은 집을 나서 한국골든스탬프사에 출근한 상태였다. 남편과 자녀들을 직장과 학교로 보낸 강순희는 잠시 쉬고 있었다. 회사에 가 있던 우홍선은 회의 도중 중정 요원들에게 연행되었으며, 강순희는 서울로 올라와 있던 대구북부경찰서 소속 경사 이덕삼과 순경 손중덕에게 느닷없는 가택수사를 받았다. 우홍선 집에서는 아무런 증거가 나오지 않았다. 사회과학 서적 단 한 권도 나오지 않았다. 그들은 강순희가 듣고 있던 일제 라디오를 가져갔다. 그리고 '경찰 압수조서'에는 압수경위를 '피의자 우홍선의 주거지에서 피의자의 임의 진술에 의하여 북괴 방송을 청취하였다는 증거물로 별첨목록과 같이 압수하다.'라고 적었다.

우홍선을 남산으로 끌고 간 중정 요원들은 그에게서 그가 공산주의자라는 아무런 증좌를 찾을 수 없었다. 그러자 그들은 그를 고문대에 세웠다.

> 1962년 1월경 서울 서대문구 부암동 저의 자택에서 앞에 말한 김상한과 동지들인 김배영, 김영광, 허작, 차대윤, 서상호, 김한덕 등 저와 여덟 명이 모여 혁신세력을 규합한 비밀단체를 조직하자는 데 합의하고 그 명칭은 인민혁명당이라 정한 후 우선, 당 위원장 김상한 / 당 총무겸조직책 우홍선 / 당 교양책 김영광 / 당 경남총책 김배영 / 동당 경남조직책 김한덕 / 동당 경남위원장 허작 등으로 부서를 결정 […] (우홍선의 인혁당재건위 사건 진술서)

1974년 인혁당재건위 사건 당시 우홍선의 진술서에는 '우홍선이 1차 인혁당의 당 총무겸조직책'으로 활동했다고 나온다. 이어진 진술서에서 '1962년 5월경에는 서울에서 도예종을 만나 입당시키고 인혁당 경북위원장직을 부여하고, 위원장 김상한이 미특무부대 대북공작선을 타고 월북하게 되자 자신이 당 위원장을 맡게 되었으며, 1964년 3월 5일 우홍선은 도

253

▲ 1974년 2차 인혁당 사건 당시 우홍선이 작성한 진술서 일부이다. 좌측은 자신의 경력사항을 적고 있으며(1974년 5월 4일 작성), 우측은 1차 인혁당 결성을 인정한 내용이다(1974년 5월 12일 작성). 여기서 눈여겨 볼 점은 좌측 진술서와 우측 진술서의 글씨체가 확연히 다르다는 점이다. 우측 12일의 진술서 작성 시 무자비한 고문이 가해지는 과정에서 작성되다 보니 정상적인 글씨체로 쓰이지 못했다.

예종에게 당 위원장직을 인계하여 (한일회담 학생 데모가 벌어지는 상황을 고려하여) 학생조직을 강화하게 하였다'고 쓰여 있다. 하지만 1차 인혁당 사건 당시 법원은 '인혁당이 창당된 사실이 없다'고 판결했다. 그리고 이어진 판결문에서 '과거 민족자주통일협의회 등의 혁신계 정치노선을 계승한 남북통일방안인 일체의 외세배격과 남북협상, 경제사회문화 교류 등에 의한 민족자주적 평화통일을 의논·합의하고 그 서클조직의 확장발전에 진력할 목적으로'라며 '서클' 정도의 조직이라고 판결했다.

> 원심판시와 같이 당명을 인민혁명당으로 정하고 당부서가 결정되어 피고인이 총무 겸 조직에 직책을 맡고 또한 인민혁명당의 강령 및 규약 대강을 정립하여 북괴노선에 동조되는 반국가단체를 구성하였다는 사실은 이를 인정할 수 없음에도 불구하고 […] (우홍선의 1차 인혁당 사건 항소심 판결문)

그런데 10년 뒤인 1974년 인혁당재건위 사건 진술서에 우홍선은 '1964년 인민혁명당을 결성했다'고 작성한다. 무슨 까닭인가? 왜 우홍선은 사실과 다른 내용을 그것도 자신에게 불리한 내용을 진술했는가? 이는 고문을 통해 강제로 작성된 진술서라는 이유 외에는 달리 설명할 방법이 없다. 그는 이에 대해 상소이유서를 통해 '경찰관 및 검찰관 작성 조서 및 진술서는 중정 지하실에서 혹독한 고문으로 강요되어 불가항력으로 허위 진술한 것임'이라고 밝히고 있다.

또한 이 시기 그는 서울구치소에서 발급한 '와허증'이라는 처방전을 받았다. 고문으로 인해 하지를 쓸 수 없는 상황이 되자 감방 안에서 누워 있어도 좋다는 의사의 허가증이었다. 게다가 와허증은 5월 6일에 발행되었다. 그러니 5월 2일에 잡혀가 6일까지 4일 동안 와허증을 발급받을 정도의 엄청난 고문을 당했다는 사실을 알 수 있다.

이 처방전은 우홍선이 구속되고 난 뒤, 강순희가 가족인데도 면회가 허락되지 않는 상황에서 남편의 생사를 알고자 옷가지며 책 몇 권을 구치소 안으로 넣어주었는데, 책을 주고받는 과정에서 나온 것이다.

이렇게 그의 엉터리 진술서와 신문조서들이 작성되었으며, 그 조서들에 찍힌 그의 무인들은 정신이 혼미한 상태에서 찍혀진 것들이었다. 결국 중정은 그에게 다음과 같은 죄목을 뒤집어씌우는데 성공한다.

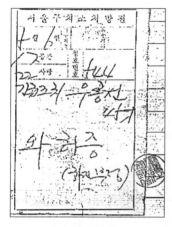

▲ 서울구치소에서 우홍선에게 발급한 '와허증(臥許證)'

⑦ 우홍선(44·무직·전 인혁당 창당위원) 피고인은 66년 8월경 반공법 위반으로 징역 1년·2년간 집행유예의 선고를 받은 사실이 있는 공산주의자로서, 항상 공산주의 국가 건설을 위한 혁신세력 규합에 혈안이 되어 있던 중, 73년 10월경 학원 일부에서 소요가 생기고 3월 위기설 등 유언비어가 유포되기 시작하자, 피고인들의 이상인 공산주의국가를 건설할 수 있는 시기가 온 것으로 착각하고, 73년 10월 초 서울 충무로 1가 소재 다방에서 상피고인 이수병·공소 외 이성재·상피고인 전창일 등과 회합하여 국제적으로나 국내적으로나 혼란기가 닥쳐올 것 같으니 이 틈을 이용 혁신계 동지들을 규합하여 놓았다가 유사시에 민중봉기가 일어나면 이를 공산혁명으로 인도하도록 조직을 갖되 그

조직은 비밀 조직으로 하고 지도위원으로 도예종·서도원을 추대하고 동소에 회합을 한 4인 지도체제로 조직하기로 합의·결정하여 반국가 단체를 구성하고, 그 후 74년 3월경까지 사이에 위 지도위원 및 상피고 김한덕이 수차에 긍하여 서울시내 소재 다방에서 회합하여 위 공산주의 국가 건설을 위한 정부 전복을 위하여 전국학생연합체를 구성하여 일제히 봉기시키고 피고인 등의 조직을 동원 이에 가세·영합시켜 이를 폭도화 함으로써 국가기관을 점령한 후 정부를 전복·공산주의 국가를 건설하기로 모의하고, 이러한 목적을 달성하기 위한 조직방안으로 민족통일촉진회에 위장 가입하여 조직원을 포섭하자고 제안하는 등 구체적으로 정권 타도방안을 토론함으로써 내란을 예비 음모하고 반국가 단체를 구성하여 지도적 임무에 종사하는 일방, 민청학련의 활동에 대하여 정보수사기관에 고지하지 아니하는 등 긴급조치를 위반한 자임. (《동아일보》1974년 5월 27일 자 4~5면, 「민청학련 사건 공소사실 요지」)

「정보부 6국에 강제연행 48시간」

사건이 터지기 3개월 전인 1974년 1월 우홍선은 '럭셔리 도장'을 제작하는 '한국골든스탬프사' 상무로 입사하여 더욱 안정적인 생활을 영유하고 있었다.

그다음에는 아빠가 직장에 나가고 돈 좀 벌어오고 그러니까 나는 남편 뒷바라지만 하다가 나중에 내가 의상실을 하게 됐어요. 의상 공부를 한 1년은 했죠. 재단도 하고 재봉도 하고, 또 연구과 디자인과 공부도 했어요. 그러니까 한 1년 걸리더라고요. 공부를 마치고 의상실을 개업했어요. 그때 남편은 원룡건설에서 일하고 있었습니다. 그렇게 갈현동에서 살면서 안정적인 생활을 이어가고 있었습니다. 의상실을 하면서 폐렴에 걸려 한 일 년간 아팠던 것 외에는 큰 어려움이 없이 생활하고 있었습니다. (4·9통일평화재단구술사업, 『인민혁명당과 혁신계의 활동』 강순희 편, 2011)

이 시기 우홍선은 인생에서 가장 행복한 시기를 보내고 있었다. 집안 경제생활을 잘 챙겨온 부인 강순희의 노력 덕분에 두 차례나 투옥 당했음에도 무리 없이 사회생활을 하고 있었다. 자녀들도 무럭무럭 자라고 있었다. 우홍선은 영화 보는 것을 좋아했다. 부인 강순희와 아이들을 데리고 영화관에 자주 갔다.

그리고 남편은 농담처럼 '나는 죽으면 집 마당에 묻히고 싶다'고 하였습니다. 날마다 식구들을 만날 수 있게 그러고 싶다고 하였습니다. 돌이켜 생각해 보니 아마도 저보다 미리 갈 것을 예견했던 것 같습니다. 그래서 저는 남편 무덤 가까운 곳으로 이사 왔

258

습니다. (박건웅, 『그해 봄─인혁당 사형수 8명의 이야기』 '출근 길'─우홍선 편, 2018)

남편이 구속된 지 8개월이 지나갈 무렵인 1975년 1월 21일 부인 강순희는 인혁당재건위 사건 이후 '구속자 석방운동'과 이후 '사건 진상 규명' 과정에서 중요한 역할을 하게 되는 원고지 스물한 매 짜리 한 편의 글을 남긴다. 강순희는 13일 밤 10시에 강제로 연행되었다가 15일 밤 9시 반경 귀가하였다(1975년 1월 16일 자 《동아일보》).

1975년 1월 9일 목요일 명동성당에서 인권과 민주회복을 위한 기도회에서 호소문을 낭독한 것이 문제가 되어 1월 11일 토요일 오후부터 서부서의 담당 형사들이 수차에 걸쳐 정보부로 갈 것을 요청하였으나, 저는 "영장을 가지고 와서 데리고 가시오. 영장 없이 나를 데리고 가려고 하면 내 있는 힘을 다하여 거부하다 힘이 모자라 끌려가면 갔지 내 발로는 절대로 걸어가지 않겠소!" 하고 강력히 거부하다가 1월 13일 밤 10시경 형사 4명에 의해 강제로 연행될 때 양팔이 붙들려 끌려가는 엄마의 다리를 붙들고 "아빠도 잡아가고 엄마마저 잡아가면 우리들은 어떻게 살라고 해요." 하고 아이들은 울부짖었으며 저는 "동네 사람들이여! 정보원들이 죄없는 사람 강제로 납치해 가는 것 구경 좀 하시요!" 하고 울부짖으며 검은 차에 강제 연행되어 남산에 있는 정보부 6국이라는 정보부원 자신들도 인정하며 말하는 그 악명 높

259

은 곳에 끌려갔습니다. 정보부에 가서 조사받은 것은 남편 우홍
선의 구명운동의 경위를 조사받았으며 중요한 것은 인혁당 사건
을 조작이라고 발언한 것이었습니다.

이렇게 시작되는 그의 글에는 수사관과 자신의 일문일답 형식으로 작
성되는데 우선 '1차 인혁당 사건이 엉터리 조작사건이다 보니 당시 검사들
이 기소를 거부했다'고 그가 주장하니 신문하던 수사관들이 검사들의 기소
거부 사건을 모른 채 '어떤 검사가 했느냐'며 되묻는 우스꽝스러운 내용들
이 담겨 있다. 또 수사관들이 우홍선의 공판 기록을 들이대며 '당신 남편이
죄를 인정했는데 왜 부정하느냐'며 따지자 그는 '내가 그 공판정에 있었는데
남편이 죄를 인정하는 말을 들어 보질 못했다'며 대신 '남편이 정보부에서
고문을 당하면서 거짓을 말하게 했다. 없는 죄를 인정하게 했으니 고문이
아니겠냐'고 주장했다. 그리고 수사관들이 '구명운동을 위해 성당에 나가지
말라'고 하자 '나는 대한민국 국민으로서 잘못된 것을 잘못됐다고 말하는
자유도 없냐?'며 항변했다.

이 과정에서 그는 공판기록
이 조작되었음을 눈치채게 된다.
이후 그는 정보부를 나와 변호사
를 대동하여 공판기록 검토를 요
청하게 되었으며, 공판기록을 보고
난 후 없던 이야기가 공판기록에
남아 있는 것을 보고 공판기록이

▲ 남편 우홍선의 공판기록이 조작되었다는 부인
강순희의 주장을 보도한 신문기사(《동아일보》
1975년 2월 6일 자)

조작되었다고 세상에 밝히게 된다.

그리고 마지막에는 다음과 같이 썼다.

> 저는 이 정보부에 강제로 연행되어 갔던 일을 무척 다행하게 생각합니다. 오글 목사님이 그랬듯이 전보다 더욱 세칭 인혁당은 정보원들이 조작했다는 확신을 굳혔고 남편 우홍선을 고문으로 강제로 공산주의자로 만들었다는 확신을 굳혔고, 남편 우홍선이 소위 민청학련 사건과 아무 관계가 없음을 더욱더 확신하게 되었습니다. 이상이 정보 6국에 강제 연행되었던 48시간의 일을 기록한 것입니다.
>
> 1975년 1월 21일
> 우홍선의 처 강순희

부인 강순희는 중정에 강제연행 당한 후 48시간 후인 15일 밤에 풀려나서 1월 21일 기독교 회관에서 열린 기도회에 참석하여 '정보부 6국에 강제연행 48시간'이라는 제목을 달아 작성해 온 글을 낭독하였다. 이 글이 낭독되자 당시 《동아일보》 기자였던 이부영이 강순희를 만나 《여성동아》에 실어도 되겠냐는 의논을 해 왔다. 당연히 강순희는 좋다고 했으나 기자 이부영이 해직되는 바람에 《여성동아》에 실리지 못하였다.

▲ 강순희의 「정보부 6국에 강제연행 48시간」 원고

광고

1974년 하반기 박정희 정권은 대대적인 언론탄압정책을 실시한다. 이에 대항하여 《동아일보》 기자들은 자사 신문에 '자유언론수호대회 결의문'을 싣는다. 어떠한 외부의 압력에도 굴하지 않고 자유언론 실천에 나서겠다는 내용이었다. 그러자 정권은 《동아일보》의 광고주를 협박하여 광고를 내지 못하도록 한다. 광고 없는 신문이 발행되자 《동아일보》 기자들은 격려광고를 모집한다. 1975년 5월까지 약 1만 352건의 개인·정당·사회단체들의 격려광고가 접수되었다. 이 과정에서 강순희는 남편의 구명을 바라는 격려광고를 내게 된다. 다음은 그 격려광고 내용이다.

> 여보! 그동안 얼마나 고생이 많으십니까. 그 어느 때와도 변함없이 진심으로 당신을 사랑합니다. 우리들이 당한 인권유린과 억울함 이 모든 감당하기 어려운 정신과 육신의 고통을 서로 사랑하는 마음으로 이겨나갑시다. 안정과 평안이 보장된 내일을 고대하며 사는 것이 아니라 불안하고 고통스러운 오늘을 불만 없이 누리며 살아갑시다. 東亞를 비롯하여 온 겨레가 겪는 고난이기에….
>
> 건강과 인내 아름다운 꿈을 잃지 마시기를 바랍니다. 당신을 사랑하는 것이 저의 삶의 전부입니다. 다시 만날 때까지 안녕히
>
> 1975년 2월 8일
> 세칭 인혁당관계로 사형선고를 받은 우홍선 피고인의 아내 강순희 올림

여보! 그동안 얼마나 고생이 많으십니까. 그 어느때와도 변함없이 진심으로 당신을 사랑합니다. 우리들이 당한 인권유린과 억울함 이모든 감당하기 어려운 정신과 육신의 고통을 서로 사랑하는 마음으로 이겨나갑시다. 안정과 평안이 보장된 내일을 고대하며 사는것이 아니라 불안하고 고통스러운 오늘을 불만없이 누리며 살아 갑시다. 東亞를 비롯하여 온겨레가 겪는 고난이 기에…。

건강과 인내 아름다운 꿈을 잃지 마시기를 바랍니다. 당신을 사랑하는것이 저의 삶의 전부입니다. 다시 만날때까지 안녕히

1975년 2월 8일

세칭 人革黨關係로 死刑宣告를 받은

禹洪善 被告人의 아내 康順姬 올림

▲ 1975년 2월 8일《동아일보》광고란에 실린 강순희의 글

264

묘

하재완

당신의 모습

가랑잎 뒹군 가을의 벤치에서 더없이 맑은 가을하늘을 바라보며 당신의 모습을 그려봅니다. 삼엄한 법정에서 하얀 이빨을 보이며 의연히 웃으시던 당신의 마지막 그 모습이 다가옵니다. 한 번이라도 더 보려고 뒤돌아보고 뒤돌아보며 끌려가던 당신의 그 모습을 어찌 잊을 수 있을까요. 여보 저는 알아요. 당신의 모든 것을 저는 믿었어요. 당신의 용기와 인내를 하느님은 결코 당신과 저 사이를 갈라놓지는 않을 것이라고요. 믿었는데 그네들은 쇠를 뜨거운 불에 달구어 그들이 원하는 모양대로 쇠망치로 두들겨 만들듯 인혁당도 악랄한 고문으로 두들겨 만들었다는 것을 저는 분명히 지켜보았습니다. 그 저주스럽던 그날 그 해도 묵묵히 물거품이 되어 흐르고 있는데 썩어가는 이 현실 뼈저린 아픔과 이 고통을 저는 바칩니다. 제가 할 수 있는 모든 것을 또한 제가 살고 있는 이 시간과 저의 전부를 당신을 위해···. 여보, 몸은 비록 떨어져 영원히 보이지 않는 곳에 계시오나 영혼만이라도 저희들 곁에서 떠나지 마시고 저희들을 보살펴주세요. 이젠 당신은 저희들의 당신이기보다 이 민족의 당신이 되었습니다. 여보 믿어주세요. 당신의 집념과 염원은 이 민족의 역사에 길이길이 화려하게 빛날 것입니다. 언제인가 그날에···.

1979. 11. 당신의 아내가

270

동요 '산토끼'

하재완은 1932년 1월 10일 경남 창녕군 이방면 안리 762번지에서 출생했다. 안리의 '안'자는 기러기 안(雁)인 것으로 보아 기러기가 많은 동네였던 것으로 보인다. 그도 그럴 것이 이방면 서쪽으로는 낙동강이 흐르고 남동쪽으로는 남쪽 최대의 내륙습지인 70여만 평에 이르는 우포늪이 자리하고 있기 때문이다. 해발고도 200미터 내외의 구릉으로 둘러싸여 분지인 이방면은 예로부터 농업을 하기에 딱 좋은 지역이었다.·

하재완은 농사꾼 부친 하대곤과 모친 성점주의 10남매(7남 3녀)중 셋째로 태어났다. 그의 부모 양가 집안은 창녕에서 큰 소리 좀 내는 집안이었다. 일제강점기 진주 하씨인 부친 집안과 창녕 성씨인 모친 집안에는 독립운동가들이 많았다.

창녕에 거주하던 진주 하씨 집안의 대표적인 독립운동가로는 '영산의 23일 결사단'의 일원이었던 하은호(1898~1960)와 하영규(1892~1965)가 있다. 하은호와 하영규는 3·1 운동 당시 비밀결사단을 조직하여 '독립운동에 한걸음의 후퇴도 하지 않는다'는 서약을 하고 3월 13일 700여 명의 시위대를 이끌고 영산면내를 다니며 만세운동을 벌이다가 일경에 체포되었다. 그 후 1992년 정부로부터 대통령 표창을 받았다.

모친 창녕 성씨 집안에는 성유경(?~1982)이 있다. 그는 창녕 만석꾼의 아들로 태어나 일본에서 유학한 뒤 여운형를 따르며 독립운동을 하다가 해방 후 남로당 재정부장을 맡았다. 그 뒤 남로당 검거선풍이 불자 두 딸을 데리고 월북했다. 두 딸 중 하나가 김정일과 결혼한 성혜림이다. 또 창녕읍 출신의 성일영(1925~1986)은 곽태진이 조직한 호의단에 가입하여 현풍신사에 불을 지르기도 하고 고령과 청도 경찰서의 무기 탈취를 계획하기도 했지만 밀고로 1945년 6월에 구속되었다가 8월 15일 해방이 되자 풀려났다.

또 하재완에게 직간접적인 영향(도움)을 준 두 집안 출신의 국회의원도 있었다. 먼저, 3대 국회의원 하을춘(1903~1978)이다. 그는 하재완에게 보좌관직을 제안하기도 했으며, 하재완이 이영교와 결혼할 때 국회의원 전용 차량을 제공하기도 했다고 한다. 창녕군 창녕읍에서 태어난 하을춘은 일제강점기와 해방 후 창녕군청과 경상남도청에서 공무원으로 근무하다가 1954년 무소속으로 국회의원이 되었다. 1958년에는 자유당 후보로 출마하였다가 무소속 신영주 후보에게 고배를 마셨으며, 3·15 부정선거 사범으로 기소되었다가 1962년 무죄로 석방되었다. 1963년 6대 국회의원 선거에서 자유민주당 후보로 출마하여 공화당 후보로 변신한 신영주와 재대결을 펼쳤으나 낙선한다. 그에게 짧은 일화가 있는데, 3대 국회의원 임기 중 역대 국회의원 발언 중 가장 짧은 발언을 했다는 기록이 있다. 발언대에 선 그가 '건설 법안'이라는 겨우 4자를 읽었을 때, 야당의 반발을 우려한 국회의장 이기붕이 의사봉을 두드리며 법안을 통과시켰기 때문이다.

또, 하재완이 창녕에서 양조장을 할 때 많은 도움을 주었다는 7대 국회의원 성낙현(1924~2022)이다. 창녕군에서 태어난 성낙현은 독립운동가이자 야당에서만 7선을 한 국회의원이자 신민당 총재를 역임한 유진산의 조카사위이며, 1967년 창녕에서 신민당 후보로 출마하여 공화당 신영주 후보를 꺾고 당선되었다. 하지만 1969년 9월 '3선 개헌'에 찬성하면서 공화당 국회의원으로 돌변했다. 1971년에는 자신이 탈당한 신민당 김이권 후보에게 밀려 낙선했다. 유신헌법 시절인 1973년 9대 선거에서 공화당 후보로 출마하여 신민당 박일 후보와 동반 당선된다. 1978년 여고생 성폭행 사건으로 정계에서 물러난 후로 은둔생활을 했다. 2010년에 여고생 스캔들은 당시 중정부장 김재규의 음모라고 주장하기도 했다.

　　여하튼 하재완은 어린 시절을 두 집안의 이런 배경 덕분에 어렵지 않은 환경에서 지낼 수 있었다. 그는 해방을 맞이하기 전인 1943년 3월 5년제 이방공립보통학교(1921년 개교, 현 이방초등학교)를 졸업한다. 창녕군 이방면 안리 그의 생가와 가까이 있는 이방초등학교에는 동요 '산토끼'를 작사·작곡한 이일래 선생의 흉상과 노래비가 있다. 이 노래는 일제강점기인 1928년 이 학교에 재직 중이던 이일래 선생이 '학생들이 식민지 백성의 자식들이라는 서러운 굴레에만 머물지 말고 학교 뒷산의 토끼들처럼 자유롭게 씩씩하게 자라는 뜻에서 만들었다'고 알려져 있다.

▲ 하재완의 생가 사진(경남 창녕군 이방면 안리 762번지, 2022년 9월 촬영)

전두환

하재완은 초등학교를 졸업하고 3년이 지난 1946년 9월 대구공업중학교에 입학한다. 대구공업중학교는 1925년 4월 1일 대구 중구 장관동에 '대구공립보습학교'로 설립되었다. 당시에는 일본인 자제들이 다니는 학교였다. 1944년에 대구공립공업학교로 명칭이 바뀌고 해방 후 1946년에는 6년제 대구공업중학교로 바뀌었다. 학과로는 기계과·토목과·전기과·화학과·건축과 등 5개 학과가 있었다.

> 당시 하 선생은 혼자 대구로 올라와 중학교 시험 쳐서 합격했다고 해요. 그러자 할아버지가 집을 하나 사줘서 학교를 다니게 했고, 할머니가 대구로 올라와 뒷바라지를 했다고 합니다. 그리고 전두환이랑 같은 학년이었는데요. 집이 78평이어서 넓었고, 할머니가 머물면서 밥도 해주고 하니까 친구들이 집에 자주 놀러 왔나 봐요. 그들 중에 전두환이가 있었던 거죠. 전두환 집하고도 버스 한 정거장 정도 떨어져 있어 아주 가까운 곳에 살고 있었죠. 둘이 만나면 "이 새끼 와 왔어.", "그래 심심해서 왔다." 그러면서 친하게 지냈다고 해요. 전두환과 같은 반이고 축구반도 같이 했다고 합니다. (이영교 인터뷰, 2022년)

이영교는 두 사람이 같은 학년이었다고 하는데, 각각의 기록에서는 하재완은 1946년에 입학한 것으로 전두환은 1947년에 입학한 것으로 나

274

온다. 이를 위해 대구공업중학교 후신인 대구공고에 관련 기록이 남아있을 수도 있어, 가족을 통해 알아보려 했다. 그러나 가족들은 1950년 학제 개편으로 중학교와 고등학교로 나눠지기 전의 기록이고 게다가 하재완은 좌익사건으로 퇴학을 당했기 때문에 기록이 남아있기 어려울 것이라 판단하고 있었다. 그리고 한국전쟁 전의 일이었으니 더더욱 찾아내기가 어려울 것이다.

▲ 하재완 중학생 시절 친구들과 함께 찍은 사진. 윗줄 우측 두 번째가 전두환, 아랫줄 좌측 두 번째가 하재완이다(출처 이영교).

전두환은 경남 합천에서 1931년에 태어났다. 전두환 일족은 1939년 만주로 갔다가, 1941년 다시 귀국하여 대구에서 살게 된다. 그는 1944년에 초등학교에 재입학하여 1947년에 졸업하고 그 해 9월에 5년제 대구공업중학교 기계과에 입학했다. 이 기록은 세간에 한참 논란이 되었던『전두환 회고록』3권(2017)에 나오는 이야기다. 3권까지 나온 회고록 중에 '12·12

군부 쿠데타와 5·18 민중항쟁 관련 이야기'가 실린 회고록 1권은 법원으로부터 판매 중지 처분을 받았다.

> 그러나 나의 바람과 달리 학교 분위기는 면학과는 거리가 멀었다. 해방정국의 혼란 속에 중학교인 우리 학교 안에서도 좌익분자들의 선동과 폭력이 빈번하게 일어났다. 이념이라든가 정치체제에 민감하지 않은 학생들은 그러한 학교 분위기에 좌절감과 분노를 느낄 수밖에 없었고 그건 나 역시 마찬가지였다. 일부 교사와 상급생 가운데 좌익들은 수업 거부나 교사 추방 같은 과격한 선동 문구로 학생들을 혼란에 빠뜨렸다. (전두환, 『전두환 회고록』, 2017)

하재완은 대구공업중학교 재학시절 남로당 계열의 청년조직인 민애청(민주애국청년동맹)에 가입한다.

민애청은 1947년 6월 5일 서울 시천교당에서 결성되었다. 위원장은 고찬보(?~1951)가 맡았다. 고찬보는 메이지(明治)대학을 졸업하고 화북조선독립동맹 북경 공작원으로 활동했다. 해방 후 조선독립동맹·민주주의민족전선·남조선신민당 등에 참여하였으며, 남로당에서는 중앙상무위원(청년부 담당)을 맡았고, 1948년 남북제정당사회단체연석회의에 민애청 대표로 참석했다. 그는 한국전쟁 당시 미군 폭격으로 사망했다고 한다.

당시 대구공업중학교에서는 친일파를 타도하고 친일세력을 옹호하는 미군정을 규탄하는 투쟁과 선전활동이 빈번하게 일어났다. 전두환의 친한 친구였던 하재완도 그 활동에 참여하고 있었다.

하지만 세월이 흐르고 전두환 나이 86세에 쓴 회고록은 당시 상황을 왜곡하여 적었다. '이념이라든가 정치체제에 민감하지 않은 학생들이 그러한 학교 분위기에 좌절감과 분노를 느낄 수밖에 없었고'라는 말은 정확한 이야기가 아니다. 당시 학교 분위기는 '이념이나 정치체제를 떠나 해방을 맞이한 기쁨에 자주적 민족국가를 세우는 일에 들떠 있었다'라고 해야 할 것이다. 그리고 젊은 전두환은 그런 학내 분위기를 타고 민애청 조직에서 마음껏 활개 치며 활동하는 하재완의 모습을 보며 그렇지 못한 자신이 부끄러웠을 것이다. 이렇게 민애청 활동에 적극적이던 하재완은 1948년 3월에 퇴학을 당한다. '민애청에 가입하고 미군정을 반대하는 벽보 부착 및 유인물 살포 등의 활동'을 한 혐의(포고령 2호를 위반)로 체포되어 '6개월간 교화 처분'을 받고, 대구지방 소년원에 갇혔기 때문이다.

전두환은 중학교 동기생 하재완이 인혁당재건위 사건으로 형장의 이슬로 사라지던 시기, 하재완 곁에 없었다. 박정희 쿠데타를 지지하는 육사 생도들의 시가행진을 이끌어냈던 그는, 제1공수여단 부대장으로 경상도 출신 육사 11기 소장파 장교들이 모여 결성한 '하나회'를 이끌며 '박정희 이후'를 꿈꾸고 있었다. 언제부터인가 그는 하재완과는 정반대의 삶을 살고 있었다.

집안사람들

피고인은 1947년 4월경 대구공업중학 2년 재학 시 아무것도 모르고 상급생의 강요에 못 이겨 대구공업중학교 민주애국학생동맹원으로 가입 중 1948년 3월 하순경 대구지방소년원에서 군정청 포고령 위반으로 3개월간의 교화 처분을 받고 교화 생활을 받은 사실이 있으나, 당시 피고인의 연령은 16세 소년으로서 아무 사상적 의식도 없었을 뿐 석방 후 정치적 혼란기에 아무 것도 모르고 일시적 잘못을 깨끗이 씻기 위하여 원적지에서 부모 슬하에서 근신. 가사에 종사 중 6·25 동란이 일어나고 동년 7월 모함으로 창녕경찰서에 1개월간 예비 검속된 사실이 있으나 당시 검속된 대부분이 처형되었으나 피고인은 무혐의로 석방된 것입니다. 그 후 군에 지원 입대하여 많은 노력을 하여 육군특무부대로 전속하여 대공사찰의 일선에서 만 5년간 충실히 근무하여 지난날의 일시적 잘못을 완전히 청산하였음으로 금번 사건이 일어나기 전까지 아무런 사고 없이 살아왔던 것입니다. (인혁당재건위 사건 하재완 항소이유서)

하재완의 집안사람 중 종형 하재권은 하재완이 다녔던 이방초등학교 교사로 재직했다. 그는 44세가량이 되던 1947년 구체적인 활동 사항은 알 수 없으나 좌익 활동을 하다가 미군정에 쫓겨 북으로 갔다고 한다. 하재완의 항소이유서에서는 '상급생의 강요'로 민주애국학생동맹원이 되었다고는 하나 종형 하재권의 권유로 가입한 것으로 판단된다.

> 문: 피의자는 가족이나 친척지간에 월북한 자가 있는가요.
> 답: 본인의 종형 하재권 44세가량이 1947. 월일 불상경에 원
>   적지에서 이방초등학교 교사로 재직 중 좌익 활동을 하다가
>   월북한 사실이 있고, 종형 하재팔은 대구 6연대에 있다가 혁
>   명군 사건으로 피검되어 서울 마포교도소에 있다가 전주 형
>   무소에 수감된 후 1950. 6. 25 사변으로 소재를 알 수 없으
>   나 전주형무소에서 당시 총살당한 것으로 알고 있습니다.
> 문: 피의자의 종교를 말하시오.
> 답: 무종교입니다.
> (인혁당재건위 사건 하재완의 진술서)

또, 종갓집 맏형인 하재팔은 해방 후 '조선국군준비대' 경북지대장을
맡고 있었다. '조선국군준비대'는 여운형의 건국준비위원회 군사기구로 조
직된 '귀환장병대'를 개칭한 조직이었다. 당시 국군준비대는 1945년 12월
26일 서울 중앙중학교에서 결성되었으며, 김일성·김원봉·지청천·무정 등을
명예회장으로 추대하고, 총사령관은 경성제대 출신 학도병 거부자 이혁기
가 맡았고, 참모장에 최영 그리고 경리부는 이재복 등이 맡았다. 그리 산하
에 예비군이 10만 명, 상비군이 1만 5천 명의 병력을 가지고 있었다고 하며,
조선 각 도에 사령부와 시군에 지대를 설치해 두고 있었다고 한다. 그러나
1946년 1월 8일 미군정이 '국방경비대'를 창설함에 따라 강제 해산되었다.

하재팔은 국군준비대가 해산되자 국방경비대에 입대하여 대구 6연대에 배치되었다.

> 1946년 2월18일 대구 중동에서 창설된 6연대는 태생부터 반란의 숙명을 지닌 연대였다. 연대 창설의 산파역은 학병소위 출신인 대구사람 하재팔이었다. 좌익성향이 강했던 그는 해방 직후 대구에서 사설단체인 '국군준비대'를 조직, 참모장을 하면서 좌익청년들을 규합했었다. 미군정이 불법단체로 몰자, 육사의 전신인 군사영어학교에 1기로 들어가 수료, 육군 참위(參尉, 현 소위)가 되어 정식으로 6연대 창설에 나선 인물이다. (《매일신문》 2006년 7월 24일 자, 「정영진의 대구이야기(30)―대구6연대반란사건」)

위 기사에서 하재팔이 군사영어학교 1기를 수료했다고 한다. 그리고 군사영어학교(1945년 12월 5일 창설)의 1기 졸업식은 창설 한 달 보름만인 1946년 1월 28일에 진행되었다. 그러므로 1946년 1월 8일 해산된 조선국군준비대 경북지대장이었던 하재팔은 해산 즉시 입교하여 20여 일 만에 수료증을 받았다는 이야기가 된다.

하재팔이 배속된 국방경비대 6연대에서는 1948년 여순항쟁 이후 전군에서 벌어진 숙군(좌익 숙청)과정에서 세 차례의 반란 사건이 벌어진다. 이를 두고 '대구 6연대 반란 사건'이라 부른다. 이후 6연대는 해산되고 1949년 4월 15일에 22연대로 개칭된다.

이러한 숙군 작업이 벌어지기 전 하재팔은 1948년 2월 27일에 '인민혁명군 사건'으로 구속된다. 인민혁명군 사건은 '남한 단독 정부를 수립할 목적으로 시행될 5·10 선거를 방해할 목적으로 1947년 9월부터 활동하기 시작했다'하여 '포고령 2호'를 위반한 사건이었다. 이 사건으로 인민혁명군 조직원 100여 명이 체포되어 조사를 받았고, 이들 중 하재팔을 비롯한 12명은 구속되었으며, 20여 명은 불구속된 상태로 송치됐다(《동아일보》 1948년 4월 30일 자). 이후 그는 전주교도소에 수감되어 있던 중 한국전쟁이 나자 우익청년세력들에 의해 정당한 재판 절차도 없이 학살당한 것으로 추정된다.

이어 성 씨는 "지난 1950년 7월에는 군경이 좌익 관련자와 보도연맹이라는 이유로 재소자 1,400여 명을 학살했고, 두 달 후인 9월에는 전주를 점령한 인민군이 보복이라도 하듯 지역 인사 600여 명을 살해했다"면서 "좌우익의 이념 대립 속에 적법 절차 없이 2천여 명의 무고한 민간인이 희생된 비극적인 사건이다"라고 설명했다. 이들은 당시 군경의 학살 수법과 주검 처리방식이 매우 잔인하고 반인륜적이었다고 강조했다. 신 씨는 "사람들의 눈을 피하기 위해 옛 공동묘지와 건지산, 황방산, 소리개재 등이 학살 장소로 선택됐다"며 "다짜고짜 형무소에 들이닥친 헌병대는 수형인 명단도 없이 중형자부터 불러내 트럭에 싣더니 어디론가 끌고 갔다"고 말했다. 이어 그는 "트럭 한 대에 20~30여 명씩 태우고 가 말뚝을 세운 뒤 가슴엔 검정색 표적을 붙이고 곧

바로 총살을 감행했다"며 "심지어 군인들은 미리 파 놓은 구덩이에 시신을 던져 휘발유를 뿌린 뒤 불을 붙이기도 했다. 형무소로 돌아오는 건 항상 빈 트럭뿐이었다"고 덧붙였다. (《전북도민일보》 2019년 6월 24일 자, 「아물지 않은 전쟁의 상처 '전주형무소' 민간인 학살사건」)

기사에 나오는 '성 씨'는 전주형무소 유가족회장 성홍제이다. 또 '신 씨'는 유족회 회원 신종희이다. 이들은 당시 전주 형무소에 근무했던 교도관 A씨로부터 10여 년 전 대규모 민간인 학살이 자행됐다는 증언을 듣고 나서부터 자신들의 가족들이 학살당했다는 사실을 알게 되었다고 한다. 이들의 증언으로 전주대 박물관에서는 유해발굴단을 꾸려 2019년 8월부터 2020년 2월까지 6개월간 전주 황방산과 산정동 일대를 발굴하여 유해 34구를 수습했다고 한다. 70년 전의 진실이 밝혀지는 순간이었다.

군 복무 시절

이렇게 창녕군 대방면에 살던 진주 하씨 집안의 장손 하재팔은 어처구니없이 우익에 의해 학살당하고 만다. 그 격랑 속에 소년 하재완이 있었다. 하재완은 6개월간의 소년원 수감생활을 마치고 고향으로 돌아온다. 고향 안리에는 기러기들이 거친 시류에도 유유자적 떼 지어 노닐고 있었다.

하재완은 1950년부터는 모교 이방국민학교에 교사로 근무한다. 중학교를 졸업하지 못했으나, 당시는 교사가 부족한 시절이라 집안과 학교의 배려로 교원이 된 것으로 보인다. 하지만 하재완의 교사생활은 오래 가지 못한다. 한국전쟁이 터진 것이다. 그해 7월 하재완은 예비검속에 걸려 창녕경찰서로 끌려간다.

1950년 6월 25일 한국전쟁 발발 직후부터 8월에 걸쳐 창녕경찰은 관내 국민보도연맹원 등을 예비검속하여 창녕경찰서와 경찰서 인근 무도관에 구금하였다. 당시 경찰관들의 진술에 따르면 "한국전쟁이 발발하자 위(상부)에서 보도연맹을 소집하라는 지시가 있었던 것"이며, "(소집된 보도연맹원들이) 경찰서 유치장에 가득 채워져 있었다"고 한다. 보도연맹원들과 함께 창녕경찰서에 구금되었다가 풀려나온 참고인 신용극은, "(예비 검속된 보도연맹원들은) 창녕경찰서(유치장)와 경찰서 무도관(강당)에 구금되어 있다가 보름 정도 지난 후 경찰이 호명하여 (구금된 보도연맹원들이) 불려나가 트럭에 실려갔으며, 20여 명이 남아 있었다"고 진술하였다. 당시 경찰서 인근에 거주하였던 참고인 성낙한은, "(보도연맹원들이) 트럭에 실려 나가고 하루 또는 이틀 후에 30여 명이 솔터마을 뒷산으로 (경찰에 의해) 끌려간 것을 보았고 그 뒤에 총소리가 났다"고 진술하였다. 1990년 당시 이 지역 목격자 김동수의 인터뷰를 실은 《항도일보》는, "창녕읍 솔터마을 인근 주민들은 1시간여 동안 총소리를 들었고, 주민들이 부역을 나가 50여 명의 보도연맹원이 밧줄에 몸이 묶인 채 넘어져 있는 시체를 구덩이에 파묻었다."고 보도하였다. (『2009년 하반기 진실화해 위원회 보고서 6권』, 「경남창녕 국민보도연맹 사건 진실규명결정서」)

하재완이 국민보도연맹에 가입했는지 확인할 자료는 없다. 다만 중학교 시절 좌익 사건에 연루되어 퇴학당한 점과 전쟁 직후 예비 검속에 걸렸다는 점을 보면 보도연맹원이었을 가능성은 높다.

> 하갑청 씨는 먼 친척이기는 한데, 하씨는 진주 하씨 하나다 보니 촌수가 멀어도 한집안 사람이라고 생각했습니다. 문화부 장관했던 하을춘 씨도 한집안 사람이었습니다. 결혼할 때 하을춘 씨 차를 타고 다녔어요. 하 선생이 중학교 때 좌익 사건으로 걸리자 사는 데 지장이 많았죠. 전쟁 때는 예비 검속도 당했다는 거예요. 그래서 큰형님이 하갑청 씨에게 부탁을 해서 군에 입대를 시킨 것 같아요. 7년을 근무했는데, 제주도 특무대에서 근무를 했고, 서울로 발령을 받아서 단국대 야간학부도 다녔다고 합니다. (이영교 인터뷰, 2022년)

하갑청은 1959년 10월부터 1960년 5월까지 8대 특무대장(CIC)을 역임한 인물이다. 한국전쟁 당시에도 특무대에서 부대장으로 근무했는데 대구에서 학도의용군 800여 명을 조직해 전쟁에 참여했다고 한다. 진실화해위 보고서에 따르면 약 200명이 학살된 '창녕국민보도연맹 사건'의 가해자는 창녕경찰서지만, 국군 육군본부 정보국 산하 경남지구 CIC가 개입한 것으로 판단된다고 적고 있다. 하재완이 예비 검속으로 창녕경찰서에 끌려 갔다가 학살당하지 않고 1개월 만에 풀려날 수 있었던 것은 당시 CIC의 부 대장이었던 하갑청의 입김이 작용한 것으로 추정된다.

경찰서에서 풀려난 하재완은 고향으로 돌아올 수 없었다. 그 해 8월 에는 낙동강 방어선 구축전투로 유명한 '창녕-영산 전투'가 8월 1일부터 9 월 14일까지 전개되고 있었기 때문이었다. 창녕군 일대의 전쟁은 인천상륙 작전으로 서울이 수복되자 인민군이 38선 이북으로 철수하면서 끝이 난 다. 하재완은 고향으로 돌아오자 다시 이방초등학교에서 교편을 잡는다. 그 리고 1951년 10월 말까지 근무하다가 군에 지원입대를 하게 된다. 하재완 의 진술서에 1953년 4월에 특무대로 전출했다고 나오는 것으로 보아 이 시 기에 이영교가 말하는 대로 제주도 특무대로 전출된 것으로 보인다.

제대는 1958년에 했으며 계급은 중사였다. 그리고 유품으로 남아 있 는 하재완의 단국대 학생증을 보면 '학과는 정치경제학과로 발급일은 단기 4287년 8월 31일'이라는 것을 확인할 수 있다. 하재완은 제주도 특무대에 서 근무하던 1954년경에 서울로 전출되었으며, 이 무렵에 단국대 야간학 부를 다니고 있었다. 졸업은 하지 못했다.

이영교

하재완은 제대 직후인 1958년 이영교와 결혼한다. 당시 서울에서 건축사무소에 다니고 있었던 이영교는 부모님들의 조언에 따라 선을 보기 위해 대구로 와 하재완과 딱 한 번 만나고 그의 강력한 구애로 결혼한다.

　이영교는 1937년 경북 달성군 하빈면 하산리 1042번지에서 부친 이세봉(1902~1940)과 모친 윤중기의 6남매 중 셋째로 태어났다. 부친은 독립운동가였다. 호는 약송이고, 이봉로로 불리기도 했다. 그는 1919년 파리강화회의에 한국 대표단을 파견하는 일을 추진하려고 유림에서 작성한 파리장서를 가지고 김창숙과 상해로 망명하였다가 임시정부에 참여하게 된다. 1924년에는 김창숙 등과 함께 총기와 탄약을 몰래 국내에 반입하였으며, 독립자금 모금활동도 벌였다. 그러다가 북경에서 제2유림단 사건으로 일경에 체포되어 국내로 호송되었다. 그는 1927년 대구지방법원에서 징역 2년 형을 받고 옥살이를 시작했다. 그러나 꿈에 그리던 해방을 보지 못하고 1940년 1월 4일 운명하였다. 1990년 건국훈장 애족장을 받았다.

> 남편은 그런 장인을 존경했습니다. 하재완 선생은 감옥에서 "우리 장인도 이 옷(수의)을 입고 돌아가셨는데, 나도 이 옷을 입고 죽게 생겼다"고 말했다고 합니다. 그녀는 '삼엄한 법정에서 하얀 이를 보이며 의연히 웃던' 남편의 모습을 아이들한테 꼭 알려주어야겠다고 결심한다. 그녀는 수줍게 덧붙인다. "아직도 인터뷰 한다고 하면 그 양반을 생각해야 하고, 글을 써야 할 때도 생각해야 하고, 이리가도, 저리 가도, 돌아누워도 따라오는 남편과 나를 가리켜 누군가 백년연분이라고 하더군요." (《참여사회》, 2006년 5월호 「김정인이 만난 사람—진실규명, 살아남은 자의

묶」)

　　하재완은 제대 후 대구 종로에서 육촌형님이 운영하던 양조장 일을
도와주고 있었다. 양조장 이름은 '경일양조장'이었다. 양조장 위치는 약전골
목과 만경관 사이에 있었다. 하재완은 술을 거의 못해 술맛도 이영교가 봐
줬다고 한다. 아마도 술을 못하는 그였기에 양조장에 그 흔한 술을 마시지
도 않고 일에만 전념해 주변으로부터 인정을 받았던 것으로 보인다. 잠시
다른 일을 한 적도 있었다. 결혼 직후 대구시 교동시장의 국제백화점에 자
리가 나 공무원 소비조합을 경영했는데, 6개월 만에 불이 나서 폐업하고 양
조장으로 다시 돌아와야 했다.

사월혁명

하재완은 중학교 시절 겪은 민애청 사건으로 매사에 신중한 선택을 한 것
으로 보인다. 특무대 부대장 하갑청의 입대 권유도 그러한 뜻에서 받아들
인 것으로 보인다. 일종의 신분세탁을 하기 위해서 선택한 것이다. 실제로
인혁당재건위 사건 관련자들 중 경북 출신의 인맥은 1950년대부터 맺어진
것으로 보이는데 하재완은 그 과정에서 제외되어 있었다. 군에 있었기도 했
지만, 1958년 제대하고 나서도 '경일양조장'에서 근무한 것 외에는 별다른
사회활동이 발견되지 않는다. 그러던 중 사월혁명이 일어난다.

문: 피의자는 상피의자 서도원으로부터 민주사회에 대한 교양을 받았다는 그 내용을 말하시오.

답: 네, 본인은 1960년 4월 14일 이후 동향인 박상호(혁신계)의 소개로 민민청에 가입함으로써 서도원을 알게 되어 이념을 같이 하여 오다가 1970. 4 일자 불상경에 당시 본인 家(에서) 대구시 남구 대봉동 자택에서 접선(찾아왔음). 현 정부에 대한 불만을 토로하면서 현 정부가 남북통일을 원하지 않으니 타도해야 한다면서 의견을 같이하고 그 여건을 만들자고 하여 4·19와 같은 사태를 조성하기 위해서 학생의 전위가 필요하여 학생조직을 확장하자고 모의한 사실이 있었고⋯. (인혁당재건위 사건 하재완 진술서)

위 하재완의 진술서 내용 첫 문장에서 '1960년 4월 14일 이후 동향인 박상호(혁신계)의 소개로 민민청에 가입함으로써'라고 나오나, 경북 민민청은 1961년 2월에 가서야 만들어진다. 또 박상호도 당시 혁신계 인물 중에 등장하는 이름이 아니다. 다만 민자통 조직위 부위원장 장상호이었는데, 진술서가 강압에 의해 작성되다 보니 오기로 작성된 것이거나 혹은 그 와중에도 장상호를 감추기 위해 성씨를 바꾼 것일 수도 있다. 그리고 하재완이 서도원을 사월혁명 시기에 알게 된 것은 사실이다.

서도원·도예종은, 사회당 비공식 간부이며 남로당 출신인 장상호와 이견을 보였던 것으로 보인다. 아마 활동가들이 갈등했다는 것은 상호 운동역할에서 일치점이 있었다고 볼 수 있다. 즉, 그들은 모두 젊은 활동가로서 경북의 운동을 '자기 주도적으로' 이끌어 가고자 했고, 변혁적 사고를 하고 있었다는 공통점이 있었던 것으로 보인다. 장상호는 김성달의 대리인 역할을 하였다고 한다. 김성달이 중앙민자통과 사회당에 당시 돈으로 3천만 원을 기부(2012년 현재 자장면 값으로 비교 환산할 경우 100억 정도)했고 이를 일부 집행하는 입장에 있었던 장상호 역시 운동에서 큰 역할을 하였을 것으로 추정된다. 장상호는 (중앙)사회당과 경북민통련을 근거로 해서 (중앙)민자통에 접근하는 운동경로를 보인다. "장상호의 참여는 실질적으로 사회당계의 본격적인 진출(민자통에)을 의미하는 것이다. 장상호는 비공식적으로 민자통준비위 조직위원회 부위원장을 맡았으며, 사회당과 연결되어 있던 통일민주청년동맹의 대표인 우홍선(일명 우동읍)을 조직위원회 간사로 기용하였고, 준비위원회 지방위원장 기세충을 통해 각 부장을 모두 통민청 계열로 정비해나갔다." 장상호는 이종률이 내세운 박진과 중앙민자통 사무처장을 두고 경쟁하다가 사회당의 결정으로 양보하기도 한다. (함종호, 「경북대구 통일운동의 뿌리찾기」, 2018)

만약 추측대로 대구지역에서 혁신계 인사로 널리 알려진 장상호의 소개로 하재완이 대구 혁신계에 발을 들여 놓은 것이라면 처음부터 상당한 신뢰 관계에서 활동할 수 있었을 것이다. 그리고 1960년 12월에 결성된 경북시국대책위원회에도 등장한다. 시국대책위는 이후 경북민족통일연맹으로 발전하고, 1961년 2월 민자통이 결성되었을 때, 민자통 경북협의회의 역할도 하게 된다. 그리고 평생 동지가 될 서도원·도예종·송상진 등과 만나 민민청 경북맹부의 회원으로 활동한다.

하지만 이러한 하재완의 재기는 오래가지 못한다. 5·16 쿠데타 이후 그에게 수배령이 내려졌다. 그는 경찰의 감시가 소홀해진 틈을 타 1962년에 다시 고향 창녕으로 내려간다.

> 가구를 사라고 시숙이 돈을 준 거예요. 그래서 가구 산다고 서울로 갔는데 와서는 대뜸 "미안하오" 하는 거예요. 서울에 가서 사월혁명에 참여했다가 다친 학생들에게 돈을 다주고 왔다는 거죠. 그리고는 돌 지난 아들에게 주라고 웨하스 과자 한 봉지를 주는 거죠. 참 내. 가구 사라구 준 돈을 그렇게 쓸 줄이야 아무도 몰랐죠. 4·19 때는 대구 우리 집에 송상진 씨와 서도원 씨가 자주 왔어요. 제가 밥을 많이 해줘서 기억해요. 하 선생은 학생들 데모한다면 무조건 따라나섰어요. 아마도 그때도 돈을 많이 쓴 것 같아요. 이재문 씨가 가까운데 살았어요. 슬리퍼 신고 와서 밥도 먹고 많이 가깝게 지냈죠. 도예종은 우예다가 한 번씩 들렀고 서도원 씨가 제일 많이 왔죠. 하 선생은 뭐든지 한번 하면 끝까지 하는 성격이라 4·19때 집에서 돈 많이 가져갔습니다. 쿠데타 나자 제가 걱정이 돼서 앞으로 어떡할 거냐고 물어보니까 싱글싱글 웃고 말더라구요. 피해 다니는 것도 없어 보였는데, 한번

은 농번기라고 시골에 간다는 거예요. 그리고 나서 저도 한번 내려갈 일이 있었는데, 시댁 식구들에게 물어보니 농사일은 뒷전이고 소 몰고 나가서는 하루 종일 뭘 하다 오는지 밤늦게 들어온다는 거예요. 형사가 집을 찾아오거나 한 적은 없는데 아무래도 조심했던 것 같아요. 나하고 여섯 살 차이인데 나이 차이가 나니까 그랬는지 자기 뭘 하는지 자세히 말해주는 일은 없었죠. (이영교 인터뷰, 2022)

양조장

1962년 10월이 되면, 박정희는 혁신계 인사들에 대한 수배령을 해제한다. 수배를 피해 내려가 있던 하재완은 고향에 정착하면서 집안 양조장 일을 돕게 된다.

사촌형님이 하는 양조장에 지배인으로 근무를 했습니다. 그 사촌형님이 외동이었는데 우리 하 선생을 친동생처럼 잘 대해줬지요. 하 선생도 시골에 내려가면 친형제들보다 그 사촌형님을 더 먼저 만났다고 합니다. 그래서 왜 그러냐고 물었더니, 사촌형님이 외동이니까 외로우실 거 아니냐 그래서 먼저 찾아간 거라고 하더라구요. 그 양조장에는 매일 밥해주는 사람이 있었거든요. 그래서 하 선생이 사람들을 많이 데려와 밥도 주고 재워도 줬는

291

▲ 경남 창녕군 이방면 거남리 398-1의 거남양조장이 있던 자리다. 현재 남아 있는 건물 우측 문짝 위로 보이는 낡은 글씨는 '이방양조장'이라고 쓰여 있다. 그리고 하재완이 머물던 거남양조장 시절에는 뒤에 보이는 한옥 건물만 있었다고 한다. 앞쪽 시멘트 건물은 하재완이 그만 둔 뒤 생긴 것이다(2022년 9월 촬영).

데 사촌형님이 그걸 보고 아무 말도 안 했죠. 그만큼 하 선생을 믿어줬던 거예요. 그러다 사촌형님이 양조장을 파는 바람에 다시 대구로 올라와 건축업을 시작한 거죠. (이영교 인터뷰, 2022)

사촌형의 이름은 하재호이다. 양조장은 이방면 거남리에 있던 거남양조장이다. 지금 그 자리에는 이방양조장 이름이 붙어 있는 건물이 한 채 남아 있다.

아 그래 맞아! 하재완이, 하재완이가 양조장을 했어. 그 현풍에서, 하재완이 우리 그 몇인가가, 거기서 정기적으로 모여 갖고, 학습토론을 하고 이랬어요. 그랬는데 그 당시 주 의제가 민족통일이야. (현풍인가요? 창녕 아닌가요?) 아 그래요. 현풍 지나서

창녕이죠. 창녕이 맞습니다. (4·9통일평화재단구술사업,『인민혁명당과 혁신계의 활동』강왕수 편, 2012)

양조장에는 수배 중인 도예종이 한동안 머물기도 했다. 게다가 사촌형 하재호는 피신 중인 도예종과 비슷한 연배였다. 서로 친하게도 지냈고, 양조장을 떠날 때 차비도 건네주었다고 한다.

위 민민청 경북맹부 투쟁국장 강왕수의 증언은 1차 인혁당 사건이 터지기 직전에 창녕 하재완이 있던 양조장에서 모임을 자주 가졌다는 이야기다. 그리고 1967년이 되면 용호늪 개간을 위해 내려온 송상진이 양조장에 머물면서 개간사업에 참여했다. 그러다가 하재완이 폐종양에 걸려 더 이상 양조장 운영을 맡을 수가 없는 상황이 되자, 사촌형은 1968년 3월 중순 양조장을 다른 사람에게 팔았다.

하재완이 창녕 거남양조장을 정리하고 대구로 돌아온 시기에 대해 일반적으로 알려진 1968년 3월과 달리 부인 이영교는 1967년 2월생인 셋째 정우가 '태어난 지 백일이 갓 지나서 대구로 왔다'라고 말하고 있다. 그러면 1967년 5월경이 된다. 이 점에 대해서는 좀 더 사실 확인이 필요해 보인다. 하재완이 대구로 와 새로 시작한 건축업은 한마디로 헌 집을 사서 수리해서 다시 되파는 일이었는데, 장사는 썩 잘되지 않았다고 한다. "아무래도 우리 하 선생은 돈 버는 재주가 없는 것 같아요."하며 이영교는 한마디 한다. 그러다가 1969년 4월부터는 메추라기 사업을 시작한다.

293

가정교사

1969년 7월이 되면 하재완 집에 입주 가정교사가 한 명 들어와 살게 된다. 입주 가정교사는 경북대 학생운동가 여정남이었다. 여정남은 당시 초등학교 4학년인 하재완의 장남 하종배를 가르쳤다.

> 우선 동(同) 이재문의 학생후배이며 유능한 상피고인 여정남을 지도교양시키면 학생조직에 이용할 수 있으므로 피고인가(家)에 입주시켜 동 여정남을 보호육성하기로 결정을 본 다음 동 여정남의 접선경위를 합리적으로 위장하기 위하여 대구에서 발간하는 《영남일보》 지상에 '문제아 지도 가정교사 구함'이란 광고를 게재하여 놓고 동 광고에 의하여 동 여정남을 피고인의 장남 하종배의 가정교사로 채용 입주시킨 양으로 위장 동 여정남을 피고인가에 입주시킴으로써 반국가단체의 구성과 내란을 모의하고…. (인혁당재건위 사건 하재완 공소장)

> 1969년 7월경 공소 외 이재문의 소개로 상피고인 여정남을 피고인 장남의 학력 보충을 목적으로 가정교사로 입주시킨 사실은 있으나 공소사실과 같은 목적으로 입주시킨 사실은 없으며 상피고인 송상진과 공소 외 이재문 등과 회합한 사실은 없으며 반국가단체의 구성과 내란을 모의한 사실 등은 모두 허위 날조한 것입니다. (인혁당재건위 사건 하재완 항소이유서)

항소이유서와 달리 부인 이영교는 여정남을 소개시킨 사람은 이재문이 아니라 정만진이라고 말한다. 하재완은 1969년이 되면서, '3선 개헌 반대투쟁위원회 경북지부'에 참여한다.

1969년 9월 13일, 공화당은 대통령 3선을 보장하는 개헌안을 국회에서 날치기 통과시킨다. 이를 예상한 학생과 야당 그리고 재야인사들은 그해 6월 '3선 개헌 반대범국민투쟁위원회'를 결성하여 전국에서 반대투쟁을 벌이고 있었다. 대구 경북지역에서는 1969년 6월부터 9월까지 경북대학교를 중심으로 3선 개헌 반대투쟁을 벌였다. 특히 여정남의 후배들이 모여 있던 정사회 회원들이 선도적인 투쟁을 벌였다.

당시 학생운동을 이끌던 여정남은 활동자금을 조달할 방법을 모색하고, 집을 나와 편히 활동할 수 있는 곳을 찾고 있었다. 이런 일로 서도원을 비롯한 이재문 등과 의논을 했고, 하재완 집의 가정교사로 추천되었을 것이다. 그리고 이를 하재완에게 전달한 사람이 정만진이었다. 하재완 역시 이를 거부할 이유가 없었고, 자기 집에 들어온 여정남과 수시로 시국토론을 벌였다.

정만진은 1940년 만주 흑룡강성에서 출생하여 영남고 졸업하고 대구대학(현 영남대) 법학과에 다니던 중 1961년 2대 악법 반대투쟁으로 제적이 되었다. 5·16 쿠데타가 발발하자 구속되었다가 1962년 출소하여 복학하였다. 이후 1차와 2차 인민혁명당 사건에 연루되어 옥살이를 하였으며, 1982년 대전교도소에서 형집행 정지로 출소하였다. 출소 후에는 대구지역에 머물며 여정남을 비롯한 인혁당 사형수들의 명예회복을 위해 노력해 왔다. 그러던 중 1998년 고문 후유증으로 갑작스럽게 세상을 떠나고 말았다.

사료 파동

1971년 3월이 되면 코앞에 닥쳐온 제7대 대통령선거를 앞두고 김재준, 이병린, 천관우 등 재야인사들이 모여 '민주수호국민협의회'를 결성한다. 이어 대구·경북에서도 민주수호경북협의회를 결성한다. 대표에 유한종을 비롯한 박삼세, 최해청 등이 선출된다. 그리고 이 자리에 하재완을 비롯한 도예종과 서도원, 송상진 등도 참여한다. 이재문은 대변인을 맡았다. 하지만 그 짧은 시간에 박정희의 3선을 막을 수는 없었다. 박정희는 3선 대통령으로 당선된다. 박정희는 그해 10월 위수령까지 발동하면서 '유신 쿠데타'를 준비한다. 또다시 폭풍우가 몰려오기 시작한 것이다.

당시 메추라기 사업을 하고 있던 하재완은 같은 일을 하던 서도원과 자주 만나 현 시국에 대한 의견을 주고받았다. 양봉업을 하고 있던 송상진도, 염소를 키우고 있던 이재문도 그 자리에 함께 하였다.

1972년 10월 유신이 선포되자, 세상은 다시 들썩이고 있었다. 경북에서 먼저 나선 이들은 학생들이었다. 경북대 학생들은 유신 반대투쟁을 적극적으로 벌여내면서 반유신투쟁을 전국화하려 노력하고 있었다.

이러한 가운데 그러지 않아도 힘든 민중들의 삶을 더 피폐하게 만드는 사건이 터진다. 1973년에 유류 파동이 시작된 것이다. 유류 파동은 하재완이 하고 있던 메추라기 사업을 더욱 어렵게 만들었다. 유류 파동에 이어 사룟값도 폭등한다. 국제 유가가 높아지자 이 압력을 견디다 못한 박정희는 급기야 석윳값을 비롯하여 각종 소비물품들의 가격을 인상한 것이다. 이 해 사룟값만 해도 25.5퍼센트가 상승했다. 이에 불만을 가진 민심은 끓어오르기 시작한다. 게다가 폐종양이 재발한 하재완은 메추라기 사업을 접을 수밖에 없었다.

전태일 1주기 추모사

하재완의 경찰 진술서와 검찰 신문조서에 빠지지 않고 고 전태일 추도사 작성 여부를 묻는 내용이 등장한다.

> 문: 피의자는 서도원에게 추도사를 부탁한 사실이 있습니까?
>
> 답: 네, 1971 11 일자 불상경. 대구시 남구 대봉동 3구 소재의 본인의 집 하재언의 공부방에서 서도원, 여정남과 본인 3인이 회동하는 자리에서 여정남이 서울 평화시장에서 노동쟁의를 하다가 분신자살한 전태일의 추도사를 부탁하여 달라고 하므로 동석한 서도원 씨에게 작성 초안을 해달라고 했고, 서도원 씨는 주요 골자를 초안한 사실이 있었고, 내용은 전태일이 저임금에 대한 노동운동을 하다가 분신자살한 것으로 그 책임은 기업주와 정부가 책임져야 한다는 내용의 초안된 것으로 알고 있으며, 여정남의 말로 경북대 불교학생회에서 대구 남산동 보현사에서 추도식을 한다는 것이었습니다.

1970년 11월 13일 청계천 평화시장에서 '근로기준법을 준수하라'며 분신투쟁을 벌인 전태일은 1948년 8월 26일 대구 중구 남산동에서 태어났다. 그는 일자리를 찾아 서울로 간 어머니 이소선을 만나러 막내 전순옥을 데리고 상경하기 전인 1964년까지 16년간 대구에 머물렀다.

전태일의 죽음은 서울뿐만 아니라 고향 대구에도 커다란 파장을 일으켰다. 그가 죽자 한국대학생불교연합회경북지부·가톨릭대학생연합회·기독교대학생연합회 회원들이 주도하여 위 진술서에 나오는 보현사 법당에서 '전태일 추도식'을 거행하려 했다. 하지만 대구지역의 정보과 형사들이 지도교수들과 보현사 승려들을 동원하여 저지하는 바람에 제대로 된 추도식을 열지 못했다.

> 정진회 소속 학생들도 전태일이 대구 출신이라는 점, 무엇보다 자신들이 그동안 주장했던 박정희 정권의 경제 개발이 불러온 부작용을 분신으로 세상에 알린 청년의 뜻을 기리기 위해 추도식을 대구지역에서도 거행하기로 결정했다. 그러나 준비 부족으로 총학생회 선거를 앞두고 실시한 여론조사 결과를 정리하여 준비하고 있던 공청회에서 약식 추도식 형태로 진행하기로 결정했다. 11월 24일 여론조사 공청회를 열기에 앞서 참석한 학생들에게 전태일의 분신소식을 소개하고, 고인을 추도하는 묵념을 진행했다. (편찬위원회, 『경북대학교 학생운동사 1946~1979 청춘, 시대를 깨우다』, 2017)

전태일의 고향인 대구에 '사단법인 전태일의 친구들'이 발족한 것은 사후 49년이 지난 2019년 3월이었다. 인혁당재건위 사건 관련자인 강창덕은 '전태일의 친구들' 준비위원장과 설립 후 고문을 맡았다. 법인에서는 현재 전태일 생가터를 구매하여 전태일 기념관을 건립하기 위해 노력하고 있다.

대학노트 한 권

1972년 2월부터 3월 중순경까지 사이에 북괴노동당 제5차 대회보고문을 수록한 사실은 있으나 공소사실과 같은 목적으로 청취 수록한 것이 아니고 피고인 자신이 북괴 실정을 연구하기 위한 것이며 또한 상 피고인 송상진과 공동으로 작성한 것이 아니고 동 보고문을 청취 수록하던 중 동년 3월 중순경 피고인가를 방문할 시 상 피고인 송상진에게 피고인이 고향에 다녀와야 할 일이 있어 2일분의 청취 수록을 부탁하여 그것을 피고인이 정리한 것입니다. (인혁당재건위 사건 하재완의 항소이유서)

인혁당재건위 사건의 물증이 딱 하나 있다. 조선노동당 제5차 대회에서 김일성의 사업총화보고문을 녹취한 '대학노트 한 권'이다. 여러 기록과 증언을 종합해보면, 이 노트는 송상진과 하재완이 북한 평양방송을 듣고 작성한 것으로 보인다.

본인은 1972년 2월부터 동년 4월 어간에 하재완과 공모하여 이
북방송을 청취키로 하고 하재완 집에서 본인은 본인 주거지에서
매일 05시부터 06시 30분 간에, 17시부터 18시 30분간 그 반
복되는 북한 평양에서 방송되는 김일성 조선노동당 제5차 대회
에서 중앙위원회 사업보고 총화보고문을 볼펜으로 노트용지에
필기한 후 20매인지 30매인지 모르지만 하재완에게 제공하여
동인으로 하여금 정서수록토록 한 사실이 있고… (인혁당재건위
사건 송상진 진술서)

조선노동당 제5차 대회는 1970년 11월 2일부터 11월 13일까지 진행
되었다. '5차 당대회'는 조선노동당 지도이념으로 '마르크스-레닌주의'와 더
불어 '김일성의 주체사상'을 추가하는 결정을 내려 세간의 주목을 받았다.
1970년 평양 조선노동당출판사에서 출간한 『조선노동당 제5차 대회
에서 한 중앙위원회 사업총화보고』 책자를 보면 142쪽에 걸쳐 다음과 같
은 목차로 구성되어 있다.

1. 위대한 총화
2. 우리나라 사회주의제도를 공고 발전시키기 위하여
3. 남조선혁명과 조국통일을 위하여
4. 국제혁명력량과의 단결을 강화하기 위하여
5. 당사업을 강화하기 위하여

이러한 내용이 평양방송을 통해 송출되었고, 이를 송상진과 하재완이 대학노트에 옮겨 적었다. 여기에서 3번 항목인 '남조선혁명과 조국통일을 위하여' 편을 보면, '남조선혁명은 미제침략자들과 그의 앞잡이들의 민족적 및 억압과 착취에서 벗어나기 위한 남조선인민들 자신의 투쟁입니다. 억압받고 착취받는 인민 대중은 오직 자신의 혁명 투쟁에 의해서만 자유와 해방을 이룩할 수 있습니다. 그러므로 남조선혁명은 어디까지나 남조선 인민들 자체가 주동이 되어 수행하여야 합니다'라는 내용이었고, 이것은 그동안 북한의 대남전략인 민주기지론(북한이 중심이 되어 남한혁명을 이끈다)에서 '남한 인민 스스로가 주동하여 남한혁명을 수행하여야 한다'는 것으로 수정되었다는 점을 확인할 수 있다.

중정은 이 노트를 가지고 '인혁당재건위 구성원들이 북한의 지령을 받은 간첩'이라고 주장했다. 하지만 노트에는 '북의 지령에 의해서가 아닌 남한 인민 스스로의 힘으로 혁명을 수행해야 한다'라는 지극히 당연한 문구가 적혀 있었다. 이러한 중정의 거짓 주장에 대해 당시의 검찰이나 재판부가 노트의 내용을 꼼꼼히 살펴보았다면 검찰은 1차 인혁당 사건 때처럼 기소를 거부할 수 있었고, 재판부는 공소내용을 기각할 수 있었다. 그러나 1974년의 검찰과 재판부는 그러지 않았다. 이미 박정희의 수구 노릇을 자처하고 있었다.

그리고 경찰과 검찰에서 작성한 진술서와 신문조서들을 자세히 살펴보면 이 노트를 둘러싼 진술과정이 상식적이지 못한 점이 보인다.

우선 서도원은 1972년 2월에 완성된 노트를 보았고, 이수병은 1972년 10월경 서울을 방문한 서도원으로부터 노트를 받아 탐독했다고 하고,

이재형은 1972년 10월경 조만호와 하재완 가를 방문하여 바둑을 두던 중 하재완이 노트를 내놓아 보게 되었다고 하고, 정만진과 여정남은 1972년 4월경 하재완 집에서 탐독하였으며, 임구호는 1973년 2월 초순경 여정남을 통해 노트를 보게 되었다 등의 내용이 이들의 진술서와 진술조서에 적혀 있다.

그런데 '강창덕, 도예종, 이태환, 전재권, 라경일' 등 5명의 진술서와 진술조서에는 노트 이야기가 등장하지 않고 있다. 이들은 이 노트를 보지 못했다는 것인데, 우선 서도원이 서울에 있는 이수병에게는 보여주면서 같은 지도위원인 도예종에게는 보여주지 않았다는 점이 이상하고, 학생인 여정남과 임구호도 보았는데 그들보다 선배이고 소위 경북지도부의 구성원들인 이들이 못 봤다는 점도 상식적으로 이해가 되지 않는다. 이런 점들은 중정이 사건 조작과정에서 '실수를 저지른 것' 외는 달리 해석할 방도가 없다.

하재완은 특무대 중사 출신이다. 북한 방송을 청취하고 기록하는 일은 이미 특무대에서 수차례 수행한 일이었다. 게다가 진짜 간첩들의 난수표 통신까지 해독하는 방법을 알고 있었다. 그렇지만 사회인이 된 다음 북한 방송을 청취하는 일은 당시에 위법한 행위였다. 그런데도 위험을 감수하고 공안기관의 눈을 피해 북한 방송을 청취하고 그 일부분을 녹취하여 주변 동료들과 나눠 본 것에는 그 나름의 이유가 있었을 것이다.

그 이유는 5·16 쿠데타 이후 남에서는 통일은커녕 남북대결이 심화되는 상황으로 치닫자 북의 입장은 어떤지 알고 싶었기 때문이다. 청취 결과, 북은 호시탐탐 남쪽을 재침략할 것이라는 정부의 발표내용과 달리 재침략이 아닌 남한의 인민들이 스스로의 힘으로 반통일 세력을 몰아내고

남과 북이 평화적인 통일을 해야 한다는 입장이었다. 이런 북의 입장을 청취하게 되자, 하재완은 이를 노트에 작성하여 믿을 만한 동료들에게 보여 준 것이다.

한편, 국정원 진실위 보고서에서는 하재완의 노트에 대해 다음과 같이 판단하였다.

> ○ 하재완·송상진·이수병의 평양 방송 청취 및 하재완·송상진의 방송내용 녹취 사실은 당시 피의자들의 진술과 압수물품으로 제시된 이른바 '하재완 노트'를 통해 확인. 하재완·송상진의 평양 방송 김일성 보고내용 청취 및 방송내용 녹취·수록은
>
>   - 실정법인 반공법에 저촉되는 행위임을 부정할 수는 없지만 사형에 처할 정도의 중범죄에 해당한다고는 볼 수 없고
>
>   - 하재완은 군 특무대 복무 시 북한 방송 청취·수록 임무를 담당한 바 있어 북한 방송 청취·수록은 익숙한 행위임
>
>   - 북한 인민과 노동당원을 대상으로 김일성이 행한 연설문의 내용을 남한 내의 자생적인 혁신계 인사가 지령으로 간주했다는 주장은 과도한 해석이며
>
>   - 북한 방송을 청취하고 수록한 노트→ 북한의 지령 수수 → 대북연계 → 용공지하당 결성 등의 성격규정에서 볼 수 있듯 최초 사실을 과장하여 여론공세용으로 활용

즉, 하재완이 북한 방송을 듣고 녹취를 한 것은 인정할 수 있으나 이

로 인해 사형까지 당할 위법한 행위는 아니었으며, 또 북한 방송을 청취한 행위가 북한의 지령을 받은 것으로 볼 수 없다고 판단했다.

중정이 하재완을 사형대로 몰고 간 죄목 중에 북한 방송을 청취한 일 외에도 '여정남을 서울로 파견하여 전국적인 반정부투쟁을 기도했다'는 것도 있다. 이에 대한 하재완은 항소이유서에서 '단순히 서울 유학을 택한 여정남에게 도움을 주었을 뿐'이라고 항변하고 있다.

> 1973년 12월 중순경 상피고인 서도원 가를 메추리 사육관계로 방문한 사실은 있으나 공소 사실과 달리 상 피고인 여정남과 공소 외 이재문과의 충돌사건으로 여정남 피고가 대구에서 물의 대상이 되어 대구에 있기를 싫어하고 취직 겸 일어를 공부하겠다고 하면서 일어강습소 소개를 요청함으로 지면이 있는 일어강습소에 나가는 상 피고인 이수병의 학원주소를 피고인은 모르고 있어 상피고인 서도원에게 문의하여 동 이수병이가 나가는 삼락일어학원 약도와 이수병의 인상을 말하고 여정남을 서울로 상경시킨 사실은 있으나 공소 사실과 같은 서울대학을 중심으로 한 전국적 학생조직 지시 등 모두 허위 날조된 것입니다. (인혁당재건위 사건 하재완의 항소이유서)

그러나 하재완의 항소이유서는 그의 본심과 달랐다. 그가 왜 여정남에 대한 기대가 없었겠는가? 그가 몇 년간 지켜본 여정남은 믿음직스러웠다. 이미 민애청 활동으로 독재정권의 요주인물로 찍혀버린 자신보다는 이미 학생운동을 통해 지도자급으로 성장한 여정남을 서울로 보내 더 큰 물에서 성장하기를 바랐다. 청출어람이라는 말처럼 자신이 그토록 바라던 세상을 여정남을 통해 이뤄보고자 했다. 하지만 박정희는 하재완은 물론이고, 그 꿈을 향해 이제 막 자라나는 새싹마저 싹둑 잘라버렸던 것이다.

「아항, 그래요!」

하재완은 항소이유서에 '공소내용 대부분 장기간에 걸친 혹독한 고문과 협박 등으로 사전에 작성된 각본에 의한 것임'이라고 고문받은 사실을 적었고, 1974년 12월 17일에 작성한 상고이유서를 통해 '혹독한 고문으로 탈장이 되었으며, 탈홍이 되고, 폐농양이 생겨 취조관이 시키는 대로 조서가 작성'된 것이라며 한 번 더 고문을 받았다고 주장했다. 그리고 김지하는 출옥 후 《동아일보》에 실은 「고행 …1974」에 하재완과 만난 부분을 다음과 같이 적었다.

> 잿빛하늘 나직히 비뿌리는 어느 날, 누군가 가래 끊는 목소리가 내 이름을 부르더군요. 나는 뺑끼통(감방 속의 변소)으로 들어가 창에 붙어 서서 나를 부르는 사람이 누구냐고 큰소리로 물었죠. 목소리는 대답하더군요. 「하재완입니더」, 「하재완이 누굽니까?」 하고 나는 물었죠. 「인혁당입니더」 하고 목소리는 대답하더군요. 「아항, 그래요!」-사상 15방에 있던 나와-사하 17방에 있던 하재

완 씨 사이의 통방(재소자들이 창을 통해서 서로 큰 소리로 교도관 몰래 대화하는 짓)이 시작되었죠. 「인혁당 그것 진짜입니까?」 하고 나는 물었죠. 「물론 가짜입니더」 하고 하 씨는 대답하더군요. 「그런데 왜 거기 갇혀 계수?」 하고 나는 물었죠. 「고문때문이지러」 하고 하 씨는 대답하더군요. 「고문을 많이 당했습니까?」 하고 나는 물었죠. 「말마이소! 창자가 다 빠져나와 버리고 부서져버리고 엉망진창입니더」하고 하씨는 대답하더군요. 「저런 쯧쯧」 하고 내가 혀를 차는데, 「즈그들도 나보고 정치문제니께로 쬐끔만 참아달라고 합디더」 하고 하 씨는 덧붙이더군요. 「아항, 그래요!」

그 뒤 7월 언제가 「진찰」(구치소 내의 의무과 의사가 재소자들을 감방에서 꺼내어 줄줄이 관구실 앞에 앉혀놓고 진찰하는 일과)받으러 나가서 차례를 기다리며 쭈그리고 앉아 있는데, 근처 딴 줄에 앉아 있던 키가 작고, 양다리 사이가 벌어지고, 약간 고수머리에 얼굴에 칼자국이 나 있고, 왕년에 주먹깨나 썼을 것 같은 사람이 나를 툭치며 「김지하 씨지예?」 하고 묻더군요. 「그렇소만, 댁은 뉘시지유?」 하고 내가 묻자, 그 사람은 「내가 하재완입니더」 하고 오른손 엄지로 자기 가슴을 가리키지 않겠어요.

「아항, 그래요!」 이렇게 해서 잠깐 만난 실물 하재완 씨는 지난번 통방 때와 똑같은 내용의 얘기를 교도관 눈치 열심히 보아가면 낮고 빠른 소리로 내게 말해주더군요.

마치 지옥에서 백년지기를 만난 듯이 내 어깨를 꽉 끌어안고, 그러나 내 귀에는 마치 한이 맺힌 귀곡성처럼 무시무시하게 들리는 그 가래 끓는 숨소리와 함께 열심히 열심히.

남은 이들

사형 직후 서울구치소의 교도관들은 '종교의식을 거부한다'라는 내용의 가짜 유언장을 유가족들에게 전달하였다. 하지만 부인 이영교는 이미 하재완이 죽기 전 남길 유언을 알고 있었다. 그리고 한 잡지와의 인터뷰에서는 자기의 남편에 대해서 다음과 같이 이야기하게 된다.

백범 김구 선생을 가장 존경했고 불의를 보면 참지 못하는 정의로운 남자, 여운형 선생도 존경했다. 하재완 선생은 4·19 당시 집에 있던 돈을 들고 서울로 가 부상자들에게 나눠주고 온 뒤 통일운동에 뛰어 들었다. 7·4 남북공동선언이 발표되던 날에는 양조장 주인이었지만 술을 못했던 그가 술을 마시며 덩실덩실 춤을 췄단다. "좋다고 고향의 봄을 부르고 녹음도 했어요. 그런 걸 보면 남편은 통일을 지향했던 사람인 건 맞아요." 그는 또한 강직한 사람이었다. 곧 감옥에서 나올 줄 알았던 그는 "정치적인 문제니까 절대로 남의 말 듣지 말고 돈 쓰지 말라"고 당부했단다. 그에게 가장 강렬한 기억으로 남아있는 것은 법정에서도 당당했던 남편의 목소리다. "상당히 아팠을 텐데 용기에서 비롯된 것인지 가족들한테 보이려는 자신감인지 꼭 나 들으라고 그랬던 것 같아요." 당시 하재완 선생은 혹독한 고문으로 인한 폐농양증과 탈장으로 몸을 제대로 가눌 수 없는 상태였다. 그런 그가 유신독재를 비판하면서 자신은 중앙정보부 과잉충성의 희생양이라고 항거할 때, 그는 남편에게서 아버지의 그림자를 보게 된다. (《참여사회》, 2006년 5월호 「김정인이 만난 사람—진실규명, 살아남은 자의 몫」)

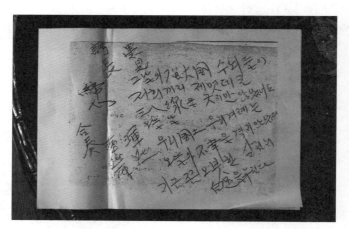

▲ 하재완의 옥중 소지품에서 나온 그가 남긴 글귀. '그 날의 강대국 수뇌들이 저희끼리 제멋대로 삼팔선을 긋지만 않았어도 오늘날 우리 국토 우리 겨레는 오늘의 불행을 겪지 않았고 지금쯤 오붓한 살림의 자족을 누린다.'

또 하나, 하재완의 자녀들은 또 다른 시련의 시간을 보내야 했다.

어머니가 며칠 동안 연락도 없이 구금되어 계시다가 돌아와 심하게 앓아누우셔서 오한이 심해지자 밤새 주무르고 위급한 마음에 전기 다리미로 몸을 다리며 간호했던 일, 늘 집 부근을 감시하고 잠복했던 형사들, 그 사람들에 대한 어린 나이의 주체할 수 없는 적대감, 동네 사람들과 소리치고 싸우시던 어머니의 한과 눈물, 동네 사람들의 곱지 않던 시선과 멸시, 간첩의 딸이라는 낙인. […]

초등학교 2학년 소풍날 점심시간에는 간첩의 딸이라며 본인의 도시락에 개미와 돌을 집어넣고 괴롭히던 아이들을 피해 나무 뒤에 숨어서 도시락을 먹어야 했던 일도 겪었습니다. 어떤 날은 하교시간에 '간첩의 딸'이라고 놀리는 아이들을 울며 끌며 억지로 집으로 데리고 와 어머니께 아버지가 간첩 아니라고 말해 달라고 해 어머니가 그 아이들을 타이르시고 아이스크림 사 먹으라고 돈을 주시며 사실이 아니니 다시는 그러지 말라고 사정하신 일도 있었습니다.

무엇보다 본인을 힘들게 했던 것은 학교생활이었습니다. 같은 동네에서 초등학교를 같이 다니던 아이가 간첩의 딸이라는 소문을 학교에 냈고, 그 사실을 아는 아이들이 대구 ○○여자중학교에도 함께 진학하면서 간첩의 딸이라는 소문이 중학교에까지 퍼지게 되었습니다. 중학교 진학 후 사춘기를 맞은 본인은 더욱

309

더 예민해질 수밖에 없었습니다. 그렇게 힘겹게 학교생활을 버텨 내면서 심지어는 학급 임원의 자리도 본인의 의사와는 무관하게 내놓아야 했습니다.

저희 자녀들은 성장 이후 결혼문제에 있어서도 상대방 가족들의 반대와 폭언과 무시를 견뎌내야 했습니다. 그러한 갈등으로 결혼생활에 문제점과 어려움이 많은 것도 사실입니다.

사회생활에 있어서도 사람들과의 관계에 대인기피, 성격장애, 노이로제, 정서불안 피해의식, 자신감 부족 등 여러 가지 정신적 장애를 겪어야 했으며, 지금도 역시 사회생활과 대인관계에 어려움이 뒤따르고 있습니다. (하재완 자녀 재심진술서, 2022)

하재완의묘

· 1960년 4월혁명 이후 민족자주통일중앙협의회 경상북도
협의회 부위원장 활동, 1961년 5·16쿠데타 후 수배를 피해
도피, 1964년 사면, '한일수교굴욕외교' 반대 시위에 참여
· 3선개헌반대, 유신반대, 통일운동을 지속하던 중 1974년
5월 민청학련 배후조종 및 '인혁당재건위원회' 사건으로 구속,
1975년 4월 8일 대법원에서 사형확정, 4월 9일 사형집행 사망

1931년 1월 10일 경상남도 창녕 출생
1975년 4월 9일   사망

▲ 경기도 이천 민주화운동기념공원에 위치한 하재완의 묘

이수병

1968년 4월 17일! 이날 목포에 있는 북교초등학교 교정에서는 1만여 명의 군중들이 모인 가운데 '박정희 정권의 독재체제 강화와 물가고 및 민생고의 가중'을 규탄하는 시국강연회가 열렸다. 이 자리에는 신민당 유진산 당수를 비롯하여 박기출, 김대중, 김상현 등이 연사로 나섰다. 하지만 대통령 박정희는 한가롭게 하와이로 건너가 다음 날 있을 존슨 미 대통령과 한미정상회담을 준비하고 있었다.

박정희는 한 해 전인 1967년 5월 대통령 선거에서 야당 후보 윤보선을 116만 표로 따돌리고 승리했다. 그리고 같은 해 6월 8일에 실시된 국회의원 선거에서는 공화당이 개헌의석(재적의원의 3분의 2 이상)을 13석이나 넘게 여유로운 승리를 따냈다. 하지만 이 승리는 '가짜 승리'였다.

그것은 '공개 투표, 대리 투표, 빈대표, 올빼미표' 등의 온갖 부정선거 방법으로 얻은 승리였기 때문이었다. 이에 역사학자들은 이 선거를 '6·8부정선거'라 규정했다. 야당은 곧 부정선거 규탄 투쟁을 벌였고, 7대 국회는 총선이 5개월이나 지난 11월에 가서야 늦은 개회를 하게 된다.

이날 어스름한 새벽 5시 30분, 안양교도소의 문이 열리고 서른두 살의 청년이 출감한다. 바로 이수병이었다. 그는 7년 전 박정희가 5·16 쿠데타로 권력을 찬탈한 뒤 만들어진 혁명재판소에서, 당시 학생으로서는 최고형이 15년 형을 받았다. 그리고 7년으로 감형되어 만기출소를 한다. 또 이날은 사월혁명 8주년 기념일을 이틀 앞둔 날이기도 했지만, 오전에 서울대 민족주의비교연구회 김중태(2년), 현승일(1년 6개월), 김도현(1년 6개월) 등 3인의 형이 확정된 날이었다. 이수병은 감옥에서 나왔지만, 또 다른 젊은이는 감옥생활을 준비해야 했다.

1968년은 격변의 해였다. 1월 21일에는 북에서 내려온 김신조 일당이 청와대를 습격하는 사건이 벌어졌고, 1월 23일 미국 정보함 프에블로호가 북으로 피랍되는 사건도 있었다. 게다가 지난해의 '6·8 부정선거'의 혼란이 완전히 가시지 않은 시기였지만, '세 번째 대통령'에 목마른 박정희는 '3선 개헌'을 위한 모종의 작업을 벌이고 있었다.

안양교도소에서 출소한 이수병은 서울 마포 근처에 있던 대산목재를 찾아간다. 대산목재는 1967년에 민자통 조사부장을 지낸 김달수가 차린 것이다. 여기에 이수병의 암장 동지 김금수와 박중기가 합류하여 일하고 있었다. 이수병은 이들과 짧은 상면을 한다. 오래 머물 수 없었다.

이수병은 출감하였으나 아직은 감시 대상이었다. 서울에서 동지들과 오래 머물 경우 기관원들의 의심을 살 수밖에 없었다. 이수병은 곧 옥살이로 다친 심신을 회복하기 위해 고향 의령 신반으로 내려간다.

조선지물

이수병이 태어나고 자란 경남 의령군 부림면은 낙동강과 인접한 곳이다. 신반은 예로부터 의령군 동부에 위치한 '부림면, 봉수면, 낙서면, 유곡면' 등을 합쳐서 부르던 지명이었다. 현재는 면사무소가 있는 곳을 '신반리'로 부르고 있다. 그 탓에 그곳의 시장이며 학교 이름들은 다 '신반시장', '신반초등학교', '신반중학교'로 명명되어있다. 신반시장은 '조선지물(한지)' 유통지로 유명한 곳이었다. 삼국유사에서는 신반의 한 지역인 '봉수면 서암마을'을 한지의 발원지로 기록하고 있다. 또 일제강점기에 발행된 《동아일보》에 다음과 같은 기사가 나온다.

> 경남 의령군 부림면은 1,478호에 8,512인구가 살고 있는 곳으로 교육기관이라고는 3백여 명가량 수용하는 신반공보교와 40명가량을 수용하는 입산간이학교가 있을 뿐이다. 그와 같이 교육기관이 부족한데다가 신반공보교에서는 학급 부족관계로 금춘 입학지원자 196명 중 겨우 60명이 입학되고 그 나머지 130명의 미취학아동은 문맹지옥을 벗어나지 못하고 거리에서 방황할 뿐이다. [⋯] 이 세간천은 우리 의령에서 산업지대라 할 만한 부림면 신반시에서 직접 관계가 있는 의령읍과 신반시의 관문인 박진포로 통하는 삼등도로의 교통량을 보면 부림, 봉수, 궁유, 유곡 사개면의 풍부한 물산을 박진포를 경유하여 수출하게 되므로 이 고을 산업 수출의 교통상으로 보아 중대한 역할을 하고 있

는 도로다. 그런데 이 중요 도로인 세간천에 아직도 교량을 가설하지 않고 원시상태 그대로 방치하고 있다는 것은 당국이 너무도 등한시하고 있다고 아니할 수 없다. […] 의령의 보고인 봉수면에서 연산액 10여만 원에 달하는 순 조선지물과 그 외 다수한 해륙산물이 그 매매 장소와 위치를 정치 못하고 혹은 도로변에서 혹은 술집 마당에서 매매되는 것을 목격하여 보지 않는가. 신반 시민은 좀 더 이해하고 서로 양보하여 대중적 이해관계의 타산하에 모름지기 수년래 문제로 내려오는 신반시장의 멀지 않는 기일에 정리가 실현되기를 부탁하는 바이다. (《동아일보》 1935년 6월 4일 자)

창녕군 남지읍에서 의령군 신반으로 가려면 낙동강에 놓인 박진교를 넘어야 한다. 다리를 건너 신반쪽 강변에 '박진포'가 있다. 조선시대에 이곳은 신반에서 생산된 '조선지물'을 조정에 납품하기 위한 뱃길의 출발점이었다. 뱃길은 박진포를 출발하여 낙동강을 따라 남해와 서해를 거처 한강으로 올라서 한양 땅에 닿는 긴 거리였다. 일제강점기에 박진포는 조선의 지물이 일본을 비롯한 해외로 나가는 '수출기지'였다. 훗날 이수병이 서울에 올라와 녹번동에서 지물포를 차린 것도 이러한 고향의 특성 때문에 가능했다.

이수병이 태어난 손오리로 가려면 신반리를 끼고 도는 유곡천을 건너야 한다. 이수병 생가와 유곡천을 사이에 두고 마주한 곳에 백산 안희재 (1885~1943)의 생가가 있다. 백산은 일제강점기 부산에서 백산상회를 열

319

어 임시정부 독립자금을 댄 인물이다. 의령군은 임진왜란 때의 의병장 '천강홍의장군(天降紅衣將軍, 하늘에서 내려온 붉은 옷의 장군)' 곽재우 장군이 의병을 일으킨 곳이다. 이수병의 출생지와 그리 멀지 않은 유곡면 세간리에는 500년이 넘은 느티나무가 있다. 당시 장군이 이 나무에 '북을 달아 의병을 모아 훈련시켰다'고 해서 그때부터 이 느티나무를 '현고수(懸鼓樹)'라 부르고 있다.

　　이수병의 어린 시절은 전쟁으로 가득 차 있다. 이수병이 태어난 1937년(음력 1936년생)은 일본이 중국을 상대로 전쟁을 벌이던 시기였다. 일제는 중일전쟁(1937년 7월 7일~1945년 9월 2일)을 일으키면서 한반도를 군수품 생산 공장으로 만들어 버렸다. 질기기로 유명한 조선지물을 생산하던 신반은 군수품 주요 생산지가 되고 말았다.

　　　　　국제수지의 현상과 장기전에 대처하는 군수품의 공급 확보를 목표로 정부는 물자동원계획에 기하야 면제품의 비상시 관리를 단행하고 피혁의 사용 제한, 판매 관리, 배급 통제, 다음으로 지물 사용 제한, 목재 사용제한, 강철 사용 금지, 수입품 사용 억제와 대용품 이용 장려 등 물자관리를 각 부문에 긍하야 실행하고 있고…. (《동아일보》1938년 7월 8일 자 1면 사설 「물자동원과 국민경제」에서)

▲ 경남 의령군 부림면 손오리 866번지에 위치한 이수병 생가

덕분에 신반 일대는 총독부의 요시찰 지역이었다. 군수품인 '조선지
물'이 다른 곳으로 빼돌려지는 것을 방지하기 위해서였다.

끊이지 않는 전쟁

1945년 일제는 망했으나, 이수병 고향에서의 전쟁은 끝나지 않았다. 한반
도는 사분오열되었다. 국토는 남북으로 분단되고, 좌우로 나뉘어진 이데올로
기는 전쟁에 버금가는 사건들을 수시로 만들어 냈다. 1945년 12월에는 찬
탁과 반탁세력의 대결이 있었으며, 1946년 10월 대구에서 시작된 인민항
쟁은 전국으로 확산되었다. 항쟁의 피바람은 의령까지 밀려들었다. 의령에
서는 농민들의 항쟁이 벌어졌다. 당시 해방 후 들어선 미군정의 실정으로
쌀값이 폭등하고 농민들의 삶은 피폐해졌다. 미군정은 의령군의 농민항쟁
을 철저하게 탄압했다. 이수병은 학교를 오가는 길에 항쟁을 벌이는 농민
들을 목격하기도 했으며, 경찰의 발포로 죽은 손오리의 청년을 직접 목격하
기도 했다.

　이수병은 한국전쟁 발발 직전인 1950년 3월에 초등학교를 졸업한다.
그는 가난했지만 우수한 학생이었다. 졸업식에서 이수병은 개근상과 성적
우수상을 받는다. 그러나 중학교에 입학할 처지는 못 되었다. 진학을 포기
한 이수병을 안타깝게 지켜보던 안상록(1905~1982)은 신반중학교 권태
훈 교장을 만나 이수병의 입학을 부탁한다. 안상록은 백산 안희재의 아들
이다. 부친 안희재가 1943년 헤이룽성 핵하감옥에서 옥사하자 의령에 머

물면서 가계를 지키고 있었다. 그러나 1950년 3월에 어렵사리 입학한 중학교의 문은 한국전쟁으로 곧 닫히고 만다.

8월이 되면서 낙동강에 도달한 인민군 4사단과 미 24사단이 낙동강을 사이에 두고 두 차례 큰 전투를 벌인다. 1차 전투는 1950년 8월 5일부터 19일까지 벌어졌는데, 병력과 화력이 증가된 미군은 초반의 열세를 끊고 낙동강을 넘어온 인민군을 의령 쪽으로 밀어낸다. 2차 전투는 8월 31일부터 9월 6일까지 진행되었다. 그러나 9월 13일 유엔군의 인천상륙작전은 한국전쟁의 판도를 완전히 뒤바꿔 버렸다. 인민군은 38선 이북으로의 급히 후퇴한다.

인민군이 물러가자 신반중학교는 다시 학교 문을 열었다. 부산으로 피난 갔던 이수병 집안도 의령으로 돌아왔다. 1952년 전쟁 통에 정상적인 배움의 시간도 갖지 못한 채, 이수병은 어느새 중학교 3학년이 되어 있었다. 학생회장이 된 이수병은 학교에서는 폭격으로 무너진 교사를 재건하는 일에 앞장서야 했다. 졸업할 즈음에는 후배들에게 조그마한 벽돌건물을 지어 물려줄 수 있었다. 그리고 늦은 밤까지 학우들을 독려하며 부족한 공부를 채워야 했다. 그의 중학교 생활기록부에는 다음과 같이 적혀 있다.

성적은 전반적으로 최우수하며, 성격은 2학년에는 의지와 자존심이 강하고 3학년 때는 활발하고 치열하다. 통솔력 있는 적극적인 개성이 특이한 학생이다. 특히 웅변대회에 나가 1등을 하였다. 환경은 지게 지고 독서해야 하는 등 좋지 못하여 본인의 열과 성으로 모든 것을 해결해야 하고, 건강 또한 과도한 영양 부족과 못 먹어서 신체 건강을 억제하고 발육을 손상하였다.

　이렇게 이수병은 신반에서 힘든 성장기를 보내야 했다. 가난한 집안 탓도 있지만, 거기에 식민지 백성의 설움이 더해졌고, 해방은 되었으나 외세와 민족 내부 갈등으로 더욱 힘든 시절을 보내야 했다. 그나마 다행인 것은 어린 이수병의 재능을 알아본 안상록이 있었기에 고비마다 도움을 받을 수 있었다. 또 안상록의 집에 있던 여러 종류의 책을 섭렵하며 지식을 쌓는 일에도 게을리 하지 않았다. 신반중학교의 실력 있는 선생들은 이수병이 옳은 꿈을 가지고 성장할 수 있도록 도움을 주었다. 중학교를 졸업한 이수병은 1953년 4월, 부산사범학교에 입학한다. 그리고 그해 7월이 되면서 자신의 성장기를 짙게 억누르던 총소리도 멈추게 된다.

부산사범학교

입학금은 고향 어른의 도움으로 마련했다. 하지만 생활비와 매 학기마다 내야 하는 등록금을 스스로 마련해야 하는 일이 문제였다. 부산사범학교에는 고학생들이 함께 모여 공동생활을 하며 생활비도 조달하는 '노작회'라는 서클이 있었다. 여기에 가입한 이수병은 회원들과 함께 자취하면서 새벽 신문 배달로 하루를 시작하여 저녁엔 아이들을 가르치며 학비와 생활비를 벌었다. 또 그렇게 힘들게 번 돈으로 틈틈이 보수동 헌책방에 들러 사회과학 서적들을 사서 탐독했다. 전석담의 『조선경제사』나 가와카미 하지메의 『가난한 이야기』, 『자본론 입문』
등을 사서 읽었다. 또 노작
회 회원들과 독서토론회도
자주 가졌다. 이때 그는 교
지에 몇 편의 글을 기고했
는데, 그 가운데 '고교생의
피'라는 글에서는 당시의 사

▲ 이수병과 그의 친구들이 자주 다니던 보수동 책방골목

회구조적인 모순을 '매혈'에 비유하며 어렵게 살아가는 고학생의 현실을 돌
아보게 하였고, '지속산업'이라는 글에서는 미군이 주둔해 있는 부산의 현
실을 묘사하면서 매춘의 사회적 배경을 날카롭게 지적하였다.

1954년 2학년이 되면서 부산 생활이 어느 정도 안정이 되자, 이수병
은 더 큰 욕심을 낸다. 노작회 독서토론회를 통해서 배운 지식들을 토대로
한층 더 수준 높은 독서모임을 구상한다. 부산고의 김금수와 경남공고의
박중기를 만나 사회과학 서클 '암장'을 결성하기로 한 것이다.

1954년 7월, 대신동 부산사범학교 운동장에서 '암장' 결성식이 있었
다. 1차로 모인 인물들은 앞서 만난 두 사람과 부산사범의 김종대, 유진곤,
박영섭, 김정위 그리고 이수병을 포함한 7인이었다. 마치 1960년에 제작된
서부영화 '황야의 7인'을 연상케 하는 장면이었다. 이후 암장에는 김금수와
부산고 동기인 이영호와 최종국이 2차로 참여하여 아홉 명이 된다.

암장은 화산 폭발 직전 마그마가 응축되어 있는 모습을 말하는 것이
다. 암장은 평상시에는 땅속에 묻혀 보이지 않다가 에너지가 축적되면 일순
간에 폭발하는 성질을 가지고 있다. 이들은 곧 성장하여 부조리하고 낡은

324

사회상을 깨뜨리고, 진보적인 사상의 날개를 무한정 펼쳐보고 싶은 꿈을 키워나갔다. 그리고 암장 단원들 간의 약속도 만들었다.

첫째, 약속시간은 철저히 지킨다.
둘째, 돌아서서 비난하지 않는다.
셋째, 비밀은 눈치로라도 남이 알게 해서는 안 된다.
넷째, 일은 많이 하고 공(功)은 남에게 준다.

이렇게 이들은 진보적인 사상학습 활동과 이후 진보운동가로 살기 위한 기본자세를 갖추어 나가려는 노력도 함께 했다. 이들은 하나같이 평범치 않은 삶을 살았다.

박중기는 경남공고를 졸업하고 건국대 정치학과에 입학했다. 사월혁명 시기에는 민민청과 민자통에서 활동했다. 1964년 1차 인혁당 사건으로 1년간 옥살이를 했다. 인혁당재건위 사건에도 연루되었으나 기소되지는 않았다. 후에는 한국노동사회연구소 이사, 추모연대 의장 등 민족민주운동 단체에서 활동한다.

김금수는 부산고를 졸업하고 서울대 사회학과에 입학했다. 사월혁명 시기에는 민민청 간사장을 맡았으며, 1964년 1차 인혁당 사건에 연루되어 1년간 옥살이를 한다. 이후 노동운동 현장에서 활동하다가 1986년 한국노동사회연구소를 창립한다. 이후 노사정 위원장과 한국방송공사 이사장을 역임한 후, 세계노동운동사(전 6권)를 집필하였으며, 2022년 향년 85세로 타개했다.

김종대는 부산사범을 졸업하고 초등학교 교사를 하다가 60년대 말 서울로 올라와 삼락일어학원 원장을 했다. 초등학교 교사 시절 노무현 전 대통령의 스승이기도 했다. 1974년 인혁당재건위 사건에 연루되어 7년간 옥살이를 하고 출옥 후에는 월간지 『민족지평』의 상무로 지냈다. 사월혁명 회 공동의장 등을 맡다가 2022년 향년 86세로 타개했다.

유진곤은 부산사범을 졸업하고 초등학교 교사로 있다가 60년대 말 서울로 올라와 대산목재를 운영했다. 1974년 인혁당재건위 사건에 연루되어 7년간 옥살이를 하고 출옥했다. 1988년 옥중 후유증으로 사망했다.

박영섭은 부산사범을 졸업하고 서울대 정치학과를 다녔다. 사월혁명 시기에는 민민청과 민자통에서 활동하였으며, 군복무 중이던 1964년 1차 인혁당 사건에 연루되었으나 기소되지는 않았다.

김정위는 부산사범을 졸업하고 초등학교 교사로 있다가 고려대 경제학과에 편입학하였다. 사월혁명 이후 독일 유학을 다녀와 한국외국어대 이란어학과 교수와 부총장을 역임했다.

이영호는 부산고를 졸업하고 서울대 철학과에 입학했다. 1964년 명지고 강사로 있다가 1차 인혁당 사건에 연루되었으나 무죄로 풀려났다. 이후 한양대 철학과 교수를 지냈다. 퇴임 후에는 경남 진해에서 유자농사를 짓다가 2022년 사망했다.

최종국은 부산고를 졸업하고 동아대에 입학했다. 사월혁명 시기 친형을 따라 민민청에서 활동하였으며, 이후 KBS에 입사한다.

이 무렵 부산에는 국제시장을 비롯하여 미군이 많이 드나드는 부산 영주동에 큰 불이 났다. 이것을 풍자하여 암장 단원들이 노래 〈바람이 분다)를 지어 자주 불렀다. 이 노래는 그 당시에 크게 유행했던 일본 가요 〈구모가 유꾸—구름이 간다〉를 세칭 '노가바(노래 가사 바꾸기)'한 노래였다. 가사를 보면 당시 이들이 가진 사회의식의 한 단면을 엿볼 수 있다. 그리고 암장 단원들은 이 노래를 '암장단가'로 정하기도 했다.

> 바람이 분다 / 바람이 분다 / 현해탄에서 불어온다 / 영주동 모퉁이에 불이 붙는다 / 잘 탄다 신난다 / 소방차와 엠피차는 달린다 / 불은 붙어도 물이 없어 못 끈다 / 랄랄라라 랄라라 / 잘 탄다 신난다 / 소방대는 구경만 한다 / 잘 탄다 신난다 / 엠피들은 카메라만 찍는다

※ 이 노래는 악보집 『님을 위한 행진곡』 책자에 수록되어 있으며, 인터넷에서 '노래를 찾는 사람들'이 부른 '바람이 분다' 또는 '바람가'로 검색하면 들을 수 있다.

당시 이수병은 농담 삼아 "이 노래를 앞으로 당을 만들면 '당가'로 하자"고 말하였다. 그는 암장을 사회과학 서적을 탐독하는 모임 수준이 아니라 이후 한국사회와 정치를 이끌어갈 정당으로 발전시키고 싶어 했다. 그는 이때부터 한국사회의 변혁에 대한 꿈을 갖고 있었다. 그리고 이 목표를 실현하기 위해 철저한 자기관리를 해나가기 시작했다. 더불어 암장 단원들에게 변혁운동가의 꿈을 가질 것을 권유하고 생활에서도 변혁운동가의 자세와 기풍을 키워나가야 한다고 주장했다.

박중기는 당시 이수병에 대해 "이수병은 일상생활에서 혁명가적 자세

와 기풍에 대해 의미 있는 말을 자주하여 덕분에 자칫 평범한 독서모임으로 끝날 수도 있었던 조직에 긴장감을 주며 건강성을 유지해나갈 수 있었다"라고 말한다. 또 "단원들이 이렇게 나름대로 초보적이지만 학습을 해나갔고 활동가의 기본자세도 갖추어 나갔으나, 학습이 끝나면 일상생활과 학교의 이야기를 나누며 흥겨운 뒤풀이 시간을 가졌다. 유머감각과 기지가 뛰어난 이수병은 늘 좌중을 웃음바다로 만들며 힘차고 흥겨운 가락을 뽑아 모임의 분위기를 북돋았다"라고 말한다.

고교 졸업 후, 암장 단원들은 학습을 지속하기는 어려웠으나 만남은 지속한다. 이들은 해마다 통행금지가 없는 크리스마스 전날 밤에는 부산 광복동에 모여 밤을 지새웠다. 이들은 지난 1년간의 대학이나 사회활동에서 경험을 이야기하고, 스스로 또는 상호 간에 비판하는 시간을 가지며 '의식의 건강성'과 '이념의 순수성'을 지키려 노력했다. 이런 과정을 거쳐 이들은 서로를 신뢰하고 우의를 다진다. 이후 이들은 부산이라는 지역을 넘어 한국사회 전체 변혁운동의 역정에서 생사고락을 나누는 동지들로 성장하게 된다.

이종률 교수

1946년 초등 교육자를 길러내기 위해 설치된 부산사범학교는 현재의 고등학교 입학 나이인 학생들이 가는 학교였다. 그러다가 초급대학으로 승격된 것이 1961년이었다. 현재 부산교육대학교의 전신이 부산사범학교이다.

학제가 개편되기 전인 1956년 이수병은 공부를 더 하기 위해 부산대학교 교육학과에 입학한다. 원래 학비가 무료인 사범학교를 졸업하면 의무적으로 2년간 초등학교 교사를 해야 했다. 이 의무를 다하지 않으면 군대에 가야 했다. 하지만 이수병은 부족한 공부를 더 하기 위해 교사로 부임하기 전 대학을 들어간 것이다. 그러나 학비는 자비로 마련해야 했다. 가정교사로 학비와 생활비를 벌면서 대학을 다녔으나 쉽지 않았다. 결국, 하려던 공부를 다 못 끝내고 1년 수료만 하고 1957년 초등학교 선생으로 부임한다. 그가 부임한 학교는 '의령군 가례면 개승리 179'에 있는 갑을초등학교(현재 폐교)였다.

짧은 대학생활이었지만 성과가 전혀 없는 것은 아니었다. 이종률 교수의 강의를 듣게 된 것이다. 강의만 들은 것이 아니었다. 친구 하상연의 소개로 직접 이종률 교수와 만나 강의시간에는 듣지 못했던 이야기를 들을 수 있었다. 이수병보다 서른다섯 살 위인 이 교수는 당시 부산지역 진보적인 젊은이들의 우상이었다. 이수병도 암장 시절부터 이 교수에 대한 명성을 듣고 있었다.

산수 이종률 교수는 1902년 경북 포항에서 태어났다. 그는 일제강점기에 배재중학과 와세다대학을 나온 엘리트이면서도 천민인 백정들을 위해 '형평사 운동'을 펼쳤으며, 사회주의 사상을 접하면서 이를 민족의 독립운동과 접목하기 위한 월간지 『이러타』를 발간(1931)하는 등 다양한 독립운동을 전개했다. 이 과정에서 수차례 옥고를 치르기도 한다. 해방 이후 1946년 1월 김창숙·이시영·박진·문한영·조윤제 등과 같이 '민족건양회'를 만드는 등 민족자주국가 수립에 앞장서기도 했다. 그의 사상은 사후 동료와 제자들이 모여 1989년 '들샘'에서 펴낸 『민족혁명론』에 잘 정리되어 있다.

이렇게 약관의 나이인 이수병과 사상가 이종률의 만남은 시작되었지만, 이후 만남은 시련의 연속이었다. '민족혁명을 통하여 민이 주인되는 세상'을 꿈꾸던 이종률은 사월혁명이 나자 생각했던 대로 민족통일운동의 길에 나선다. 그는 먼저 민족건양회 동료들을 모아 통일운동단체를 결성하기 위한 논의를 진행하여, 9월에는 '민자통 주비위원회'를 발족시킨다. 더불어 자신의 제자들을 모아 6월 12일에는 '민민청'을 결성한다. 그리고 1961년 2월에는 혁신계의 대변지 《민족일보》를 창간하는 데도 나서 창간 초기에는 '편집인'으로 활약하기도 한다. 이수병은 여기에 화답하듯이 암장동지들이 나서 민민청 서울(중앙)맹부를 결성하는데 조력하였으며, 《민족일보》 공채 시험을 보고 합격한다.

그러나 이 둘의 관계는 5·16 쿠데타로 더 이상 발전하지 못하게 된다. 이수병은 15년 형을 받고 7년간의 옥살이를 해야 했으며, 사형을 받은 이종률 교수는 5년간 옥살이를 하고 출옥하였다. 그리고 마지막 인연은 이수병이 인혁당재건위 사건으로 구속될 무렵, 이종률은 제자들을 이끌고 의령 부림면 이수병 생가 근처에 있는 백산 안희재 생가를 답사하다가 뇌출혈로 쓰러진다. 이후 16년간 투병 끝에 1989년 세상을 떠난다. 아끼던 제자 이수병의 사형 소식은 와병 중에 듣게 된다.

신흥대학교

갑을초등학교 뒤에는 897미터 높이의 의령군 진산이자 군에서 가장 높은 '자굴산'이 자리 잡고 있었다. 직장을 잡았지만, 당시 교사의 신분은 매우 불안정하였다. 국공립 할 것 없이 나라에서 주는 월급으로는 생계조차 이어가기 힘들었다. 1958년 쌀 한 가마니(80킬로그램) 값이 2만 6천 환인데, 당시 교사 봉급은 쌀 두 가마니 값인 5~6만 환 정도밖에 안 됐다. 게다가 도시가 아닌 지방 교원의 봉급은 제때 안 나오는 경우가 부지기수였다. 그러다 보니 부족한 교사 봉급을 채워주기 위해 '후생비'라 하여 돈 있는 학부모들을 추렴해서 부족한 급여를 채워주고 있었다.

이런 경제적 어려움만 있는 게 아니었다. 당시 이승만 정권은 선거철만 되면 교원들을 비롯한 공무원들을 선거운동에 동원하거나 부정선거를 자행하도록 종용하였다. 게다가 이를 따르지 않으면 불모지로 좌천당하기 일쑤였다. 이수병은 선생이 되어 부족한 집안 살림을 도우려 했지만, 그마저도 쉽지 않았다.

이런 와중에서도 그는 못다 한 공부를 더 하기로 했다. 또 부산대학교에서 만나 이종률 교수를 통해 어렴풋이 깨닫게 된 '민족통일의 진로'를 실천으로 옮겨보고 싶었다. 결국, 이수병은 고향 땅 의령을 떠나기로 한다.

1959년 이수병은 서울 동대문구 회기동 고황산 자락에 자리 잡고 있던 신흥대학교 경제학과에 편입하게 된다. 신흥대학교는 1960년 1월에 현재의 경희대학교로 교명이 바뀌게 된다. 이수병과 신흥대학과의 인연은 한국전쟁 때 맺어졌다. 부산으로 피난 온 신흥대학은 이수병이 다니던 부산사

331

범학교 옆에 임시교사를 차렸다. 이런 인연으로 인해 이수병은 신흥대학교가 일제강점기 시절 만주에 항일투사를 키워내던 '신흥무관학교의 후신'인 것을 알고 있었다. 서울에 올라와 대학을 선택할 때 마침 신흥대학교에서는 성적우수자들을 4년 전액 장학생으로 뽑고 있었다. 하지만 그는 고려대 경제학과에도 관심을 두고 있었다. 이 무렵 군에 있던 박중기가 휴가를 나왔다. 이수병은 그에게 학교를 어디로 선택할지 물었다. 그러자 그는 "고려대가 오래되기는 했지만 친일파가 만든 학교이고, 신흥대학은 설립된 지는 얼마 안 됐지만 독립운동가들이 세운 학교라면 뭔가 다른 것이 있을 것이다"라고 하며 신흥대학교에 갈 것을 권했다. 그의 이야기를 듣고 난 이수병은 곧바로 신흥대학교 경제학과 2학년에 편입학하게 된다.

이듬해 1월, 미국 땅 코앞에 있는 쿠바에서 공산주의혁명이 일어난다. 미국의 지원을 받던 부패한 바티스타 정권이 무너지고 카스트로가 집권하게 된다. 이러한 소식은 국내에도 즉각 소개되었다. 쿠바혁명의 성공 소식은 남한에서 사회변혁을 꿈꾸던 청년층에 커다란 영향을 주게 된다.

이문동에 있던 이수병의 자취방은 서울로 올라온 암장 동지들의 아지트였다. 함께 자취하는 이영호를 비롯하여 박영섭·김용원·김금수·김정위가 수시로 드나들었고, 군대 제대를 앞둔 박중기도 휴가 때면 들러서 자리를 함께했다. 이들에게도 쿠바혁명 소식이 들려왔다. 이들은 이미 암장 시절에 1950년대 중반부터 활발히 전개된 베트남, 알제리 등 그동안 제국주의에 신음하던 신식민지 국가들에서 일어난 민족 해방운동에 깊은 관심을 가지고 있었다. 그렇게 신세계를 향한 그들의 꿈을 키워나가고 있던 중 사월혁명이 발발한다.

사월혁명

1960년 3월 15일 실시된 대통령 선거과정에서 벌어진 대대적인 부정선거로 인해 발생한 사월혁명은 분단과 전쟁으로 파괴된 한국사회에 새 생명의 씨앗을 뿌리는 결과를 낳았다. 가난과 폭력에 신음하던 민중들이 일어서 새 세상을 만들려고 했다. 만약 이수병이 의령을 떠나지 않고 초등학교 교사로 머물고 있었다면, 그도 3·15 부정선거를 돕는 역할을 할 뻔했다. 선거 당시 발생한 여러 부정선거 방법에 교원들도 동원이 되었기 때문이었다. 사월혁명 당시에도 교원들은 학생들을 데모에 참여하지 못하게 교문을 막아야 했다. 대구 2·28 민주운동은 야당 유세에 학생들이 참가하지 못하도록 선생들이 휴일임에도 등교를 강요했기 때문에 벌어진 일이었다.

> 당시 이승만 정권은 알려진 대로 온갖 수단을 동원하여 3·15 부정선거를 획책하였다. 학교 교사였던 선생님에게는 진영읍의 한 동네를 찍어주고는 가가호호 방문하여 등급을 매기게 했다. 한번은 경찰관 한 명이 찾아와 권총으로 교장을 협박하면서까지 부정선거를 강요했다. 선생님은 위에서 시키는 대로 하는 척 시늉만 보이고 제대로 하지는 않았다. (《사월혁명 회보》 93호 회원탐방 김종대 편)

4월 15일 대학이 개강하자 대학생들도 부정선거 규탄 시위에 조직적으로 참여하기 시작한다. 신흥대학교에서 교명이 바뀐(1960년 3월) 경희대학교에서도 사상자가 발생했다. 이수병과 같은 학년인 법대생 이기태 군이 중앙의료원 앞에서 시위하던 중 경찰의 총에 맞아 사망한 것이다.

시위는 4월 26일 이승만이 하야하자 진정되기 시작했다. 그리고 구악을 일소하기 위한 여러 가지 사회운동들이 발생한다. 경희대에서는 4월 30일부터 '어용학자를 몰아내자는 학원민주화운동'을 벌인다. 여기에는 이기붕의 선거운동을 벌였던 경희대 총장 조영식의 퇴진 운동도 포함됐다. 이시기 이수병은 사월혁명의 승리를 한 단계 발전시키는 일에 나선다.

> 4월 항쟁 기간 중 이수병은 주로 암장 동지들과 의견을 나누며 항쟁을 한 단계 발전시킬 시기가 찾아왔음을 역설하였다. '암장'을 거쳐 대학에 이르기까지 이수병은 그동안 갈고 닦은 사회과학적 인식을 끓어오르는 용암에 녹여 남한 사회를 변혁할 튼튼한 무기로 빚어내고자 했다. 자그맣고 다부진 체구에서 뿜어내는 이수병이 눈빛은 그 어느 때보다도 무섭고 강렬했다. (이수병선생기념사업회, 『이수병 평전』, 2005)

민족통일연구회

1960년 6월 19일, 고려대 경제학과가 주최한 「전국 남녀대학 경제학 토론대회」에 이수병이 경희대 경제학과 대표로 참여한다. 이수병은 이 자리에서 미국 원조문제를 다룬 '한국경제의 대미종속적 구도'라는 논문을 발표하여

'발표상'을 받는다. 이수병은 이 발표를 통해 '미국의 잉여농산물에 의한 한국농업의 잠식에 관한 면밀한 분석'으로 참가자들에게 큰 공감을 얻었다.

그러던 중 부산에서 한 가지 소식이 들려온다. 6월 12일 이

▲ 이수병이 토론대회에서 받은 상장

종률 교수의 제자들이 중심이 되어 조직한 민민청이 출범한 것이다. 하지만 학생운동 전면에 나서 있던 이수병은 민민청에 직접 참여하지 않는다. 대신 암장의 다른 성원들이 민민청 중앙(서울)맹부에 참여한다. 간사장을 김금수가 맡았다.

10월 30일 부산 동광초등학교 강당에서 민민청이 주최하여 '민족통일의 간절성과 그 방안'이라는 주제로 특별 강연회가 진행되었다. 이날 강연회의 사회는 조동필이 맡았으며, 주홍모(정치)·최종식(경제)·김정한(문학) 등이 나서 강연을 진행하였다. 또 이날 사월혁명 이후 통일에 대한 국민적인 관심도가 높아지자, '통일방안에 대한 여론조사'를 실시하였다. 그 결과, 그동안 이승만 정권이 주장하던 '북진통일'방안 대신 '남북협상'이나 '중립화통일'방안을 지지하는 비율이 높았다.

이수병도 본격적으로 움직이기 시작한다. 그는 '학생운동은 낭만적 개량주의에서 벗어나 통일운동의 광장으로 나가야 한다'고 다른 학교의 학생운동가들을 설득하였다. 그 결과 각 대학에 통일운동을 이끌어갈 조직들이 만들어지기 시작했다. 1960년 11월 1일 서울대학교에서 '민족통일연맹'

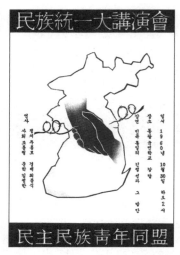

▲ 민민청 강연회 포스터(출처: 부산민
주운동사)

을 결성하고, '국토분단과 그것이 가져온 민족적 비극을 통렬히 비판하고 제국주의자와 독재자에게서 물려받은 소라껍데기 속의 안일함을 청산함으로써 민족자주역량을 확대하고 승리의 그날까지 전진하자'라고 주장했다. 이어 11월 6일 경희대에서도 이수병을 비롯하여 장학생들인 전기호·유양상·임병권·우기택·박용직·김영득 등이 나서 '민족통일연구회'를 결성한다. 회장은 이수병이 맡았으며, 대의원대회 의장은 전기호가 맡았다. 그리고 11월 25일에 경희대학교 소강당에서 민족통일연구회 주최로 「통일문제 대 강연회」를 개최하였다. 이날 이수병의 사회로 열린 강연회에는 빈자리가 없을 정도로 많은 학생이 참여하였다. 강연자로는 조동필 교수(한국경제와 통일문제에 대하여), 주홍모 교수(통일의 간절성과 그 구체적 방법), 홍성면 교수(통일문제에 관하여) 등이 나섰다.

한미경제협정 반대운동

이렇게 사회운동진영과 학생운동진영에서 통일운동단체들이 속속히 건설되는 과정에서 혁명 이후 속내를 감추고 조용히 있던 미국이 마침내 본성을 드러내고 만다. 1961년 2월 8일 한미정부 간에 불평등한 '한미경제협정'이 체결된 것이다.

　　장면 정권은 이승만도 하지 않은 '환율 변경'과 '원조자금의 지출에 관한 미국의 직접 감독권'을 명시한 경제협정을 체결하고 국회 비준을 신청한다. 국회에서 야당 인사들은 한미경제협정을 '한국의 주권을 무시하는 굴욕적인 불평등조약'으로 규정하고, '제2의 을사조약'이라며 국회 비준을 반대하고 나섰다.

　　학생통일운동단체 조직화에 박차를 가하고 있던 이수병은 미국의 문제와 통일의 문제를 달리 할 수 없음을 알고 있었다. 이에 서울대·경희대 민통련 등 11개 학생단체가 모여 '전국 학생 한미경제협정 반대투쟁위원회'를 결성하였다. 이들은 2월 14일 파고다공원에서 '한미경제협정 반대성토대회'를 개최하였다. 그리고 2월 18일에는 '2·8 한미경제협정 반대공동투쟁위원회' 주최로 서울시청 앞에서 열린 '한미경제협정 반대집회'에는 2천여 명의 서울 시민들이 모여 들었다. 그러나 한미경제협정은 2월 28일 다수당인 민주당이 승인하면서 국회 비준을 받고 만다.

　　이러한 과정에서도 향후 통일운동의 구심이 될 '민자통' 결성은 계획대로 추진되었다. 1961년 2월 25일, 천도교 대강당에서 전국에서 온 1천여 명의 대의원이 참석하여 결성대회를 개최했다. 이수병을 비롯한 암장 동지들도 다 같이 참석하였다. 민자통 중앙조직에는 암장 동지인 박중기가 조직위원회 청년부장을, 박영섭은 학생부장을 맡았다. 당일 행사장 단상 양쪽에는 '뭉치자! 민족주체세력. 배척하자! 외세의존세력'이란 커다란 현수막을 걸었다.

500대 1의 《민족일보》 공채시험

《민족일보》는 조용수 사장이 기성언론과 차별성을 두며 '민족언론 정론지'로서의 역할을 다하겠다면서 1961년 2월 13일에 창간한 신문이었다. 《민족일보》는 '민족의 진로를 가리키는 신문', '부정과 부패를 고발하는 신문', '근로 대중의 권익을 옹호하는 신문', '양단된 조국의 비애를 호소하는 신문' 등 네 가지를 사시로 내세웠다. 《민족일보》는 발행 즉시 가판대 판매 1위를 차지하면서 약 3만 5천 부를 발행하였다. 당시 기성 일간지들의 발행부수를 웃도는 것이었다. 이수병은 《민족일보》 1961년 2월 24일 자 「상아의 광장」란에 '예속성의 배제를 위해'라는 제목의 글을 기고하였다.

> 학생은 상아탑 속에서 관념만을 파먹고 살 것이 아니라 상아의 광장에서 냉혹한 현실에 직접 접해야 한다는 것은 너무도 당연한 사리진대 현하 굴욕적인 한미경제협정을 반대하는 우리 학생들을 방해하는 세력이 있다면 그들은 바로 민족의 피를 뽑는 매판자본세력이든가 특권층일 것이다. 그들은 민족의 발전을 위해 반성 있기를 촉구한다. […] 우리는 미국 인민이나 미국에 대하여는 아무런 감정이나 의혹을 갖고 있지 않다만 예속성을 강화시키려는 양국의 특권세력과 협정을 반대하는 것이다. 우리 장내각은 민족의 장래를 위하여 우리들 학생의 반대투쟁 대열에 함께 나서기를 바란다.

이 당시 이수병은 《민족일보》 첫 기자 공채시험에서 500대 1의 경쟁을 뚫고 합격하였다. 《민족일보》 공채시험 문제는 케네디의 연두교서였다. 당시 조용수 사장의 '미국문제에 관심을 두지 않는 사람을 기자로 채용할 수 없다'라는 생각이 반영된 시험문제였다. 또, 2월 28일 진명여고 삼일당에서 3·1운동 기념강연회가 열렸는데, 이 자리에 학생 대표로 참석한 이수병은 다음과 같이 발언하였다.

> 객관적인 것과 주관적인 것은 일치합니다. 그러나 중요한 것은 주체입니다. 따라서 남쪽은 남쪽대로 역량을 키워야 합니다. 고추 한 포기가 자라는데 태양과 비료, 물 등의 객관적 조건도 중요하지만, 무엇보다 씨 자체가 실해야 합니다. (이수병선생기념사업회, 『이수병 평전』, 2005)

이 시기 이수병은 외세의 문제에 대해 누구보다 정연한 논리를 지니고 있었다. 강연회가 끝나고 열린 회식자리에서 민자통 상임위원회 의장 김성달은 이 점을 높이 평가했다고 한다.

당시 이수병은 비록 나이 어린 대학생이었지만, 《민족일보》 기자로서 자부심이 가득 차 있었으며, 혁신계 인사들이 대거 군집한 자리에서도 당당하게 자신의 의견을 제시하였다. 그러나 이수병의 꿈을 키워줄 《민족일보》는 박정희 쿠데타 세력에 의해 1961년 5월 19일 92호를 마지막으로 강제 폐간되었다.

통일의 광장

한미경제협정이 국회 비준을 받고 나자 탄력을 받은 장면 정권은 또다시 민중들을 들볶기 시작한다. 자신의 정치적 반대세력을 탄압하기 위해 '국가보안법 개정'과 '데모규제법 제정'을 들고 나왔다. 그러자 야당과 사회단체들은 이에 즉각 반발하며 '2대 악법 반대투쟁'을 시작한다.

2대 악법 반대투쟁은 한미경제협정 반대투쟁과 달리 전국적으로 퍼졌다. 대구에서는 당시 법무부 장관 조재천의 자택이 습격당하기도 하고, 기마경찰을 위협하는 횃불 데모가 벌어지기도 했다. 게다가 사월혁명 1주년을 기해 사월혁명이 재현될 것이라는 소문까지 겹치면서 더욱더 장면 정권을 압박해 들어갔다. 결국, 장 정권은 하반기 국회에서 다시 다룰 것이라며 한발 물러서게 된다.

당시 이수병은 이러한 한미경제협정과 2대 악법의 반대투쟁은 앞서 이야기한대로 모두 조국분단에서 기인한다고 보았기 때문에 통일운동에 시급히 나서야 한다고 생각했다. 이수병은 사월혁명 1주년을 앞두고 있던 1961년 4월에 서울대 민통련 지도부와 다른 대학의 민통련 관계자들을 접촉하며 '남북학생회담'에 대한 의견을 제시한다.

남북통일에 대한 문제는 2대 악법 반대투쟁의 과정에서도 자주 등장하였다. 서울대 민통련 학생들은 사월혁명 1주년을 맞아 서울대에서 독자적인 기념식을 열고, '이 땅이 뉘 땅인데 오도 가도 못하느냐', '언론인 사회단체 남북교류', '이북 쌀, 이남 전기', '민족·자주·통일', '외세는 물러가라', '남북 서신교환', '실업자의 일터는 통일에 있다' 등의 플래카드를 걸고 침묵

340

시위를 벌였다. 이수병의 노력이 반영되기 시작한 것이다.

한때 백안시당했던 문화·경제 교류는 통일의 전제조건이 된 것이다. '젊은이의 성급한 소리', '불순한 언동'이라고 버림받던 학생들의 주장은 점차 오인에서 탈피되어 진실한 애국심으로 인정받는 방향으로 바뀌어졌다. 중세암흑기에 코페르니쿠스는 지구가 태양의 주위를 돈다는 신학설을 전개하다가 무지한 무리들에 의해서 처형되었다. 형장에서 독배를 마시며 '그러나 지구는 여전히 돌고 있다'고 끝내 주장한 것처럼 사방의 공격을 물리치고 진실을 고수하는 학생들은 이제 통일의 첨병전위가 되고 있는 것이다. (《민족일보》, 1961년 5월 5일 자 1면, 「초점과 맹점」)

드디어 5월 3일, 서울대 민통련에서 남북학생회담을 제의하였다. 북에서도 화답이 왔다. 5월 18일에 판문점에서 남북학생 대표들이 모여 회담을 하기로 한 것이다.

학도회담준위 결성 / 북한학생 대표들 / 임원 선출 환영방안을 결정
[동경 8일발 AP=합동] 7일 공산북한의 평양에서는 약 5백 명의 학생이 모여 남한학생과의 회담을 위한 준비위원회를 결성하였다고 중공의 신화통신사가 보도하였다. 당지에서 청취한 외신의 보도에 의하면 '북한의 고등체육기관을 대표하는' 103명으로

341

구성된 이 위원회는 회담·연예·체육경기 등을 포함하여 남한학
생들을 환영할 방안을 결정하였다고 한다. 그리고 이 위원회의
역원으로는 김일성대학의 유석순을 위원장으로 김책종합기술
전문학교의 이순진, 평양교육대학의 이○옥, 함흥의과대학의 장
판식을 부위원장으로 선임하였다고 한다. (『민족일보』 1961년
5월 10일 자 기사)

준비 기간이 보름 정도 남아 있었다. 우선 이 회담의 남쪽 주체가 되
어야 할 단체가 필요했다. 그래서 5월 5일 서울대 문리대 구내다방에서 전
국 18개 대학 민통련 대표들이 모여 '전국 민통련'(민족통일 전국학생연맹
결성준비위원회)을 구성한다. 이 자리에서 이수병이 위원장으로 추천되었
지만, 정부와 재야를 설득하기 위해서는 서울대에서 맡는 것이 좋겠다는

▲ 5·16 쿠데타가 터지던 날 5월 16일 자 《민족일보》 광고면에 실린, 5월 13일에 발표된 '학생회담
및 통일축제 개최에 관한 원칙 및 우리의 요구'

의견을 내고 위원장직을 사양한다. 전국 단체가 만들어지자 전국 민통련은 정부를 향해 '남북학생회담을 허가하라'는 성명서를 발표한다.

5월 6일에는 장충단공원에서 남북학생회담을 지원하기 위해 민자통을 비롯한 사회단체들이 모여 회의를 개최하였다. 여기에 이수병은 전국 민통련 대표 중의 한 사람으로 참석하게 된다. 이날 회의에서는 5월 13일에 서울운동장에서 민자통 주최로 '남북학생회담 환영 및 민족자주통일 촉진 궐기대회'를 열기로 결정한다.

▲ 《민족일보》 5월 13일 자에 실린 민자통이 주최한 남북학생회담 촉진 궐기대회 광고

정국은 들끓고 있었다. 장 정권과 보수계에서 '시기상조론'을 내세우며 회담을 반대했고, 혁신계에서는 '학생들의 자주 자치정신이 놀랍다'라며 회담을 지지했다. 또 '1964년에 개최되는 올림픽에 남북 혼성팀을 내보자! 팀 이름은 코리아로 하자', '학생회담보다 기자 교류가 먼저 되어 남북 서로 간의 실상을 알아야 한다'는 등등의 다양한 주장들이 제출되었다.

이렇게 회담 준비가 활발히 진행될 무렵 찬물을 끼얹는 사건이 발생한다. 서울대 민통련에서 환영 및 궐기대회 개최 하루 전인 12일에 민자통이 준비하는 13일 궐기대회에 참여하지 않겠다고 선언을 한 것이다. 그 이유로 '동 연맹은 환영대회를 공감하나 학생 본연의 순수성을 잃지 않기 위해 기성단체가 주최하는 모임에 불참하는 것'이라고 밝혔다. 연사로 내보내려 하던 류근일과 이영일도 불참한다고 밝혔다. 그러나 류근일은 연사로 나섰고, 이영일을 대신하여 이수병이 연사로 나섰다.

3만여 명이 모인 5·13 궐기대회는 남북학생회담에 대한 국민적 관심을 불러일으키는 데 큰 기여를 하였다. 대회 참가자들의 열렬한 환호 속에 학생 대표 연사로 나선 이수병은 "사월혁명을 이끈 학생들이 먼저 통일의 돌파구를 열어나갈 것이다. 어느 외세도, 정부도, 남북회담의 길을 막지 못한다"고 말했다. 그러고는 "가자 북으로! 오라 남으로! 만나자 판문점에서! 이 땅이 뉘 땅인데 오도 가도 못하느냐? 배고파서 못 살겠다, 통일만이 살길이다."라며 사자후를 터뜨렸다. 이 구호들은 사월혁명 시기 가장 뛰어난 구호로 남아 있다.

다음 날 《민족일보》는 1면 첫 기사로 '모두 통일의 광장으로 학생교류는 자주통일의 서막'이라는 제목 아래 이날 대회의 풍경을 전하며, 장 총리와 유엔에게 보내는 '메세지'가 발표되었음을 알렸다. 14일에 이수병은 대전에 내려갔다. 대전시 목척교 아래 백사장에서 '민자통 충남협의회' 주최로 열린 '통일촉진시국강연회'에서 '남북한 학생회담을 환영한다'라는 제목으로 연설했다.

또한 17일에는 전주에서 열리는 민자통 주최의 통일촉진행사에 연사로 나갈 예정이었다. 하지만 5·16 쿠데타로 전주 행사는 취소되었다. 이수병은 쿠데타가 발생하자 피신하기로 한다. 그러나 쿠데타 세력은 이미 학생운동가들 중 '이수병과 류근일'을 체포할 것을 계획하고 있었다. 그들의 레이더망에 벌써 그의 동선이 포착되어 있었다. 피신 기간이 오래될 것을 예감한 그는 부친에게 인사를 하기 위해 고향으로 내려가던 중 고향집을 바로 눈앞에 둔 다릿재 고개에서 경찰에게 연행되고 말았다.

서울교도소

쿠데타 발발 이틀 만인 5월 18일에 고향 땅에서 연행된 이수병은 경희대 관할서인 청량리 경찰서로 이송된다. 그곳에는 경희대 민통련 간부들이 여럿 잡혀 들어와 있었다. 당시 이수병을 처벌한 혁명재판소는 2심제였다. 게다가 쿠데타가 일어난 다음에 제정된 '특수범죄처벌에 관한 특별법'은 소급입법으로 3년 6개월 전 일까지 처벌할 수 있는 반헌법적인 법률이었다. 9월 26일 검찰은 이수병에게 무기형을 구형하였으나, 사흘 뒤인 30일에 열린 2심에서 15년 형을 받아 형이 확정된다. 그만큼 쿠데타 세력은 혁신계 내에서 이수병의 역할이 컸다고 본 것이다.

형이 확정되고 이수병이 갇힌 곳은 서대문구 현저동 서대문 1번지에 있는 서울교도소(현 서대문형무소 역사관)였다. 이곳은 대한제국 말기인 1908년에 '경성감옥'이라는 이름으로 지어졌다. 1907년 정미늑약으로 사법·행정·군사권을 빼앗은 일제가 저항하는 조선인들을 가두기 위해 만든 감옥이었다. 규모는 당시 조선에 있는 모든 교도소를 다 합친 것보다 넓었다고 한다. 경성감옥은 그렇게 37년간 독립을 외치던 조선인들을 가뒀다. 해방 이후 서울교도소가 되었다가 1967년에 서울구치소로 바뀐다. 이곳은 1987년 11월 5일 의왕으로 이전하기 전까지 일제강점기보다도 긴 42년간

민주·통일운동 인사들을 가두고 탄압하던 장소였다. 서울교도소는 그렇게 근현대사 80년간의 우리 민족의 정의로운 저항을 막기 위해 존재했던 곳이다. 이수병은 이곳에 1년간 머물다가 안양교도소로 옮겨가게 된다.

　　1961년 9월 30일, 이날 혁명재판소 심판 제 2부 재판장 김홍규였으며, 동석한 심판관은 20대의 젊은 판사인 전 한나라당 총재 이회창이었다. 이들은 이수병에게 다음과 같은 이유로 징역 15년을 선고한다.

> 피고인 이수병은 혁신단체에 호응하여 ① 서기 1961년 5월 13일 민자통 주최로 서울운동장에서 개최된 궐기대회에 연사로 참석하여 한국정부의 시책을 비난하고 남북학생회담을 극구 찬양하며 이를 환영하여야 한다는 요지의 연설을 하고 ② 동년 5월 14일 민자통 통일촉진 시국강연회에 사회당 유병묵 등과 연사로 참여하여 전시 ①과 동일 내용의 연설을 행함으로써 […] 반국가단체인 북한괴뢰 집단의 활동을 고무 찬양한 것이다. (한국혁명재판사편집위원회, 『한국혁명재판사』, 1962)

　　이날 이수병 외에도 서울대 민통련 류근일이 15년 형을 받았으며, 윤식 등 전국의 민통련 관련 학생들 10여 명도 7년 형 등 중형을 받았다. 하지만 이수병과 류근일을 제외한 나머지 학생들은 1962년 4월 18일 사월혁명 2주년 기념특사로 석방된다.

옥중 단식투쟁

《민족일보》논설위원 이상두의 『옥창너머 푸른 하늘이』에 보면, 학생들이 출소한 직후 1962년 여름에 이수병이 징벌방에 끌려갔다는 기록이 나온다. 이상두는 1964년 5·16특사로 출소한다.

> 이 군(이수병)이 징벌방으로 끌려가게 된 경위는 대체로 다음과 같다. 심장병을 앓고 있던 강등인(姜鄧仁, 민자통 총무부장) 씨가 밤중에 발병, 무척이나 심한듯하여 한 방에 있던 이 군이 급히 패통을 쳤다. 형무관이 왔다. 병세가 악화, 위독한 듯하니 의무관을 불러주면 좋겠다고 했다. 그러나 아무리 기다려도 소식이 없다. 또 패통을 치고 형무관을 불러 물었더니 보안과에 보고했으니 무슨 기별이 있을 것이라고 말했다. 환자는 금방 숨이 넘어갈 듯 신음하는데 의무관은 좀처럼 오질 않는다. 할 수 없이 이 군이 교감(矯監, 간수장) 면회를 요청, 얼마 뒤 교감이 나타났다.

글에 나오는 강등인은 당시 나이가 43세였으며, 황해도에서 출생하여 북조선에서 농업 관련 공무원으로 근무하고, 한국전쟁 때 남하하여 대구에서 과수원을 운영하다가 사월혁명 이후 구국청년당·민자통 등의 혁신계 단체에서 활동한 인물이다. 이수병은 여러 번의 요청에도 불구하고 뒤늦게 나타난 간수장에게 교도소의 무책임한 태도에 강력히 항의하였다. 간수장은 이수병의 항의를 듣고 의무관을 부르기는커녕 항의하는 이수병을 징벌방에 가두고 말았다.

당시 교도소에는 선거 부정사범이나 깡패 등 여러 부류의 사람들이 갇혀 있었는데, 특히 혁신계 인사들에 대한 처우가 매우 나빴다. 가족 면회나 서신 교류가 금지되었고, 서적 반입이나 집필도 불허되었다. 이런 상황에서 학생인 이수병이 혁신계 인사에 대한 부당한 처우에 항의하다가 징벌방으로 끌려갔다는 소문이 나자, 혁신계 인사들 모두가 나서 '이 군에 대한 징벌방 해제'와 '혁신계 인사들에 대한 차별 대우 해제'를 요구하며 단식투쟁을 벌였다. 결국, 교도소 측은 단식 5일째 되는 날, 혁신계의 요구사항을 들어주기로 하고, 이수병을 비롯한 징벌방에 끌려갔던 재소자들을 모두 일반실로 돌려보냈다.

호소문

하태환의 『지우지 못할 이야기』 546쪽을 보면, 1965년 봄 이수병이 초안을 작성했다고 하는 호소문 한 편이 실려 있다.

옥외동지들에게 보내는 석방운동 호소문

[…] 5·16 쿠데타는 그 쿠데타의 불분명한 이유나마 당연히 피타도정권에서 찾아야할 것임에도 불구하고, 진정한 민주세력을 친공세력으로 날조하여 시대착오적 소급법의 조작과 그 법마저

왜곡 적용에 의한 교수형, 고문 또는 4년간의 장기구속을 감행함으로써 그 이유를 삼으려 하니, 동지들이여, 이 얼마나 터무니없는 국민의 우롱이며, 이 얼마나 혹독한 인권의 유린이며, 이 얼마나 난폭한 권력의 남용이냐?

존경하는 동지들이여! 마땅히 존중되어야 할 인권이 이렇게도 무참히 짓밟히며, 전 민족의 이름으로 규탄되어야 할 애족적 민주세력의 부당한 감금이 이렇게도 현대적 법질서가 수립될 수 있으며, 불식되어야 할 매카시즘적 유습이 아직도 근절되지 못하고서 합헌·합법적 정치세력을 불법적 친공세력인양 그릇되게 선전하여, 국민을 기만하는 간악한 책략이 이렇게도 교활하게 통할 수 있는 곳에 어찌 민주적 정치 도의가 확립될 수 있으랴. 더군다나 당연히 옹호 육성되어야 할 민주통일세력의 조속한 석방을 위해 민족의 지성에 의하여 지도되는 강력한 여론의 형성과 불법 감금 반대의 과감한 투쟁이 전개되지 않는다면, 민족사의 찬연한 발전을 기대함이 어렵지 않겠는가? […]

동지들이여! 우리는 민족 앞에 우리의 자세를 확고히 제시할 때가 왔다. 이제 민족사적 반동화, 민주세력에 대한 비인도적 박해의 조속한 종식을 위해 투쟁할 때는 무르익었다.

그러므로 동지들이여! 옥중의 우리는 다음의 몇 가지 점에 관한 견해를 재확인하고서 그것의 강력한 실천을 요청하는 바이다.

1. 우리는 박 정권을 4·19의 민족사적 의의를 말살시키고, 민

주주의를 후퇴시킨 강권적 반민주세력으로 규정한다. 그러므로 우리는 우리의 석방 여하에 구애됨이 없이 옥외동지들의 민주적 민족세력으로서의 역사적 임무를 완수해주길 바란다.

2. 우리는 우리의 석방이 우리 자신의 단순한 신체적 자유의 의미를 넘어서, 그것이 정치적, 법제적, 사회적 의의가 더 중대할 뿐 아니라, 그를 위한 민중의 성원은 민주세력 확장의 기반을 이룩할 수 있는 것으로 확신하므로, 우리들의 불법감금 반대를 위하여 전 사회의 양심적 저명인사를 망라한 투쟁위원회를 구성하여 떳떳하게 활약하여 주길 요청한다. 그러므로 우리는 현 정권에 대한 진정이나 막후교섭 등에 의한 석방을 단호히 불응한다. 이는 건전한 민족세력의 발전을 크게 저해할 것이기 때문이다.

3. 우리는 불법 감금 반대투쟁을 위한 조직체의 명칭이나 현실적 구체적인 방략과 전술 등은 1, 2의 기본자세가 준수되는 한 옥외동지들의 창발성에 일임한다.

끝으로 존경하는 동지들의 건투를 빌어 마지않는다.

이외에도 '정부와 국민들에게 드리는 호소문' 한 편이 더 있었다. 그러나 이렇게 이수병과 옥중 동지들이 작성한 호소문은 우연히 간수들에게 발각되는 바람에 외부로 반출할 수가 없었다. 그런데 호소문 작성에 참여했던 조중찬이 기초문서를 발견하여 재작성하였고, 김달호가 면회 온 가족들에게 전달하여 외부에 알려질 수 있었다. 그리고 이 호소문은 '미국·영국·불란서·서독' 등 해당 나라의 언어로 번역되어 보내졌다고 한다.

감형

집권 3년 차에 들어선 박정희는 한일협정을 강행한다. 5·16 쿠데타 이후 잠잠하던 시민들의 시위도 다시 시작되었다. 특히 1964년 사월혁명 4주년 기념식을 맞아 위기감도 고조되었다. 정권 측에서는 제2의 사월혁명이 일어나지 않을까 우려하는 사람들도 있었다. 하지만 한일회담 반대시위만 지속될 뿐 우려하던 혁명은 일어나지 않았다. 박정희는 이반된 민심을 다독거리기 위해 5·16 쿠데타 3주년을 맞아 혁명재판으로 갇혀 있던 혁신계 인사들을 비롯한 재소자들에 대한 특사를 감행한다. 재소자들 중 형기의 3분의 1을 채운 사람들은 석방했으며, 남은 재소자들은 형기가 감형되었다. 이수병도 15년에서 10년으로 감형되었다.

그러나 박정희의 기대와 달리 한일회담 반대시위는 사그라지지 않았다. 결국 시위는 6·3 항쟁으로 발전하였으며, 박정희는 비상계엄을 선포하지 않으면 정권의 안위를 기대하기 어려운 지경에 이르렀다. 모든 시위는 금지되었고, 8월이 되자 한일회담 반대시위 배후에는 북에 사주를 받은 인민혁명당이 있다며 한일회담을 반대하는 시민들과 학생들을 친북세력으로 몰아갔다.

이러한 사회적 분위기를 외부와 연락이 막혀 있던 교도소 재소자들도 어느 정도는 눈치 채고 있었다. 심지어는 혁명이 일어나서 곧 석방될 것이라는 소문도 돌았다. 그러자 뒤숭숭한 재소자 분위기를 우려한 교도소는 혁신계 인사들에 대규모 이감 조치를 단행했다. 이감은 재소자들에게는 단순히 교도소만 옮기는 것이 아니라 새로운 교도소 환경에 적응해야 하는 일종의 시련의 시간이었다. 서울구치소와 마포교도소 등 서울 소재 교도소에 있던 혁신계 재소자들은 계엄령이 선포되기 하루 전 6월 3일 안양교도소로 이감된다.

그렇게 되자 안양교도소에는 재소자가 4천여 명에 이르렀고, 10년 이상의 장기수도 500명이 넘었다. 이렇게 전국에서 다양한 혁신계 인사들이 한자리에 모이자 수감자들 사이에 안양교도소를 '진보적인 정치교육을 하는 안양아카데미'라고 불렀다. 이때 이수병은 수인번호 2233번을 달고, 안양아카데미에서 다양한 교양학습과 이론수업을 받았다.

월야사매

먼저 이수병은 사회대중당 당수인 윤길중으로부터 서예와 한시를 배우게 된다. 또 안중근 의사의 조카 안민생으로부터 중국어를, 혁신계 원로 유한종으로부터 일본어를 배웠다. 빨치산 활동에 참여했던 기세충으로부터 바둑을 배웠고, 인민군 출신의 장기수 이창문에게는 묵화를 배웠다. 이수병은 교양학습 외에도 정치경제학 학습도 게을리하지 않았다. 암장 동지들과 고향 친구들에게 필요한 책을 보내 달라고 주문했고, 심지어 친분이 쌓인 간수들에게도 부탁하여 입고가 불가능한 사회과학 서적들을 쉽게 얻을 수 있었다. 이렇게 이수병은 감옥에서도 시간을 헛되이 보내지 않기 위해 매일 최선을 다했다. 아래 한시 '월야사매'는 1965년 2월에 동생 금자에게 보낸 것이다.

月夜思妹(월야사매)_달밤에 누이를 생각하며

寒月三更氣笛鳴(한월삼경기적명)

　　깊은 밤 찬 달빛 아래 기적은 울고

忽然思妹濁眸明(홀연사매탁모명)

　　홀연한 누이 생각에 흐린 눈 맑아오네

四年寃謫夢中別(사년원적몽중별)

　　원통한 사년 옥고 꿈속의 이별 같아

何歲鄕園藤下迎(하세향원등하영)

　　고향 뜰 등나무 아래서 맞아줄 날 있으려나

孤雁傳言垂熱淚(고안전언수열루)

　　외기러기 전하는 말에 뜨거운 눈물 흐르고

姮娥慰語倍幽情(항아위어배유정)

　　달빛처럼 고운 누이 달래는 정 그윽하네

隔居千里心同處(격거천리심동처)

　　몸은 천리 떨어져 있으나 마음은 같이 있어

點燭砧衣待世平(점촉침의대세평)

　　촛불 밝혀 다듬질하며 밝은 세상 기다리네

심지어 장편 대화체 소설 『수경선생(水鏡先生)』을 집필했다고 한다. 이 소설은 청년들과 역사 속의 현인들과 대화를 나누는 형식의 소설인데, 당대 혁신운동의 정당성과 과제에 관한 이야기가 소재였다고 한다. 그러나 교도소 안에서 어렵게 작성한 작품인데, 출옥 후 1974년 인혁당재건위 사건에 휘말리며 분실되어 그 구체적인 내용을 확인할 수 없다. 아쉬운 일이다.

출옥

이수병은 1967년 8월 15일 또다시 10년에서 7년으로 감형된다. 이는 박정희가 1967년 5월 3일 재선에 성공하자 3선 개헌의 사전 포석으로 정치권 요구를 받아들여 취한 조치였다. 덕분에 이수병은 1968년 4월 17일 안양교도소에서 출옥한다.

대학생 중 최고형을 받았던 이수병은 7년간의 교도소 생활로 혁신계 차세대 지도자로 성장했다. 무엇보다도 편견 없는 인성과 치밀한 학습 태도 그리고 분명한 자기주장을 보이는 이수병은 혁신계 인사들에게 좋은 인상을 주었다고 한다. 게다가 1차 인혁당 사건으로 수감된 도예종과의 인연은 '피를 나눈 동지' 관계 이상으로 발전한다. 그러나 이수병과 같은 형을 받아 수감되었다가 같은 해에 출옥한 류근일의 삶은 달랐다. 출옥 후 그는 《중앙일보》와 《조선일보》에서 기자 생활을 계속하였다. 그러다가 혁신계 인사들의 바람과 달리 2000년대에 들어와서는 뉴라이트 운동의 이론가로 변모하여 자유주의연대 상임고문을 맡는 등 '변절한 학생운동가'의 삶을 살고 있다.

이수병은 출소 후 고향에 머물면서 휴식을 취하고 있었다. 하지만 박정희는 그를 그냥 두지 않았다. 박정희 18년 집권의 가장 큰 지지자는 '반공'이었다. 1962년 제정된 3공화국 헌법은 대통령 임기를 재선에 국한하고 있었다. 박정희는 3선 대통령이 되기 위해 '반공 이데올로기'를 확산시킨다. 1967년에는 '동백림 사건'을 터뜨려 북한이 남침 야욕을 버리지 못하고 있다고 선전하더니 이미 6·3 항쟁 때 써먹은 바 있는 서울대 민비련 사건(2차)을 터뜨려 언론을 도배했다. 1968년에는 통혁당과 전략당 사건을 발표한다. 전쟁 위기는 고조되고 있었다. 곧 북한이 남침을 다시 할 것만 같았다. 예상대로 박정희는 북괴의 침략 야욕을 막아내기 위해 '3선 개헌을 해야 한다'고 주장하기 시작한다. 그리고 박정희의 3선 개헌을 막기 위한 야당과 시민들의 시위를 '헌법에서 보장하는 민주주의'가 아닌 '정치적 혼란'으로 규정하고, 야당과 시민사회인사들을 반정부인사들로 몰아갔다. 이 시기 이수병은 감옥에서 만난 도예종과의 약속을 잊지 않았다. 서둘러 서울로 상경한다.

> 이수병은 출옥한 뒤 고향에 머물다가 동지들이 있는 서울로 다시 돌아왔다. 우리들에게 돌아온 이수병은 감옥에서 대단한 변화를 이루었다. 학식도 풍부해졌으며, 인맥의 폭도 넓어졌다. 그는 사회운동 지도자로 완전히 변해 있었다. (박중기 인터뷰, 『바우 김용원에 대한 기억』, 2018)

상경한 그는 먼저, 10여 년 전 고교시절에 만났던 암장 동지들을 찾았다. 이미 서울에는 홍대 근처 대산목재에 박중기와 김금수가 있었으며, 민자통 조사부장이었던 김달수도 같이 있었다. 이수병은 그곳에 머물며 기반을 잡으려 했다. 그리고 동양공고를 그만두고 서울시교육공무원 특별채용시험을 준비하고 있던 김용원도 있었다. 김용원은 시험에 합격하고 다음 해 경기여고로 발령이 난다. 그리고 김해군 교육연구소 연구원으로 있던 유진곤이 서울로 올라와 방화동에 삼진건재상을 차린다. 이어 진영 대창초등학교에서 근무하던 김종대도 교직을 버리고 서울로 올라와 유진곤의 삼진건재상에 기거한다. 이들이 다시 뭉치게 된 데에는 이수병의 설득이 있었다. 김종대는 이수병이 자신을 찾아와 "여기 있지 말고 서울로 올라가자. 박정희를 저대로 그냥 둘 수 없다. 미약한 힘이지만 서울에 올라가서 박정희 군사정권을 무너뜨리는 데 조그마한 힘이라도 보태자"라고 말하며 설득했다. 그러고는 "박정희가 물러나야 우리가 암장시절 세웠던 꿈도 실행에 옮길 수 있다"는 말을 덧붙이자, 김종대는 더 이상 버틸 수가 없었다. 그날로 이수병의 뜻에 따라 상경하게 된다.

이렇게 이수병을 필두로 박중기·김금수·김달수·김용원·유진곤·김종대 그리고 롯데그룹 동방물산 기획실장으로 일하고 있던 박영섭도 함께 하여 '뜻있는 만남'이 다시 시작되었다. 이수병은 친구들과 만나는 자리에서 항상 독서를 강조했다. 외국어 하나를 해두면 좋다고 자기가 도움을 줄 수 있는 일어를 추천했고, 철학과 경제학을 공부하면 그동안 배운 학문의 폭을 더 넓힐 수 있다고 조언까지 했다. 그리고 한 달에 두세 번 모이는 자리에서 자신이 읽은 책을 말하고 서로의 의견을 나누는 자리를 가졌다. 게다가 이수병은 그 바쁜 와중에도 신문 스크랩을 하여 친구들에게 보여주며 같이 시사문제에 대해 토론했다.

이정숙

서울에 올라와 암장 동지들과 재회를 한 이수병은 대산목재에 근무하던 이정숙과 결혼하여 슬하에 2남 1녀를 두게 된다.

> 음, 그러니까 그때가 스물세 살 때였는가요. (이수병은) 감옥에 있는데 학생 때 들어가서 모범수가 되어 휴가를 나왔었죠. 김금수 박중기 선생이 있던 대산목재로 왔었어요. 저는 대산목재에서 일하면서 이수병 씨가 어떤 사람인지 다 듣고 있었죠. 처음 봤을 때 시커먼 바바리코트를 입고 왔는데 키가 커보이더라고요. 휴가를 나와서 고향으로 바로 안 가고 대산목재에 자주 왔는데 오면 저를 힐끔힐끔 쳐다보더라고요. 그렇게 시간이 지나면서 스스럼없이 대하는 사이가 되었는데, 언제가는 (이수병이) "차 마시자"고 해서 한두 번 둘만의 시간을 가지다가 친해졌어요. 그러다가 동우 아빠가 결혼 이야기를 꺼내고, 나이 차이가 많이 났지만, 제가 맏이거든요. 오빠가 있는 친구들이 무척 부러웠어요. 그래서 "그냥 오빠 했으면 좋겠다"고 했어요. 그리고 나서 여러 번 만나면서 데이트도 하고 다시 결혼 이야기가 나오자,

저도 모르게 바로 승낙했어요. 너무 빠른가요. [웃음] (4·9통일
평화재단구술사업, 『인민혁명당과 혁신계의 활동』 이정숙 편,
2012)

이정숙은 1946년 경기도 안성군 일죽면에서 태어났다. 부친 이상철
은 교사로서 1960년대에는 금광면 조령초등학교에 교장을 맡기도 했다.
모친 강정자는 그가 초등학교 2학년 시절인 1953년에 사망했다. 안성중
학교와 안성고등학교를 졸업한 그는 1964년 서울 이모네 집으로 올라와
1966년에 대산목재에 취직해 있던 상황이었다. 대산목재에서 인연이 시작
된 이수병과 이정숙은 1969년 9월 21일 당시 청계천변에 있던 세운예식장
에서 결혼식을 올린다.

그리고는 (이수병은) 거처를 정하기 전에 내가 있던 대산목재소
에 자주 들리곤 했다. 그러다가 이정숙과 늦은 결혼도 하고 그도
용원이처럼 가정을 꾸렸다. 그리고 수병이의 친구 문재권의 도움
으로 신혼집이 있던 녹번동에 지물포를 차려 어려운 가정살림을
끌어갔다. (4·9통일평화재단구술사업, 『인민혁명당과 혁신계의
활동』 박중기 편, 2012)

남편 이수병이 구속되고 사형당하기까지 5년 7개월의 짧은 결혼생활
이었다. 이정숙은 서른도 안 된 젊은 나이에 아이 셋을 안고 홀로서기를 해
야 했다. 그 마지막 조우의 순간이 김형태 변호사의 비망록 『지상에서 가장

짧은 영원한 만남』(2013)에 가슴 아프게 기록되어 있다.

> 이수병의 처는 당시 서른이 채 안 된 젊은 나이였다. 그는 어린
> 딸을 둘러업고 매일 서대문 구치소로 출근했다. 그러곤 문틈 사
> 이로 열심히 안을 들여다보다가 어쩌다 남편이 이동하는 모습을
> 보곤 했다. 대법원 선고를 일주일 남겨둔 어느 날 젊은 새댁의 처
> 지를 딱하게 여긴 마음 착한 교도관의 배려로 꿈에 그리던 남편
> 을 한 1분쯤 볼 수 있었다. 이걸 만남이라고 할 수 있을까. 두 손
> 부여잡고 울기는커녕 말 한마디, 눈길 한번 제대로 맞출 수 없었
> 던 만남이었다. […] 눈이 나쁜 이수병은 바짝 다가와서야 처자
> 를 알아보고 깜짝 놀랐다. 어린 딸을 보고는 딱 두 마디. "많이
> 컸네, 많이 컸네." 영문을 모르는 호송 교도관은 "어, 집에 있는
> 애 보고 싶어서 그래?" 하면서 빨리 가자고 독촉을 했고 남편은
> 웃으며 지나쳐 갔다. 1분! 세상에서 가장 짧은 영원한 만남.

한편, 이수병은 우홍선·이성재·전창일·박중기와 함께 서울지역 인사
들과 정기적인 모임을 가지고 있었다. 이들은 이성재가 충무로에 개설한 지
압시술소에 주로 만났다. 이 모임을 중정에서는 '서울지도부'라고 조작한다.
또 이들은 1971년 대선을 앞두고 야권 후보였던 박기출을 만나 '김대중과
후보 단일화를 해야 한다'고 설득했다. 특히 이수병과 우홍선은 전국을 돌
며 혁신계 인사들과의 친분을 유지하고 있었다. 이수병은 고향 방문을 핑
계로 수차례 대구에 들러 도예종을 비롯한 대구·경북지역의 혁신계 인사

▲ 1970년 초반에 촬영된 이수병의 가족사진. 이수병이 구속될 때 생후 5개월이었던 막내 딸은 아직 태어나지 않은 시기다.

들을 만났다.

1972년 3월 초순 이수병과 김종대는 종로구 청진동에 삼락일어학원을 개설한다. 학원 개설 비용은 김종대의 퇴직금과 동방물산 박영섭 그리고 《경향신문》 김동식이 돈을 댔다고 한다.

학원 이름인 '삼락'은 자기 수양을 강조하는 '공자의 군자삼락'이 아닌, '맹자의 군자삼락'에서 따왔다고 한다. 사회성을 강조하는 맹자의 삼락은 '부모가 모두 생존해 계시고 형제가 무고한 것이 첫 번째 즐거움이다(父母俱存 兄弟無故 一樂也)', 그다음은 '우러러보아 하늘에 부끄럽지 않고 굽어보아 사람들에게 부끄럽지 않은 것이 두 번째 즐거움이다(仰不愧於天 俯不怍於人 二樂也)', 끝으로 '천하의 영재를 얻어 가르치는 것이 세 번째 즐거움이다(得天下英才而教育之 三樂也)'라고 했다.

또한 이수병과 김종대는 삼락일어학원에 출입하던 학생들을 모아 독서회를 만들었다. 당시 숙명여대 학생회장인 김○○와 우○○ 등 대학생 30여 명을 모아 '모순론', '실천론' 등의 사회과학 학습을 진행하였다. 이 모임의 이름을 '푸른 산'이라는 뜻의 순수 우리말 '파라뫼'로 지었다.

다시 영어의 몸이 되다

1974년 새해 첫날 이수병은 그해 자신이 당할 고초를 알지 못한 채, 다음과 같은 내용이 구절을 적어 지인들에게 엽서를 보낸다.

> 짓눌린 지초처럼
> 치솟는 해일처럼
> 그렇게 강인하고
> 그렇게 감격스런
> 새해를 또 맞으시기 바랍니다.

당시 이수병은 대구에서 올라온 여정남을 김용원에게 소개해 준다. 당시 학생들은 유신정권을 끝장내기 위해 모종의 계획을 준비하고 있었다. 여정남이 상경한 이유도 그 계획을 보다 구체적으로 논의할 서울의 학생운동가들을 만나기 위해서였다. 이와 더불어 1974년 2월이 되면 혁신계 인사들도 여러 통로를 통해 '공안기관에서 반유신세력을 일거에 타도하기 위한 모종의 계획을 세우고 있고, 그것은 1차 인혁당 사건 때처럼 전국적으로 학생시위가 벌어지면, 이들의 배후로 혁신계 인사를 지목하고 모종의 조작 사건을 만들 것이다'라는 정보가 입수되었기 때문이었다. 이수병은 긴급히 혁신계 인사들과 한자리에서 만난다.

당시 이수병을 비롯한 혁신계 인사들도 '4월이 되면 학생들의 거사가 있을 것이다'라는 정도는 인지하고 있었다. 하지만 그것이 남한의 보수정권을 한번에 바꿔서 혁신계가 바라던 대로의 남북통일이나 자주적 독립국가가 들어설 것이라고 판단하지는 않았다. 왜냐하면 첫째, 시위를 준비 중인 대학생들처럼 민중들의 분노가 아직 혁명을 일으킬 정도로 높지 않다는 점이다. 둘째로 대학생들의 시위에 자극받은 민중이 분노하여 일어난다 하더라도 이들을 지도할 만한 준비된 지도부가 없다는 점이다. 자칫 잘못하다가는 사월혁명처럼 피는 민중이 흘리고 혁명은 성공하더라도 또 다른 보수정권에게 이양될 판이었다.

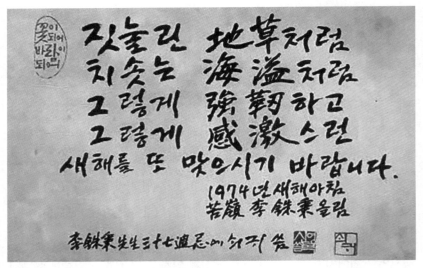

▲ 이수병의 37주기 추모식을 맞아 신영복 선생이 쓴 글귀

이틀에 걸친 격론으로도 명백한 결론이 나지 않았다. 이틀째 밤이 깊어갔다. 계속 이어지는 토론을 지켜보던 이수병은 정리할 시점이 되었다고 판단했다.

감시는 항상 주변을 맴돌고 있었지만 이번에는 강도가 다른 듯합니다. 이번에는 사찰 당한다는 것이 피부로 느껴집니다. 얼마 전에도 우홍선 동지와 함께 도피연습을 한 적이 있습니다. 그들은 우리가 만난다는 사실만 알아도 잡아 없애려 할 것입니다. 그러나 지금에 와서 학생 데모를 중단시킬 수는 없는 노릇입니다. 학생들이 이발료를 아끼고 등록금을 털어 오랫동안 준비한 것일 뿐더러 설사 중지시키려 해도 이중 휴즈로 되어 있어 단시간 내에 통제하기는 어려운 형편입니다. 이번 일은 앞서 주장된 장점과 위험이 함께 있다고 봅니다. 한쪽의 결과만을 강조하기보다는 현 상황에 알맞은 방법을 찾아봅시다. (이수병선생기념사업회, 『이수병 평전』, 2005)

혁신계 내에서도 '후퇴국면이냐, 전진국면이냐'를 두고 논쟁이 있었지만, 사월혁명처럼 정권과 결판을 낼 수 있는 상황은 아니었다. 다소 피해는 있더라도 할 일은 해야 한다는 정도의 결론이었다. 하지만 예상과 달리 결과는 처참했다.

민청학련 시위는 전국적인 시위로 발전하지 못했다. 각 개별 대학의 시위가 있었으나, 광화문 등에서 벌이기로 한 연합 가두시위는 성사되지 못했다. 1974년 4월 3일 거사일 이전부터 경찰의 감시는 강화되었고, 경찰 기동대는 학교 주변에 배치된 상황이었다. 학내 시위가 벌어지면 곧바로 경찰이 투입되어 시위대를 진압했다. 박정희는 미리 준비해둔 긴급조치 4호(민청학련 관련, 최고 사형까지 언도)를 거사 당일 저녁에 즉시 발표하였고, 이를 지도한 학생운동가들을 미리 알고 있었다는 듯이 곧바로 검거에 들어갔다. 5일까지 200여 명이 검거되었으며 총 1,024명이 조사를 받았다. 학생들만 잡혀간 것이 아니었다. 윤보선 전 대통령을 비롯한 사회인사 180여 명이 기소되어 재판을 받았다.

4월 17일, 이수병과 동지들은 생일 모임을 갖고 있었다. 그의 진짜 생일은 음력 12월 5일이었지만, 이날은 이수병이 1968년 안양교도소에서 출소한 날이었다. 육체적 생일이 아닌 '사회적 생일'인 셈이다. 그런데 이날 여정남이 잡혀간 것이다. 생일잔치 모임이었지만, 불안한 마음에 현 시국을 분석하는 이야기가 오고 갔다. 이 자리에는 이수병을 비롯하여 유진곤·김종대·이창복·김한덕·김용원 등 여섯 명이 모였다. 사건이 나고 이들의 조서에는 이날이 '긴급조치를 비방한 자리'로 기재된다. 그런데 만약 이들이 인혁당이라는 반국가단체를 구성하고 정부 전복을 하려 했다면 이렇게 한가롭게 생일 모임이나 하고 있을 수 있었을까?

이수병은 다음 날 4월 18일 김용원과 함께 연행된다. 이렇게 이들이 연행되고 다음 날 4·19 수유리 묘소에서 사월혁명 14주년 기념식이 열렸다. 형식적인 기념식이었다. 사월혁명의 정신은 아직 이뤄지지 못했고, 그 정신을 이어가려던 사람들은 감옥으로 끌려가고 있었다.

그들에게는 모진 고문이 가해졌다. 중정에서 작성된 그들의 경찰조서에는 온갖 혐의를 인정하는 내용으로 가득 찼다. 검찰조사에서도 이들은 항변조차 할 수 없었다. 검사들에게 아무리 고문에 의해 강제로 작성된 조서들이라고 항변해도, 검찰은 이를 받아들이지 않았다. 심지어 중정으로 다시 돌아가 조사를 더 받겠냐며 위협까지 했다. 경찰 조서의 내용이 그대로 인용되었다. 검찰 기소 후 진행된 재판도 일사천리로 진행되었다. 그리고 공판조서마저 조작되었다. 재판정에서 이들은 범죄사실을 부인했는데도 인정한 것처럼 작성되었다.

이렇게 경찰조사와 검찰조사 그리고 이미 정해진 판결을 내리기 위해 형식적인 재판이 진행될 정도로 엄청난 조작 사건이었다. 조사와 판결대로라면 이수병은 정부 전복을 위해 학생들과 사회인사들을 포섭하여 배후 조종한 '북괴의 지령을 받은 간첩'이었다. 하지만 북의 지령을 받았다는 증거물은 없었다. 유일하게 북한 사정을 알기 위해 녹취한 북한 5차 당대회 방송 노트만 있을 뿐이다. 더더욱 학생운동권과 사회인사들을 포섭한 증거물은 더더욱 없었다.

가족들은 구명운동에 나섰고, 사건이 조작된 사실을 안 시노트 신부와 오글 목사 등 종교인사들도 나서 사형수 구명운동을 펼쳤다. 국제사면위원회 엠네스티와 미국과 일본 정부에서도 구속자들을 석방하라는 성명을 낸 상황이었다.

1975년 1월 이러한 국내외의 석방 압력에 못 견딘 박정희는 민청학련 관련자와 사회인사들을 석방하지만, 민청학련 지도부와 인혁당 관련자들은 끝내 석방하지 않았다. 결국 친일파 출신의 민복기 대법원장은 4월 8일 일체의 상고를 기각하고 이수병을 비롯한 8명에게 내려진 사형을 확정한다.

46년 만의 졸업장

사형은 새벽 4시 55분부터 진행되었다. 서도원이 첫 사형대에 오르고, 이어 김용원 그리고 이수병이 세 번째였다. 사법 살인을 감행한 자들은 인륜마저 저버린 채 자신들의 정당성을 주장하기 위해 이수병의 유언마저 조작했다. 사형 집행 당시 군종목사로서 종교 담당으로 참관한 박정일 목사는 이수병의 진짜 유언은 '내가 죽는 이유는 오로지 민족민주운동을 했기 때문이다.'라고 증언했다. (《한겨레신문》 2012년 9월 11일자) 그리고 그의 항소문에는 '젊은 여정남은 꼭 살려 달라'고 적혀 있다. 하지만 중정은 당시 종교계의 구명운동을 막기 위해 사형수 여덟 명 모두의 유언장에 '종교의식을 거부한다'고 거짓 유언을 적었다.

하루 전날 아내 이정숙은 8일 대법원의 판결에 오열한다. 함세웅 신부를 비롯하여 남편의 구명운동에 참여했던 종교 인사들은 "사형이 확정되었지만 미국을 비롯한 세계 각국에서 반대하고 있어 사형 집행은 못 할 것이다"라며, 이제 남은 것은 재심이라며 내일부터는 재심 촉구를 위해 싸워보자고 부인들을 달랬다. 희망이 생긴 부인들은 집으로 돌아갔다. 그런데 다음 날 아침 청천벽력이 떨어진 것이다. 이정숙은 남편 면회를 위해 집을 나서는데 이수병의 여동생 이금자가 사형이 집행되었다는 소식을 전했다.

1990년에 그의 모교인 경희대에서 '이수병 선생 15주기 추모제'가 열렸다. 그가 세상을 떠난 후 첫 공개 추모제가 열린 것이다. 그리고 그의 생

가와 묘가 있는 의령에서는 매년 묘소 참배 행사가 열렸다. 현재 그는 2018
년에 이천에 있는 민주화운동공원으로 이장하여 안장되어 있다.

▲ 이수병 사후 공개적으로 처음 열린 추모식

2007년 1월 23일 이수병을 비롯한 8인의 사형수에게 무죄 판결이
내리던 날, 아내 이정숙은 또다시 통곡했다. 32년 만의 진상 규명이라는 기
쁨보다는 죄 없는 사람이 억울하게도 사형을 당했다는 사실이 밝혀졌기 때
문이었다. 남들은 열사가 부활했다고 축하한다고 이야기했지만, 이정숙은
더욱 가슴이 아파왔다. 그리고 2008년 2월, 신흥무관학교의 후신인 경희
대학교에서는 이수병에게 46년 만에 졸업장을 수여하였다.

▲ 경기도 이천 민주화운동기념공원에 위치한 이수병의 묘

김용원

남편이 어렸을 때 가정형편이 매우 어려웠대요. 그래서 다니던 부산고등학교를 다 못 다니고 2학년 때 검정고시를 봐서 고등학교를 마쳤지요. 게다가 검정고시 수석을 했답니다. 그게 《국제신문》에 실리기도 했대요. 그리고 친구들 사이에서 의리가 남달랐다고 합니다. 서울대 물리학과에 들어가서 장학금을 받았는데, 자신도 형편이 어려웠지만, 등록금을 못 내는 친구에게 선뜻 그 돈을 주기도 했답니다. 그리고 결혼하고 나서는 동양공고에서 시간강사를 하다 가정교사가 되었는데, 그때 받은 월급에서 저축도 하고 알뜰하게 살았지요. 1969년에는 저축한 돈으로 방화동에 작은 집 하나를 마련했지요. 그때 참으로 기뻤죠. 박봉에 참으로 열심히 살았어요. 그리고 서울시 교육공무원 시험을 봐서 수석으로 합격했죠. 그때 얼마나 열심히 공부하던지 저러다 큰일 나는 거 아니야 하는 생각도 들었지만, 남편이 남다른 수재라는 것을 확인한 순간이기도 했어요. 합격 후에는 경기여고 물리교사로 발령이 났죠. 정말 그때는 이제 살림이 좀 피는가 보다 하고 희망찬 내일을 꿈꾸곤 했죠.

외모는 우락부락해서 모르는 사람들이 보면 무섭다고 할 정도였는데, 하지만 속은 한없이 부드럽고 장난기도 있었죠. 한번은 "나는 당신을 많이 사랑하는데, 당신은 나를 사랑하느냐?"라고 물어와 답변하기도 뭐하고 해서 아무 말 못 했는데, 이제 와 생각하면 그때 왜 제가 답을 못했는지 너무도 아쉬워요. 그때 "저도 당신을 사랑해요"하고 답변을 했어야 했는데….

또 한 번은 시어머님이 매우 편찮으셔서 남편이 방학 때 어머님의 병구완을 한다고 한 달간 고향 집으로 내려가 있었던 적이 있어요. 그때 연애시절 때 주고받던 연애편지 같은 글을 적어 보냈어요. 참 민망했죠.

또 가정적으로도 참 다정다감한 사람이었죠. 기억나는 것은 어느 날인가 큰 참치 한 마리를 사 온 거에요. 제가 너무 커서 칼질도 제대로 못 하니까 남편이 칼질해서 식구들이 나눠 먹은 기억도 있어요. 또 아이들 옷 만들어주라고 뜨개실을 사 왔는데, 그것도 너무 많이 사 왔어요. 통이 컸죠. 너무 많이 사와 몇 년을 아이들 스웨터 바지 등을 계속 짜 입혔죠. 남편이 죽은 뒤에도 그 뜨개실이 남아 있었는데, 그때는 남편 생각에 제대로 뜨개질도 못 했어요.

자식들에게도 각별했죠. 언제나 입버릇처럼 "우리 장남 민환이, 예쁜 효숙이, 똑똑한 정진이"라고 늘 말하고, 대신 자녀 교육은 엄격했죠. 큰애 민환이가 동네 아이들과 싸우고 울면서 집에 돌아오면, 아이를 무조건 감싸고 돌기보다는 강하게 이겨내도록 야단치곤 했던 기억이 납니다. 지금도 아버지의 부재라는 그늘에도 다 잘 커서 나름대로 바르게 잘살고 있는 것도 남편의 교육이 큰 밑바탕이 되었다고 생각해요. (유승옥 인터뷰, 2022)

교토에서 태어나

김용원은 부친 김양한과 모친 최명임의 5남 4녀 중 아홉째 막내아들로 태어났다. 그의 호적에는 적힌 출생지는 '日本國 京都市 下京區 西九條 松內町 19番地'이었다. 1935년 교토에서 태어난 김용원의 어린 시절은 일본인으로부터 이름 대신 '조센징'이라 불리면서 받은 멸시와 굴욕감으로 기억조차 하기 싫은 시간이었다. 그를 아는 사람들은 그가 어린 시절을 이야기한 적이 없었다고 한다. 하지만 어린 시절부터 김용원은 범상하지 않았다. 예리한 눈초리와 뚜렷하게 각이 진 얼굴이 주는 인상이 강한 자존심과 함께 쉽게 꺾이지 않을 고집의 소유자라는 것을 말해줬다. 그래서 어릴 적부터 '바우'라는 별명으로 불렸는데, 본인도 맘에 들었던지 뒷날 스스로 아호로 삼기도 했다. 김용원은 초등학교 재학시절 쟁쟁한 일본 학생들을 제치고 2등을 할 정도로 공부를 잘했다고 한다.

태평양전쟁에서 일본의 패망이 기정사실이 되고 있던 1945년, 김용원 일가는 교토를 떠나 미군의 폭격이 없는 시골 마을들을 찾아다니며 구걸하다시피 살아야 했다. 천황의 항복 선언에 혼이 빠진 일본인들과는 달리 김용원 일가는 일제 패망 소식을 듣자마자, 서둘러 귀국한다. 남루했지만 그동안 모아둔 살림살이를 하나라도 더 챙겨 고향땅 경남 함안으로 서둘러 귀향했다.

고향에 정착하기

김용원의 제적등본을 보면 '경남 함안군 군북면 수곡리 21번지'가 본적지로 기재되어 있다. 김용원의 가족은 희망으로 가득 찬 고향으로 돌아왔다. 조국을 떠날 때는 망국의 유민이었으나 돌아올 때는 해방된 나라, 조선의 떳떳한 백성일 터였다. 얼마나 가슴이 설렜을 것인가.

> "돌아오네 / 돌아오네 / 고국산천 찾아서 / 얼마나 그렸던가 무궁화 꽃을 / 갈매기야 / 웃어라. 파도야 춤춰라 / 귀국선 뱃머리에 희망도 크다."

재일 조선인들을 실은 '귀국선'이 뱃고동을 울리며 부산항에 들어올 때의 감격은 이처럼 감격적인 가사를 가진 노래로도 불리었다. 하지만 해방된 조국에서 아무리 힘들어도 돈 벌어 보란 듯이 살아가리라는 꿈은 한낱 일장춘몽에 불과했다.

김용원이 일본에 돌아와 머물렀던 함안군 군북면 수곡리는 진주에서 흘러나온 남강이 낙동강과 만나는 지점에서 멀지 않은 곳이었다. 방어산(530m)에서 흘러나와 영운리를 지나 남강으로 흘러드는 영운천이 마을 앞까지 닿아 자연이 만들어놓은 굴곡진 풍경을 볼 수 있는 아름다운 곳이었다. 그러나 일제 치하에서 고통스러운 35년의 시절을 보냈지만, 조선인들은 이집트에서 나와 30년 광야를 헤매던 이스라엘 민족처럼 젖과 꿀이 흐르는 가나안 땅을 만날 수는 없었다. 해방되었으나 수곡리 농부들의 삶은

375

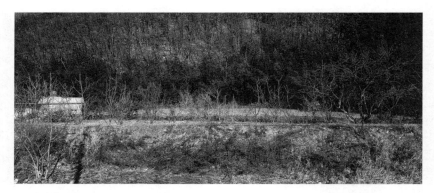

▲ 경남 함안군 군북면 수곡리 21번지의 김용원 생가터 사진. 현재 집터는 밭으로 변해 버렸고 집 뒤에 심어져 있던 대나무밭만 남겨져 있다. (2020년 촬영)

녹록지 않았다.

　가장 큰 어려움은 쌀이었다. 일제는 농산물의 수탈을 위해 쌀 수매정책을 펴면서 쌀값을 통제하였는데, 해방되자 미군정이 쌀값을 시장에 맡기고 매매도 자유화해버렸다. 쌀이 시장에 풀리자 매점매석이 판을 치면서 쌀값은 천정부지로 올랐다. 심지어는 미군정에 줄을 댄 정상모리배들은 쌀을 일본으로까지 밀수출해 이득을 챙겼다고 한다. 결국, 쌀을 생산하는 농민들조차도 쌀을 구할 수 없을 정도로 쌀이 귀하게 되어버렸다. 일제의 강제공출이 사라졌는데도 쌀을 구할 수 없는 어처구니없는 상황이 되어버린 것이다. 하는 수 없이 미군정은 다음 해 수매정책으로 돌아서게 된다. 하지만 미군정의 수매정책에도 불구하고 식량난은 계속되었다. 1946년이 되면 경남지역에서는 미군정의 정책에 반발해 강진·문갑송·한진식 등이 나서서 '인민해방군'을 조직하여 무력투쟁을 벌인다.

　해방의 기쁨을 안고 고향으로 돌아온 김용원의 일가는 배고픈 함안 땅에 더 머무를 수가 없었다. 결국 김용원의 일가족은 부산으로 가기로 결정한다. 온 가족은 해방 전 교토에서 그랬듯이 죽기 살기로 몸부림치며 생존의 터전을 마련한다. 부산에서의 삶은 함안에서보다는 조금 나아졌다. 해방된 부산은 당시 해외의 동포들이 속속들이 부산항을 통해 입국하면서 성장하고 있던 도시였다. 농사 외에는 할 것이 없었던 함안과는 달리 부산은 작은 돈벌이라도 할 수 있는 일자리가 있었다. 온 가족이 부지런히 일해 어느 정도의 돈을 쥐게 되자, 일가는 다시 고향 땅으로 돌아가려 했다. 하지만 고향의 사정이 어떨지 모르는 상태에서 부산에서 마련한 터전을 버리고 무작정 다시 함안으로 돌아갈 수는 없었다. 그래서 모친 최명임은 장남 상만을 부산에 남겨 얻어놓은 일터를 지키게 하고, 김용원을 비롯한 나머지 가족들을 데리고 고향 함안으로 돌아왔다.

그렇게 자신의 본적지로 다시 돌아온 김용원은 열세 살 되던 1947년 3월, 월촌국민학교 3학년에 다니게 된다. 정상적으로 입학한 급우들보다 2년이 늦은 셈이었다. 늦은 나이는 그리 문제가 되지 않았다. 당시에는 나이를 먹고 학교에 들어오는 학생들이 많았다. 수곡리에서 남강변 월촌리에 있는 학교까지 가는 길은 십 리 길이었다. 성적은 일본에서처럼 우수했다.

1948년이 되자 미군정과 이승만은 남한만의 단독정부를 수립하기 위해 5·10 선거를 강행하고자 다양한 정치공작을 펼친다. 이에 반대하는 김구를 비롯한 단독정부 반대세력은 5·10 선거 불참운동을 벌였다. 이 과정에서 많은 사람이 다치거나 죽었다. 실제로 이때 김용원의 집으로 숨어든 사람이 있어 도움을 주기도 했다고 한다. 이 무렵에 불행하게도 김용원의 셋째 형 동곤이 행방불명된다. 이에 대해 주변인들은 '농민 무장대와 함께 산으로 들어갔을 수도 있고, 좌우익간의 충돌과정에서 사망했을 수도 있다'고 한다. 그렇게 친족이나 지인 중엔 동곤의 정확한 생사 여부를 알 수 있는 사람은 없었다. 장남 상남의 제적등본에는 동곤은 '1951년 1월 1일 ○○지구 전투에서 사망. 서기 1957년 1월 21일 동거자 최명임 신고'라고 나온다. 어머니는 아무리 기다려도 돌아오지 않는 아들을 잊어보려고 '전쟁 중에 사망한 것'으로 기록해 둔 것이다. 가족들은 모친 앞에서는 아들 동곤의 이야기조차 꺼낼 수 없었다. 모친 최명임은 평생 그 아들이 돌아오길 기다리다 삶을 마쳤다. 김용원도 일본에서 힘든 시기를 함께 보낸 형제였기에 더욱더 잊을 수 없는 일이 되고 말았다.

부산으로 유학

초등학교를 졸업하자 김용원은 가족의 허락하에 장남 상만이 사는 부산으로 가 수재들만 다닌다는 부산중학교 입학시험에 응시해 합격한다. 아직 전쟁 중이고 가정형편을 생각하면 상급학교 진학은 분에 넘쳤지만, 아버지 김양한은 영특한 막내아들의 재능을 살려주고자 큰 도시로 유학을 보내기로 결단을 내린 것이다.

참 숨 막히도록 바쁜 성장기였다. 스무 살이 되기도 전 김용원은 부산과 인연을 맺은 게 벌써 세 번이나 되었다. 해방 후 일본에서 귀환할 때 한 번, 함안으로 귀향 후 배고픔에 다시 두 번째로 부산을 찾았고, 전쟁 시기에는 공부를 위해 세 번째로 부산을 찾은 것이다.

부산중학교 시절 학생들은 한국전쟁으로 교사가 연합군에 징발당해 수정동 철도배수지 비탈에 천막교사를 지어 그곳에서 수업을 받았다. 멀리 오륙도가 보이고 부산항에는 군수물자를 실은 수송선으로 가득 찼다. 외국 선박이 가득한 부산항을 바라보며 영어를 배우니 어린 학생들은 이국적인 정서로 가득 차 있었다. 김용원는 부산중학교를 졸업하고 부산고등학교에 입학한다.

부산고등학교 교장이던 연각 김하득(1904~1981)은 부산 출신으로 동래고보와 수원고등농림학교를 졸업하고, 함경북도 함흥 영생고등여학교와 영생중학교에서 교사로 12년간 재직하며, 특별하게 부전호의 민물고기를 연구했다. 일제가 창씨개명을 하고 학교에서는 일본어만 사용하도록 했지만, 김 교장은 이름은 고유명사라며 학생들의 조선어 이름을 계속 불러주었다고 한다.

부산고등학교

당시 부산고등학교에는 유능한 선생들이 많았다. 먼저 부산고등학교 교가를 지은 윤이상(1917~1995)이다. 윤이상은 전쟁이 끝나고 서울대 예술학부 교수로 옮겨가기 전까지 2년간 부산고등학교에 재직했다. 음악수업을 하기에는 부족한 군용 천막교사였지만, 어렵게 음악감상실을 만들어 수준 높은 음악수업을 진행했다. 당시 부산고등학교에는 윤 선생처럼 수준 높은 선생들이 넘쳐났다.

벽사 이우성(1925~2017) 선생은 경남 밀양에서 태어나 한학을 배우고 평생 국학연구에 매진하여 '한국학의 거목'으로 불린다. 벽사 선생은 재직시절 동양사를 가르쳤다. 학생들에게는 고전소설을 구수한 입담으로 재미난 이야기로 꾸며 인기가 아주 높았다고 한다. 벽사 선생과 김용원과의 일화도 있다. 부산고 1학년 때의 이야기다.

그날은 벽사 이우성 선생님의 '동양사' 시간이었다. 선생님의 강의는 마치 책의 내용을 그대로 외워 읽는 듯, 90분 내내 진행되는 강의 도중 불필요한 허사라고는 한마디도 들어볼 수 없는, 언제 들어봐도 완벽 그 자체였다. 그날 『채봉감별곡』을 들으며, 어쩌면 저렇게도 언변이 좋으실까….

선생님이 갑자기 말문을 닫더니 김용원을 노려보며 뚜벅뚜벅 걸어오시는 게 아닌가! 앞에 앉은 학생과 내가 동시에 신호를 보냈지만 김용원은 고개만 바로 들었을 뿐, 보고 있던 수학책은 숨기지 않는 것이었다. 빨리 숨기라는 뜻으로 허벅지를 툭 건드렸지만 그는 아랑곳하질 않았다.

벽사 선생이 학생에게 손찌검을 하신 것은 아마도 그날이 처음이지 마지막이었을 것이다. 당신이 정작 괘씸하게 여겼던 것은 선생이 다가감에도 불구하고 '할 테면 해보라'는 식으로 버르장머리 없이 버티었다는 것이다. 그런데 김용원의 생각은 또 달랐다. 쉬는 시간에 "왜 숨기지 않았느냐?"는 나의 질문에 대한 그의 대답은 간단했다.

"죗값을 달게 받는 게 옳지, 어떻게 거짓을 보여줄 수 있노?"
이렇듯 그는 자신의 행동에 책임을 지는 강직한 성격 이면에는
융통성이 전혀 없는 단점이 있기도 했다. (김춘복 산문집, 『그날
이 올 때까지』, 2018)

김용원에게 검정고시를 보라고 권유했던 하점생(1920~1992) 선생은
교감이었다. 서울로 올라와 문교부 장학관과 용산고등학교 교장을 하다가
1970년 서울특별시 교육감에 취임한다. 그 시기에 김용원이 서울시 교사
특별 채용시험에 합격하자, 경기여고 교사로 추천한다.

이재호(1920~2016) 선생은 국사를 가르쳤다. 이후 이 선생은 부산대
와 한국정신문화연구원에서 재직하였으며, 평생 유학을 연구하였다. 1955
년 부산고로 오기 전 재직하던 마산고 제자 중에 강만길과 이만열 등 유수
한 역사학자들이 있다.

이상근(1922~2000) 선생은 윤이상 선생이 후임이었다. 이 선생은
가곡, 연가곡, 피아노곡, 교향곡 등 숱한 음악을 만들어 한때 '한국의 차이
코프스키'로 불렸다. 부산고 재직 이후에는 부산대 예술대학장을 맡았다.

송영각 선생은 서양사와 독일어를 가르쳤다. 송 선생은 경성제대 예과
출신으로 1946년 서울대 국대안(국립대학안) 반대운동을 하다가 퇴학당
한 전력을 가진 사람이었다. 황해도 옹진군 북면 화신리에서 태어난 송 선
생은 제자들에게 통일의 중요성을 강조하며, "만일 통일에 필요하다면 나는
내 고향에 있는 전 재산을 모두 내놓을 수 있습니다."라고 학생들에게 호소
했다고 한다.

김용원은 비록 검정고시를 택해 졸업은 못 했지만 이처럼 명문고의 훌륭한 교사들 아래서 지적인 분위기를 익히며 배움의 기틀을 다질 수 있었던 것은 그에게 확실히 행운이었다.

김춘복·김금수와의 인연

훗날 민족문학작가회의 고문을 맡게 되는 김춘복은 김용원의 부산중과 부산고 동기동창이다. 하지만 그가 김용원을 알게 된 것은 고1 때 김용원과 같은 반이 되면서부터였다. 그는 김용원의 '짝꿍'이었다. 김춘복은 김용원보다 세 살 아래였지만 김용원은 나이 많은 티를 전혀 내지 않았다. 또한, 소박했던 김용원은 김춘복 말고도 세 살 어린 급우들과도 전혀 어색하지 않게 어울렸다. 덩치가 컸던 둘은 수업시간 선생님들의 눈을 피해 '딴짓'하기 딱 좋은 교실 맨 뒷자리에 자리를 잡았다. 그 딴짓이란 김용원은 미술·음악·체육 같은 시간에는 검정고시에 필요한 영어나 수학책을 들여다보는 것이고, 김춘복은 국어·영어·동양사 시간을 빼고 나머지 시간에는 소설책을 읽는 것이다.

김춘복은 문예반원이었다. 문예반에는 김춘복 말고도 김용원과 둘도 없는 친구인 김태수도 있었다. 만약 김용원이 검정고시에 뜻을 두지 않았다면 김용원도 문예반원이 되었을는지도 모른다. 김춘복이 쓴 글에 이런 내용이 나온다.

문예반에는 김춘복, 김태수, 정구영, 이영찬 등이 있었고, 경남 고에는 김준오, 김재성, 김중하 등이 모였다. 무슨 격렬한 토론을 하거나 도통 종잡을 수 없는 이야기들로 시간을 보내다가 그것이 시들해지면 탁주를 사다 마시고 그러다가 신명이 나면 송도 해변으로 가 어슬렁거렸고, 그래도 열이 식지 않으면 자갈치 시장 꼼장어 집에 들렀다. 바다에 나무 기둥을 세우고 길바닥보다 네댓 자 낮추어 지은 판잣집, 두어 계단 내려앉으면 널빤지 틈새로 바닷물이 찰싹거리고 일어설 수도 없었던 가게, 주머니 사정이 다들 형편없을 때여서 여기에서는 푸짐할 수는 없었지만, 술만 취하면 고함을 질러대는 춘복이, 술이 센 영찬이는 술을 더 부르고, 그때만 해도 고등학생이 술을 먹는다는 건 언감생심 항시 시내 순찰을 돌며 교외지도를 하던 훈육부 선생님들에게 들키기라도 하는 날엔 영락없이 정학 처분을 당하는 판인데, 우리는 조바심도 없이 그러고 다녔다. (연찬에 겨운 배들—졸업 50돌 기념문집, 부산중고 10회 동기회, 55쪽)

김춘복은 김태수와 함께 영주동 뒷산 비탈에 있는 김용원의 집으로 자주 찾아갔다. 당시 김용원은 택시기사인 큰 형님 댁에 기거하고 있었다. 그 집은 울타리 없는 집들이 게딱지처럼 다닥다닥 붙어 있는 '날림집'이었다. 게다가 공동변소를 사용하는 탓에 아침이면 20~30명씩 줄을 서 기다려야 했다. 하지만 형님 내외는 이들이 수시로 드나들어도 귀찮아하지 않고 아주 반갑게 맞아주었다. 또한, 후덕하게 생긴 형수님은 세숫대야만 한 큰

양푼에다 흰 쌀밥을 고봉으로 차려주었고, 밤이 되면 으레 막걸리를 사다 주시곤 했다고 한다. 그러니 이들 삼총사가 찾아오지 않을 수 없었다.

김춘복은 김용원이 간첩죄로 사형을 당한 후에도 평생을 그를 잊지 않고 살았다. 그래서 그는 그가 부산고 동기들의 문집인 『연찬에 겨운 배들』(2007)의 편집 책임자가 되었을 때, 문집 마지막 장에 '작고한 동문'들 명단을 적으면서 동기 중 누구도 기억하기 어려워했던 김용원의 이름을 같이 올렸다. 김춘복의 기억 중에는 김용원의 타고난 분별력을 보여주는 일화가 하나 있다.

어느 날 물리 선생이 "인간은 생존을 위해 자연을 정복해왔다."라고 말하자 그는 두고두고 "말도 안 된다. 인간이 자연을 정복하다니, 위대한 자연을 감히 어떻게 인간이 정복할 수 있단 말이고? 정복하는 기이 아니라 이용하는 기라, 이용!"이라고 말했다. 70년 전 고등학교 1학년 학생이 선생을 비판해가며 말하기에는 쉽지 않은 이야기다. 정복자라면 이득을 취하기 위해 자연을 수탈하고 파괴하겠지만, 이용자는 언젠가는 다시 돌려줘야 하기 때문에 필요한 이익만큼 취득한 후에는 자연 그대로 되돌려 놔야 한다는 것이다. 무분별한 자연 개발로 생존의 위기를 느끼고 있는 현재 인류의 모습을 김용원은 이미 어린 나이에 꿰뚫고 있었다.

부산고등학교 한 해 선배 김금수는 1954년 부산사범 이수병과 경남공고 박중기 등과 함께 부산지역 고교생 사회과학 서클 '암장'을 결성한다. 김금수는 김용원보다 나이가 한 살 적지만, 김용원의 입학이 늦어진 탓에 기수로는 1년 선배였다. 이들은 활동이 일 년이 넘어서자 자신들이 졸업한 후에도 암장의 역할을 이어갈 후배들이 필요했다. 그래서 김금수는 자신의 후배 중에 가장 믿음직스러운 3인을 추천한다. 김용원·김태수·황영만 세 사람이었다. 하지만 김용원은 암장의 정식 멤버가 되지 못한다. 암장 회칙에는 회원은 부산시내 고등학교 2학년으로 구성한다고 되어 있었다. 그것은 3학년이 되면 진학문제로 암장 활동을 못하기 때문이었다. 2학년이 된 김용원은 자격은 갖췄지만, 검정고시를 보기 위해 학교를 그만두는 바람에 정식 멤버가 되지 못한 것이다. 그럼에도 기회가 있을 때마다 암장 회원들을 만나 사회의식을 공유하는 각별한 사이들이었다. 그것은 김춘복의 기억에서도 확인할 수 있다.

> 용원이는 거나하게 술에 취하면 암장단가로 불리던 노래를 자주 불렀어요. 그 노래는 그 당시에 크게 유행했던 일본 가요 〈구모가 유꾸(구름이 간다)〉를 노가바한 것이었는데, 경쾌하고 신나는 가락에다 현장감이 있어 나도 곧잘 따라 부르곤 했죠.(김춘복 인터뷰, 『바우 김용원에 대한 기억』, 2019)

김용원이 막걸리 한두 잔에 거나해지면 암장단가를 흥겹게 부르던 것을 김춘복은 70여 년이 지난 지금도 기억하고 있었다.

대입 검정고시

김용원은 하점생 선생의 조언대로 1955년(단기 4288년) 8월에 문교부에

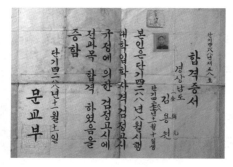

본인은 단기4288년 8월 시행
대학입학자격검정고시
규정에 의한 검정고시에
전과목 합격 하였음을
증함
단기4288년 11월 11일

합격증서
경상남도
김용원

문교부

▲ 김용원의 검정고시 합격증

서 실시하는 대학 입학 자격 검정고시를 보았다. 합격 발표는 그해 11월 11일이었다.

김용원은 검정고시에 수석합격한다. 그리고 다음 해 서울대 물리학과에 입학한다. 당시 서울대 물리학과는 법대나 의학계열보다 더 인정해주는, 대한민국 최고의 수재들이 들어가는 학과였다. 그가 힘든 삶의 역경을 딛고 서울대 물리학과에 입학하자, 김하득 교장은 그를 《국제신문》으로 데려가 기사화해 달라고 부탁한다. 고향 함안 집에서도 큰 경사가 났다고 좋아들 했다. 김용원은 곧 '함안 천재'로 불린다.

1956년 초 서울에는 암장 회원 박중기와 이영호가 한 해 전에 먼저 올라와 있었다. 박중기는 건국대학교 정치학과, 이영호는 서울대학교 철학과에 재학 중이었다. 그들은 성균관대학교 경제학과에 합격한 김금수와 암장 회원이 될 뻔했던 김용원이 상경을 하게 되니 너무도 반가웠다. 이제 암장의 맥줄이 서울까지 뻗어나게 되었다.

서울대 물리학과 첫 학기는 그해 4월 1일에 시작되었다. 그런데 '인생은 새옹지마'라는 말도 있듯이 그에게 불행은 너무나 빨리 다가왔다.

첫 번째 구속

김용원이 서울대에 입학한 1956년은 3대 대통령 선거와 4대 부통령 선거가 있는 해였다. 실정을 거듭하던 이승만이 1950년 발췌 개헌으로 재선을 하더니, 이번에도 3선을 금지하는 헌법을 개정하여 대통령직을 연장하려 했다. 이승만과 자유당 세력은 수학적 상식에도 맞지 않는 '사사오입 개헌'이란 부당한 방법으로 3선 금지 조항을 폐지하려 했다.

사실 이승만 집권 시절에 선거는 무의미했다. 이승만을 대통령 자리에 계속 앉히려는 요식행위에 불과했다. 그런데 그해 3월이 되면서 민주당의 '못 살겠다. 갈아보자!'라는 구호가 시민들의 절박한 심정에 먹히기 시작한 것이다. 날이 갈수록 민주당 유세장에 많은 시민이 몰려들었다. 유세장은 한강 모래사장이었다. 당시 한강은 지금의 한강과는 매우 달랐다. 상류에는 팔당댐이 없었고, 지금처럼 잠실과 행주산성 근처에 수중보도 없어 4~5월 건기에는 흑석동 쪽으로 개울처럼 좁게 흘러 모래톱이 한강 너비에 8할이나 되었다. 그러니 한강 인도교에서 내려다본 유세장 광경은 실로 장관이었다.

대선이 시작되자 야권에서는 후보 단일화운동을 추진한다. 단일화만 합의가 되면 아무리 이승만이라고 해도 이길 수 없는 분위기가 조성될 것이 뻔했다. 부패한 정권 교체를 바라는 국민의 기대에 부응이라도 하듯 민주당 후보 신익희와 신예의 진보당(당시에는 창당추진위원회) 후보 조봉암은 선거 20일 전인 4월 25일 만나, 신익희를 야권 단일 후보로 선출하기로 합의한다.

그러다 운명의 5월 5일이 밝았다. 그날 새벽 부통령 후보 장면과 함께 전북 이리시(현재 익산) 유세를 위해 호남선을 타고 내려가던 신익희가 그만 뇌출혈로 사망하고 만다. 그리고 그의 시신은 오후 4시경 서울역에 도착하였다. 이 소식을 들은 많은 지지자들이 서울역으로 몰려들었다. 그들은 독살을 의심하지 않을 수 없었다. 삼 일 전만 해도 한강 모래사장에서 20여만 명의 군중 앞에서 힘차게 연설을 행했던, 아직 자연사하기에

▲ 신익희 서거시위로 김용원에게 구속영장이 발부되었다고 보도한 신문 기사(《경향신문》 1956년 5월 9일 자)

는 이른 64세의 정치인이 죽었다는 소식을 믿을 수 없었기 때문이다. 때마침 비도 내리기 시작했다. 하늘이 울고 땅이 우는 것 같았다. 운구는 효자동 자택으로 향했다. 그런데 운구행렬이 경무대 근처에 이르자, 운구행렬을 따르던 시민들 중 일부가 '이승만 정권을 타도하자'라는 구호를 외치며 경무대로 향했다. 이 과정에서 이를 저지하는 경찰과 충돌하여 경찰의 발포로 사망 1명을 포함하여 9명의 사상자를 냈으며, 7백여 명을 연행하여 4백여 명을 구속하였다. 구속된 사람들 중에 서울대 1학년생 김용원도 있었다. 그는

388

시경으로 끌려가 소요죄로 영장이 발부되어 구속되었다가 같은 달 12일 석방되었다. 이날 일에 대해 박중기는 이렇게 적었다.

어느 날 둘만 있을 때 '5월 5일'의 경위를 물어봤다. 수업 끝나고 꽤나 많은 학생이 누구랄 것 없이 운구차가 오는 광화문 쪽으로 몰려가다가 운구행렬을 만났다. 그러나 진짜 운구차는 어디 있는지 인파에 가려 알 수 없었고, 거리를 메운 엄청난 인파만 홍수처럼 밀려갔다. 거리에는 기마경찰과 기동경찰의 호루라기 소리와 저지에도 아랑곳하지 않고 움직였고, 그 인파에 밀려 생각 없이 묻혀 가다가 중앙청 앞 근처에서 갑자기 콩 볶는 듯한 총소리가 났고, 앞에서부터 동요가 일더니 경찰이 사방에서 덮쳐 몽둥이 타작을 해댔다. 군중 속에서 벗어나려 애를 썼는데도 그때 잡혀 연행됐다고 한다. 종로서로 연행됐는데, 무슨 물음에 즉답을 안 한다고 경찰봉으로 마구 패고 구둣발에 복부를 차였는데 의식을 잃었다는 것. 어떻게 깨어났는지도 모르며, 통증과 냉기 때문에 꼬박 밤을 새웠는데 지옥이 따로 없더라고 이야기했다. 그래서 나는 용원이에게 '그럴 때는 당할 때 당하더라도 앞뒤 가릴 거 없이 36계 놔야지. 자칫 개죽음당해! 너 고향에서 2·7 구국투쟁하고 6·25 전쟁 때 안 봤나? 경찰서 잡혀가서 성해 오는 놈 봤나? 잘못하다가는 객지에서 개죽음당하는 수가 있어. 그만하기 다행이다.'라는 말로 그 이야기는 맺었다. (박중기 인터뷰, 『바우 김용원에 대한 기억』, 2018)

389

어쨌든 며칠간의 투옥 경험이 김용원에게는 커다란 상처가 되었다. 입학한 지 한 달 만에 경찰들에게 끌려가 뭇매를 맞는 과정에서 평생 느껴 보지 못한 굴욕감도 느꼈을 것이고, 더더욱 착실하게 공부에만 매진하여 민족과 국가에 힘이 되는 물리학자로 성장하겠다는 꿈에 커다란 생채기가 난 것이다.

장학금

효성물산 창업주 조홍제는 '함안 조씨'이다. 조홍제의 부친 조용돈은 함안의 대지주였다. 조홍제는 어려서 집안에 머물며 한학만을 배우다가 16세인 1922년에 중앙고보에 입학한다. 1926년 중앙고보생들이 선두에 선 6·10 만세운동이 벌어지자 여기에 참여하였다가 일제경찰에 체포되어 옥살이를 한다. 이후 일본에서 유학을 한 뒤 귀국하여 1940년에는 함안군 군북 금융조합장을 하다가 해방을 맞이한다. 1948년 삼성물산의 이병철과 동업하여 사업가의 길을 걷기 시작한다. 삼성물산 부사장이 된 조홍제는 육영 사업을 명목으로 함안 출신의 대학생과 고등학생에게 장학금을 주었다. 많이 줄 때는 대학생 70여 명과 고등학생 300여 명의 학비를 전액 지급했다고 하니 당시로써는 규모가 큰 장학회였다. 하지만 장학회의 이름을 정하지 않아 장학생들이 스스로 '영남장학회'라고 불렀다고 한다.

장학금을 받은 김용원은 박중기와 살던 자취방의 생활비에 보탰다. 그런데 어느 날부터 김용원은 장학금을 받지 않게 된다. 그 사연을 박중기

390

는 이렇게 이야기한다.

> 내가 원래 상대를 부담스럽게 하는 걸 평생을 하지 않는데, 그때
> 만큼은 안 되겠더라고 '이유가 있겠지' 하면서도 생활이 너무 어
> 려우니, 용원이에게 넌지시 물어봤다. '용원이 너 장학금 타는
> 거 언제 타냐?', '돈이 없느냐?'라고 물었다. 그랬더니 '형 나 이제
> 안 가요'한다. 대학 입학하자마자부터 타는 것으로 아는데 안 간
> 다니, 더 궁금해서 다시 물었다. '왜 안 가는데?' 그랬더니 '형도
> 아시다시피 1학년 2학기부터 공부를 안 했잖아요. 아무리 그래
> 도 내가 속이고 돈 받으러 갈 양심이 안 됩니다.' 그래서 발 끊은
> 지 2개월이 됐다고 했다. (박중기 인터뷰, 『바우 김용원에 대한
> 기억』, 2018)

이 말을 들은 박중기는 궁벽한 처지도 처지지만 김용원의 성품에 감
동하게 된다. 웬만하면 시치미를 떼고 가서 타는 것이 보통일 텐데 김용원
은 자신의 어려움보다 스스로 당당한 정직함을 택한 것이다.

휴학과 입대

> 지난 겨울은 정말 최악이었다. 둘이서 굶기를 밥 먹듯 했으니….
> 그래도 우리의 자취방은 명륜동, 혜화동, 낙산동으로 옮겨 다니

며 우리 주변 사람들의 '쉼터' 역할을 한 것 같다. 직장이나 가정교사라도 하다가 그만두게 되면 다시 자리가 얻어질 때까지 우리에게 와서 동거했고, 따로 자취하거나 하숙을 하다가 며칠간의 공백이 생기면 우리 방으로 찾아왔다. 그러니까 식량 비용이 꽤 많이 들었다. 그때 찬이라고 하는 게 뭐 김치도 없고 김치도 파는 집 없으니까 콩나물, 소금, 고춧가루, 멸치 이게 다야. 멸치 가지고 콩나물국 끓인 날은 생일날이고 […] 리어카에 싣고 다니는 간장 장사가 있었다. 정종 병에 담긴 색소 간장인데, 그걸 사면 김용원은 그것도 헤프게 먹는다고 거기에 또 소금을 타 더 짜게 만들었다. 근데도 금세 없어졌다. (박중기 인터뷰, 『바우 김용원에 대한 기억』, 2018)

여유로운 사람들에게는 아무것도 아니겠지만 고학생들에게 한 푼은 그 어느 것보다 소중한 것이다. 이런 상황인데 김용원의 장학금도 사라지고, 서울대 도서관에서 도서 정리를 하는 아르바이트로 생활비를 보태던 박중기마저도 입대를 하게 된다. 군미필자이다 보니 도서관 일을 더 이상 할 수 없게 된 것이다. 이들 고학생의 주머니 사정은 더욱 나빠졌다. 부산 지역 출신 서울 유학생의 외로운 타향살이를 그나마 극복해주던 김용원의 자취방은 현실적으로 꾸려나가기 힘들어졌다. 박중기는 입 하나라도 덜기 위해 그해 3월 5일 입대한다. 박중기는 경기도 포천, 양주, 연천 등 한탄강 수역에 위치한 8사단에서 근무하다가 사월혁명이 발발한 1960년 12월에 제대한다.

중기 형님이 입대하게 됨에 따라 명륜동의 자취방은 그리 오래 가지 못했다. 입대에 앞서 중기 형님은 전석담이 번역한 마르크스의 『자본론』과 『철학의 빈곤』, 엥겔스의 『반 뒤링론』, 레닌의 『유물론과 경험비판론』 등을 내게 건네주며 말했다. '그동안 용원이가 보던 책들인데, 더 보관했다간 언제 무슨 변고를 당할지 모르니, 춘복이 니가 잘 보관해 두었다가 뒷날 돌려다오.' 그런데 나는 그 책들 가운데 어느 한 권도 읽어보지 않은 채, 그 뒤의 행방이 어떻게 되었는지 전혀 기억에 남아있질 않다. 주부식의 공급원이었던 중기 형님의 입대와 동시에 나머지 세 명이 가정교사로, 또는 다른 친구들과 어울려 자취생활을 하게 됨에 따라 나는 더는 명륜동에 가서 그들과 어울릴 수 없게 되었다. 그 대신에 김용원과 김태수가 미아리에 있는 내 자취방으로 뻔질나게 드나들었다. (김춘복 인터뷰, 『바우 김용원에 대한 기억』, 2019)

1958년은 부산에서 올라온 고학생 그룹에게는 참으로 힘든 한 해였다. 박중기가 훈련소를 거쳐 후반기 교육을 마치고 연천군에 있는 부대에 배속된 후 적응과정 훈련도 끝나고 행정반 서무로 보직이 떨어지자, 그해 9월 첫 외출을 나온다. 그러나 자취방 식구들은 모두 흩어진 뒤였다. 그는 하숙하던 김금수만 겨우 만나고 이영호·김용원·김태수·황영만 등은 만나지 못한 채 귀대한다. 휴학계를 내고 친구들의 자취방을 떠돌던 김용원도 그해 12월 5일에 입대하였다.

1959년이 되자 부산에서 올라온 고학생들의 서울 거점 쉼터가 새롭게 만들어진다. 암장 창립의 입안자인 이수병이 신흥대학교 경제학과에 편입학하여 올라온 것이다. 이때의 소식을 박중기는 이렇게 이야기한다.

2월경쯤 이수병이 신흥대(현 경희대)로 편입했다기에 상관에게 특별히 부탁하여 휴가를 얻어 서울로 나왔다. 이미 본인 손으로 서울 살림을 다 꾸려 놓고 있었다. 내가 도울 일은 별로 없었다. 오랜만에 만남이었기에 밤새워 못다한 이야기를 나눴다. 5월에 다시 휴가를 받아 나왔다. 부대에 내 사정을 잘 아는 상관에는 서울에 머무는 후배들의 생활고 이야기를 했더니 부대 식량 중에 일부를 반출해 가져다 줘도 좋다는 허락을 받았다. 그 이야기를 이수병에게 전달했다. '한 달에 2~3차례 정도 약간의 식량을 보낼 테니 굶지 말고 지내라. 밥이 없으면 외상으로라도 사다 먹어라. 내가 휴가 나오면 갚아 줄 테니, 객지에 와서 주눅 들면 안 된다.'라고 말해 주었다. 6월에 다시 휴가를 나왔다. 이문동 이수병 자취방으로 갔더니 이영호와 김태수가 기거하고 있었다. 그날 반가운 소식은 김용원이 첫 휴가를 받아 이곳 자취방을 다녀갔다는 것이다. 그도 제대하면 머물 곳이 생겼다며 신나게 이야기하다 복귀했다고 한다. 다만 '얼굴은 괜찮은데 옷이 엉망이더라', '사단 소총소대에 배치됐는데 꽤나 힘든 모양이다. 대신 SO(대학생 군인)는 복무기간이 짧다' 내년 5월이면 제대를 한다고 한다. 내가 먼저 들어갔는데 나보다 몇 개월 더 빨리 제대하

는 셈이다. (박중기 인터뷰, 『바우 김용원에 대한 기억』, 2018)

김용원과 박중기가 첫 휴가를 받아 나왔던 그 시절 짤막한 일화가 있었다. 휴가를 나온 박중기가 그 시절에는 쉽게 구할 수 없는 꽁치 간스매(통조림의 일어 발음) 몇 개를 가져갔더니, 이영호가 받아서는 배고팠던지 데우지도 않고 날것으로 먹었다. 그래서 박중기가 "야 임마 빈속에 설사한다." 했더니, "그건 먹은 다음 이야기란다."하고 받아쳤다. 그 소리에 자취방에 있던 모두가 웃고 말았다고 한다. 순수하고 헐벗은 청춘이 그들에게도 있었다.

혁명과 쿠데타

김용원은 1년 6개월의 학도병(SO) 복무기한을 마치고 1960년 5월에 제대했다. 그 뒤 함안의 고향 집에서 잠시 휴식을 취한 뒤 서울로 올라와 9월에 복학한다. 그리고 이수병의 이문동 자취방에서 다시 대학생활을 시작한다.

휴학과 군복무를 마치고 2년 6개월 만에 학교에 복학한 김용원의 1960년 2학기 성적표를 보면, '교사론'이 등장한다. 또 1961년 1학기와 2학기에도 교육관련 이수과목 '교육원리', '교육심리학', '교육사' 등이 등장한다. 그리고 졸업 학기인 1962년도 2학기에는 교육 관련 이수과목이 3개나 된다. 즉, 휴지기 동안 김용원은 학교를 졸업한 후에 교사가 되기로 결심한 것이다. 그렇게 새로운 인생 계획을 설계했다.

그런데 그의 제대에 앞서 발발한 사월혁명은 그에게 또 다른 심리적 충격과 갈등을 심어주었다. 이 시기 김용원과 함께 자취했던 김정위의 증언을 들어보자.

> 1960년 4월의 학생혁명에서 1961년 5·16 쿠데타까지 약 13개월 동안은 통일에 대한 열기가 공개적으로 노출된 시기였다. 또 이 기간에 이수병과 박중기 두 선생에게는 사회활동을 개시한 시기였기도 했다. […] 결국 이 두 친구는 사월혁명 이후의 어수선한 사회분위기 속에서 이렇게 30살도 안 된 젊은 나이에, 소위 통일운동에 뛰어들었던 것으로 짐작된다. 나에게는 이 두 막역한 친구가 이렇게 엄청난 사회활동에 참여한 것에 대해 부러운 눈길과 고마운 마음을 동시에 가지고 있었다. 동시에 학업이란 지루한 정상생활에서 벗어나지 못하고 있는 답답한 내 처지가 괴롭기도 하였다. 또 다른 한편으로는 생활비 마련과도 씨름하면서 세월의 흐름을 안타까운 마음으로 보고만 지냈다. (발간위원회, 『헌쇠 80년』, 「내 곁의 우뚝한 친구 박중기 선생」, 2013)

졸업 후 교사가 되리라 결심했던 김용원은 암장 친구들이 사월혁명을 계기로 통일운동을 벌이자 자신도 참여할지 여부를 판단하는 데 시간이 걸렸다. 그런데 그만 5·16 쿠데타가 일어나는 바람에 더 이상 고민을 할 수 없게 된다.

고등학교 암장 시절부터 함께한 이수병이 구속되었지만, 면회는 갈 수가 없었다. 다만 서대문형무소로 옮겨지기 전, 청량리서 경찰들에게 조사받을 때 얼굴은 본 적이 있다. 그때 체포된 사람이 많다 보니 경찰서 유치장에 다 가둘 수 없으니까 임시적으로 용두동에 있는 서울사범대학 교사에 가둬둔 적이 있었다. 그곳에 있을 때는 건물 밖에서 '수병아' 하고 소리를 지르면 창문 틈으로 내다보고 대화를 할 수는 있었다. 같이 자취하던 이영호는 자주 그렇게 찾아갔다. 그리고 경남 의령에서 이수병의 부친이 면회를 오면 우리 자취방으로 찾아오셨다. 면회장으로 안내도 해드리고. 그러나 가족 외에는 면회를 금지하고 있어서 나는 이수병을 볼 수 없었다. [······] 그리고 우리 사범학교 친구들끼리 돈도 모아서 영치금으로 넣어주고 그랬다. 지금 돈으로 한 3, 4만 원 정도 된 것 같다. (김정위 인터뷰,『바우 김용원에 대한 기억』, 2019)

김용원은 다시 암장 친구들과 헤어진다. 이수병은 쿠데타 세력이 급조한 '혁명재판소'에 넘겨지어 체포된 학생 중 최고형인 15년 형을 선고받고 감옥에 수감되었다. 민민청 중앙 간사장이던 김금수는 쿠데타 세력의 추적을 피해 입대를 하고, 민자통에서 활동하던 박중기는 누님이 계시던 경북 상주로 피해갔다. 자취방에는 김용원만 홀로 남았다.

암중모색

형제 같던 동지들을 잃어버린 김용원은 이 시기 그의 아호처럼 이문동에 '바우'가 되었다. 김정위의 기억에 의하면 김용원은 가곡을 잘 불렀다고 한다. 굵직한 그의 음성이 가곡을 부르기에 딱 안성맞춤이었다고 한다. 머리가 좋아서 노랫말도 잘 외웠다고 하고, 할 일이 없거나 이수병을 비롯한 암장 동지들이 그리우면 김정위의 자취방을 찾아와 가곡을 부르며 허한 가슴을 달래곤 했다고 한다.

김용원이 잘 부르던 가곡에는 지금도 교과서에 등장하는 슈베르트의 〈세레나데〉, 이탈리아 커티스 형제가 작사·작곡한 〈돌아오라 소렌토로〉, 베르너의 〈들장미〉 등이었고 베토벤의 〈고요한 바다〉와 〈순조로운 항해〉도 잘 불렀다. 물론 앞서서 기술한 대로 암장단가도 곧잘 불렀다.

이러한 베토벤의 노래들은 김용원의 당시 처지를 대변해주었을 것이다. 가난한 시절 배고픔을 달래며 고독한 수학의 시절을 보내던 그들에게 희망은 광막한 대양에서 무언가를 기다리는 심정이었을 것이다. 그리고 사월혁명이 발발하자 그 희망을 실체가 보일 듯이 다가와 분주히 움직였으나, 5·16 쿠데타는 희끄무레하게나 보이려 하던 그 기대마저 빼앗아 가고 말았다.

김용원의 노래 실력에 대해서는 박중기의 평도 있다. 김민부가 노랫말을 쓰고 장일남이 작곡한 〈기다리는 마음〉을 잘 불렀다. 듣는 이들이 눈물이 날 정도로 노래 실력이 대단했다. 시인 김민부는 김용원의 부산고 후배다.

1963년이 되자 뿔뿔이 흩어졌던 친구들이 하나둘씩 돌아오기 시작
했다. 김금수는 제대하고 고향 땅에 머물다가 서울에 올라오고 박중기도
수배가 풀려 서울로 돌아왔다. 이수병만 여전히 영어의 몸이 되어 있었다.
이때의 상황을 박중기는 이렇게 회고한다.

> 나는 시골로 피신했다가 2차 정정법에서 해금(1963년 2월)되
> 어 서울로 올라왔다. 그리고 친척집에 기식하고 있었다. 김금수
> 와 박영섭은 쿠데타가 난 며칠 후 군에 자원입대한 것이 주효했
> 다. 김금수는 의가사 제대 혜택을 받아 아마 6~7개월 만에 제대
> 해서 고려대 대학원에 적을 두고 신설된 동아방송의 모니터 요
> 원으로 있었다. 박영섭은 카투사 부대에 근무하며 바깥을 자주
> 나다닐 수 있어서 많은 공부를 했다. 부대가 부평에 있었는데
> 외출을 나올 때면 꼭 생활에 필요한 물건을 가져다주어 유용하
> 게 썼다. 재주와 능력을 갖춘 사람이었는데 신부전증을 앓다가
> 단명하고 말았다. (박중기 인터뷰, 『바우 김용원에 대한 기억』,
> 2018)

  피신했던 박중기는 돌아와 장충동에 자취방을 마련하고 있었다. 박중
기의 자취방은 예전처럼 친구들에게 개방된 공간이었다. 어떤 때는 여인숙
처럼, 어떤 때는 토론방처럼 그의 친구들은 박중기의 자취방을 찾아왔다.
집 구조가 엉성해서 옆방 말소리가 들린다는 점이 단점이었지만, 오갈 데
없는 시골 유학생들에게는 훌륭한 거처였다. 김용원도 이곳에 잠시 기숙하

기로 한다.

　　같은 해 4월, 김용원은 고등학교 2급 정교사 자격증을 취득하게 된다. 그는 안정된 직장을 구하기 위해 교직 자리를 알아보고 있었다. 하지만 김용원이 바라는 자리는 쉽게 얻어지지 않았다. 국립대학 출신의 정교사 자격증을 가지고도 사립학교 교직 자리 하나 얻기가 쉽지 않았던 시절이었다. 소위 '빽'이 없으면 교직 하나 구하는 것도 하늘에 별 따기이던 시절이었다. 박정희는 쿠데타로 정권을 찬탈하고 나서 '실업자를 없애겠다'고 호언장담을 했지만 공염불이었다. 군정 3년이 지나도록 사회의 안정과 복리는 실현되지 않고 있었고 군 출신들의 권력 독점은 강화되고 있었다. 소위 '군바리 세상'이 되어가고 있었다. 국민들은 박정희 쿠데타 세력의 실체가 무엇인지 조금씩 깨달아가고 있었다. 그런 와중에 김용원의 암중모색의 시간은 깊어가고 있었다.

결혼과 취업

그 무렵 김용원의 훗날 부부의 연을 맺게 될 유승옥을 우연히 만나게 된다. 그의 친구 김태수가 유승옥을 소개한 것이다.

　　　　유승옥의 집은 성북동에 있었다. 좋은 집은 아니어도 아카시아가 있는 시원한 집이었다. 태수가 그 집에 머물면서 가정교사를 하고 있었는데, 유승옥을 용원이에게 소개한 것이다. 그 뒤로 용

400

원이는 처가가 될 곳이라 마음을 굳혔는지 성북동 유승옥의 집을 자주 방문하는 등 많은 공력을 들였다고 한다. (박중기 인터뷰,『바우 김용원에 대한 기억』, 2018)

김용원이 유승옥을 만나 애틋한 사랑을 키워가던 그 시기가 박정희가 군복을 벗고 대통령에 당선되던, 그러니까 서슬 퍼런 폭압정치의 본격적인 탄생을 알리는 바로 그 시점이었으니 이 인연도 참 아이러니하다고 할 수 있다. 그는 유승옥과 한일회담 반대시위가 한창이던 1964년 7월 3일 결혼식을 올린다. 결혼식장은 당시 을지로 6가에 있던 을지예식장이었다. 신혼살림은 흑석동에 차려졌다.

김용원의 첫 직장은 동양중학교였다. 1969년 2월, 김용원이 직접 작

성한 이력서를 보면 '1964년 3월 6일 동양중학교 교사(물상)'라고 기록되어 있다. 그토록 바라던 취업에 성공한 것이다. 물론 아직 정규직은 아니었다. 그는 물상 담당 시간강사로 취업한다. 이후 1967년 3월 1일 정교사로 발령이 났으며, 1968년 4월 1일에는 월급이 22호봉으로 승급되었다. 1969년 동양공업고등학교 졸업앨범에는 급훈이 '성실'인 기계과 담임선생으로 등장한다.

▲ 1969년 동양공업고등학교 졸업앨범 속 사진

동양중고등학교는 일제강점기 시절인 1939년 4월 '동양공과학원'으로 설립되었다가 해방 이후 6년제 동양공업중학교로 그리고 1953년 정부의 학제 개편에 따라 3년제의 동양중학교와 동양공업고등학교로 분리되었다. 이후 1976년, 동양학원이 효성그룹에 인수가 되면서 효성그룹 창업자이자 김용원에게 장학금을 주었던 조홍제가 이사장이 된다.

1964년 6·3 항쟁과 동양중고

취업은 했지만 김용원의 생활고는 바로 풀리지 않았다. 그것은 시국 상황과 깊은 관련이 있었다. 그는 교단에 적응하기도 전 6·3 항쟁과 그에 따른 계엄령, 그리고 한일협정 비준반대 시위와 맞닥뜨렸다.

이 이야기는 1차 인혁으로 감옥살이를 하고 나서 들은 이야기다. 용원이에게는 아주 고통스러운 시기였다. 게다가 막 신혼살림을 시작한 때였다. 용원이는 평생 처음으로 교단에 서서 학생을 가르게 되었다는 가슴 벅찬 설렘으로 첫 출근을 했다. 그의 담당 과목은 물상. 배정된 학급에 가서 학생들과 인사를 하고 가능한 한 인상 좋고 자상한 선생으로 보이도록 애를 썼다. 신학기 첫 시간이니 더욱 그랬다. 그런데 잠시 후 학급의 분위기가 들떠 있음을 감지할 수 있었다. 2교시에 다른 학급에 갔을 때도 마찬가지였다. 스스로 마음이 불안했다. 그런데 오후 석간신문이 배달되고야 알게 되었다.

신문 1면에 '오늘도 모모 고등학교 등 학생 수천 명 가두진출'이라는 제호가 눈에 띄었다. "아하 그랬구나." 했다. 스스로 무지함을 깨달은 용원이는 참으로 부끄러웠을 것이다. 다음 날도 또 다음 날도 계속되는 시위는 날이 지날수록 눈사람처럼 불어났고 교실의 학생 수는 줄어만 갔다. 종당에는 학생 없는 교실에 선생만 남게 되는 기이한 현상이 되어 갔다. 한 1주일쯤을 들어가야 할 교실마다 가서 시간을 채우고 지켰다. 그렇게라도 해야만 될 것 같아서였다. 그러던 어느 날 용원이와 처지가 비슷한 선생이 찾아와 옆자리에 앉으면서 "지루하시지요." 한다. "어쩌겠어요. 달리 도리가 없지 않습니까?" 했더니 "아직 어린 중학생들이 알면 얼마나 안다고 정치에 관여하다니 아무리 양보해도 과한 일이라 생각돼요." 한다. 용원이는 응대를 않고 뜸을 들이다가 "이런 일은 학년이나 나이만으로 판단기준을 삼기는 어렵겠지요. 그러니까 딱 4년 전이 되네요, 사월혁명 때 혜화국민학교, 종로통에 있는 수송학교, 재동학교 3, 4학년 꼬마들도 데모에 참여했어요. 데모하는 형들 돕겠다는 생각에 나서서, 형들 숨겨주기도 하고 뭐 그랬죠. 그 꼬마들이 쓴 시나 일기장을 보면 이게 국민학교 학생들이 썼을까? 할 정도로 뛰어난 글들이 많아요. 지금은 그 꼬마들이 중학생이 된 거죠. 61년 쿠데타를 지켜보고 한일회담이 추진되면서 사월혁명같은 데모가 나니까. 이승만을 눈으로 본 놈들이 모두 중고등학교 들어온 시기니까 군사정권이 옳지 않다는 것을 단박에 눈치챈 거죠. 그러니 지금 우리 학생들이 바로 그때 그 학생들인 거지요. 그러고 보니 우리는 역사 현장 한복판에 서 있는 셈이네요." (박중기 인터뷰, 『바우 김용원에 대한 기억』, 2018)

이때 동양중고등학교 학생들도 한일회담 반대시위에 참여하는데, 그 기록이 《경향신문》 1964년 3월 27일 자에 보도가 된다.

(26일 시위에서) 중앙청 앞의 철통같은 군경 데모 저지선을 뚫은 학생은 단 한 명. 하오 4시 20분쯤 동양공고 2년 박재동 군이 수백 명의 고등학생과 대치한 군경의 경비선을 통과했으나 곧 대기한 경찰차에 잡히는 몸이 되었다.

3월 26일 한일회담 반대시위부터 동양중학교 학생들도 동양공고학생들과 함께 시위에 참여하였다. 당시 중학생들까지 시위에 참여하였다는 것은 그리 놀랄 만한 일이 아니었다. 4년 전 사월혁명 시기에 경찰의 총격에 수송초등학교 6학년 정한승 군이 사망하는 등 초등학교 학생들이 대거 시위에 참여한 전력이 있다. 당시에 5학년이기만 해도 1964년이면 고등학생이 되는 셈이었다.

6·3 항쟁이 계엄령 공세로 맞선 박정희 정권에게 진압당하고 난 다음 해인 1965년 이번엔 한일협정 비준 반대시위가 전국적으로 벌어졌는데, 여기에도 동양공고 학생들이 참여하였다.

6월 22~24일 3일간 동양공고에 내려졌던 휴교령이 해제되자, 25일에는 동양공전(1965년 개교)과 동양공고 학생들이 오후 1시 반부터 동양공전 120명과 동양공고 약 380여 명이 교문을 나와 한강 입구까지 나왔다가 경찰이 최루탄 5발을 쏘면서 저지하자, 허성 군 등 40여 명이 연행되고 해산당했다. (《동아일보》 1965년 6월 25일 자)

이 일로 동양학원은 조기방학에 들어갔다가 두 달이 지난 8월 23일에 개학한다. 사람들은 이를 두고 '정치방학'이라고 했다. 이렇게 동양학원의 중고등학생들은 1964년 6·3항쟁부터 1965년 비준 반대시위까지 줄기차게 투쟁을 전개하였다. 이런 일로 인해 임시교사였던 김용원은 제대로 된 급여를 받을 수 없었다.

두 번째 구속

김용원이 흑석동 산 88번지에 가난했지만 달콤한 신혼살림을 차린 지 한 달이 채 못 되었을 무렵인 8월 14일 1차 인혁당 사건이 발표된다. 다음 박중기의 인터뷰 내용은 김용원이 어떻게 1차 인혁당 사건으로 체포가 되었는지 그 경위를 밝혀준다.

어느 날 내가 국회 가다 보니까 중요한 건물이나 눈에 잘 띄는 곳에 도예종, 김정강의 현상 수배 포스터를 붙여놓은 것이 눈에 들어왔다. 글자도 사진도 위협적인 데다가 아는 얼굴들이 수배가 떨어졌다고 하니 섬뜩한 생각이 들었다. 그 당시 공교롭게도 도예종 선생이 나와 용원이가 머물고 있던 장충동 자취방으로 옮겨와 있었다. […] 결국 경찰이 알아차리고 취재하러 간 나를 찾아와 끌고 갔다. 그게 7월 중순쯤이었다. 맨 먼저는 성북 경찰서로 끌려갔는데, 아무것도 묻지 않았다. 수갑만 채워서 앉혀놓고. 거기서 자고 새벽에 깨어나니 아침 일찍 중앙정보부에서 나를 데리러 왔다. [⋯] 그런 기싸움을 벌이고 도예종에 대해서 물어오니 나는 '그 사람한테 오는지 가는지 모른다고, 온 일이 없다'라고 발 뺐다. 그런데 3일 뒤에 ○○○ 선생이 끌려 왔는데 내가 부인하고 있는 줄 모르고 '도예종이 박중기 자취방으로 갔다'고 말하고 말았다. 나는 거짓말한 게 들통이 나자 더 심한 보복성 폭행을 당해야 했다. 그리고 기소가 되어 1년 형을 받고 만기를 채운 후 풀려났다. 결혼을 하고 채 며칠이 지나지 않은 용원이도 나와 같은 이유로 끌려왔다. 나처럼 흠씬 두들겨 맞다가 도예종 선생이 잡히자 나와 달리 기소가 되지 않고 곧 풀려났다. 용원이는 영장 없이 체포되어 중앙정보부에 끌려가 20일 간 죽도록 얻어맞고 나왔다고 한다. 워낙 말수가 적고 거짓말을 못 하는 사람이라 정말 도예종 선생에 대해 아는 것이 없어서 답을 못했는데도, 정보부 애들은 등치 큰 용원이를 그 짧은 시간 동안 다른 사람보다 더 심하게 고문을 했을 것이다. (박중기 인터뷰, 『바우 김용원에 대한 기억』, 2018)

김용원은 7월 30일 도예종과 같은 날 잡혀갔다. 흑석동 신혼방에서 긴급구속이 되어 중정 5국으로 불려갔다. 그러나 중정 요원들은 수사결과 보고를 통해 '김금수와 박중기가 김용원은 인혁당에 가입한 사실이 없다고 진술하고 있으므로 불구속 수사를 하는 것은 좋겠다'는 의견을 제출한다. 다행히도 김용원은 암장 동지인 이 둘의 동일한 진술 덕분에 사흘 뒤인 8

월 2일 풀려나게 된다.

가난했지만 달콤했던 신혼생활

도예종과 연계되어 중정에 끌려가 고문을 당했던 김용원은 자유의 몸이 되었지만, 생계는 더욱 막막하기만 했다. 심한 고초를 당해야 했던 구속기간 작성된 진술조서에는 당시 김용원의 절박한 수입 상황이 나온다.

> **문:** 재산 수입 생활수준을 말하시오.
> **답:** 본적지에는 형들의 명의로 전답이 있으나 내용은 알 수 없고, 본인은 현 거주지 보증금 23만 원뿐이고, 수입은 월 5,000원가량으로서 어렵게 지내는 형편입니다.

조서에 나오는 대로 김용원의 월급이 5천 원이었다면, 당시 쌀 한가마니가 3천 5백 원이었으니 월급 타서 쌀 사고 월세 내면 더는 쓸 돈이 없는 셈이었다. 다시 박중기의 이야기다.

> 당시 용산에는 전자상가가 아닌 청과시장이 있었다. 용원이는 손수레를 하나 사서 새벽 4시 통금 해제 사이렌이 울리면 곧바로 일어나 채소를 구매하여 노량진으로 건너와 노점을 했다. 부인이 아침밥을 챙겨오면 노점에서 먹고 바로 학교로 갔다. 시위

로 어수선한 상황이어서 학생은 없었으나 학교에 안 갈 수는 없었다. […] 학교에 가서는 학생 없는 교실에서는 책을 보면서 지냈다. 그리고 1차 인혁으로 잡혀간 동지들을 걱정하며 가슴 아픈 시간을 보냈다. 내가 풀려나자 나한테만 이야기한다면서 그 가슴 아픈 이야기를 하면서 나에게 항시 미안하다고 말했다. 지금은 아무리 굶어도 라면 하나는 살 수 있는 시대이고, 노숙하는 놈도 소주 한 병은 사서 먹을 재주를 가지고 노숙을 하는 시대지만, 그때는 밥 한 끼가 참 무서웠다. 보릿고개 3, 4월이 되면 초근목피 문자 그대로였다. (박중기 인터뷰, 『바우 김용원에 대한 기억』, 2018)

부인 유승옥의 기억에 따르면, 남편 김용원은 말수가 아주 적은 편이었다고 한다. 그러나 애들을 대할 때 애들이 귀여워 어쩔 줄 몰라 하는 모습을 보면, 저 사람이 평상시에 말수가 없는 사람인가 하는 생각이 들 정도였다고 한다. 그리고 항상 자신을 이름 끝 자인 '옥이'라고 불렀고, 사람들이 보이지 않으면 귓속말로 "옥이 사랑해"하고 애정표현을 했다고 한다. 도시라고는 하지만 아직 가부장제가 시퍼렇게 살아 있는 때라 부부지간에도 '사랑한다느니' 하는 애정표현조차도 쉽지 않을 시기였다.

결혼 4년 차인 1967년이 되었을 때, 두 부부는 피나는 노력 끝에 조금씩 모은 돈으로 방화동에 땅을 샀다. 1965년에 얻은 큰아들 민환이가 세 살이 될 무렵이었다. 집을 짓는 데 사용된 목재들은 마포구 대산목재를 운영하고 있던 암장 동지들이 저렴한 값에 좋은 목재들을 제공해 주었다.

집이 다 지어져서 이사한 것은 1969년이었다. 그리고 생활에서 안정을 찾기 시작한 김용원은 늦은 공부를 통해 서울시 교육공무원 특별채용시험을 준비하고 있었다.

당시 서울 인구는 급격히 늘고 있었다. 인구가 늘어나면서 학생 수도 덩달아 늘어났으며, 서울시 교육위원회는 이 학생들을 가르칠 교원을 선발하기 위해 고심하고 있었다. 사범대 졸업자들로는 부족한 교원을 채울 수가 없었다. 곧 서울시 교육공무원 특별채용시험이 있을 것이라는 소문이 나돌았다. 김용원에게 그것은 교사자격증과는 비교할 수 없을 정도로 안정적인 신분을 가져다 줄 동아줄처럼 보였다. 김용원은 1969년 1월 동양중고등학교를 사임하고 대학 때 보던 책을 다시 펴들었다. 그렇게 새로운 꿈을 위해 달려가던 중 늘 부채감을 갖고 오매불망 기다리던 친구 이수병과 재회한다.

다시 만나는 암장 회원들

사월혁명 8주년 기념일을 이틀 앞둔 1968년 4월 17일, 이수병이 출소하였다. 의령 고향 집 앞 고개에서 연행된 지 7년 만의 일이었다. 이수병은 군사혁명재판소에서 당시 학생으로서는 최고형이 15년 형을 받았다가 7년으로 감형되어 만기출소를 한 것이다.

하지만 김용원은 벗 이수병의 출소 날을 알 수가 없었다. 알았다 해도 서울에 살고 자가용이 없는 그는 갈 방도가 없었다. 당시 출소는 보통 아침 6시 30분이 지나서인데 혁신계 인사들은 이보다 한 시간 빠른 5시 30분에 출소를 하거나 심할 때는 4시 30분에도 출소시키기도 했다. 출옥한 사람들을 환영하기 위한 인파가 교도소 정문 앞에 모이기 전에 출소시키려는 것이 그들의 저의였다.

> 실로 7년 만의 재회였다. 자취방에서 동고동락하던 사이가 하루 아침에 강제로 찢어져 살아야 했다. 게다가 용원의 경우는 학교 정규교사직 발령을 목표로 두고 있었던 데다 1차 인혁당 사건으로 고초를 받은 터라 면회 갈 처지가 못 되었다. 출소하던 날도 가족 외에는 우리는 교도소에 가보질 못했다. 연락도 잘 닿지 않아 언제 출소하는지 몰랐던 탓이다. 그런 감시와 탄압 속에서도 나와 그들의 우정은 변치 않았다. (박중기 인터뷰, 『바우 김용원에 대한 기억』, 2018)

이렇게 이수병과의 재회가 시작되는 시기에 방화동에 새로운 동지들이 등장한다. 김용원이 방화동 583-11의 땅을 사서 집을 지을 무렵, 채 400여 미터도 떨어지지 않은 방화동 568번지에 유진곤이 삼진건재상을 차린 것이다.

유진곤은 부산사범시절 이수병 등과 암장에 참여하였던 인물이다. 졸업 후 울산과 김해 지역의 초등학교 교사직을 하다가 1965년부터 김해군 교육연구소 연구원으로 재직하고 있었다. 그리고 이수병의 요청을 받아들여 1969년에 사임을 하고 방화동으로 이사와 삼진건재상을 차린다. 그리고 이수병도 유진곤의 건재상에 몸을 의탁하고 있었다. 그리고 그 다음 해인 1970년 3월이 되면 진영 대창초등학교에 근무하고 있던 김종대가 교직을 그만두고 상경하여 새로 지은 방화동 김용원의 집에 머물면서 유진곤의 건재상을 다니기 시작한다.

> 1968년 4월에 이수병 선생이 출옥한 다음에 진영으로 나를 찾아왔지. 그리고는 '여기 있지 말고 서울로 올라가자. 박정희를 저대로 그냥 둘 수 없다. 미약한 힘이지만 서울에 올라가서 박정희 군사정권을 무너뜨리는 데 조그마한 힘이라도 보태자'라고 나를 설득한 거지. '박정희가 물러나야 우리가 암장 시절 세웠던 꿈도 실행에 옮길 수 있고 통일운동도 계속할 수 있다'라고 이야기한 거야. 그리고 유진곤한테도 찾아갔고, 나는 고민을 하고 있는데 유진곤이 나보다 일 년 먼저 올라온 거야. 그래서 나도 서울로 왔지. 정말 친구 따라 강남 간다는 말이 딱 맞아. 그렇게 서울로 오니까 방화동에 살던 유진곤, 김용원, 박영섭 등 넷이 자주 만나 술도 마시고 시국담도 나누고 했지. 참 오랜만에 젊은 청춘으로 다시 돌아간 기분이었어. 나는 그때 밥값도 안 내고 김용원 집에 두서너 달 지냈지. (김종대 인터뷰, 『바우 김용원에 대한 기억』, 2018)

1955년 결성되어 사월혁명시기 부산과 서울에서 꽃 피웠던 암장 조직이 쿠데타 이후 10여 년 만에 다시 부활하고 있었다. 옛 기억을 떠올린 이수병을 필두로 김용원·유진곤·김종대 그리고 박영섭까지 오래전 이루지 못한 '뜻있는 만남'을 다시 시작한 것이다.

김용원이 경기여고 들어가고 나서 그때는 나는 방화동에서 건재상을 했어. 유진곤이 하던 것을 내가 맡았어. 용원이가 퇴근하다가 오면 내가 하지 말라 해도, 인부가 있는데도 차에서 한 차 푸면서 거들어주거든. 그러고 나면 런닝이 시멘트 가루에 엉망이되지. 그래 하지 말라고 해도 하지. 김용원이는 의리가 좋다고 자기희생이 강하고 동기애가 강하고. (언제까지 하셨어요?) 유진곤이가 하다가 70년에 그만두고 내가 6개월 정도 맡아서 했지. 유진곤이가 같이 하자 해서 내 퇴직금도 넣고 해서 결국은 퇴직금도 다 날려 버렸지. 딱 1년 했어. 김용원이 집하고 아주 가까운 곳이었어. 담벼락도 없고 길가 공터에 시멘트나 모래 그리고 보도블록 이런 걸 쌓아놓고 필요한 사람들에게 조금씩 나눠 파는 그런 영세한 업체야. 그래도 잘했는데 땅 주인이 자기 빚을 갚아야 하니까 땅을 팔아 버린 거야. 그래서 하는 수 없이 남은 자재를 딴 업체에 팔아넘기고 그만뒀지. 덕분에 건재상 하는 동안 근처에 살던 박영섭, 김용원 나 유진곤이 어울려 술도 많이 마시고 그랬지. 그런 자리가 마련되면 당연히 세상 돌아가는 이야기를 했고, 이어 각자의 의견을 이야기하다 보면 자연스럽게 토론도 이어졌고, 각자 좋아하는 노래도 부르곤 했는데, 김용원은 박자는 약간 틀려도 노래를 참 잘 불렀어. 울 밑에선 봉선화도 잘 부르고. (김종대 인터뷰, 『바우 김용원에 대한 기억』, 2018)

413

이수병 주도로 모이게 된 방화동 모임은 이수병이 1969년 9월 대산목재에서 경리로 일했던 이정숙과 결혼하여 녹번동에 지물포를 차린 후에도 계속되었다. 이수병은 신혼살림을 차리고 지물포를 운영하는 와중에도 김금수·김달수·박중기가 있는 마포 대산목재를 자주 찾았다. 이수병이 결혼하던 9월에 김용원도 서울시 교육공무원 특별 채용 전형시험을 치르고 합격을 한다. 이 시험에서 물

▲ 경기여고 교사 패증

리교사 지원자 중 최고점으로 합격하였다고 한다. 김용원은 다음 해 1970년 3월 18일자로 경기여고 임시교원으로 발령이 났으며, 이듬해 1971년에는 경기여고 정교사로 발령이 났다.

김용원이 경기여고의 임시교사로 재직하던 1970년 박정희의 둘째 딸 박근령(61회)이 이 학교에 입학한다. 경기여고를 졸업하고 국회의원을 지낸 홍미영 개인 블로그에 다음과 같은 글이 올려져 있다.

제가 경기여중고 다니던 시절엔 – 지금은 대표적인 사법 살인 사건으로 기억되는 – 인혁당 사건에 연루되어 사형으로 돌아가신 故 김용원 선생님도 계셨습니다. 유신시절을 상징하는 최악의 재판 조작 사건이었습니다. 같은 학교의 한편에는 故 박정희 전 대통령의 둘째 딸 박근령씨가 경기여고를 다니고 있었습니다. 축제 때 박정희 대통령이 학교에 방문하기도 했었죠. 경기여중고의 분위기는 매우 오묘한 곳이었습니다. 최고 권력자의 딸과 그

권력자에 의해 죽음을 맞이한 인혁당 사건의 피해자 선생님이 함께 계셨던 곳. 아마 이러한 경험들이 쌓여 조금씩 세상의 어두운 면도 볼 수 있게 된 것이 아닌가 생각해봅니다.

"인혁당 조작 사건으로 짧은 삶을 살다 가신 경기여고 故 김용원 선생님께 삼가 조의를 표합니다."

경기여고는 1974년 8월 5일에 김용원의 가족에게 파면통지서를 보낸다. 7월 11일 1심 판결이 있은 지 한 달이 채 안 된 시간이었다. 공무원은 국가공무원법에 의해 실형이나 집행유예 등의 형사처분을 받으면 공무원직에서 퇴직하도록 규정하고 있다. 하지만 김용원은 형이 확정되지 않은 상태였다.

1974. 7월경 1심 군법재판에서 사형 판결이 나자마자 망인의 직장이었던 경기여고에서 파면 통보가 날아왔습니다. 본인은 망인의 짐을 찾아오기 위해 막내딸 정진이를 등에 업고 경기여고를 찾아갔습니다. 교장실에서 교장과 마주한 본인에게 미리 정리한 망인의 짐이 담긴 작은 상자를 줬습니다. 그리고 교장은 우리로서는 어쩔 수 없다는 말을 차갑게 했을 뿐이었습니다. 동료 교사 누구 하나 다가와서 남편의 안부나 현재 상황을 묻지도, 걱정이나 위로의 말을 하지도 않았습니다. 남편의 짐 상자를 들고 아이를 등에 업고 쓸쓸히 학교 운동장을 빠져나오면서 흐르는 눈물을 주체할 수가 없었습니다. 갑작스러운 망인의 체포로 남편의 부재를 경험하고 있었지만, 그제서야 처음으로 남편 없는

415

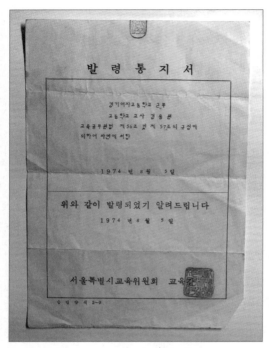

세상에 혼자 남겨졌다는 것을 실감할 수 있었습니다. 그들의 냉대가 섭섭했고 너무나 서러웠습니다. (유승옥 인터뷰, 2022)

▲ 형이 확정되지 않았는데도 가족들에게 보낸 파면통지서

아직 파면통지서를 보낼 시기가 아니었음에도 경기여고는 무슨 이유에서인지 서둘러 김용원에게 파면통지서를 보낸다. 그러나 이제는 모든 진실이 밝혀졌다. 지금이라도 경기여고는 법원으로부터 무죄판결을 받은 김용원의 유가족들에게 지급하지 못한 퇴직금을 지급하고, 서둘러 파면통지서를 보낸 부분에 대해 사과의 뜻을 표하는 것이 옳아 보인다. 이 부분은 김용원의 유언에도 나와 있는 부분이다.

새로운 인연들

오산고 교사 황현승은 임시교사로 왔던 김용원과의 짧은 만남을 아쉬워하

고 있었다. 그러던 중 황현승이 명성여고로 자리를 옮기면서 오산고에 김용원을 야간부 시간 강사로 추천했다. 김용원은 경기여고에서 주는 급여도 좋았지만, 퇴근 후에는 명성여고에서 시간 강사를 하며 부수입을 벌 수 있다는 생각에 황현승의 추천을 받아들였다. 김용원은 이 학교에서 인혁당재건위 사건 관련자 이창복과 민청학련 사건 관련자 이현배를 만나게 된다.

> 그러고서는 내가 1969년에 오산고를 떠나서 명성여고 야간부 교사로 갔어. 1970년에 새 학기를 맞아서 내가 시간표를 짜다 보니까 주간은 학생 수가 많으니까 선생들이 충분한데, 야간은 학급 수가 적으니까 물상 선생님을 전임을 쓰기에는 시간이 작고 그래서 어떡하나 하다가 김용원 선생에게 와서 재미삼아 해보라고 경기여고 수업 끝나면 저녁에 와서 한두 시간 봐주면 되거든. 일주일에 이삼일 하는 거지. 그래도 힘들었을 거야. 정확히 기억은 안 나는데 한 1년 이상을 했을 것 같애. 김용원 선생이 오시기 전에 이영호의 소개로 이창복 선생도 명성중학교에 도덕선생으로 와 있었어. 이창복은 주간이고 김용원은 야간이어서 서로 볼 시간은 어긋났는데, 그래도 내 소개로 한번 만나게 되어 서로 인사하고 그랬지. 그리고 이현배가 야간전임으로 와 있었어.
> (황현승 인터뷰, 『바우 김용원에 대한 기억』, 2018)

황현승은 1935년 충남 당진군에서 태어나 당진농고와 서울대 철학과를 다녔다. 인혁당재건위 사건 직전에는 광신상고 교사로 있었다. 인혁당재

417

건위 사건으로 징역 15년을 받았다가 1982년 3월 2일에 특별사면으로 석방되었다.

내가 당시 이영호 선생을 잘 알고 있었는데, 황현승 선생하고 단짝이더라고. 아마도 이영호 선생이 나를 황현승 선생에게 소개했나 봐. 그러니 뭐 나를 탐색할 것도 없이 서로가 스스럼없이 대했고, 야간부에 선생을 하게 되었는데 곧바로 김용원 선생이 수학선생으로 온 거야. 경기여고 선생이었는데 아르바이트하러 온 거지. 그리고 중학교에 이창복 선생이 있었고, 그렇게 지내다가 71년 말쯤인가부터는 이수병 선생이 한두 번씩 들르더라고, 그전에는 이수병 선생에 대해 《민족일보》 기자다. 학생민통련 관련자다. 장기간 옥살이를 했다.' 뭐 그 정도는 듣고 있었지. 그래서 존경하는 선배쯤으로 이해하고 있었는데, 명성여고에서 이수병, 김용원, 이창복, 황현승, 나 이렇게 만나는 자리가 만들어 지면 일반적으로는 들을 수 없는 이야기들을 해요. '중소분쟁을 어떻게 볼 것인가?' 등 국제 문제부터 해서 국내 문제에 대해서도 '파쇼정권을 어떻게 타도할 것인가?', '이 과정에서 사회 각 부문은 어떤 역할을 할 것인가?' 등의 이야기까지. 당시 나는 대학원을 다니는 학생이었으니까 '학생들의 역할을 무엇인가?'에 대해서는 깊이 있는 이야기도 많이 했어요. 당시에 가장 엄혹했던 시절이기 때문에 학생들 외에는 움직일 수 있는 집단이 없다, 일반인들은 직장에 얽매여 있고, 정치인들은 야당 인사들까지도 청

와대에서 돈 받아 가며 살아가고 있는 파쇼체제를 깨는 데 나설
리는 만무하다 등 많은 이야기를 해요. 해서 학생들의 역할이 중
요하다는 것이었죠. 그리고 다들 학교에 근무들 하고 있으니 학
교 족벌체제 인사문제 등에 대해서 여러 이야기를 했죠. (4·9통
일평화재단구술사업,『인민혁명당과 혁신계의 활동』이현배 편,
2014)

이현배는 1944년 충남 홍성읍에서 태어나 경복중고등학교와 서울대
사학과를 졸업했다. 서울대 재학시절 6·3항쟁에 참여했으며, 졸업 후에는
명성여고와 중경고교에 교사로 재직했다. 민청학련 사건으로 무기징역형을
받았으나, 1978년 석방되었다.

서울대 재학시절 이영호를 만나 많은 철학 논쟁을 벌였습니다.
주로 칸트철학 논쟁이었는데, 나는 '자유의지론'을 옹호하고, 이
영호는 '필연론'을 옹호하여 서로 치열한 논쟁을 벌였죠. 그러다
가 헤겔을 공부하게 되고 포이에르 바하 등을 거쳐 사회 변혁과
정에 대한 논쟁까지 벌이게 됩니다. 그러다 보니 자연스럽게 민
족문제에도 관심을 두고 더 나아가 사회를 발전시키려면 저항운
동이 벌어져야 한다고 보게 되는 거죠. 이영호는 1차 인혁에 연
루되어 구속되었으나 집행유예로 나왔죠. 그 뒤로는 생계에 매
달려 살다가 이영호의 소개로 들어간 명성여고에서 김용원, 황
현승, 이수병 등을 만나면서 본격적으로 사회활동에 참여하기

시작했어요. 10월 유신 반대 서명운동, 김대중 구명운동 등에 참여했고, 1972년 삼락일어학원이 만들어지고부터는 그 학원을 찾아가 원장이었던 김종대, 박중기 선생도 알게 되고 이들과 접촉하면서 머릿속에만 있던 사회과학적인 지식을 머리에 담고 있을 것이 아니라 어떻게 현실 속에서 구현할 것인가에 대한 구체적인 방안에 대해 많은 논의를 했습니다. (이창복 인터뷰,『바우 김용원에 대한 기억』, 2018)

이창복은 1938년 황해도에서 태어났다. 1947년에 월남하여 1963년에 서울대 철학과를 졸업하고 대학원을 다녔다. 서울에서 인창고와 명성여중에서 교사를 하다가 인혁당재건위 사건 직전에는 국민대와 명지대에서 강사로 있었다. 인혁당재건위 사건으로 징역 15년 형을 받고 1982년 3월 2일에 특별사면으로 석방되었다.

이 시기에 김용원은 사회과학에 대한 체계적인 학습을 하게 된다. 무엇보다도 먼저 사회의 토대가 되는 경제구조에 관한 공부를 해야겠다는 생각을 하고, 그런 후 사회운동의 근거가 무엇인지를 알아 낸 뒤 인생의 목표를 찾으려 했다. 그래서 마르크스의『자본론』을 혼자서 독파했다.『자본론』특히 그 1권은 변증법에 대한 이해가 없이는 읽어내기가 어렵다고들 했다. 그는 헤겔의『논리학』도 공부했다. 수학의 공식은 개별적인 사물이나 개념을 공통적인 요소를 찾아서 일반화하여 파악해야 한다. 그런 출중한 이해력을 가지고 있는 김용원이기에 해독하기가 어렵다고 알려진『자본론』을 혼자서 독파해낼 수 있었다.

『자본론』1권은 철학책이라 대단한 이해력을 가지고 있지 않으면 혼자서 독파하기가 어려워요. 이영호가 김용원을 나한테 소개하면서 '용원이는 수학책을 소설책 읽는 것처럼 쉽게 본다.' 그랬거든, 수학책에 나오는 그 어려운 공식들을 다 이해하고 있다는 거지. 그런 빠른 이해력을 가지고 있다 보니 감옥에서 여러 사회과학 서적을 섭렵한 이수병과 쉽게 대화가 통했던 것 같아. 이수병 선생이 『자본론』을 권하니까 박중기 선생이 『자본론』을 바로 읽으면 힘드니 이런저런 책을 먼저 보라 했다거든. 그런데 3개월 후에 다 보았다고 하니 모두 놀란 거지. (황현승 인터뷰, 『바우 김용원에 대한 기억』, 2018)

이렇게 1968년에 출옥한 이수병과 더불어 김용원은 오랜 꿈이었던 동지들과의 실천적 삶을 살기 시작했다.

삼락일어학원

오랫동안 잠재되어 있던 암장이 드디어 분출을 위해 본격적인 활동을 재개한 것은 7년 옥살이를 하고 감옥에서 1968년 출소한 이수병이 1972년 3월 김종대, 박중기와 함께 종로 청진동에 삼락일어학원을 개설하면서부터다. 이수병과 암장 동지들이 학원을 개설한 데에는 여러 가지 의미가 있었다.

첫째, 당시에 볼 수 있는 진보적인 의제나 지식을 담은 서적들은 일어로 된 책이 많았다. 그러다 보니 뜻 맞는 동지들과 모여 일어를 배우는 척하며, 사회과학 서적을 자주 탐독했으며, 또한 비정기적으로 진행하던 사회변혁 이론 습득을 위한 독서모임도 정기적으로 갖게 되었다. 이 모임에 참여한 김용원을 비롯한 박중기·김종대·이창복·황현승·김달수·유진곤 등은 나중에 중정에서 조작한 인혁당재건위 서울지도부 산하 1, 2, 3조의 구성원들로 조작된다.

둘째, 누구나 드나들 수 있는 열려 있는 어학원은 다양한 계층의 사람들을 편히 만날 수 있는 공간이었다. 일어를 배우고 싶은 일반인은 물론 혁신계 인사들도 일어를 핑계로 학원을 자주 찾았다. 이수병과 감옥에서 만난 윤길중·김달호·송지영 등 혁신계 정치인·언론인들이 자주 찾았으며, 대구에서는 서도원·도예종·유한종 등이 찾아왔고, 광주에서는 김세원도 자주 찾았다. 이들이 찾아오면 이수병은 같은 건물 지하에 있는 '야자수 다방'에서 숙제처럼 밀린 이야기를 나누곤 했다.

셋째, 아무래도 일어학원이다 보니 대학생들이 많이 찾아올 수밖에 없었는데, 주로 이화여대나 숙명여대 그리고 이수병의 모교인 경희대 학생들이 많이 등록했다. 이수병과 김종대는 이들 중 뜻있는 학생들을 모아 '파라뫼'라는 독서 모임을 만들어서 정기적으로 독서토론회를 진행하기도 하고, 수준 높은 교양강좌를 진행하기도 했다. 그리고 우애를 돈독하게 하기 위해 산행과 야유회도 자주 다녔다. 이런 소통의 기회를 통해 진보적인 사상을 젊은 층에 자연스럽게 전파할 수 있었다.

그때는 공개적인 활동할 수가 없었어. 일어학원을 하자는 의견은 이수병이 낸 거야. 71년도에 삼락일어학원을 하기 위해서 다른 일어학원에서 한 달가량 배웠지. 그때 우리가 일어공부는 열심히 했어. 내가 원장을 한 거는 일어가 뛰어나서가 아니라 감옥 간 전력이 전혀 없이 깨끗하니까 나보고 맡으라고 하더라고. 괜히 경찰의 의심을 살 필요가 없기 때문이지. 그때 김용원 선생 집 근처에서 건재상을 하다가 그만두고 다른 사람에게 넘겼을 때였지. 대책이 있나 땅 주인이 비켜달라고 하니까. 그러고 나서는 내 동생이 하는 사업을 거들어주다가 이수병이가 나한테 와 가지고 일본어 학원을 하자는 거야. 나는 일어로 책이나 보지 가르칠 자신이 없다고 하니까 이수병이 나한테 용기를 많이 줘. 김용원은 이수병을 인생 최고의 은사로 쳐. 나도 그렇지만 나는 둘 다 그렇다고 그랬어. 이수병하고 김용원이가 내게는 최고 은사다 그랬어. 그만큼 훌륭한 사람이 없다고. (김용원은) 겸손하고 친일파적인 요소가 있으면 용납을 안 해. 박정희 지지하고 그러면 용납 안 해. 삼락일어학원 할 때 이수병과 김용원이 의논을 많이 했지. 예를 들어 이수병이 '교양 학습을 위해서 이론적 무장이 있어야 한다.' 이런 말을 하면 이미 김용원과 서로 그런 이야기를 나눈 뒤라는 걸 눈치로 알았지. 그걸 나한테 다시 이야기하는 거지. (김종대 인터뷰, 『바우 김용원에 대한 기억』, 2018)

삼락일어학원은 김용원에게는 또 하나의 학교가 되었다. 김용원은 이곳을 드나들며 상당한 분량의 사회과학 이론을 체계적으로 공부했다. 이것은 김용원뿐만이 아니었다. 이수병을 비롯한 김용원의 동지들은 삼락일어학원을 거점 삼아 그들이 원하던 것을 실현할 수 있다고 믿었다. 그리고 이학원에는 하태환(김용원의 함안 초등학교 시절 은사), 윤성식, 문한영 등 혁신계 인사들이 강사로 혹은 학원생으로 들어와 전국에 흩어져 있던 혁신계 인사들이 모이는 아지트가 되기도 했다.

유신 쿠데타

1972년 10월, 유신 사태가 터지기 3개월 전 남북이 합의한 7·4 남북공동성명이 발표되었을 때 일부 민주세력은 박 정권의 숨은 의도를 걱정했다. 그래도 대부분의 사람들은 남북이 합의한 '자주·평화·민족 대단결-조국통일 3대 원칙'은 대단히 획기적인 일로 받아들였다. 당시 일간지와 방송 등에서는 7·4 남북공동성명을 연일 대서특필로 다루며 통일이 눈앞에서 곧 실현될 것처럼 호들갑을 떨었다.

삼락일어학원을 찾은 다수의 혁신계 인사들 역시 서로 축하하며 기뻐했다. 일부에서는 '사월혁명시기 건설했던 민자통을 재결성해야 하지 않겠냐'는 주장도 나왔다. 마치 동토에 갇혀 있던 식물들이 해빙기를 맞아 새싹을 피어내듯 정국은 설렘 반 기대 반으로 소란스러웠다. 재야단체에서도 환영성명서를 발표했다. 하지만 이수병과 김용원은 7·4 남북공동성명을 환영하지 않았다. 이어 10월 유신이 선포되었을 때 그 실체는 명확해졌다.

현 정부는 유신헌법과 비상사태 선포 등 국민의 자유를 제한하고 기본권을 박탈 참정할 수 있는 권한마저 인정하지 않는 각종 탄압하는 법을 만들어 자유 질서를 문란케 하고 일인 독재 정권을 연장하고 있는 현실에 비추어 경제는 점차 혼란 상태에 놓여 있고 일본과 미국에서 자본을 도입하여 합작 투자한다는 명목으로 이익금을 착취당하고 있고 매판자본의 특정 자본인에게 특혜 조치함으로서 자본가만 비대해지고 중소기업은 자금난으로 도산되어 실업자는 속출하는 마당에 농촌에서는 농민들이 생산하는 곡가에 비하여 물가는 날로 상승하고 있으므로 노동자, 농민, 중소기업들은 생활마저 곤란을 당하고 있는 현실이므로…. (인혁당재건위 사건 「김용원 경찰 진술서」 1974년 5월 10일)

유신헌법은 언론, 출판, 집회, 결사, 시위 등을 제제하여 국민의 기본권을 박탈하였고, 국회 기능 약체화 및 법관의 임명 등으로 삼권분립이 결여되었고, 대통령 선거를 간접선거로 하여 영구집권을 획책하는 등으로 민주질서를 문란케 한 법이라고 생각하고 있으며, (우리는) 민주질서 회복을 위하여 활동하여 왔던 것입니다. (인혁당재건위 사건 「이수병 피의자 신문조서」 1974년 5월 8일)

김용원과 이수병의 생각은 확고했다. 박정희의 유신 선포는 스스로 말로를 선언한 것과 다름없었다. 그들은 심기일전하여 삼락일어학원을 통

425

해 뜻이 맞는 동지들을 모아 교양과 학습을 통해 단련한 뒤 특정한 시기가 오면 투쟁에 나설 것을 다짐하고 있었다. 하지만 삼락일어학원의 멤버들은 유신체제를 무너뜨려야 한다는 확고한 결심은 있었으나 뚜렷한 방법은 떠오르지 않았다. 일단은 현재까지 해온 활동을 더욱 치밀하게 가져가는 수밖에 없었다.

박석무

그즈음 전라도에서 한 젊은이가 삼락일어학원을 찾아온다. 찾아온 사람은 한 해 전 1974년 3월 '함성지 사건'으로 구속되었다가 12월에 풀려난 광주 대동고 교사 박석무(1942년생)였다.

박석무는 광주지역의 운동 선배인 김세원으로부터 서울의 반유신 움직임을 알아 오라는 주문을 받고 서울에 올라온 것이었다. 당시 그는 함성지 사건으로 전국적으로 알려진 인물이었다. 그가 서울에 온 것은 이수병만 만나는 것이 아니었다. 자신의 재판정을 직접 찾아와 격려해준 함석헌 선생도 찾아뵙고, 또 나병식·유인태 등 서울대 운동권 학생들과도 접촉할 예정이었다. 서울 쪽 반유신 투쟁 인사들은 박석무에게 전남 쪽의 믿을 만한 대학생들을 연결해 달라는 주문을 했는데, 그러자 박석무는 이강·윤한봉·김정길 등 믿을 만한 전남의 학생운동 지도자들을 소개한다.

그런데 김종대 선생이 삼락일어학원 원장으로 있었다는 것은 나

중에 30년이 지나고 《한겨레신문》을 보고 알았어. 그날 이수병 선생을 만나 지하 다방에서 차를 마시고 있는데 오후쯤인가 김용원 선생이 학교를 마치고 오더라고, 김용원 선생도 처음 뵙지만, 이수병 선생도 처음 보는 거지. 다만 이수병 선생은 감옥살이를 오래 했다니까 신뢰하고 궁금한 것들을 다 물어봤지. 뭐 결론은 '국민이 뭉치지 않으면 자유와 기본권을 얻을 수 없다.'라는 정도의 기본적인 이야기들만 오고 갔어. 그리고 저녁 식사까지 마쳤는데, 김용원 선생이 잠자리가 있느냐고 물어보시는 거야. 나야 뭐 어디 정해 둔 데가 없으니 못 정했다고 했지. 그러니 자기 집으로 가자고 하시더라고. (박석무 인터뷰, 『바우 김용원에 대한 기억』, 2019)

그렇게 해서 박석무는 방화동 김용원의 집에서 하룻밤을 기거하게 된다. 그는 밤새 김용원과 이야기를 나누고 나서, '물리 선생이라 그런지는 몰라도 굉장히 과학적인 분이고 치밀하게 조직적인 생각을 하시는 분'이라는 느낌을 받았다고 말한다.

밤새 이야기를 했어요. 우선 기억나는 게 운동을 과학적으로 조직적으로 해야 한다, 그런 이야기예요. 우리 사회를 과학적으로 분석해서 모순점을 찾아내고 운동의 방향을 잡아야 힘이 생긴다는 이야기예요. 물론 그 비슷한 이야기를 김세원 선배 등 광주 선배한테도 많이 들었어. 하지만 별로 가슴에 묻어 두지 않았거

427

든. 그런데 이상하게도 김용원 선생한테 그 이야기를 들으니까 콱 가슴에 와 닿는 거야. 또 김 선생은 "책을 많이 읽어야 해." 그러시면서 이런저런 사회과학 서적들을 소개해 주시더라고. 그렇게 밤새 이야기를 나누다가 새벽 무렵에 한숨 잤지. (박석무 인터뷰,『바우 김용원에 대한 기억』, 2019)

그리고 박석무는 광주로 내려왔다가 1974년 4월에 민청학련 사건이 일어나고, 김용원 선생이 사형을 선고받은 사실이 신문에 보도되면서 가슴을 쓸어내리지 않을 수 없었다. 자신은 민청학련 사건과 직접적인 관련은 없었지만, 만약 김용원 선생이 자신을 만났다는 말 한마디만 했어도 그는 인혁당 사건 관련자, 즉 '호남책'으로 바로 잡혀 들어갈 수 있는 상황이었다. 하지만 김용원이 그 무지막지한 고문을 당하는 와중에도 자신의 이름을 털어놓지 않았기 때문에 지금까지 무사히 살고 있는 거라고 말한다.

박석무는 2012년 김용원 선생의 묘역을 마석모란공원으로 옮기는 날, 이장식에 참석해 부인 유승옥과 유가족을 만나 '그동안 찾아뵙지 못해서 죄송하다'라고 정중하게 사과인사를 전하기도 했다.

여정남의 상경

당시 경북지역 학생운동을 이끌던 여정남이 1974년 초 서울에 왔다. 반유신투쟁을 전국으로 확산시키기 위해 서울지역의 학생운동 지도자들을 만나기 위해서였다. 여정남은 서울을 비롯한 전국의 학생운동가들을 만나 투쟁을 전국적으로 확대시키려 했다. 이수병은 대구의 선배들로부터 여정남의 서울활동을 지원해 달라는 부탁을 받았다. 이에 이수병은 삼락일어학원 원장인 김종대에게 이 역할을 맡아 달라고 부탁했다.

1974년도 초에 여정남이 학원으로 찾아왔는데, 처음에는 이수병이 여정남을 나보고 맡으라는 거지. 나는 안 된다고 했어. 나는 사범학교 출신인 데다가 초등학교 선생 한 사람이 대학생을 지도하라는 것은 모양새가 안 맞다. 그런데 며칠 지나 또 이야기하기에, 또 나는 능력이 안 된다고 그랬어. 대신 김용원을 추천했어. 김용원은 서울대 출신이고 학생운동의 주요 인사들이 서울대에 많으니까 적임자라고 이야기를 했지. 이수병도 좋은 생각이라고 그러더라고. 헌데 우리 생각이 짧았어. 서울대 출신인 거는 맞지만 공무원이잖아. 좀 더 신중하게 생각해야 했는데. 어쨌든 여정남이 올라오고 얼마 안 돼 우리 셋은 삼락일어학원 옥상에 모였어. 그때 중요한 이야기는 기관원들의 도청을 피하기 위해 주로 옥상에서 했어. 그리고 이수병이 김용원에게 여정남 지도를 부탁한 거야. 그러자 김용원은 잠시 침묵을 지키더니 심각한 표정으로 맡겠다고 하면서 단, 조건이 있다고 그랬어. (혹시라도 자신이 잡혀가면) 자기의 가족생활문제는 나보고 책임지라는 거야. 그래서 내가 그거는 걱정마라. 아무리 못해도 내가 명색이 원장인데 그것도 못하겠냐, 그랬지. 그때 우리 생

429

각으로는 학생운동과 연관되어 배후로 지목되어도 구속이 되도 한 3년 살다 나오면 된다고 본 건데, 김용원의 경우는 달랐어.

▲ 삼락일어학원 옥상에서 선 이수병과 김종대

평생직장인 교육공무원은 영원히 못 하게 되는 거잖아. 김용원은 자신의 평생을 건 선택을 한 거지. 만약 그때 김용원이가 나는 공무원인데 하고 거부를 했다면 우리는 안 시켰을 거야. 모양새는 좀 그래도 결국은 내가 했겠지. 김용원이 교육공무원을 하려고 얼마나 힘들게 준비했는지 우리가 잘 알고 있잖아. 그때는 우리는 그렇게까지 될 거라는 생각은 못 한 거야. 물론 사형은 상상조차 못 했고. 그날 그렇게 김용원의 결단으로 이야기는 쉽게 끝났지. (김종대 인터뷰, 『바우 김용원에 대한 기억』, 2018)

1974년 1월은 거의 매일 수은주가 영하권을 기록하는 혹한의 날씨였다. 김종대는 옥상에서 셋이 모였던 그날도 매우 추웠다고 했다. 김종대는 자신을 대신해 여정남과 인연을 맺었다가 형장의 이슬로 사라지게 된 일로 평생 가슴 아파했다. 2018년 김종대의 인터뷰가 있었던 날, 김용원의 장남 김민환이 배석을 했다. 김종대는 장남 민환 앞에서 눈물을 보이기도 했다. 그러고는 "김용원이면 더 좋았겠지만 아들에게라도 그때의 자신이 부족했던 이야기를 털어놓으니 좀 속이 풀리는 것 같다"고 말했다. 45년 만에 응어리진 회한을 조금이나 풀은 셈이었다. 김종대는 2022년에 사망하여 현재 벽제중앙추모공원에 안장되어 있다.

고문으로 작성된 진술서

김용원이 작성한 6회 진술서는 하재완이 북한 방송을 듣고 작성했다는 노트의 내용을 옮긴 것이다. 그런데 위 박스와 아래 박스가 글씨체가 다르다. 위 박스는 힘주어 눌러서 쓴 글씨체고, 아래 박스는 힘이 덜 들어간 채 쓴 글씨체이다. 김용원의 원 글씨체는 위쪽 박스에 가깝다. 같은 페이지인데도 글씨체가 이렇게 차이가 난다는 것은 뭔가 특

431

별한 상황이 있었다는 것이다. 추측건대 작성 중 모진 고문이 가해졌거나 뭔가 김용원이 글씨를 제대로 쓸 수 없는 상황이 발생한 것이다. 게다가 자신의 솔직한 기억을 적는 것이 아니라, 장시간 노트를 베껴 쓰게 했으니 그 심정이 오죽했을까?

우측에 원 표시된 부분은 김용원의 지문으로 보이는데 진술서 각 페이지에 간인한 흔적이다. 간인을 찍는 것은 진술서의 법적 효력을 담보하는 중요한 과정이다. 하지만 김종대는 이런 과정조차도 강압과 강권에 의해 이뤄졌음을 폭로한다.

> 피의자 신문조서 내용은 보여주지도 않고, 또 내용에 대한 설명
> 도 없이 강압적으로 내 손을 잡아 무인을 찍어 임의성도 없는
> 진술서가 만들어 졌다. (민청학련계승사업회, 『실록 민청학련
> 1974년 4월』2권, 2005)

김용원의 상고이유서에도 고문을 당한 사실을 적고 있다. '중정조서와 진술서는 심한 몽둥이질과 전기고문, 물고문을 통해서 꾸며진 것이며 취조관이 부르는 대로 받아 적어 폭력으로 무인'케 했다는 내용과 '중정에서 몽둥이질을 해서 왼쪽 눈썹 위가 찢어져 피가 줄줄 흘렀음'이라는 내용이 적혀 있다.

김용원의 핵심 죄목은 여정남에게 자금 지원을 하면서 지도를 했다는 것이다.

피고사건에 관하여 1974. 6. 10 비상보통군법회의검찰부에서 임의로 다음과 같이 진술하다

문: 진술인은 유진곤으로부터 자금을 제공받은 사실이 있는가요?

답: 네 1974. 3. 30에 금 50,000원, 4.1에 금 50,000원, 4.2에 금 40,000원, 4.3에 금 50,000원, 도합금 19만 원을 제공받은 사실이 있습니다.

이에 대해 김용원은 항소이유서를 통해 이렇게 항변한다.

(나) 공소 제 16항에 대한 반론 1974. 4. 2. 20:00경 초월다방에서 역시 취직에 필요한 돈을 빌려달라던 것을 다 주지 못하고 전세 받은 것 중에서 30,000원을 빌려주고 빨리 갚으라고 당부하고 헤어졌을 뿐 여정남이 학생 데모에 관한 말이라고는 한마디도 한 일이 없습니다. 결코, 4. 3일 데모한다는 이야기는 들은 사실도 없고 데모자금을 제공한 사실도 없으며 공소 제16항의 사실은 전혀 사실이 아닙니다. 그리고 도합 190,000원을 유진곤으로부터 학생 데모자금 조로 제공받은 것처럼 되어 있으나 전혀 사실이 아닙니다. 사실은 1974.1월 말경 또 동년 2월 중순 각각 50,000원씩 집수리비 조로 유진곤으로부터 빌렸던 것이며 동년 3월 초순에 40,000원 동년 3월말 50,000원을 항소인의 처의 치아치료비 조로 빌린 것입니다.

당시 갈비탕 한 그릇에 500원, 쌀 한가마니가 3천 3백 원하던 시절이니 19만 원은 꽤나 큰 금액이었다. 현재로서는 19만 원이 모두 여정남에게 건너 간 것인지, 아니면 일부만 건너 간 것인지 등 파악할 방법은 없다. 다만 검찰의 주장대로 김용원이 여정남에게 자금지원을 했다 한들 이것으로 김용원을 사형대에 세운 것은 지나친 판결이었다.

윤보선 대통령도 민청학련에 자금 지원을 했다. 윤 대통령의 자금은 박형규 목사와 이우정 교수를 거쳐 학생들에게 전달되었다고 한다. 그들의 공소장에는 '민청학련을 배후에서 선동, 민중 봉기를 일으켜 정권을 장악할 목적으로 학생들에게 거사 자금을 주는 등 내란을 선동했'고 적혀 있다. 게다가 윤 대통령은 자금지원 사실을 법정에서 '내 나이 77세 일생에 국가 내란죄명으로 재판을 받게 되니 감회가 깊다. 나의 죄를 감해달라는 것보다는 학생들에게 공산당이란 죄목은 부당하니 벗겨주기를 부탁한다.'라며 자금 제공 사실을 시인했다. 하지만 윤 대통령은 '징역 3년에 집행유예 5년'을 받고 풀려났다. 금액도 김용원이 제공한 금액의 두 배가 넘는 40만 원이었다.

김용원의 사형집행명령부 유언란에는 '종교의식을 거부한다'는 말이 적혀 있다. 억울한 사형 집행도 못 참을 일인데 그가 굳이 그 같은 유언을 남겨야 했을까? 아무리 종교가 없는 김용원이라고 할지라도 마지막 기대하는 마음에서라도 종교의식을 받아들일 수 있는 일이다. 그런데 하지 않아도 될 유언이 그곳에 적힌 것은 당시 사건 관련자들과 구명운동을 벌이고 있던 종교인들을 분리시키기 위한 중정의 얄팍한 술수에 불과했다.

쥐약

사형이 집행되기 딱 3개월 전인 1975년 1월 9일 명동성당에서 열린 미사에 유승옥을 포함하여 인혁당 사건 구속자 부인들이 참석했다. 그날 우홍선의 부인 강순희가 호소문을 발표한다. 이 일이 있고 나서 며칠 후 구속자들의 부인들은 모두 중정으로 소환을 당하고 조사를 받게 된다. 유승옥은 남산으로 끌려갔다. 그는 지금도 그때 일은 말하기는커녕 떠올리는 일조차 싫을 지경이다. 중정 요원들은 부인들에게 구명 활동을 벌이지 말라고 강하게 겁박을 했다. 그러고는 남편의 죄를 시인하는 진술서를 쓰도록 강요한다. 그가 그들이 원하는 대로 쓰지 않자, 쓴 진술서를 찢어 버리고 다시 쓰라고 강요하고 그런 과정이 계속되었다. 잠도 못 자게하고 계속 재촉하였다. 그러다가 그가 목이 말라 물 한 잔 달라고 하니까 물 한 잔을 가져다주는데, 약을 탄 물이었다. 그의 몸은 이상해졌고 정신도 아득해졌다. 몸은 가눌 수가 없었다. 흐느적거리는 그를 보고 조사관들은 비웃기도 했다. 그런 상황에서 조사관들은 재차 진술서 작성을 강요했고, 그는 자신도 모르는 순간에 그들의 요구사항이 담긴 진술서를 작성하고 말았다. 진술서에는 '남편이 간첩이라는 것'과 '다시는 남편의 구명운동을 하지 않겠다'라는 내용이 들어 있었다.

    중정에서 풀려난 유승옥은 집으로 돌아왔지만, '남편은 모진 고문을 당하면서도 재판정에서는 자신의 죄를 부인하는데 스스로 남편의 죄를 인정했다'는 사실이 너무나도 수치스러웠다. 그 죄책감을 이겨낼 수 없었던 그는 아이들과 함께 죽으려 했다. 집에 있던 쥐약을 가져다 놓고 남편의 옷가지와 가족들이 함께 찍었던 사진들, 편지들을 모아 아궁이에 넣고 불살라 버린 다음, 쥐약을 아이들과 나누어 먹으려 했다. 그 순간 집에 와 계시던 노모가 이를 목격하고 눈물을 흘리며 만류한다. 그와 노모는 부둥켜안고 대성통곡했고, 아이들을 위해, 또 남편이 누명을 벗고 가족에게 돌아오는 모습을 보기 위해 다시 살기로 결심하게 된다. 하지만 그로부터 2개월 후에 노모는 한 많은 생을 마감한다.

구명 활동 등으로 정신이 없던 유승옥은 노모의 임종도 지키지 못했다. 노모는 마지막 숨이 넘어가면서까지 그와 남은 아이들을 걱정했다. 그는 살아계실 날이 많이 남지 않은 어머니 앞에서 자살하겠다고 몸부림쳤던 자신의 행동이 얼마나 큰 불효였나 생각하며 가슴을 치며 후회했다. 그리고 그에게 그런 못된 진술을 강요한 그 수사관들은 죽는 날까지 용서할 수 없다고 결심하게 된다. 그렇게 2007년 1월 23일, 법원의 재심을 통해 남편이 무죄를 선고받기까지 그는 지옥과 같은 삶을 살아야 했다.

김 용 원 의 묘

1960년 4·19 혁명공간에서 서울대 민족통일연맹 활동
1963년 서울대 물리학과 졸업
1964년 1차 인혁당 사건으로 연행 구금
1969년 경기여고 교사 발령·재직중 반독재 민주화운동 참여
1974년 4월 이른바 인혁당재건위사건으로 구속
1975년 4월 8일 대법원 판결을 받고 다음날 새벽 사형 당함
2007년 1월 23일 재심으로 무죄판결 받음

1935년 11월 10일 일본 교토 출생
1975년 4월 9일 사망

▲ 경기도 이천 민주화운동기념공원에 위치한 김용원의 묘

여정남

1975년 4월 9일 새벽 사형장으로 걸어가던 여정남은 생의 마지막 순간에 노래 한 곡을 부른다. 제목은 〈찔레꽃〉이라는 대중가요였다. 이 노래는 일제강점기 만주의 독립운동가들이 고향을 그리며 불렀던 노래였다.

찔레꽃 붉게 피는 남쪽 나라 내 고향
언덕 위에 초가삼간 그립습니다
자주 고름 입에 물고 눈물 젖어
이별가를 불러주던 못 잊을 사람아

달 뜨는 저녁이면 노래하던 세 동무
천리 객창 북두성이 서럽습니다
작년 봄에 모여 앉아 찍은 사진
하염 없이 바라보니 즐거운 시절아

연분홍 봄바람이 돌아서는 북간도
아름다운 찔레꽃이 피었습니다
꾀꼬리는 중천에 떠 슬피 울고
호랑나비 춤을 추던 그리운 고향아

대처승의 아들

여정남은 해방되기 1년 전인 1944년 5월 7일, 대구시 중구 전동 23번지에서 부친 여이섭(함양 여씨)과 모친 윤태영(파평 윤씨)의 5남 1녀 중 셋째 아들로 태어났다. 그의 한자 이름은 '呂正男'이었다. 그는 이름처럼 '바르게 살다 간 남자'였다. 1974년에 암살당한 여운형 선생이 함양 여씨다. 현재 여정남의 조카 여상화가 몽양여운형선생기념사업회 이사로 일하고 있다.

부친 여이섭은 삼대독자로 일제강점기 교토에서 유학을 하고, 고향 예천을 떠나 대구로 이사하여 처음에는 대구약전골목 뒷골목인 옥골마당[경상감영공원 뒤편 일대로 옥(獄)이 있던 자리라고 해서 붙은 이름]에서 잡화상을 하다가 해인사 대구 포교당인 통인사의 대처승이 되었다. 해방 전 경북도청 앞에 있었던 통인사는 일본인 대처승들이 운영하던 절이었다. 그러다 보니 여정남을 비롯한 그의 형제들은 경제적으로 큰 어려움 없이 화목한 분위기에서 성장하게 되었다. 하지만 어려움이 없었던 것은 아니었다.

1954년 5월 21일 이승만은 '불교정화운동'을 한다며 "대처승은 절을 떠나라"라는 교시를 내린다. 대처승이 친일 잔재라는 소리였다. 하지만 대처승은 조선 말기부터 우리나라에 등장하고 있었다. 조선의 억불정책에 의해 절간 살림이 어려워지자 스님들이 결혼하여 경제생활을 유지하는 경우가 있었기 때문이다. 실제 불교계 독립운동가 한용운은 『조선불교 유신론』(1913)에서 대처승은 잘못된 것이 아니라고 주장했다. 기독교인이었던 이승만이 대처승들을 탄압한 이유에는 딴 목적이 있었다. 당시 사찰들이 보유한 재산을 빼앗아 정치자금으로 사용하려는 목적이었다. 그 결과, 불교계는 대처승을 인정하는 쪽과 불인정하는 쪽으로 나뉘게 되었는데, 대처승을 인정하는 쪽은 1970년 태고종을 발족시킨다. 이 과정에서 부친 여이섭은 대처승을 불인정하는 조계종 소속이 된 해인사와 결별하고 태고종 산하로 들어간다.

이러한 와중에서도 어린 여정남은 학교에서 우수한 성적을 받는 등 별 탈 없이 씩씩하게 성장하였다. 여정남은 1956년 3월 종로초등학교를 졸업하고 당시로서는 대구경북지역의 수재들이 다닌다는 경북중학교에 들어갔다. 그리고 1959년 4월에 경북고등학교에 입학한다.

2·28 민주운동과 사월혁명

대구경북 지역은 해방 이후 미군정 치하에서도 '10월 인민항쟁'을 벌일 정도로 민중적 저항이 거센 곳이었다. 특히 대구는 한국전쟁 시절 인민군 미점령지역으로 '부역자 처단과 같은 우익세력에 의한 불법적 학살'이 없었기 때문에 점령지역에 비해 진보적 역량을 보전할 수가 있었다. 그 결과 이승만 집권기에는 지금과 달리 대표적인 야당 도시였다. 1956년 제3대 정·부통령 선거에서 야당 후보 진보당의 조봉암이 이승만을 101,120표 대 38,813표로 세 배 가까이 압승을 한 곳이었다.

1960년 2월 28일 민주당 부통령 후보 장면의 대구 연설이 열리는 일요일이었다. 이 유세에 학생들의 참여를 막기 위해 대구시 교육청에서는 일요일 등교를 지시했다. 이에 항의한 경북고와 대구고, 사대부고, 경북여고 등 공립 8개 고등학교 학생들이 대구 2·28 학생시위를 이끌었고 곧 사월혁명의 도화선이 되었다. (『경북대학교 학생운동사 1946~1979 청춘, 시대를 깨우다』, 2017, 42쪽)

2·28 학생시위가 일어날 무렵 여정남은 2학년 새 학기가 시작되지 않아 아직은 1학년이었다. 경북고에서는 이대우 학생회 부위원장이 시위를 주도했다. 이날 대구시내 고등학생 2,000명이 "학원의 자유를 달라", "일요일 등교 웬 말이냐"는 구호를 외치며 시청으로 행진하였다. 이 과정에서 학생 250여 명이 연행되고 부상 학생이 속출했다. 이 시위에 여정남도 참여했던 것으로 보인다. 이날의 시위는 다음 날《동아일보》에서 사진과 함께 보도되어 전국에 알려졌으며, 마산 3·15 부정선거 규탄시위로 이어졌다.

내가 고3이 되고 얼마 되지 않아 4·19 혁명이 일어났다. 4·19 혁명의 직접적인 계기는 대구 지역 고등학생들이 자유당의 부정선거 공작에 저항해 들고 일어난 2·28 의거다. 2·28의 주축이 고등학생이었다면 4·19는 2·28을 보고 '부끄러움을 느낀' 대학생들이 주축이 됐다. 18일 고려대에서 시위가 시작되자 나와 내 친구들은 대학생 형들과 함께 중앙통과 주요 도로로 나가 시위를 했다. 자유당의 앞잡이, 핵심자들은 시위대의 표적이 됐고 우리

는 그들의 집을 찾아가 부셨다. 그 날은 '피의 화요일'이었다. 거리
는 온통 피로 물들었다. 집에는 말도 안 했다. 아마 내가 공부하
러 학교 간 줄 알았을 거다. '격렬했다'. 그 당시 상황을 표현할 수
있는 가장 적절한 말이다. 피의 혁명으로 26일, 이승만은 하야 성
명을 발표하지 않을 수 없었다. 2·28 의거를 시작으로 우리가 일
궈낸 첫 민주화운동의 성과였다. (《경북대신문》 2010년 4월 10
일 자, 「민주화 열기로 가득 찼던 그날이여… 홍종흠 인터뷰」)

홍종흠은 2·28 민주운동 유공자로서 경북고 42기이며, 여정남의 1
년 선배다. 그리고 사월혁명으로 이승만이 권좌에서 물러나는 모습을 지켜
본 경북고 2학년생 여정남은 혁명의 기운을 마음껏 마시게 된다.

교원노조 지지 투쟁

'선생님! 정의와 국가와 민족을 위하여는 정의와 생명을 바쳐 싸
워야 한다고 말하지 않았읍니까?' 하고 정열에 불타던 그 눈동
자! '비겁합니다.' 외치던 그들의 울부짖음! 우리에게 어찌 양심의
가책과 자괴가 없을쏘냐. 전국의 교원동지들이여! … 강철 같은
조직과 정열과 투쟁으로써 민주학원을 쟁취하자! (《영남일보》
1960년 5월 4일 자, 「한국 교원동지의 분기를 촉구함—대구지역
교원노동조합결성위원회 격문」,)

446

교원노조운동은 대구지역 고등학생들의 2·28 민주운동에 대한 대구지 교원들의 화답이었다. 1960년 4월 26일에는 전국에서 최초로 교원노조가 대구에서 결성되었으며, 6월 25일 대구역 광장에서 2천여 명이 모인 가운데 '교원노

▲ 1960년 5월 22일 서울대에서 열린 전국교원노조연합회 결성식(《조선일보》 1960년 5월 23일 자)

조을 반대하는 문교부 장관 규탄시위'가 벌어졌다. 그리고 8월 16일에는 경북고와 경북여고 학생들이 교원들의 투쟁을 지지하는 시위를 벌인다.

이렇게 대구에서 시작된 교원노조 결성과 합법화투쟁은 전국적으로 확산되었다. 이에 놀란 장면 정부는 교원노조를 불법화하려는 법 개정을 추진한다. 그러자 전국교원노조중앙투쟁위원회는 집단농성과 단식투쟁을 결행한다. 교원노조 투쟁의 중심지였던 대구에서는 2천여 명의 교원들이 단식에 동참하여, 단식 4일째 날 천여 명의 교원들이 쓰러졌고, 중환자실에만 200여 명이 넘게 실려 가야 했다. 그야말로 대구시내의 학교는 마비상태가 되었다. 결국 장면 정부는 교원노조를 인정하지 않을 수 없게 된다.

경북고 민통련

> 4·19에 주도적으로 참여했던 대학생들이 운동의 방향을 대거 통일운동으로 전환하기 시작한다. 처음에는 거리 질서 확립, 양담배 추방 등 국민계몽운동에 참여하던 학생들도 점차 통일운동에 합류하기 시작한다. 7·29 총선에서 혁신정당들이 평화통일론 공약을 내세우고, 해외 동포인 김삼규, 김용중의 중립화통일론이 국내 언론에 소개된다. 8·15에는 북한이 남북연방제를 제의한다. 통일문제는 이제 본격적인 정치문제로 등장하게 된다. 그러던 차에 9월 3일에는 민족자주통일중앙협의회 발기인대회를 개최하면서 통일운동의 구심점이 형성된다. (함종호, 「경북대구 4·19 혁신계 및 인혁그룹 맹아 경북민민청 연구」, 2018)

이승만을 몰아냈던 사월혁명의 흐름은 1960년 하반기에 이르러서는 통일운동으로 변모한다. 혁명을 이끌었던 학생들은 민통련(민족통일연맹)을 학교별로 결성하였으며, 시민사회진영에서는 민자통을 결성하기 위해 박차를 가한다. 대학가에서 주로 결성되던 민통련이 대구에서는 고등학교에서도 결성된다. 서울대에 이어 11월 10일 경북대에서 민통련이 결성되자 대구 시내 대학과 고등학교에서 민통련이 우후죽순처럼 생겨난다. 대학에서는 청구대와 대구대에서 결성되었고, 고등학교는 경북고(외 경북여고·영남고·대구여고 등 4곳에서 추가로 결성되었다는 증언은 있으나 미확인 상태다)에서 결성되었다.

경북고 민통련 위원장은 여정남과 동기인 백승홍이 맡았다. 고등학교 민통련 역시 대학가의 민통련처럼 민자통 결성에 힘을 보태었고, 이후 한미 경제협정 반대투쟁과 2대 악법 반대투쟁 그리고 남북학생회담 성사투쟁에 참여하였다. 위원장 백승홍은 2·28 민주운동 등 각종 시국 데모에 참가하였다가 5·16 쿠데타 발발 후 고교생으로 흔치 않게 1년간 옥살이를 했다. 이후 그는 국회의원 등 공직에 머물다가 2010년 '친박연합 비상대책위원장'을 맡는 등 보수인사로 돌아선다. 그는 2019년에 작고했다.

1959년에 경북고에 들어간 여정남은 1학년 때 2·28 민주운동, 2학년 때 사월혁명, 3학년 때 5·16 쿠데타를 경험한다. 1, 2학년 때는 앞뒤 가릴 것 없이 선후배들과 대구시내를 활보하며 젊은 혈기를 왕성하게 발산하다가 3학년 1학기도 채 마치지 못한 5월 16일 발발한 쿠데타로 인해 피어나던 꿈이 꺾이는 아픔을 겪어야 했다.

여정남의 고등학교 생활기록부에 따르면, 1학년 때는 공대를, 2학년 때는 학자가 되기 위해 문리대를 가고 싶어 했다. 3학년 때는 정치학과를 가겠다고 적혀 있다. 고등학교 3년 동안 그의 꿈이 매년 바뀐 것이다. 아마도 사월혁명과 5·16 쿠데타가 없었다면 여정남은 지금쯤 과학자가 되어 후학을 키워내고 은퇴한 노교수가 되어 있을 것이다.

5·16 쿠데타와 대학가

1960~70년대는 민주주의가 혁명과 격동의 과정을 겪으면서 자

율적 민족역량을 함양하던 시기이다. 4·19 의거, 5·16 군사정
변, 한일회담이 계기가 된 6·3 사태 등 새로운 정치문제에 대한
대학의 민주화 요구는 계엄령, 휴교령 등으로 대체되면서 1971
년 12월 국가 비상사태가 선포될 때까지 되풀이되었다. 1974년
인혁당재건위 조작사건으로 구속된 우리 대학 졸업생 여정남(정
치외교학과 62)은 이듬해 대법원의 사형 판결 후 18시간 만에
관련자 8명과 함께 사형이 집행되어 그 의혹에 대한 국내외의
큰 논란을 불러일으켰다. 우리 대학은 규제와 자유와의 갈등 속
에서도 이 시기를 대학교육의 쇄신과 질적 향상을 위한 내실외
전(內實外展)의 계기로 삼았다. (출처: 경북대 역사관)

▲ 경북대학교 역사관 내부 모습

여정남이 다녔던 경북대학교 박물관 안에는 2020년 6월에 설치한 '경북대학교 역사관'이 있다. 역사관에는 1952년 대학 설립 후 역사를 한눈에 볼 수 있게 전시하고 있는데, 이 중 한 곳에 '산업화와 민주화'라는 제목하에 여정남 이야기가 전시되어 있다. 이곳에는 인혁당재건위 사건 판결문과 여정남의 상고이유서 그리고 경북대 사월혁명 일지 등을 전시해 놓고 있다. 개관 초기에는 관련한 설명문에서 '5·16 혁명'이라 적어 문제가 된 바가 있는데, 현재는 '5·16 군사정변'으로 고쳐 놨다. 하지만 '사월혁명'을 '4·19 의거'로, '6·3 항쟁'을 '6·3 사태'로 적고 있는 부분은 아직도 아쉬운 지점이다. 이미 나라에서도 1995년 '국가유공자등단체에설립에관한법률'을 개정하여 '4·19 의거'를 '4·19 혁명'으로 고쳐 놓은 상황인데도 말이다.

1961년 5월 16일 새벽 쿠데타가 발생했지만 사회는 예상외로 평온했고 대학도 역시 마찬가지였다. 쿠데타 당일에는 모든 수업이 취소되었지만, 곧바로 다음 날부터는 정상적으로 수업이 진행되었다. 쿠데타 직후의 대학생들의 반응은 한마디로 '관망적 자세'였다. 쿠데타 직후에 나온 서울대와 고려대 학교신문의 1면 톱기사 제목은 각각 「쿠데타 성공, 학원은 평온. 當然感 속에 사태주시」와 「군사혁명에 학생들은 침묵·무표정. 사태 진전을 주시」였다. 학생들의 관망 속에는 장면 정권의 무능과 부패에 대한 비판과 함께, 학생 자신에 대한 자기반성이 투영되어 있었다. 즉 장면 정권의 무능과 부패에 대한 비판, 그리고 학생 스스로의 자기반성은 5·16 쿠데타를 학생들이 즉각 거부하거나 반대하지 않게 했던 요인이었다. 하지만 새롭게 등장한 군사정권은 아직 베일에 싸여 있었고 또 쿠데타 직후 혁신계 인사들에 대한 대량 검거가 단행되었기 때문에 일단 학생들은 쿠데타에 대해 유보적인 태도를 취했다. (오제연, 「1960~1971년 학생운동 연구」, 2014)

당시 지성인들의 대표적인 인물이었던, 그리고 대학생들의 존경을 한 몸에 받고 있었던 《사상계》의 발행인 함석헌마저도 5·16 쿠데타를 '무능한 정부를 물리친 반공의 보루'라 했으니, 학생들은 말할 것도 없었다. 대학생들이 참여하여 성공한 사월혁명을 짓밟는 쿠데타가 일어났지만 대학가는 평온하였다.

박정희를 필두로 한 군부 쿠데타는 사월혁명으로 열린 운동의 공간을 급격히 위축시켰다. 사월혁명기 각종 운동의 주요 지도부는 대부분 구속되거나 수배를 받아 운동이 중지되었다. 경북대학교에서는 총학생회를 비롯한 공개조직의 지도부들은 혁명의 고양기에 일어난 통일운동과 2대 악법 반대운동에 대다수 참여하지 않고 학업으로 복귀했다. 그래서 이들은 5·16 이후의 반동기에도 구속을 피할 수 있었다. 하지만 학원 바깥 선배 운동가들과 연계해 통일운동과 사회운동에 관여한 기세환, 전재창, 박용목 등은 수배되거나 구속되었다. 이들이 구속된 뒤에 학생운동은 정돈이 필요했다. (편찬위원회, 『경북대학교 학생운동사

1946~1979 청춘, 시대를 깨우다』, 2017)

1962년 2월 경북고를 졸업한 여정남이 그해 3월 경북대 정치학과
에 입학한다. 이렇게 혁명과 반혁명이 혼재된 시기에 대학생이 된 여정남
은 5·16 쿠데타를 일으킨 세력이 반혁명세력임을 간파하고 있었다. 무엇보
다도 사월혁명시기 대구지역의 대표적인 학생운동가로 알려진 정만진과 통
일운동과 민주화운동을 하던 대구지역 혁신계 인사들을 범법자로 몰아 감
옥에 가두었으니, 혁명공약이니 구악일소니 하는 말들은 허울 좋은 소리로
들릴 수밖에 없었다.

향후 여정남에게 많은 사상적·실천적 영향을 미치게 되는 정만진은

▲ 정만진 추모비 제막식. 2011년 10월 19일 정만진의 묘소가 있는 경남 창녕군 대합면 선산에
영남대 민동 후배들이 추모비를 건립했다. 현재 정만진의 묘는 이천 민주화운동공원으로 이
장했다.

453

쿠데타 이전에 이미 감옥에 갇혀 있었다. 대구대 학생이었던 그는 2대 악법 반대투쟁 경북학생공동투쟁위원회 위원장을 맡아 활동하던 중 각종 집회를 주도하였다는 혐의로 대구교도소에 수감되어 있었다. 게다가 5·16 쿠데타가 난 뒤에도 같은 죄목으로 혁명재판부에 기소되어 10년 형을 받았다. 아무리 혁명이 일어났다 하더라도 나라가 바뀌지 않는 이상 일사부재리의 원칙에 따라 같은 죄목으로 두 번 처벌할 수는 없는 일인데도 쿠데타 세력은 불법을 아무런 거리낌 없이 자행하였다. 다행이 그는 1962년 사월혁명 2주년을 하루 앞둔 4월 18일 감형되어 출감하였다. 그는 출소 후 1963년 대구대에 복학하였고, 이어 전개된 한일회담 반대투쟁에 여정남을 비롯하여 경북대 학생 이재형·김성희 등과 함께 주도적으로 참여한다. 그리고 1967년 여정남이 제대하자 다시 인연을 이어가며, 인혁당재건위 사건으로 구속되기 전까지 나이를 떠나 동지로서 함께 각종 투쟁에 참여하였다.

맥령(보릿고개)

'맥령'은 1964년 봄에 4·19를 경험한 변태강(농화학과 60학번)의 제안으로 이동욱(법학과 60학번)과 같은 과 후배 김성희(농화학과 62학번)에 의해 비밀조직 형태로 결성되었다. 변태강의 경북고 2년 선배이자 사월혁명을 같이 겪은 이재형(정치학과 58학번)은 제대한 뒤 복학하여 이 모임에 참여했다. 이들은 4·19 정신을 계승하는 학생운동의 핵심조직을 구성할 것에 합의하고

우선 네 사람만으로 비밀단체를 만들었다. (편찬위원회, 『경북
대학교 학생운동사 1946~1979 청춘, 시대를 깨우다』, 2017)

맥령을 만든 변태강은 1학년 때 사월혁명의 세례를 받고 경북대 58학
번인 기세환, 전재창, 박용목과 함께 경북대 민통련 회원으로 활동한다. 또
2학년인 1961년에는 2대 악법 반대투쟁 경북학생공동투쟁위원장인 정만
진과도 함께 활동한다. 그리고 경북 민자통 조직부장을 맡아 서울 민자통
과 연락하며 통일운동에 참여하다. 변태강은 6·3 항쟁 당시 김성희의 집에
서 한일회담 반대 플래카드와 선언문들을 작성하면서 김성희와 같은 학번
인 여정남을 만났다고 한다. 당시 여정남은 군 입대를 앞두고 있었는데, 입
대는 뒤로 미룬 채 밤새며 투쟁을 준비했고, 각종 심부름도 마다하지 않았
다고 한다.

맥령과 같은 비밀서클이 필요하다고 변태강에게 제안한 이재형은
1939년 상주에서 출생하여 1958년 경북대 정치학과에 입학한다. 여정남
의 4년 선배인 그는 부유한
집안에서 태어나 경북대 학
생운동에 참여할 당시 상당
한 자금을 집에서 받아 제공
했다. 그가 인혁당재건위 사
건으로 20년 형을 선고받고
8년간 복역하게 된 원인도
그가 인혁당재건위 활동에

▲ 서클 '맥령'을 처음으로 구상했던 이재형

상당한 금액을 지원했다는 의혹을 받았기 때문이다. 그는 1960년 사월혁명과 1961년 정만진과 2대 악법 반대투쟁을 벌이다 입대했다. 사실 맥령의 결성 시점도 1964년이 아닌 이재형이 복학한 1962년 말이나 1963년 초였다는 이야기도 있다. 그는 1964년 정치학과를 졸업하고 다시 경제학과에 편입해 1965년 굴욕적인 한일 수교회담 반대투쟁에 앞장섰다. 1967년 졸업 후에도 민주화 열정은 식히지 않았다. 1969년 3선 개헌 반대투쟁에 참여하였고, 1972년 경북대학교 '정진회 필화사건'으로 구속되었다. 1982년 인혁당재건위 사건으로 옥살이를 하다가 출옥한 후에는 영천에서 복숭아와 포도밭을 일구며 평생 농사일에 매달렸다. 사월혁명회와 경북대 민주동문회 고문으로도 활동했으며, 고문 후유증으로 한평생 고통받다가 2004년 12월 폐암으로 세상을 떠났다.

이렇게 여정남은 자칫 5·16 쿠데타로 정치인이 되어 세상을 바꿔보겠다는 그의 꿈을 접을 수도 있었으나, 맥령 선배들과의 만남을 통해 그 꿈을 이어갈 수 있었다.

1964년 한일회담 반대투쟁

이 시기 여정남이 만난 또 한 명의 인물이 있다.

> 내가 5·16 쿠데타 이후 잡혀 들어갔다 나오는 날, 형무소에서 만나 사람들과의 인연 통해 조직을 하나 만들려고 했어요. 광주

에 김시현하고, 부산에 손병선하고, 대구에 정만진하고, 전북에 박종렬 그리고 나하고 다섯 명이 이름은 없지만 조직을 하나 하자. 이렇게 해가지고 그걸 씨앗으로 인제 한번 전국 조직을 한 번 해볼라고 노력을 했죠. 그래서 지방을 가면은 그 사람들 중심으로 만나는 거예요. (면담자: 그 다섯 분이요?) 그렇죠. 그러다가 대구에 가니까 정만진이가 여정남을 소개해 준 거죠. 그때부터 대구에 오면 여정남을 만나 정세에 대한 이야기를 나누곤 했죠. (4·9통일평화재단구술사업, 『인민혁명당과 혁신계의 활동』김 승균 편, 2014)

김승균은 서울에서 태어나 한국전쟁 때 경북으로 피난 가 정착한다. 1957년 경북대사대부고를 졸업하고, 1958년 성균관대 동양철학과에 입학한다. 사월혁명 당시에는 성균관대 민통련 위원장을 했고, 전국 학생민통련 조직위원장을 했다. 5·16 쿠데타가 나고 10년 징역형을 받았으나, 1962년 출옥한다. 출옥 후 그의 증언대로 전국적인 한일협정 반대 학생운동을 벌이기 위해 전국적 학생조직을 건설하려다가 6·3항쟁의 배후세력으로 지목된 불꽃회 사건으로 다시 구속된다.

결국 6·4 데모의 주동자로 알려진 법정대 학생 9명에게 다시 불법시위에 참여할 경우 자동적으로 퇴학처분이 적용된다는 내용의 '정지 조건부 퇴학' 처분이 내렸다. 처벌을 받은 학생은 정치학과의 최경영(61학번), 이철웅(61학번), 여정남(62학번), 장주

효(62학번), 전인수(62학번)와 법학과의 조백수(62학번), 이동욱(62학번), 최부석(62학번), 서훈(63학번)이었는데, 대부분 맥령과 관련된 학생이었다. (편찬위원회, 『경북대학교 학생운동사 1946~1979 청춘, 시대를 깨우다』, 2017)

한일회담 반대운동이 한창이던 1964년 6월 3일 서울지역에는 비상계엄령이 내려지고 군병력이 대학가에 투입되면서 학생운동은 위축된다. 그러나 대구 시내 대학의 학생 대표자들은 한자리에 모여 밤샘 토의 끝에 '계엄령으로 서울 학생들의 발이 묶인 지금에는 경북 학생들이 태도를 밝혀야 한다'고 결론을 내리고 서울에서의 6·3 시위에 이은 '6·4 시위'를 벌이고 단식 농성투쟁까지 계획한다. 하지만 박정희 정권은 서울에 이어 전국의 대학에 휴교령을 내리고 시위 주동자를 적극적으로 검거하기 시작하자, 대구·경북지역의 한일회담 반대운동도 소강상태에 접어든다. 경북대 6·3항쟁의 지도부였던 여정남은 경찰에 검거되지 않았지만, 학교로부터 '정지조건부 퇴학'이라는 경고를 받았다.

1965년 한일협정 비준 반대투쟁

6·3 항쟁으로 잠시 주춤했던 한일회담이 1965년 1월 재개되어 4월 3일 한일 양 정부 간에 협정안에 대한 가조인이 이뤄지고 국회 비준절차만 남게된다. 이에 새학기를 맞이한 대학가에서는 한일협정 비준 반대투쟁이 시작

된다.

　대구에서도 4월 1일 굴욕외교 반대범국민투쟁위원회 주최로 성토대회가 개최된다. 하루 전날 3월 31일 밤에는 이종래가 대구 시청광장에서 분신자결하기도 했다. 경북대에서는 학생회 간부를 납치 감금하는 등 학교 당국의 방해로 총학생회가 주춤하자, 서클 '정사회'(正思會)가 나서서 한일협정 비준 반대투쟁을 주도하고 나섰다.

　　'맥령'을 확대 개편한 대중적 서클인 '정사회' 창립 준비는 한일회담 반대운동이 일시적으로 잠잠해진 1964년 후반기부터 본격적으로 진행되었다. 한일회담 반대투쟁과정에서 드러난 믿을 만한 사람들 중에서 이후 전개될 운동에 적극적으로 참여할 수 있는 사람들을 회원으로 규합했다. 당시 경북대 5개 단과대학마다 영향력이 있고 활동적인 사람들 상당수가 정사회의 회원으로 결합했다. 어느 정도 회원이 규합되자 본격적인 창립총회가 준비되었다. 새로운 서클의 이름은 창립회원인 박창규(법학과 63학번)의 제안에 따라 '바르게 생각한다'는 정사회(正思會)로 정했다. '바르게 생각한다'는 것은 사변적인 것이 아니라 실천적 차원에서 '바르게 행동한다'는 의미를 내포했고, 회원 모두가 동의했다. 창립총회는 한일협정 체결 논란이 한창이던 1965년 봄 대구 인근 가창에서 개최되었다. (편찬위원회, 『경북대학교 학생운동사 1946~1979 청춘, 시대를 깨우다』, 2017)

맥령과 달리 공개 대중 서클을 표방한 정사회는 지도교수를 두고 학교에 정식 서클로 등록하고 있었다. 정사회는 1969년 등록이 강제로 취소될 때까지 경북대 학생운동의 중심적 서클이었다. 정사회는 맥령의 이재형·변태강·김성희가 주도하고 있었으며, 초대회장 서훈도 맥령과 긴밀한 관계를 가지고 있었던 학생이었다. 이 시기 여정남은 학교로부터 경고를 받고 있던 탓에 정사회에는 가입하지 않고 있었으나, 한일협정 비준 반대투쟁을 벌이고 있던 정사회 활동에 적극 결합하였다. 여정남은 제대 후인 1968년에 3기로 가입한다.

이러한 전 국민적 반대투쟁에도 불구하고, 박정희는 미국의 전폭적인 지지를 등에 업고, 6월 22일 한일 양국의 책임자들이 모인 가운데 조인식을 강행한다. 또 8월 14일에는 국회에서 비준동의안이 통과되었다. 그러자 이번에는 국회 비준 무효화투쟁이 전국적으로 벌어졌다. 한일국교정상화에 대한 국민들의 반대의지는 사그라지기는커녕 더욱 확산되고 있었다. 다시 박정희는 위수령을 선포하고 군 병력을 투입하여 시위주동자들을 검거하는 등 강경일변도로 대응했다. 한일협정은 2년간의 전국적인 투쟁에도 불구하고, 12월 18일 한일국교 비준서가 교환되고 협정이 발효된다.

여정남은 한일협정 조인식이 강행된 6월 22일이 지나고 5일 후인 6월 27일 입대한다. 그는 강원도 양구에서 2년간 침묵의 시간을 보낸다. 한일협정 반대운동을 통해 제2의 사월혁명을 꿈꾸었던 그가 입대를 선택한 것은 꿈을 포기한 것이 아니었다.

그러는 사이 1967년 박정희는 재선에 성공한다. 1971년까지 대통령 임기가 확정된 것이다. 당시 제3공화국 헌법에서는 4년 임기의 대통령은 1

회에 한해 연임을 할 수 있었다. 쿠데타로 군정을 이끌었던 기간까지 포함하면 10년 집권에 성공한 것이다. 하지만 박정희의 욕심은 끝이 없었다. 재선에 성공하자 그는 3선도 욕심을 낸다. 그의 야심은 대선 직후 6월 8일에 치러진 국회의원 선거부터 노골화되기 시작하였다. 개헌을 위해 국회 의석 3분의 2가 필요했던 공화당은 온갖 부정선거를 통해 목표치를 달성하게 된다.

전역과 복학

여정남은 1967년 12월 15일 전역한다. 그리고 1968년 3월 경북대에 복학한다. 그가 복학한 1968년은 프랑스의 '68혁명'을 시작으로 독일, 미국, 일본에서 대규모 학생운동이 일어났다. 일각에서는 프랑스의 68혁명은 한국의 사월혁명에 영향을 받았다고 분석하기도 한다. 하지만 68혁명에 영향을 준 한국에서 1968년 학생운동은 잠잠했다. 한 해 전인 1967년 학생운동은 야당과 함께 '6·8 부정선거 규탄투쟁'을 벌였고, 다음 해인 1969년에는 '3선 개헌 반대투쟁'을 가열차게 벌였다. 그런데 무엇이 세계적인 학생운동이 벌어지던 1968년에 한국 학생운동을 잠재웠던가. 이에 대해 중앙대 김누리 교수는 "학생운동이 전 세계를 뒤흔들던 1968년에, 강력한 학생운동의 전통을 가진 한국에서 아무런 변혁의 시도도 없었다는 사실은 역사적 아이러니다"라고 지적하면서 그 이유로 "첫째, 베트남전 파병, 둘째, 극단적 반공주의, 셋째, 근대화 이론의 지배, 넷째, 언론의 여론 왜곡, 다섯째, 지

461

식인 세계의 무능, 여섯째, 학생운동의 보수성" 등의 원인을 거론했다. (「한국 예외주의 - 왜 한국에는 68혁명이 없었는가?」, 2018)

실제 1968년에는 '1·21 사태, 1·23 미 푸에블로호 피납 사건, 동백림 사건 관련 재판, 통혁당 사건, 해방전략당 사건, 민비연 사건 관련 재판' 등 어느 해보다도 한국의 반공세력이 기승을 부릴 만한 사건들이 많은 한 해였다. 이에 눌린 한국의 학생운동이 68혁명과정에서 제시된 진보적인 이슈로 사회변혁운동을 주도하기에는 한계가 있었다.

여정남은 이 같은 한국 학생운동의 현실에 답답해 했지만 투쟁의 의지가 꺾인 것은 아니었다. 그는 복학과 동시에 정사회 3기로 입회하면서 회원들을 독려하며 새로운 투쟁을 준비해 나가고 있었다. 여정남은 일찍부터 박정희 장기집권 책략을 간파하고 이를 넘어설 투쟁을 준비해왔다. 그는 먼저 이후 투쟁에서의 학생회 중요성을 파악하고 1968년 총학생회 선거에 정사회 소속 진원규(철학 63학번)를 당선시켰으며, 법정대를 비롯한 단과대 학생회 및 대의원회 의장 등에도 정사회 회원들이 당선되었다. 또한, 한국사회의 현실을 파악하기 위해 관련도서를 읽고 토론회를 개최하거나 관련 연구논문 발표회를 가졌다.

나아가 총학생회와 정사회는 전국 대학생들과 현실인식을 공유하고 연대의 틀을 마련하기 위해 '전국 대학생 학술토론대회'를 개최했다. 토론대회는 군 제대 후 막후에서 정사회를 지도하던 여정남이 6·8 부정선거 규탄투쟁 이후 전국 대학생들의 연합투쟁 필요성을 느끼면서 제안한 것이었다. 1968년 11월 25일 경북대 총학생회 주최로 열린 '제1회 전국 대학생 학술토론대회'는 '후진국의 현실과 방향 모색'이라는 주제로 서울대, 연세대, 고려대를 비롯한 9개 대학 20개 팀이 참여하여 열띤 분위기 속에서 진행되었다. (편찬위원회, 『경북대학교 학생운동사 1946~1979 청춘, 시대를 깨우다』, 2017)

전국 대학생 학술토론회는 여정남이 고안해 낸 일종의 정부 기만책으로 보인다. 반독재투쟁을 벌이기 위해서는 사월혁명 때처럼 전국적인 학생투쟁 조직이 필요했으나, 당시 대학생들의 전국적인 연대의 틀은 공안당국과 대학당국의 치밀한 방해책동으로 쉽게 결성할 수 있는 문제가 아니었다. 이에 여정남은 토론회를 외피로 전국의 진보적인 대학생들을 모으고 비공개적인 자리에서 '유기적인 연락 방법과 공동투쟁을 벌이는 방법'에 대해 논의하는 자리를 가졌다. 이러한 토론회는 박정희가 3선을 넘어 영구집권을 획책하고 있던 1971년까지 지속되었으며, 1974년 전국적인 민청학련 투쟁이 일어날 때 이때 맺은 인맥들이 활용되었다.

3선 개헌 반대투쟁은 학생들이 시위에 나서면서 본격적으로 시작되었다. 1969년 6월 12일 서울대 학생들이 개헌 반대 선언문을 발표했으며, 16일에는 개헌 추진 중지, 언론 자유 보장, 학원 사찰 중지를 요구하며 시위를 벌였다. 19일에는 고려대 학생들이 개헌을 반대하는 시위를 벌이는 등 서울지역 대학생들의 시위가 확산되었다. 대구에서는 6월 23일 경북대 학생들의 시위로

3선 개헌 반대투쟁이 시작되었다. 이날 시위는 서울에서 진행되는 상황을 예의주시하던 이념서클 정사회가 논의하고 준비했으며, 법정대 학생회가 주최했다. (편찬위원회, 『경북대학교 학생운동사 1946~1979 청춘, 시대를 깨우다』, 2017)

  총학생회와 정사회가 주도했던 경북대의 3선 개헌 반대투쟁은 어느 대학보다 뜨거웠다. 가두시위를 비롯한 단식투쟁, 시험 거부투쟁, 성토대회, 학생회관 점거농성 등 할 수 있는 모든 방법을 동원하여 투쟁을 벌였다. 이에 정부는 투쟁지도부를 구속하고 휴교조치를 내린다. 또 대학은 정부 방침에 따라 정사회를 강제 해산하고, 진원규 총학생회장에게 제적 처분을 내린다.

▲ 3선 개헌 반대시위 장면

박정희 정권과 공화당은 학생들을 비롯한 국민들의 강력한 저항에도 3선 개헌을 강행하였고 1969년 10월 17일 국민투표를 실시하여 기어코 헌법을 개정한다.

안재구와 이재문

1968년 봄에 복학한 여정남은 경북대 문리대 학생과장으로 있던 안재구를 만난다. 이재문의 소개로 안재구를 찾아간 것이다. 안재구는 1933년 경북 달성군 출신으로 경북대 수학과 52학번이다. 그는 해방 후 2·7 구국투쟁 등 남로당 활동에 참여했으며, 대학 졸업 후 수학자로 살던 그는 사월혁명을 경험하고 나서 다시 변혁운동가의 삶을 살게 된다.

이재문은 1934년 의성 출신으로 경북대 정치학과 53학번이다. 졸업 후《영남일보》기자 등 언론인으로 활동하였고, 당시에는 1차 인혁당 사건으로 구속되었다가 출옥한 뒤 서울 등지를 오가며 반박정희·반독재운동에 참여하고 있었다.

안재구와 이재문은 사월혁명시기에 만나 한일회담 반대운동, 3선 개헌 반대운동 등 1960년대 벌어진 굵직한 사회운동과정에서 친분을 쌓고 평생 동지가 되어 1970년 하반기 남민전을 결성하여 그 결실을 보려다가 박정희에 의해 구속되고 만다.

여정남을 만난 안재구는 이후 이재문을 만나게 되자, 여정남을 만난 평을 한다. "우리 일이 잘되려고 그러는지 정말 좋은 사람을 얻었습니다. 조직가라기보다는 지도자로 더 클 수 있는 사람인 것 같습니다. 우리 한번 멋지게 가꾸어 봅시다"라고 말했다고 한다.

이재문은 특히 새로운 학생운동세대들과 목적의식적으로 접촉을 확대하고 학습을 이끌었다. 1968년 9월부터는 당시 경북대 교수였으며 후에 남민전 중앙위원으로 함께 활동한 안재구 등과 함께 정사회(正思會)라는 반공개 이념서클을 조직·지도했다. 정사회는 후에 인혁당재건위 사건으로 처형된 여정남이 중심인물이었으며 경북대 학생회를 장악하고 3선 개헌 반대투쟁에 상당한 기여를 했다. 그는 71년 4월 경북대에서 모든 공개 이념서클 활동이 불가능해진 뒤에도 안재구, 여정남과 함께 '한국풍토연구회'라는 비공개 서클을 조직하기도 했다. 이 비공개 서클은 정보당국의 눈을 피해가며 1974년 민청학련 사건이 터지기 직전까지 활동을 지속했다. (김민희, 『쓰여지지 않은 역사』이재문 편, 1993)

위 김민희의 글에서는 '정사회와 한풍회를 여정남과 함께 조직했다'라고 적고 있으나, 이는 정확한 표현이 아니다. 현재까지의 여러 관련 증언들을 살펴보면, 당시 대구지역 혁신계 인사들은 향후 경북대 학생운동이 한국 변혁운동에서 중요한 축을 형성할 것으로 판단하고 경북대 학생운동에 관심은 두었으나, 학생운동의 자주성을 보장하기 위해 직접 관여하지는 않았다. 즉, 이재문은 '정사회와 한풍회가 결성되고 성과 있는 투쟁을 벌일 수 있도록 측면에서 지원했다'고 보는 것이 옳아 보인다.

당시 여정남은 복학 후 여러 학생운동을 펼쳐나가는 과정에서 자신의 등록금을 써버려 등록을 못할 상황이 발생했다. 그때마다 안재구가 나서 등록금을 대주곤 했다. 여정남은 학생운동과정에서 많은 비용이 발생했는데 이를 선배들의 도움을 통해 해결했다. 정만진의 소개로 하재완 가의 입주교사가 된 것도 그러한 까닭이었다. 하지만 경제적인 문제만 해결한 것이 아니다. 이러한 과정을 통해 사회운동에 경험 많은 선배들과 교류하며 학생운동이 당면한 문제들의 해결책을 찾으려 노력했다. 하지만 이들의 관계는 항상 순탄한 것은 아니었다. 1970년 초 혁신계 내부에 있었던 '중소 논쟁'과 1972년 유신 직후 '거사론과 준비론 논쟁'이 벌어지던 시기에 소련 입장과 준비론에 섰던 안재구·이재문과 여정남이 결별하는 일도 벌어졌다.

이에 대해 안재구는 아들 안영민이 2003년에 펴낸 『아버지, 당신은 산입니다』에서 여정남에 대해 "그 시절 여정남 군에게 좀 더 넓은 사랑을 베풀지 못했음을 내내 후회하고 있습니다"라고 말했다. 이재문 또한 1976년 결성한 남민전의 깃발 '전선기'를 인혁당재건위 사건으로 사형당한 여정남을 비롯한 인혁당 사형수 8인의 속옷가지들을 모아 제작하며, 그들의 죽음을 잊지 않고 가슴에 새겼다.

정진회의 학원민주화 투쟁

이 시기 경북대 학생운동이 전개되는 과정에서 도움을 준 경북대의 진보적인 교수들이 여럿 있었다. 이들은 지도교수가 없던 비합서클인 맥령에도 직간접적으로 도움을 주었다. 정사회 지도교수 법대 이태재 교수와 정진회 지도교수 역사교육학과 김영하 교수, 1971년 11월에 결성된 한풍회 지도교수 류시중 사회학과 교수 등이 대표적인 인물이다.

이태재 교수는 1921년 경남 진양에서 출생하여 일본 동경전수대학에서 수학하고 벨기에 루뱅대에서 법학박사를 취득한 뒤 대건중고 교장과 경북대 교수, 법정대학장, 대학원장을 거쳐 경북산업대 총장 등을 역임했다. 천주교 신자로 세례명이 '마티아'였던 그는 2003년에 사망했다.

김영하 교수는 1925년 경북 의성에서 태어나 1942년에 대구사범학교와 1945년 경북대 역사교육학과에 입학하여 수학했으며, 이후 경북대 박물관장을 지냈다. 이후 경북대 명예교수로 있다가 2007년에 사망했다.

류시중 교수는 경북대학교 문리과대학 사회학과를 졸업하고, 일본 도오요대학원에서 사회학박사학위를 취득했다. 이후 경북대학교 사회과학대학 교수와 총장 직무대리 등을 역임하였다. 2010년 김희곤·박병언과 함께 국역 『고등경찰요사』를 펴내기도 했다.

이 외에도 여정남이 최고조의 학생운동을 펼치던 1968년부터 1971년까지 4년간 총장으로 재직하였던 박정기 경북대 총장도 안재구를 거쳐 학생운동에 직간접적인 도움을 주었다고 한다. 그것은 유신 반대시위에 나선 학생들을 가혹하게 대했던 후임 김영희 총장시절과 비교해보면 쉽게 알 수 있는 일이었다. 박 총장은 1915년 경남 거창에서 태어나 일본 동북제국대를 졸업하고 경북대에서 이학박사 학위를 받은 뒤, 해방 후에는 서울대·연세대·고려대 등에서 강의하다가 1952년 경북대 수학과를 창설하였다. 1958년 우리나라 최초의 학술지인 영문판 '경북수학지'(Kyungpook Mathematical Journal)를 창간하였으며, 여기에 안재구를 참여시킨다.

'정진회'는 강제 해산당한 정사회의 회원이었던 68학번들이 주축이 되어 1970년 3월에 창립했다. 법학과 68학번 최외복이 회장을 맡았다. 그리고 박물관장 역사교육학과 김영하 교수가 지도교수를 맡아주어 학교 당국으로부터 승인을 받아 공개서클로 출발했다. 정진회는 정사회의 활동을 이어 정기 세미나, 초청 강연회, 서클 대항 토론대회, 연구 발표회 등을 개최했다.

> 1960년 6월에 경북대 문리대가 주최한 '전국 대학생 학술토론대회'에 참가한 서울대, 고려대, 학생들과 '한미외교백년사', '후진국의 민족주의' 등을 주제로 연구 발표회를 열었으며, 행사를 마친 후 함께 친선 체육대회를 열고 친목을 다졌다. 이 무렵 정진회와 관계를 맺고 있던 여정남은 학술 토론대회를 기회로 서울에서 안평수, 조성준 등 서울 지역의 각 대학 학생지도부와 만나 향후 학생운동의 방향, 연대방안, 토론대회 정기 개최문제 등을 논의했다. (편찬위원회, 『경북대학교 학생운동사 1946~1979 청춘, 시대를 깨우다』, 2017)

1962년에 입학한 여정남은 군 입대 2년을 제외하면 6년째 대학을 다니고 있었다. 하지만 몰아내야 할 박정희는 대통령직을 꿰차고 있었다. 새로운 투쟁이 필요했다. 정사회 강제 해산으로 날개가 꺾였으나, 날개를 완전히 접을 수 없었다. 학생운동을 이끌던 선배들도 이젠 학교를 떠났기에 스스로 학생운동을 이끌어 가야 했다. 우선 여정남은 정사회를 이어 새로 결성된 정진회 활동은 후배들에게 맡기고 전국적인 학생운동 조직을 건설하는 일에 매진한다. 이때 박정희는 1971년 대선을 앞두고 있어 또다시 다가올 국민적 저항을 우려하고 있었다. 그리고 그 저항의 중심이 될 학생운동을 사전에 무마시킬 방안이 필요했다.

한편 경북대에서는 총학생회장 선출을 둘러싸고 한판 승부가 벌어졌다. 공안기관에서는 국회의장 이효상이 회장으로 있던 경북산악연맹 소속 학생을 총학생회장으로 점찍어 두고 있었다. 그리고 이에 대항하여 정진회는 이현세(수학교육학과 68학번)와 여석동(정치외교학과 69학번)을 정·부 총학생회장 후보로 내세우고 직선제 선거를 주장했다. 하지만 후보 등록부터 시비가 붙는 바람에 정상적인 선거를 치룰 수 없었다. 학교 당국의 지휘를 받는 선거관리위원회는 일방적으로 이현세·여석동 후보를 제외한 채 선거를 강행하여 총학생회장을 선출했다. 정진회의 두 후보는 본관 앞에서 무기한 단식농성을 벌이며 선거를 다시 실시할 것을 요구하였으나, 선거판을 뒤집을 수는 없었다. 하지만 이 투쟁으로 총학생회장 선거를 직선제로 치러야 한다는 학내 여론이 조성되기 시작했다.

박정희 정권은 경북대를 비롯한 1971년 대선에 걸림돌이 될 전국의 각 대학에 어용총학생회를 세우는 일에 주력하면서도, 동시에 '학원병영화'라는 명목하에 1969년에 신설된 교련수업을 강화했다. 이에 대학가에서는 교련 반대시위가 일어나기 시작했고, 경북대에서도 1970년 12월 7일에 '교련 강화와 학원의 병영기지화를 반대하는 성토대회'를 개최하고, 이어 8일

▲ 경북대에 설치되어 있는 여정남공원

과 9일에는 교련 반대 학내시위를 전개했다. 교련 반대시위는 1971년 3~4
월 전국 대학가에서 발생했다. 하지만 4월 27일 대선을 앞두고 있는 까닭
에 교련 반대시위는 더 이상 확대되지 못하고, '공명 선거 캠페인과 선거참
관인단' 활동 등 대선 대응투쟁에 흡수되고 만다. 이러는 사이 1971년의
'사월혁명 11주년 기념식'이 다가오고 있었다.

1971년 2월부터 여정남의 주도 아래 정진회 소속 학생들은
1971년 시국의 엄중함을 인식하고, 국내외 정세와 학생운동의
방향에 대해 학습과 토론을 하면서 활동방향과 내용을 모색했
다. 학생들은 세계 정세가 그동안의 동서 냉전체제에서 벗어나
화해 분위기로 가고 있지만, 반대로 국내 정세는 남북 대립이 심

471

화되는 분위기에 주목했다. 박정희 정권이 이런 상황을 이용하여 대학의 교련교육 강화에서 보듯 반공체제를 더욱 강화할 것이라고 판단했다. 특히 이 해에 실시될 대통령 선거가 장기 집권을 넘어 영구 집권을 위한 발판이 아닌가 의심했다. 정진회는 이 흐름을 막기 위해 전국적인 투쟁을 펼쳐야 하며, 이는 학생운동의 전국적인 조직화를 통해 가능하다고 인식했다. (편찬위원회, 『경북대학교 학생운동사 1946~1979 청춘, 시대를 깨우다』, 2017)

이 시기 여정남은 이러한 정세 판단하에 가을학기에 고려대에서 실시될 예정이었던 '전국 대학생 서클 대항 학술토론회'를 앞당겨 경북대에서 개최하기로 한다. 겉으로는 '사월혁명 11주년을 기념하기 위해서 행사를 앞당긴다'고 포장했지만, 속내는 그렇지 않았다. 그는 대선을 앞두고 전국의 학생운동 그룹들의 지도자들을 한자리에 모아 대선 대응투쟁방침을 논의하려 했다.

4월 7일 경북대 학생회관에는 서울대, 고려대 등 전국 대학의 10여 개 서클 회원 100명이 모여들었다. 하지만 학교 측의 방해로 이날 토론회는 예정된 대로 진행되지 못하였다. 행사를 주도하고 있던 정진회는 다음날 8일 학교 당국의 눈을 피해 법정대 101호 강의실에 기습적으로 토론회를 강행했다.

토론대회는 한일문제(서울대 공대 산업사회연구회), 노동문제

472

(고려대 한맥), 농어촌문제(서울대 상대 후진사회연구회), 민족문화문제(부산대 한얼), 학생운동문제(경북대 정진회와 서울대 문우회) 등의 주제 발제와 토론방식으로 진행되었다. 토론회를 마친 후 정진회와 토론대회에 참가한 서클 명의로 '범국민적 반독재 민주구국전선의 결성을 제의한다'는 등의 5개 항목이 담긴 '반독재구국선언'을 채택했다. (편찬위원회, 『경북대학교 학생운동사 1946~1979 청춘, 시대를 깨우다』, 2017)

이 대회에서 채택된 반독재구국선언문 마지막에 적힌 '반만년 동안 단일민족 고유문화를 지켜오고, 어떤 외침도 과감히 물리친 조국의 영광을 되살려 반외세·반독재 전선에 총궐기하라'라는 글귀는 반외세·반봉건의 깃발을 달고 황토현을 달리던 동학농민혁명군들을 떠올리기에 충분했고, 이어 '4월의 맑은 하늘 아래 우리의 끓는 피를 조국에 바치자. 혼탁한 거리거리에 민주주의의 청신한 물결이 넘쳐흐르게 하자'라는 글귀는 10년 전 거리에서 쓰러져 간 사월혁명의 열사들의 넋을 떠올리기에 충분했다.

구속과 제적 그리고 수배

당시 영구집권을 꿈꾸고 있는 박정희는 데탕트시대로 접어들고 있던 국제정세와는 반대로, 남북간의 대립을 심화시키고 자신에 저항하는 대학생들과 시민들을 폭력적으로 탄압하고 있었다.

토론회에서 발표된 반독재구국선언문은 그 꼬투리가 되었다. 여정남을 비롯한 관련 학생들을 잡아들였으며, 심지어는 학교를 졸업하고 《매일신문》 기자가 된 김성희도 잡혀 들어왔다. 일명 '정진회 필화 사건'이 터진 것이다. 이 일로 두 사람을 비롯하여 6명의 정진회 회원이 구속되고 재판을 받았다. 다행인 것은 당시 정진회의 지도교수였던 김성혁 교수 등의 노력으로 재판이 진행 중이던 8월과 9월에 이들이 보석으로 석방된 것이다.

> 위수령 발표 이후 정부는 학생운동을 탄압하기 위한 구체적인 방안을 대학 당국에 강요했다. 문교부는 전국 각 대학에 시위 주동 학생 제적, 교련 미수강자 색출, 제적 학생의 편입학 불허, 지하신문 같은 간행물 발간 정지, 자치활동 정지 등을 지시했다. 이에 따라 경북대에서도 10월 16일 문리대와 법정대 교수회의를 소집하여 총학생회장 허태웅, 법정대 학생회장 장한목, 여정남과 정만기를 제적 처분하기에 이른다. (편찬위원회, 『경북대학교 학생운동사 1946~1979 청춘, 시대를 깨우다』, 2017)

김 교수의 노력 덕분에 정진회 회원들이 석방되었고, 9월 30일 진행된 총학생회장 선거에서는 정진회가 밀고 있던 허태웅(지질학과 3학년)이 당선되었다. 전국적으로는 대학가에서는 대선으로 중단된 교련 반대시위가 다시 시작됐다. 하지만 기다렸다는 듯이 박정희는 10월 15일을 기해 서울 일원에 위수령을 선포하고, 대학에는 휴교령을 내려 군인들을 주둔시켰다. 경북대에도 휴교령이 내려지고 정진회는 강제 해산되었다. 그리고 필화

사건으로 잡혀가 모진 고문으로 온몸이 만신창이가 되었다가 보석으로 출감했던 여정남은 제적생이 되고 만다. 그러자 10월 18일 법정대 학생 90여 명이 수업 거부를 결의하고, '반민주적 독재정권에 학원이 짓밟히고 있다. 등교를 거부하라'는 내용의 대자보를 교내에 게시하였다. 이 일로 공안 당국은 대자보 게시의 배후로 여정남과 정만기를 지목하고 수배령을 내린다.

> 서울대, 고려대, 연세대, 성균관대, 외국어대, 경희대, 서강대 등 7개 대학에 위수군이 무장하여 진주하고, 이들 학교와 전남대를 합친 8개 대학에 휴업령이 내렸다. 그러자 건국대, 국민대, 이대, 숙대, 중대 등 많은 대학들도 알아서 자진 휴강해 버렸다.
> 연행된 학생은 자그마치 1,889명에 달하고 그중 119명이 구속·기소되었다. 문교부가 지시한 제적 대상 주동학생 기준에 따라 23개 대학에서 177명이 제적당했 다. 제적당한 학생 중 68명은 그 자리에서 징집영장을 받고 논산훈련소로 직행했다. 또한 7개 대학 74개 동아리가 강제로 해체되었고, 5개 대학 14종의 대학 내 학생 간행물이 강제 폐간되었다. (민청학련계승사업회, 『민청학련』, 2018)

박정희는 18년 장기 독재기간 중 네 번의 계엄령과 세 번의 위수령을 발동했다. 네 번의 계엄령은 5·16 쿠데타(1961~1962년, 전국), 6·3 항쟁(1964년, 서울시 일원), 유신 선포(1972년, 전국), 부마항쟁 시기(1979년, 부산시 일원)에 발동했고, 세 번의 위수령은 1965년의 한일협정 비준반대

(서울시 전역), 1971년의 교련 반대시위(서울시 전역), 1979년 부마 민주항쟁 시기(마산과 창원 일대)에 발동했다.

계엄령은 국가가 전시 등 초비상사태에 직면한 경우 입법·사법·행정권을 모두 군사령관(대통령)이 행사하는 것이고, 이는 해방 직후 미군정이 시작하여 전두환의 5·17 계엄 확대조치까지 총 8번이 발동되었다. 최근 윤석열 대통령이 12·3 비상계엄령을 발동하였으나, 2시간 만에 국회에서 계엄령 해제를 결의하는 바람에 무위로 돌아갔다. 위수령은 1950년 3월 이승만 대통령령으로 제정되었으며, 군이 특정 지역에 계속 주둔하면서 그 지역의 경비와 군대의 질서 및 군기 감시와 시설물을 보호하는 역할을 한다. 이 두 가지 법령은 군 병력을 동원한다는 점은 같지만, 위수령은 국회 동의가 필요 없다는 점이 다르다. 위수령은 대통령령만으로 발동이 가능했다. 1987년 6월 항쟁 때도 전두환이 위수령을 발동하려 했으며, 최근 2016~2017년 촛불항쟁이 벌어졌을 때도 박근혜가 위수령을 검토했다는 사실이 밝혀지기도 했다. 위수령은 문재인 정부가 들어선 2018년 9월 11일 제정 68년 만에 폐지되고 만다.

이렇듯 박정희는 18년 동안 자신의 허약한 권력을 유지하기 위해 위헌적 비상조치들을 무려 일곱 번이나 자행해야 했다. 이 과정에서 여정남은 수시로 제적과 구속 등 국가폭력을 당했지만, 정치인이 되어 새 세상을 만들겠다는 꿈을 접지 않았다.

계엄령 위반으로 다시 구속

1971년 위수령으로 학생운동권과 시민사회진영을 초토화시킨 박정희는 영구집권 음모의 최종점인 유신헌법을 제정하기 위해 1972년 10월 17일 계엄령을 선포했다. 대학에 다시 휴교령이 내려지고 국회는 해산되었다. 그리고 모든 정치행위는 박정희 휘하에 있는 비상국무회의에서 도맡아 처리하게 된다. 유신헌법 제정과정이 이곳에서 처리된 것이다. 유신헌법은 11월 21일 국민투표를 거쳐 제정된다.

> 1972년 11월 대구시내 고등학교 몇 군데에서 '구국장교단' 명의의 유신체제를 비판하는 선언문이 뿌려졌다. '선언문 살포 사건'은 유신계엄하의 정보기관을 발칵 뒤집어 놓았다. 여정남이 용의선상에 올라 중앙정보부 대구지부에 끌려가 무자비한 고문을 당하고 일부 학생들도 체포되거나 수배되었다. 여정남을 '선언문 살포사건'의 주요 용의자로 지목한 근거는 선언문 내용이 평소 여정남이 즐겨 쓰던 문체와 비슷하다는 이유였다. […] 여정남, 임구호 등은 경북도경 대공분실에서 7~10일가량 조사를 받았다. 이 과정에서 여정남이 가장 심한 가혹행위를 당했다. 계단을 오르지 못할 정도로 구타와 고문을 당한 임구호는 오히려 여정남이 너무 처참하게 당해 자신의 고통은 그냥 삼킬 수밖에 없었다고 한다. 임규영은 재판과정에서 여정남을 대면했을 때 온 몸의 살이 터져 형편없었고, 한쪽 귀는 고막을 다쳐 소리를 제

대로 듣지 못했다고 기억하고 있었다. (편찬위원회, 『경북대학교 학생운동사 1946~1979 청춘, 시대를 깨우다』, 2017)

　　유신헌법 제정과 동시에 이를 반대하는 유인물이 뿌려지자, 공안기관은 긴장했다. 하지만 구국장교단이 어떤 조직인지 알 수 없었다. 그러나 희생양은 필요했다. 그 희생양이 여정남이 된 것이다. 그런데 여정남이 누구인가, 기관원들의 협박에 쉽게 굴복할 위인이 아니었다. 구속은 시켰지만 증좌를 찾을 수 없었던 기관원들은 종이질감을 운운하며 과학적 수사기법을 통해 '여정남이 평소에 쓰던 문체와 비슷하다'는 결론을 내린다. 하지만 이것으로도 처벌이 불가했다. 그러나 기관원들은 여정남을 풀어주지 않았다. 무지막지한 고문의 흔적이 남은 상태로 풀어줄 수는 없던 것이다. 마지막 수법으로 '별건수사'를 통해 이들을 계속 구속시킨다. '여정남·임구호·이현세는 자주 만나 유신 계엄은 불법 쿠데타이며 영구집권을 위한 헌법 파괴라고 비판했다'며, 유인물 살포가 아닌 계엄령 위반이라는 죄목을 씌워 구속기간을 연장했다. 고문은 계속되었다. 이 고문수사로 인해 여정남의 고막이 망가지고 말았다. 그러고도 더는 구속기간을 연장할 수 없었다. 중정은 계획한 대로 사건을 확대시키지 못한 채 '계엄법 제15조 및 계엄사 포고 제1호' 조항을 위반한 혐의로 이들을 기소하여 군법회의에 회부시킨다. 재판 결과 여정남과 임구호는 징역 6개월에 집행유예 1년을 받았고, 이한용과 임규영은 선고유예 판결을 받았다.

작은 승리

> 그러나 대학은 위수령과 계엄령의 여파로 사회와 마찬가지로 꽁꽁 얼어붙어 있었다. 학생운동 내부에서도 지금은 투쟁할 때가 아니라는 의견이 다수였다. 일반 학생들의 호응을 얻어내기도 어려울뿐더러, 시위 소식이 언론에 한 줄이라도 보도되리라고 기대할 수 없는 형편이었다. 더 걱정되는 것은 정부가 기다렸다는 듯이 사건을 국사법으로 조작해 관련된 학생들을 광범위하게 처벌하면서 차제에 학생운동세력을 발본색원하려 들지 모른다는 우려였다. (민청학련계승사업회,『민청학련』, 2018)

실제 중정은 학생들이나 시민사회진영에서 유신을 반대하는 작은 움직임만 보여도 관련자들을 체포해 시국사건으로 포장했다. 1973년 3월 전남대 함성지 사건, 5월 고대 민우지 사건, 6월 남산 부활절 사건, 7월 고려대 검은 10월단 사건 등을 연이어 발표했다. 중정은 이 사건들을 일간지에 대서특필하며 유신 반대운동에 찬물을 끼얹었다. 그리고 8월에는 1971년 대선에서 박정희의 3선을 막아내려 했던 김대중 후보를 납치하기까지에 이른다.

그동안 학생운동의 선배그룹은 다른 지역 대학들과 인적 네트워크를 형성해 나가고 있던 터였다. 이미 1973년 4월 여정남과 임구호는 서울을 다녀왔다. 서울대 유인태의 집에서 서중석을 만나 그동안 유신 독재의 탄압으로 끊겼던 각 대학의 연계망 복원대책을 논의했다. 경북대의 림구호와 서울대의 유인태, 경북대의 임규영과 서울대의 이철로 인적 네트워크를 형성하고, 서울과 대구 연락책으로 서울대 배영순을 선정했다. 또 부산대 연락은 경북대가 맡기로 하는 등 서로 역할을 확인했다. 여정남은 서울지역의 다른 대학 학생운동권 인물과도 접촉했다. (편찬위원회, 『경북대학교 학생운동사 1946~1979 청춘, 시대를 깨우다』, 2017)

2년 사이에 두 번이나 고문을 동반한 옥고를 치르고 1973년 1월 11일에 출옥한 여정남은 중정의 위협에도 굴하지 않고, 또다시 서울을 오가며 반유신투쟁을 준비하고 있었다. 그 시작은 10·2 서울대 문리대 시위였다. 하지만 시위의 성공에도 불구하고 이를 보도해주는 신문사들이 없었다. 이대로 유신 반대투쟁이 다시 사그라질 기미를 보이고 있었다. 이러한 시기에 여정남과 경북대가 나선다.

여정남은 우선 가장 믿을 수 있는 후배들이자, 정사회와 정진회의 계보를 잇고 있는 경북대 한풍회(한국풍토연구회) 후배들에게 10·2 문리대 시위를 이

慶北大學校학생 二百여명이示威 / 學生三명 連行

【大邱】五일오전 十시반경 경북대학교학생 二百여명은 교내 로타리에모여 「언론자유 보장하라」는 등의 구호를 외치며 성토대회를 가진후 학교뒷문으로 빠져나와 경북도청을 향해 二百m가량 시위를 벌이다 출동한 경찰과 교수들의 저지로 학교로 되돌아간후 정오경 다시 로타리에서 구호를 외치고 해산했다.

경찰은 메모학생중 법대정치외교과二년 崔문수, 三년 유정선, 공대전자공학과二년 김현식군등 三명을연행, 조사중이다.

▲ 1973년 11월 5일 경북대 시위를 보도하고 있는《동아일보》1973년 11월 5일 자

480

어갈 투쟁을 벌여야 한다고 설득했다. 드디어 10월 30일과 11월 5일 두 차례 거사를 벌이게 된다. 한풍회 회원 강기룡이 나선 10·30 시위는 돌발적인 시위로 끝나고 만다. 수십 명의 사복경찰들이 잠복해 있는 교내에서 강기룡이 혼자 나선 것이 무리였다. 그는 동을 뜨자마자 사복경찰에 의해 진압당하고 말았다. 이에 여정남은 시위대가 동을 뜰 때부터 적어도 잠복해 있는 사복들을 누를 수 있는 인원을 동원해야 한다고 판단했다. 그리고 시위를 벌일 시간도 경찰들과 학교 당국이 예상하지 못할 때로 잡아야 했다. 그래서 11월 5일 오전 10시, 40여 명의 학생들이 동시에 동을 떴다. 시위는 성공했다. 이들은 시위를 막으려는 사복경찰과 교수들을 제치고 '경북대 반독재민주구국투쟁위원회' 명의의 '반독재구국선언문'을 낭송한다. 곧 주변에 학생들이 동참하기 시작했다. 교내 로터리에 도착했을 무렵에 시위대는 1천여 명으로 늘어났다. 구경꾼들도 엄청나게 모여들었다.

　　1973년의 '10·2 서울대 시위'를 이은 '11·5 경북대 시위'는 일대 사건이었다. 유신 폭거로 그동안 잠자고 있던 대학가는 물론이고, 양심적 언론인들과 재야인사들까지 들깨웠다.

　　　10월 2일 서울대 시위는 유신체제에서의 첫 대중 시위였으며, 거의 2년 만의 반정부 시위였다. 그럼에도 불구하고 어느 신문이나 방송도 이를 보도하지 못했다. [···] 더 이상 참을 수 없었던 기자들은 이에 항의하는 뜻으로 10월 7일 하루 편집국에서 철야하기로 했다. [···] 그 결과 10월 8일에는 서울대 시위 관련기사가 조그맣게 나긴 했지만, 시위의 내용은 언급되지 않은 채 '서울대생 시위로 21명 구속'이라는 식으로만 보도되었다. 한 달 뒤인 11월 5일, 지식인 15인의 시국 선언과 경북대생 시위 기사가 압력으로 또 누락되자 《동아일보》 기자들은 다시 항의 철야농성을 벌였다. 거듭된 철야농성에도 문제가 해결되지 않자 이들은 11월 20일 밤 〈언론자유 수호 제2선언문〉을 채택하고 "정부는 언론에 대한 부당한 간섭을 하지 말고 모든 언론인은 용기와 신념으로 외부의 압력을 배격하라"고 선언했다. 첫 언론자유 수호 선언은 1971년 4월에 있었다. (민청학련계승사업회, 『민청학련』, 2018)

이 일로 서울과 대구의 대부분의 대학과 부산 전남 등지의 주요 대학에서 반유신투쟁이 벌어졌다. 게다가 깨어난 언론은 하루도 빠짐없이 학생들의 반유신 시위를 보도하였으며, 유신 선포 이후 유명무실해졌던 '민주수호국민협의회'가 활동을 재개하고, 12월 24일에는 '개헌 청원 100만 인 서명운동'을 공식적으로 착수한다.

▲ 1973년 11월 5일 경북대 시위 이후 학생시위를 보도하고 있는 《동아일보》 11월 8일 자

유신헌법 제정으로 모든 일이 끝났다고 안심했던 박정희는 개헌 청원

운동이 전국적으로 확산되자, 이를 무마하기 위해 10개 부처 장관을 경질하는 대규모 개각을 단행하고, 국민의 원성을 돌리기 위해 이후락 중정부장을 신직수로 교체한다. 그리고 구속된 학생을 전원 석방한다.

　　제대 후 여정남이 서울을 오가며 투쟁이 어려울 때는 전국 대학생 토론회를 개최하며, 다양한 전술로 박정희 반대투쟁을 벌여온 일들이 결실을 맺는 순간이었다. 하지만 여정남의 행로는 여기서 멈추지 않았다. 참으로 숨바꼭질을 하듯 숨 막히는 긴박한 하루하루가 흘러갔다.

서울로 간다

　　　여정남은 1973년 11월 5일 경북대 시위가 마무리된 시점인 12월 말경에서 1974년 1월초 사이 서울로 떠났다. 임규영의 기억에 따르면, 서구 비산동 부근에서 검정색 물을 들인 군용야전점퍼 차림에 빨간색 머플러를 목에 감은 모습으로 나타나 "서울로 간다"고 말했다고 한다. 여정남은 임규영에게 "건투를 빈다"는 격려와 함께 임규영의 손을 굳게 잡아 주고 떠났는데, 이것이 임규영과 여정남의 마지막 만남이 되었다. (편찬위원회, 『경북대학교 학생운동사 1946~1979 청춘, 시대를 깨우다』, 2017)

무엇이 그를 이토록 서두르게 만들었을까? 두 번의 투옥에도 불구하고 모든 권력을 손에 쥐고 절대 무너질 수 없을 것만 같은 철옹성 박정희 정권을 향해 왜 그렇게 무모한 도전을 끊임없이 감행해야 했을까?

> 여정남은 1973년 12월 서울에 올라와 유인태를 만난 후에 12월 30일 서울에서 경북대 이강철을 유인태와 이철에게 소개하여 연결시켜 주었다. 여정남은 이 자리에서 호쾌하게 말하면서 자신감을 주려고 노력했다. "우리는 할 수 있다. 그놈들이라고 별거 있겠냐? 우리가 정면 돌파하면 저놈들도 그렇게 오래갈 수 없다. 아무리 커 보여도 난공불락의 권력은 아니야." (민청학련 계승사업회, 『민청학련』, 2018)

서울대 사회학과 68학번인 유인태는 1969년 3선 개헌 반대투쟁시기에 여정남을 만나 알게 된 후로 연락관계를 유지하고 있었다. 이철은 여정남에 대해 4·9통일평화재단 구술에서 "그 분은 항상 호걸입니다. 뭐 조금도 막힘이 없고 항상 당당하고. '아 뭐 사소한 그런 거, 뭐 그런 거를 걱정하느냐,' 뭐 그런 식으로. 뭐랄까, 우리가 무협지에서 읽었던 호걸풍의 남아였죠."라고 증언하고 있다.

인혁당재건위 사건 관련자들의 진술서를 보면, 이수병과 여정남이 처음 만난 시점이 1973년 12월에서 1974년 1월 사이라고 일관되게 작성되어 있다. 하지만 여정남은 이미 이수병을 알고 있었다. 이수병은 5·16 쿠데타로 당시 대학생 중 최고형을 받아 옥살이를 했고, 도예종과 옥에서 만나 상당한 교분을 쌓았다. 또 이수병은 출옥 후 대구를 수시로 방문했다. 이수병도 대구에서 학생운동 지도자로 활동하던 여정남을 모를 리 없었다. 이

484

런 정황들을 살펴보면, 이수병과 여정남의 만남은 1973년 이전에도 이루어졌을 것으로 판단된다. 다만 진술서에는 반유신투쟁의 핵심인자였던 여정남과 이수병의 관계를 감추기 위해 이들의 만남을 최대한 축소하여 진술한 것이다. 또 여정남은 진술서에서 삼락일어학원에 동생 여규환의 이름으로 등록한 이유에 대해 '이수병 등 동지의 안전을 위한 구실을 합리화시킬 목적으로'라고 진술하는데, 진실 여부를 떠나 여정남 역시 이수병과의 관계를 최대한 축소하려 한 것으로 보인다.

어째든 여기서 한 가지 짚어볼 문제는 있다. 인혁당재건위 사건 관련자들의 진술서는 엄청난 고문에 의해 작성되었으며, 진술 확인을 위해 진술서에 찍힌 피고인의 손도장은 조사관의 강제에 의해 날인되었다. 여정남과 이수병의 조서와 공소내용을 종합하면, '인혁당재건위의 이수병이 민청학련 여정남과 4개월 동안 만나 혁명을 모의했다는 것'이다. 생전 처음 보는 자를 4개월 만나서 전국적인 반정부 시위를 벌였다니 이게 상식적으로 가능한 일인가. 그런데 이런 조사내용을 보고도 당시 검찰은 아무런 의심 없이 기소했고, 재판부는 사형을 선고한다. 아무리 조작된 사건이라 해도 이런 엉터리가 또 있을까.

여정남은 처음에는 민청학련 관련자로 체포되었다. 그러나 인혁당 재건위 학원담당책이라는 이유를 덮어씌워 인혁당 관련자 7명과 함께 대법원에서 사형 확정 판결을 받은 다음 날인 1975년 4월 9일 새벽 사형을 집행당했다. 유신 당국은 송상진, 여정남의 시신을 싣고 있던 운구차를 크레인을 동원하여 강제로 탈취하는 만행을 저질렀다. 그러고는 벽제 화장장에서 화장한 뒤에 유골만 가족에게 인계했다. 이는 정부 당국이 인혁당 사건 관련자들이 받은 엄청난 고문 흔적을 감추려고 벌인 반인륜적 소행이라고 볼 수밖에 없다. (편찬위원회, 『경북대학교 학생운동사 1946~1979 청춘, 시대를 깨우다』, 2017)

50년이 지난 현재 지금까지 밝혀진 사실에 의하면 중정은 '4·3 시위'(민청학련 사건)를 사전에 알고 있었다. 그들은 시위가 확산되는 것은 막으려 했으나, 시위 자체를 막지는 않았다. 그것은 '4·3 시위'가 일어나면 전국으로 확산되지 않도록 조기에 진압을 하되, 이를 기회로 반유신투쟁을 벌이고 있던 세력을 일망타진하려는 작전을 짜고 있었던 것이다. 하지만 당시 혁신계도 이러한 중정의 의도를 모르는 것이 아니었다. 그래서 '4·3 시위'는 중단되어야 한다는 내부 의견도 있었다. 그러나 '4·3 시위'는 벌어졌고, 당일 저녁 박정희는 기다렸다는 듯이 '긴급조치 4호'를 발동한다. 중정은 4월이 채 지나기도 전에 이철·유인태·여정남 등 학생운동 지도부를 곧바로 체포한다. 또 인혁당재건위 사건 관련자들은 5월 초순까지 모두 체포되고 만다. 중정은 '4·3 시위'가 벌어지면 누구누구를 체포할 것인지에 대해서도 계획을 짜놓고 있었기 때문에 가능한 일이었다. 일설에 의하면 혁신계 인사를 40여 명 정도는 구속시키려 했다고 한다. 하지만 계획과 달리 수사과정에서 24명 외에는 더 구속시킬 수 없었다. 이 과정에서 처음에 여정남은 민청학련 사건 관련자로 체포되었지만, 수사과정에서 '인혁당재건위 학원담당책'이라는 직책으로 수정되었다. 그 결과, 민청학련 사형수 이철·

김병곤·유인태·이현배 등과 달리 여정남은 인혁당재건위 사건 사형수들과 함께 사형을 당하게 된다. 이 과정에서 중정은 중요한 실수를 저질렀다.

> - 여정남의 인혁당 배후 조종 문제로 수사 초기 이철, 유인태가 여정남을 조종했다는 진술서 요구에 대해 "선배를 어떻게 조종하느냐"고 항의하자 이후 이철 등이 여정남의 배후 조종을 받은 것으로 변경
> - "너희 서울대 애들이 다 해 놓고 뭔 얘기냐"며 추궁하던 것을 여정남의 배후 조종을 받았다는 진술로 바꾸어 "나이도 한참 위고 하니 너희들이 지도받은 것으로 하자"는 선에서 수사 종결 (국가정보원,『과거와 대화, 미래의 성찰』, 2007)

민청학련 사건 사형수였던 유인태에게 조사 초기에는 '서울대생 유인태가 경북대생 여정남을 지도하는 것으로 조서를 작성하라'고 강요하였는데, 어느 날부터인가 '여정남이 유인태를 지도한 것'으로 바꾸라며 조서를 다시 작성하라 했다는 것이다. 이 시점이 여정남이 '인혁당재건위 학원담당책'으로 조작되기 시작한 시점이었다. 이 과정에서 유인태·이철 등은 십여 일 동안 모진 고문을 당해가며 진술했던 여정남과의 관계를 다시 작성해야 하는 기막힌 상황을 맞이했다. 이렇게 여정남은 중정이 벌인 미친 광대 짓으로 그만 사형을 당하고 만 것이다.

현승효와 심오석

민청학련 관련 2심 재판이 9월 7일에 끝나면서 10월 초부터 구속 학생들에 대한 사면투쟁이 전국 대학에서 시작되었다. 경북대에서 10월 4일 단과대 학생회장단이 '구속학생 사면 공개탄원서'를 제출하기로 결의했다. 경북대 총학생회장 배효해(법학과 69학번)와 대의원대회 의장 윤정영(전자공학과 71학번)은 10월 15일 서울까지 올라가서 '어버이 사랑으로 구속된 학생들이 하루빨리 동료 학생이 기다리는 캠퍼스로 돌아올 수 있도록 인도해줄 것'을 호소하는 내용의 탄원서를 문교부 차관 조성옥을 통해 박정희 대통령에게 전달했다. (편찬위원회, 『경북대학교 학생운동사 1946~1979 청춘, 시대를 깨우다』, 2017)

1974년 2학기 내내 벌어졌던 여정남을 비롯한 구속자 구명운동은 반유신투쟁으로 발전하였으며, 이에 동조하는 교수들도 나오기 시작했다. 이 과정에서 현승효와 심오석은 의문의 죽음을 당한다. 현승효는 1971년 경북대 의대에 입학하여 반유신투쟁을 벌이다가 1975년 강제징집을 당해 제대 4개월을 앞둔 1977년 군에서 의문사를 당했으며, 심오석은 1971년 경북대 의대에 입학하여 반유신투쟁을 벌이다가 공안기관의 신변 위협에 피신하던 중 1976년 행방불명되었다. 이들은 모두 여정남의 후배들이며 여정남을 비롯한 구속된 이들의 구명운동을 벌이다 이 같은 비운의 운명을 맞이했다.

1975년 4월 9일, 여정남이 사법 살해당한 그해 봄은 검은 그림자를 오래 드리웠다. 1975년 4월 8일 긴급조치 7호 발동, 5월 13일 긴급조치 9호 발동, 그리고 1979년 10월 26일 마침내 독재자 박정희가 사망할 때까지, 대한민국은 일체의 말도 행동도 금지당한 시대였다. 독재정권은 진실한 말과 행동을 틀어막고, 그들의 거짓으로 덮어 버리면 역사는 자신들의 것이라고 믿었다. 모든 행동은 독재정권이 허용하는 테두리 안에서 생산되고 조장되어야 했다. 독재자의 권력으로 치환된 국가, 그 국가를 위해 독재자가 허용한 행위는 '반공', '총력 안보', '산업 발전', '새마을' 따위였다. 모든 개인의 행위는 국가의 총력안보와 산업발전으로 귀속되었다. 그렇지 않은 행동은 탄압받고 살해당했다. 십수 년 감옥살이가 예사였고, 심지어는 사법 살인조차도 당하던 공포의 시대, 그 시대가 긴급조치의 시대였다. (편찬위원회, 『경북대학교 학생운동사 1946~1979 청춘, 시대를 깨우다』, 2017)

여정남의 시작은 사월혁명이었다. 혁명을 경험한 그는 꿈을 정치가로 바꾸고 경북대 정치학과에 입학한다. 하지만 군대를 동원한 박정희의 역사적 반역행위에 분노한 그는 잠시 꿈을 접어 두고 학생운동에 매진한다.

서른 한해의 짧은 생애를 살다가 간 그는 항상 당당하였다. 박정희가 3선 개헌에 이은 유신헌법으로 철옹성을 만들었을 때도, 그는 기죽지 않고 투쟁을 벌였다. 머뭇거리는 동지들이 있으면 '겁먹지 말라'고 독려하며 싸우는 선봉장이었다. 생전에 그를 기억하는 사람들은 1894년 황토현을 내달리던 동학혁명 전사들을 그리고 일제강점기 만주벌을 달리며 포효하던 매서운 항일전사들을 떠올렸다고 한다.

◀ 대구 칠곡 현대공원에 있는 여정남의 묘

맺음말_국가는 아무 일도 하지 않았다

2007년 1월 23일 법원이 인혁당 사건의 무죄를 선고하자 방청석에 있던 사형수들의 부인들은 울분을 터뜨렸다. 당시 현장을 취재한 KBS 정창화 기자는 이렇게 보도했다.

(기자)
재판장을 나오는 유족들은 응어리졌던 지난 세월을 떠올리며 마침내 눈물을 터뜨렸습니다

(녹취)
너무 원통해. 너무 원통해서 죽겠어···.

(인터뷰)
강순희 [고(故) 우홍선 씨 부인]: 아니 이렇게 백일하에 무죄로 되는 사람이 죽임을 당했으니 안 억울해요?
이정숙 [고(故) 이수병 씨 부인]: (어떠세요?) 좋은 결과 났어도 살아 계시지 않으니 좋은지도 모르겠어요.

(기자)
어느 날 갑자기 잡혀간 뒤 얼굴도 제대로 보지 못하고 손 한번 따뜻하게 잡지 못한 채 떠나보낸 남편의 얼굴이 그 어느 때보다 그립습니

다.

(인터뷰)

이정숙 [고(故) 이수병 씨 부인]: 돌아가신 분 너무 생각나고요. 반반이에요, 반반. 억울하고 분하고 분통하고···.

(기자)

인고의 세월, 세상은 간첩의 가족이라며 이들을 등졌는데요.

(인터뷰)

신동숙 [고(故) 도예종 씨 부인]: 친구고 뭐, 동료고, 집안이고 다 외면하고···. 저는 30년을 혼자 고독하게 살아왔습니다.

(기자)

그들을 지탱한 것은 죽어서라도 고인의 눈을 편히 감게 해야 한다는 일념이었습니다.

(인터뷰)

이영교 [고(故) 하재완 씨 부인]: 진짜 5남매를 데리고 죽고 싶었지만 남편의 넋을 달래기 위해 내가 억지로라도 살아야 되겠다.[···]진짜 쌀알을 씹는 것을 모래알 씹듯이 살아왔습니다.

(기자)

30여 년이 흘렀건만 유가족들의 상처는 아직도 남아있는 듯 했는데요.

(녹취)

이영교 [고(故) 하재완 씨 부인]: 지금도 우리를 보고 하는 소리가 참 죄가 있었기에 죽었겠지, 뭐, 공연히 이런 말을 간혹 듣습니다. 더 말을 하고 싶은데 목이 말라서 말을 못하겠습니다.

특히 무죄 판결 환영 기자회견에서 고 우홍선의 부인 강순희는 "죽은 내 남편을 살려내라"고 외치기도 했다. 그 자리에서 부인들의 분노는 남편의 억울한 죽음 때문만은 아니었다. 32년간 남편은 간첩으로, 자녀들은 '빨갱이 자식'이라는 소리까지 들어야 했던 가족사의 아픔도 같이 담겨있는 한풀이었다.

미혼인 여정남을 제외하고 나머지 7인의 부인들은 평균적으로 생때 같은 서너 명의 자녀들을 홀로 키워야 했다. 특히 대구·경북지역에 살던 네 가족의 이야기는 더욱 서글프다. 우선 이들 집 앞에는 감시차, 임시경찰초소까지 세워졌다. 그러지 않아도 '저 집 아버지가 사형을 당했다'는 눈치 때문에 이 사실을 모르는 동네로 이사를 해야 했는데, 경찰초소 때문에 새로 이사 간 동네에서도 곧 소문이 나고 말았다. 결국 아이들은 곧 '간첩의 자식'이라는 굴레가 씌워졌다. 초등학생 자녀들은 '간첩의 자식'이라고 밧줄에 묶여 나무에 매달리기도 하고, 가짜 총이지만 총구를 겨냥하는 등 놀잇감

496

취급을 했고, 중고생 나이가 된 자식들은 '간첩의 자식'이라는 자신이 처한 현실에 분노하며 광인에 가까운 행동을 보이기도 했다. 부인들도 정상적인 직장을 다니질 못했다. 교사 같은 공무원은 그 즉시로 해직당했다. 남은 유가족들에게 '연좌제'라는 천형이 씌워진 것이다.

그렇게 지옥과 같은 세월이 흘렀다. 그러다 32년 만에 의문사위의 조사관들이 우연히 대전 국방부 문서 보관소에서 '인혁당재건위 사건 재판기록'을 발견하면서 명예 회복과 재심 청구운동이 본격화되었다. 그리고 이를 통해 법원으로부터 무죄를 받았다. 하지만 보수진영은 법원의 판결에도 물러설 줄 몰랐다. 2012년 박정희의 딸이자 대선 후보였던 박근혜는 '두 개의 판결'이라며, 언젠가는 다시 제대로 된 판결이 내려질 것이라고 말했다. 즉, 무죄가 유죄로 다시 바뀔 것이라는 속내를 내비친 것이다.

> 박(근혜) 후보는 지난 10일 MBC 라디오 '손석희의 시선집중'에 출연, "인혁당 사건 피해자들에게 사과하겠는가?"라는 질문에 "그 부분에 대해선 대법원 판결이 두 가지로 나오지 않았느냐?" 면서 "그 부분도 어떤 앞으로의 판단에 맡겨야 되지 않겠는가?" 라고 사과에 대해 부정적인 뉘앙스로 답했다. (『뉴스1』, 2012년 9월 11일 자 보도)

박근혜 대선후보는 이 발언으로 지지율에 심각한 타격을 입는다. 그러자 사과 기자회견을 했는데 '인혁당'을 '민혁당'으로 부르는 심각한 실수를 저지르기도 했다. 하지만 이 사과 기자회견은 대선 승리를 위한 꼼수였음이 곧 드러난다. 2013년 2월 25일 대통령이 된 박근혜는 그해 7월 3일, 인혁당 사건 관련자들을 대상으로 한 '부당이득금 반환청구 소송'을 제기하고 나선다.

당시 사건 관련 생존자 국가 손배소송에서 대법원이 사형수 8인에 대한 판결과 달리 '장기간 세월의 경과로 인해 이자 상정일을 원 사건의 선고 확정일이 아닌 재심 변론 종결일로 정한다'는 판결을 내린다. 그 바람에 가지급받은 국가 배상금의 일부를 국가에 반납해야 하는 황당한 일이 벌어지게 됐다. 결국 대법원의 판결에 이어 '부당이득금 반환청구 소송'에서도 패소한 사건 관련자들은 이미 사용하고 없는 배상금을 곧바로 반환해야 하는 상황에 처했다. 반환하지 못한 금액에 대해서는 법정 이자 20퍼센트가 매년 붙었다. 이를 두고 사건 관련자들의 억울한 소식을 보도한 《한겨레신문》(2017년 6월 17일 자)에서는 '물고문, 전기고문에 사형도 모자라 이자고문'이라는 제목을 달기도 했다. 이 기사에서 사건 관련자 전창일은 다음과 같이 말한다.

> 1974년에 강제로 연행돼서 취조받던 그때 상황으로 돌아가 있는 거야, 우리가. 저지른 죄도 없고 영문도 모르겠고 이해되지도 않는 상황인데 살아남을 희망이 없었던 그때 그 기분이라니까. 국정원이 어떤 곳입니까. 인혁당 사건을 날조해 가지고 죄 없는 사람들을 고문하고 살인한 집단이에요. 무슨 양심으로 줬던 배상금을 도로 뺏겠다는 겁니까.

그러던 일이 지난 2022년 법원의 화해 권고조치를 법무부가 받아들이면서 끝난 것으로 세간에는 알려져 있다. 하지만 끝난 것이 아니었다. 당시 법원의 권고사항은 '인혁당재건위 사건 피해자 이창복에게 초과지급 국가배상금의 이자를 뺀 원금만 받으라'는 것이었다. 화해 권고 판결을 받은 이창복은 원금을 갚기 위해 양평 문호리 전원주택단지에 있던 집을 팔고 남은 돈으로 근처 조그마한 빌라를 구입해 살고 있다. 그 외 화해 권고 판결을 받지 못한 사건 관련자 황○○, 전○○은 지금도 신용불량자 신세를 면하지 못하고 있다. 심지어 사건 관련자의 자녀들 중에도 아직도 돈을 갚지 못해 신용불량자로 살아가는 이들도 있다. 다만 사건 관련자 강창덕과 김종대는 2021년과 2022년에 사망하고 나서야 신용불량자 딱지를 뗄 수 있었다.

21대 국회 마지막 본회의가 열리는 2024년 5월 28일 오후 6시경 '민주유공자 예우에 관한 법률'이 통과되었다. 하지만 김진표 국회의장의 사인이 채 마르기도 전인 다음 날 오전 윤석열 대통령은 임시국무회의를 거쳐 민주유공자법에 대한 거부권 행사를 하기에 이르렀다.

팔십 고령의 전국민족민주유가족협의회(이하 유가협) 회원들은 2021년 6월 21일부터 국회 2문과 3문 앞에서 오전 7~9시와 오후 12~13시까지 '국회는 민주유공자법 제정에 즉각 나서라'는 피켓을 들고 1인 시위를 시작했다. 같은 해 10월 7일부터는 지하철 국회의사당역 5번 출구 앞 공터에 농성 천막이 들어섰고, 3년이 훌쩍 넘은 지금까지도 1인 시위와 천막농성을 이어가고 있다.

이에 앞서 2000년 8월 국가는 국무총리 산하에 명보위를 설치하여 민주화운동과정에서 사망한 136명을 '민주화운동 관련자'로 선정한다. 여기에 인혁당 사형수 8인이 포함되어 있다. 명보위 설치 당시 국회에서는 '민주화운동가를 국가유공자로 정하기에 앞서 민주화운동가가 누구인지 또얼마나 되는지 사전 조사를 위해 명보위를 먼저 설치하자'고 민주유공자법을 제안한 유가협 회원들을 설득해 관련법을 제정했다.

　　대한민국 국가보훈 기본법 제3조에는 「국가보훈의 대상인 '희생. 공헌자'는 '일제로부터의 조국의 자주독립', '국가의 수호 또는 안전보장', '대한민국 자유민주주의의 발전', '국민의 생명 또는 재산의 보호 등 공무수행'으로 규정함」이라고 나와 있다. 하지만 백만 명에 달하는 국가유공자들 중 민주유공자는 '4. 19혁명 희생자'와 '5. 18 희생자' 등 약 4천 명이 채 안 되는 유공자만이 등재되어 있을 뿐이다. 민주주의를 파괴했던 독재 정권이 40년이 넘도록 유지되는 과정에서 민주주의 회복 투쟁을 위해 싸워왔던 사람들이 있었기에 지금의 민주주의를 유지할 수 있게 되었다고 법으로는 정해놓고도 사문화시키고 있다.

　　2005년에 제정된 '진실 화해를 위한 과거사 정리기본법'에는 인혁당 사형수들처럼 국가 폭력에 희생당한 이들의 사회적 명예 회복과 관련한 활동을 해야 하는 기관 설립에 대한 내용이 담겨 있다.

　　　제40조(과거사연구재단 설립)
　　　① 정부는 위령 사업 및 사료관 운영 · 관리 등을 수행할 과거
　　　사연구재단을 설립하기 위하여 자금을 출연할 수 있다. 〈개정
　　　2014. 12. 30.〉

② 제1항은 다른 형태의 자금 출연을 방해하지 아니한다. 〈개정 2014. 12. 30.〉

③ 과거사연구재단은 다음 각 호의 사업을 담당한다.

　1. 위령 사업 및 사료관의 운영 · 관리

　2. 추가 진상조사사업의 지원

　3. 진상규명과 관련한 문화, 학술 활동의 지원

　4. 그 밖에 필요한 사업

④ 과거사연구재단의 독립성은 보장된다.

이렇게 민주화 운동가들의 사회적 명예회복을 시킬 법안을 만들어 놓고도 국가는 반세기가 지나도록 아무 일도 하지 않고 있다.

국제적으로도 우리나라의 1975년 4월 9일은 '사법사상 암흑의 날'이라는 불명예를 받았다. 32년간 붙었던 국제적 망신딱지를 완전히 떼지도 못하고, 그 딱지 위에 '무죄'라는 글자만 써넣은 것이다. 이런 불명예스러운 일을 완전히 제거하기 위해 국가적 차원의 사업들이 진행되어야 한다. 지금까지 국가에서 한 일이라고는 32주기 4·9통일열사 추모식에 법무부 차관이 참석하여 법무부 장관의 추모사를 대독한 일과 문재인 정부가 들어서고 나서 매년 기일에 열리는 추모제에 대통령의 명의로 조화가 온 일 등이다. 실질적으로 도움이 될 만한 일들이 없었다.

'역사는 반복된다'는 말은 '불의를 경험하고도 교훈을 얻지 못하고 기억하지 않는다면 그 불의를 다시 겪을 수 있다'는 일종의 경고다. 내 대에 반복될 수 있고, 내 후대에서 반복될 수 있다. 이 책을 마감하는 순간에 '12·3 비상계엄'이 선포되었다. 이제는 사라졌다고 본 '불의의 역사'가 44년 만에 같은 일이 재현된 것이다. 다만 그 불의에 대한 사회적 기억이 그나마 존재했기에 내란은 성공하지 못했다. 하지만 불의는 재현되었다. 작은 틈도 용서하지 않는 처절한 반성이 우리사회에 없었기 때문이다.

참고문헌

단행본

강만길, 『한국사회주의운동 인명사전』, 1996

고명섭, 『이휘호 평전』, 2016

김금수, 『인간조건을 향한 역정』, 2015

김덕련·서중석, 『서중석의 현대사 이야기』, 2018

김민환, 『민족일보 연구』, 2006

김민희, 『쓰여지지 않은 역사』, 1993

김상구 편저·전창일 감수, 『호산 전창일과 통일운동 77년사 (1~3권)』, 2023

김선미, 『이종률의 민족운동과 정치사상』, 2008

김세원, 『비트』, 1993

김원일, 『푸른 혼』, 2005

김종철, 『제임스 시노트 평전』, 2015

김춘복, 『그날이 올 때까지』, 2018

김형욱·박사월, 『김형욱 회고록』 3권, 1989

김형태, 『지상에서 가장 짧은 영원한 만남』, 2013

노가원, 『남도부』 상·하, 1993

민주공원, 『부산민주운동사』, 2003

민주주의사회연구소, 『산수 이종률 민족혁명론의 역사적 재조명』, 2006

민주화실천가족운동협의회, 『나의 손발을 묶는다 해도』, 1987

민주화운동기념사업회 연구소, 『한국민주화운동사 1~3』, 2009

민청학련계승사업회, 『민청학련』, 2018

　　　　　　　　　『실록 민청학련 1974년 4월 1-4권』, 2005

박건웅, 『그해 봄─인혁당 사형수 8명의 이야기』, 2018

박미경, 『김금수 회고록-인간조건을 향한 역정』, 2015

박정희, 『국가와 혁명과 나』, 1963

박진목, 『내 조국 내 산하』, 1976

발간위원회, 『헌쇠 80년』, 2013

방기철, 『한국역사 속의 기업가』, 2018

서중석, 『전환기현대사의 역사상』, 2021

성대경,『시대를 앞서 간 사람들』, 2014

안경환,『황용주 그와 박정희의 시대』, 2013

안병직,『보수가 이끌다 - 한국 민주주의의 기원과 미래』, 2011

안영민,『아버지, 당신은 산입니다』, 2003

안재구,『끝나지 않은 길 1: 가짜해방』, 2013

안재성,『이일재, 최후의 코뮤니스트 이일재』, 2016

여정남기념사업회·경북대학교학생운동사편찬위원회,『청춘, 시대를 깨우다』, 2017

오도엽,『이소선 여든의 기억 - 지겹도록 고마운 사람들아』, 2008

유소림,『퇴곡리 반딧불이』, 2008

이건혜,『박정희는 왜 그들을 죽였을까』, 2013

이명선·박상규·박성철,『거래된 정의』, 2019

이목,『붉은 담 안에서 전한 사연』, 2009

　　　　『한국교원노동조합운동사-4·19혁명기를 중심으로』, 1989

이상두,『옥창 너머 푸른 하늘이』, 1972

이성아·안재성,『이수갑 평전』, 2018

이수병선생기념사업회,『암장』, 1992

　　　　　　　　『이수병 평전』, 2005

이수자·윤이상,『내 남편 윤이상』상·하, 1998

이용훈,『사필귀정의 신념으로』, 1994

이원보,『한국노동운동사 100년의 기록』, 2013

이지수,『박정희 시대를 회고한다』, 2010

재경대구경북민주동우회 등,『인혁당 사건, 그 진실을 찾아서』, 2005

전두환,『전두환 회고록』, 2017

전상봉,『한국 근현대 청년운동사』, 2004

정운현,『안중근 家 사람들』, 2017

천주교인권위원회,『사법살인 1975년 4월의 학살』, 2001

최기식,『로만칼라와 빈 무덤』, 1996

편찬위원회,『대구경북민주화운동사』, 2020

하태환,『지우지 못할 이야기』, 2013

한국역사연구회·4월민중항쟁연구반,『4.19와 남북관계』, 1999

한국정신문화연구원,『내가 겪은 민주와 독재』, 2001

한인섭 외,『그곳에 늘 그가 있었다』, 2020

한홍구,『한국현대사이야기 - 특강』, 2009

『오직 한사람을 위한 시대 - 유신』, 2024

논문

김광식, 「4·19시기 혁신세력의 정치활동과 그 한계」, 『역사비평』 2호, 1988
　　　　「4월혁명과 혁신세력의 등장과 활동」, 1990
　　　　「혁신계 변혁·통일운동의 맥—유한종 인터뷰」, 『역사비평』 5호, 1988
김누리, 「한국 예외주의- 왜 한국에는 68혁명이 없었는가?」, 2018
김동춘, 「남한사회변혁운동사-조직사건을 중심으로 남한 사회변혁운동론 연구의 제문제」,
　　　　『경제와 사회』 제6권, 1990
김선미, 「이종률의 민족운동과 정치사상」, 2008
김세원·한상구, 「4월 혁명 이후 전위조직과 통일운동—사회당, 인혁당, 남민전」, 『역사비평』 15호,
　　　　1991
김영수, 「'인혁당 재건단체 사건'의 역사적 재조명과 현대사적 의의」, 1999
김지형, 「4·19직후 민족자주통일협의회 조직화 과정」, 『역사와 현실』 21호, 1996
　　　　「4월항쟁기 부산지역 통일운동의 탈지역성」, 『지방사와 지방문화』 제13권 2호, 2010
노중선, 「4월 혁명기 혁신정당, 왜 좌절하였나」, 『역사비평』 20호, 1992
류동민, 「민족경제론의 형성과정에 관한 연구」, 『경제와 사회』 제56호, 2002
서중석, 「4월혁명기의 반미·통일운동과 민족해방론」, 『역사비평』 14호, 1991
　　　　「해방 후 학생운동의 민족사적 위치: 3선개헌반대, 민청학련투쟁, 반유신투쟁」, 『역사비평』
　　　　3호, 1988
　　　　「1950년대와 4월 혁명기의 통일론」, 『통일시론』 통권 2호, 1999
　　　　「4월 혁명운동기 혁신정치운동의 배경」, 『사회과학연구』 제2권, 1993
　　　　「인혁당재건위 사건 재심백서가 말하는 인혁당재건위 사건 조작과 박정희 유신체제」, 『인혁
　　　　당 재건위 사건 재심백서』, 2015
신현·여현덕, 「해방직후 남한의 변혁운동과 자주국가 건설의 과제 」, 『역사비평』 10호, 1990
안병용, 「남민전」, 『역사비평 12호』, 1990
오승용, 「국가폭력과 가족의 피해: '인혁당 재건위' 사건을 중심으로」, 『담론 201』 제10권 4호,
　　　　2008
　　　　「제2공화국 민주주의와 혁신세력: 전남지역의 조직결성과 활동을 중심으로」, 『민주주의와
　　　　인권』 8호, 2007
　　　　「국가폭력과 가족의 피해」, 『담론201』 4호, 2008

오재연, 「1960~1971년 대학 학생운동 연구」, 2014

유봉인, 「선고 20시간 만에 사형시킨 정권 안보 조작극」, 『신동아』 2002년 11월호

유재일, 「4월 혁명 직후의 민자통 통일운동」, 『사회와 사상』 9호, 1989

윤경로, 「박정희 정권의 인권탄압과 그 부정적 유산」, 2000

윤정원, 「제2공화국 시기 대구지역 통일운동의 조직과 활동」, 『사회와 역사』 제108집, 2015

이동진, 「기억의 '인혁당': 기억 운동과 기억 체제 사이에서」, 『사회와 역사』 제83집, 2009

이유정, 「사법절차로 바라 본 인혁당 사건」, 2007

이재승, 「법적인 맥락에서 인혁당재건 사건의 평가」, 『인혁당 재건위 사건 재심백서』, 2015

이호중, 「인혁당재건위 사건 재심무죄판결의 의미와 사법과거청산의 과제」, 『기억과 전망』 16권, 2007

이희환, 「김동리와 남한 '국민문학'의 형성」, 2007

장동표, 「산수 이종률의 민족운동과 민족혁명론」, 『지역과 역사』, 제10호, 2002

전명혁, 「1960년대 '1차 인혁당' 연구」, 『역비논단』 95호, 2011

전병용, 「인혁당 사형수 8인의 진실」, 『월간 말』 1989년 4월호

전상봉, 「다시 살펴보는 4월혁명과 청년운동」, 『4월혁명 45주년 논집』, 2005

정호기, 「박정희 시대 '공안사건'들과 진상규명」, 『역사비평』 80호, 2007

조세열, 「1974년 조직사건(세칭 인혁재건위)의 운동사적 의의」, 『이수병 평전』, 2005

한명환, 「대구경북지역 신문 연재물의 이념 변화 연구―'대구매일신문'과 전신 '남선경제신문'의 연재물과의 비교를 중심으로」, 『로컬리티 인문학』 9호, 2013

한모니까, 「4월민중항쟁 시기 북한의 남한정세 분석과 통일정책의 변화」, 『4·19와 남북관계』, 2001

함종호, 「경북 대구 4·19혁신계 및 인혁그룹 맹아 경북민민청 연구」, 2018
「경북대구 통일운동의 뿌리찾기」, 2018

허일태, 「인혁당 재건위 사건과 사법살인」, 『동아법학』 제40호, 2007

황 건, 「민통련과 민족통일운동」, 『한국사회변혁운동과 4월혁명 2』, 1990

인터넷

경남도민일보 http://www.idomin.com/

뉴스타운 https://www.newstown.co.kr/

동아일보 https://www.donga.com/

디지털함안문화대전 https://haman.grandculture.net/haman

매일노동뉴스 https://www.labortoday.co.kr/

민족문제연구소 https://www.minjok.or.kr/
부산역사문화대전 http://busan.grandculture.net/?local=busan
울산역사문화대전 http://ulsan.grandculture.net/local/ulsan/Views/Main/index.aspx
위키백과 https://ko.wikipedia.org
조갑제 닷컴 http://www.chogabje.com/
조선일보 https://www.chosun.com/
통일뉴스 https://www.tongilnews.com/
한겨레신문 https://www.hani.co.kr/
한국민족문화대백과사전 https://encykorea.aks.ac.kr/
한민족문화대백과사전 http://encykorea.aks.ac.kr/
함안인터넷신문 http://www.hanews.co.kr/

신문·잡지·방송의 기사

《경남도민신문》 2019년 8월 26일 자, 「'진주 학생 항일운동의 성지' 진주고 항일투사들 재조명」
《경남도민일보》 2022년 3월 2일 자, 「늪을 논으로 맹그는 게 오데 말처럼 쉽나」
《경북대신문》 2010년 4월 10일 자, 「민주화 열기로 가득찼던 그날이여… 홍종흠 인터뷰」
《경상일보》 2017년 12월 10일 자, 「인물로 읽는 울산유사(278)―해방 후에도 울산에 남아 척박한
　　　　　　언양 땅에 교육의 씨 뿌려」
　　　　　　2022년 4월 4일 자, 「장성운의 울산현대사―박정희 정권의 '인혁당사건'에 울산 청년 2
　　　　　　명도 인권 짓밟혀」
《대구일보》 1960년 8월 25일 자, 「동화의 세계를 배회―유정기 씨 소론의 '교수문제'를 박함」
《동아일보》 1938년 7월 8일 자, 사설 「물자동원과 국민경제」에서
　　　　　　1974년 5월 27일 자, 「민청학련 사건 공소사실 요지」
　　　　　　1975년 2월 25일 자, 「고행 ⋯1974」
《매일신문》 2006년 7월 24일 자, 「정영진의 대구이야기(30)―대구6연대반란사건」
《민족일보》 1961년 2월 24일 자, 「상아의 광장」
　　　　　　1961년 5월 13일 자, 광고 - 민자통이 주최한 남북학생회담 촉진 궐기대회
　　　　　　1961년 5월 5일 자 1면 「초점과 맹점」
《사월혁명 회보》 93호 회원탐방 김종대 편
《영남일보》 1960년 5월 4일 자, 「한국 교원동지의 분기를 촉구함―대구지역 교원노동조합결성위
　　　　　　원회 격문」

507

《영남일보》1960년 5월 4일 자, 「한국 교원동지의 분기를 촉구함―대구지역 교원노동조합결성위
　　　　　　원회 격문」
　　　　　　1961년 1월 22일 자, 「경제적으로 본 통일의 필연성」
　　　　　　1961년 3월 23일 자, 「경북 민민청·통민청 양 단체 통합 합의」
《전북도민일보》2019년 6월 24일 자, 「아물지 않은 전쟁의 상처 '전주형무소' 민간인 학살사건」
《조선일보》1961년 4월 4일 자, 4·2 데모로 서도원이 연행되었다는 기사
《중앙일보》2005년 5월 30일 자, 「인터뷰―설립 50주년 신진욱 협성학원장」
《진실탐사그룹 셜록》, 2018년 2월 25일자, 「국정원은 아파트만 뺏은 게 아니다」- 전재권의 딸 전영
　　　　　　순 인터뷰
《참여사회》2006년 5월호, 「김정인이 만난 사람―진실규명, 살아남은 자의 몫」)
《통일뉴스》2024년 1월 9일부터 2024년 12월 31일까지 52회 연재된 「안영민의 '아버지, 안재구'」
　　　　　　2006년 7월 3일부터 2007년 1월 23일까지 8회 연재된 「'인혁당사건' 재심공판을 참
　　　　　　관하다」
《프레시안》2013년 8월 14일부터 2017년 4월 16일까지 253회 연재된 「서중석의 현대사 이야기」
《한겨레신문》, 2010년 6월 17일 자, 「길을 찾아서 - 인혁당 사형자 주검 탈취 막다 크레인에서 떨어
　　　　　　져 / 문정현」
　　　　　　2012년 9월 11일 자, 「인혁당 사형 참관 목사 "박근혜가 유가족에 사과해야…"」
　　　　　　MBC, 1996년 10월 8일 자, 「이인용 워싱턴 특파원 보도내용 중에서」
　　　　　　KBS, 2007년 1월 24일 자, 「32년 만에 무죄 "너무 원통해"」

백서·보고서 등

《민족일보》영인본
《영남일보》영인본
4·9통일평화재단, 『인혁당재건위사건 재심백서』, 2015
경상남도, 『경상남도사 5』, 「한국전쟁기 민간인 희생과 그 배경」, 2020
국가정보원, 『과거와 대화, 미래의 성찰』, 2007
국방부 군사편찬연구소, 『6·25 전쟁사 5』, 2008
기쁨과 희망 사목연구원, 『암흑속의 햇불』, 1998
대구민주화기념보존회, 『대구경북야당사, 초미의 바람』, 1999
부산중고등학교제10회동기회, 『연찬에 겨운 배들―졸업 50돌 기념문집』, 2007
서울대학교, 『서울대학교 60년사』, 2006

진실화해위원회, 『2009년 하반기 진실화해위원회 보고서』
충용회·6·25참전40주년기념사업회, 『실록 6·25 한국전쟁과 육군종합학교』, 1990
한국기독교교회협의회 인권위원회, 『1970년대의 민주화운동』 1986
한국혁명재판사편집위원회, 『한국혁명재판사』 1~5권, 1962

재판 기록

「1964년 인민혁명당 사건 재판기록」
「1974년 인민혁명당 재건위원회 사건 재판기록」
「2007년 인민혁명당 재건위원회 사건 재심 재판기록」
「2015년 인민혁명당 사건 재심 재판기록」

구술사업 및 인터뷰

4·9통일평화재단구술사업, 『인민혁명당과 혁신계의 활동』 강순희 편, 2011
『인민혁명당과 혁신계의 활동』 이영교 편, 2011
『인민혁명당과 혁신계의 활동』 강왕수 편, 2012
『인민혁명당과 혁신계의 활동』 강창덕 편, 2011
『인민혁명당과 혁신계의 활동』 김금수 편, 2012
『인민혁명당과 혁신계의 활동』 김승균 편, 2014
『인민혁명당과 혁신계의 활동』 김시현 편, 2013
『인민혁명당과 혁신계의 활동』 김영옥 편, 2011
『인민혁명당과 혁신계의 활동』 김정남 편, 2014
『인민혁명당과 혁신계의 활동』 김진생 편, 2011
『인민혁명당과 혁신계의 활동』 박중기 편, 2012
『인민혁명당과 혁신계의 활동』 배수자 편, 2012
『인민혁명당과 혁신계의 활동』 성대경 편, 2014
『인민혁명당과 혁신계의 활동』 송철환 편, 2014
『인민혁명당과 혁신계의 활동』 신동숙 편, 2012
『인민혁명당과 혁신계의 활동』 이　철 편, 2014
『인민혁명당과 혁신계의 활동』 이정숙 편, 2012

『인민혁명당과 혁신계의 활동』이현배 편, 2014
『인민혁명당과 혁신계의 활동』이영석 편, 2016
『인민혁명당과 혁신계의 활동』이성재 편, 2014
이창훈, 강순희 인터뷰, 2022
도한구 인터뷰, 2016
서동훈 인터뷰, 2021
유승옥 인터뷰, 2022
이영교 인터뷰, 2022
김금수 인터뷰, 『바우 김용원에 대한 기억』, 2018
김정위 인터뷰, 『바우 김용원에 대한 기억』, 2019
김종대 인터뷰, 『바우 김용원에 대한 기억』, 2018
김춘복 인터뷰, 『바우 김용원에 대한 기억』, 2018
박석무 인터뷰, 『바우 김용원에 대한 기억』, 2019
박중기 인터뷰, 『바우 김용원에 대한 기억』, 2018
이창복 인터뷰, 『바우 김용원에 대한 기억』, 2018
황현승 인터뷰, 『바우 김용원에 대한 기억』, 2018

8인 연표

| 1919년 3월 1일 | 3·1 만세운동 일어남 |
| 1919년 4월 11일 | 대한민국 임시정부 수립 |

1920년대

서도원	1923년 3월 27일 경남 창녕군 출생
도예종	1924년 12월 25일 경북 경주 출생
송상진	1928년 10월 30일 경북 대구 출생

1930년대

우홍선	1930년 3월 6일 경남 울산 출생
하재완	1932년 1월 10일 경남 창녕 출생
김용원	1935년 11월 10일 일본 동경 출생
이수병	1937년 1월 15일 경남 의령 출생

1940년대

서도원	1941년 폐결핵으로 진주고보 중퇴(1939년 입학)
송상진	1943년 대구사범학교 입학
여정남	1944년 5월 7일 경북 대구 출생.
도예종	1944년 일본 동경 성서중학교 졸업 후 귀국(1939년 도일)
1945년 8월 15일	8·15 해방
김용원	해방이 되자 가족들과 함께 귀국
1946년 10월 1일	10월 인민항쟁 발발
송상진	1946년 모교 공산초등학교 임용 이후 7년간 근무
하재완	1946년 대구공업중학교 입학
서도원	1948년 《남선경제신문》에 수석으로 입사
우홍선	1949년 9월 언양농업전수학교 입학

김용원	1947년 3월 월촌초등학교 3학년에 편입
1948년 8월 15일	**대한민국 정부 수립**
1950년 6월 25일	**한국전쟁 발발**
하재완	1950년 모교 이방초등학교 교사로 재직중 7월에 예비검속에 걸림
	1951년에는 지원 입대후 특무대로 전출됨
우홍선	1950년 9월 학도병으로 입대, 1951년 4월 육군종합학교 간부후보생 입학
	(1957년 대위로 제대)
도예종	1951년 대구대 경제학과 편입, 졸업(1953년) 후 경제학과 조교로 근무
김용원	1951년 부산중학교로 유학
서도원	1952년 청구대에서 동양사 강의
이수병	1953년 4월 부산사범학교 입학
1954년 5월 21일	**이승만 대통령 불교정화운동 발표**
1954년 7월	**부산 대신동 부산사범학교 운동장에서 사회과학 서클 암장 결성**
김용원	1954년 부산고등학교 입학, 1955년 검정고시 수석 합격
	1956년 서울대 물리학과 입학
이수병	1954년 암장 결성 주도
송상진	1955년 대구대 경제학과 입학(1959년 졸업)
1956년 5월 5일	**3대 대선후보 신익희 사망**
김용원	신익희 추모집회에서 경찰에 연행 후 10여 일 만에 석방
1956년 11월 10일	**조봉암 진보당 창당**
이수병	1957년 경남 의령 갑을초등학교 교사로 임용
1957년 11월 16일	**서울시경 근로인민당 재건 사건 발표**
1958년 1월 13일	**조봉암 진보당 사건으로 구속**
우홍선	1958년 9월 통일청년회 결성에 참여
하재완	1958년 군 제대
김용원	1958년 12월 5일 군 입대
1959년 7월 30일	**조봉암 사형 집행**
이수병	1959년 신흥대(현 경희대) 경제학과 2학년에 편입학

여정남	1959년 4월 경북고등학교 입학
1960년 2월 28일	2·28 민주운동 발발
여정남	경북고 1학년 2·28 민주운동에 참여
1960년 3월 15일	3·15 부정선거 규탄시위 발생
1960년 4월 19일	4·19혁명 발발
1960년 4월 26일	대구에서 전국 최초로 교원노조 결성
도예종	1960년 6월경 영주교육감에 출마하여 당선되었으나 임명이 안 됨
김용원	1960년 5월 군 제대
1960년 6월 12일	부산에서 민민청 결성
이수병	1960년 6월 19일 전국 남녀 대학 경제학 토론대회에서 발표상 수상
1960년 6월 15일	경북지구 피학살자유족회 결성
1960년 7월 3일	한국교원노동조합총연합회 출범
1960년 7월 29일	민·참 양원 동시 총선거 실시
1960년 8월 15일	북한 남북연방제 제의
1960년 9월 3일	민족자주통일중앙협의회 발기인 대회 개최
1960년 10월 20일	전국피학살자유족회 출범
1960년 10월 22일	경북시국대책위원회 출범
	서도원, 도예종, 송상진은 위 위원회에 실무를 맡아 활동
1960년 11월 1일	서울대학교 민족통일연맹 결성
이수병	1960년 11월 6일 경희대 민족통일연구회 결성
1960년 11월 10일	경북대학교 민족통일연맹 결성
1960년 11월 26일	경북민족통일연맹 출범
	서도원, 도예종, 송상진은 위 동맹에 실무를 맡아 활동
우홍선	1960년 11월경 통일청년회와 성민학회(부산) 신진회(서울대) 회원들과 함께 통민청(준) 결성
1961년 2월 8일	한미경제협정 체결
1961년 2월 13일	《민족일보》 창간
이수병	《민족일보》가 창간되자 첫 공채시험에 합격

1961년 2월 18일	2.8 한미경제협정 반대공동투쟁위원회 주최로 서울시청 앞에서 반대집회 개최
1961년 2월 19일	통민청 전남위원회 결성
1961년 2월 25일	서울 천도교 본당에서 민자통 출범
도예종	민자통 조직부위원장 맡음
1961년 3월 4일	민민청 경북맹부 결성
	경북맹부에서 서도원은 위원장을, 간사장은 도예종이, 송상진은 사무국장을 각각 맡음
	하재완은 4월 14일 가입. 경북맹부는 3월 18일에 경북학생공투위 주최로 열린 2대 악
	법 반대집회에 적극 참여함
1961년 3월 22일	2대 악법 반대 공동투쟁위원회 첫 집회가 서울에서 열림
1961년 4월 19일	사월혁명 1주년 기념행사 개최
이수병	남북학생회담을 성사시키기 위해 전국의 대학생을 만나 제안
도예종	서울에 머물며 남북학생회담을 성사시키기 위해 노력함
1961년 5월 3일	서울대 민통련 북에 남북학도회담 제안
1961년 5월 5일	민족통일 전국학생연맹 결성준비위원회 구성
1961년 5월 13일	민자통 주최로 열린 남북학생회담 환영 및 민족자주촉진궐기대회 개최
이수병	위 대회에 학생대로 연설함
1961년 5월 16일	5·16 군사쿠데타 발발
서도원	경상북도 민주민족 청년동맹 사건으로 구속
이수병	민족통일 전국학생연맹 사건으로 구속
도예종	수배령이 내려지자 피신
하재완	수배령이 내려지자 피신
1961년 6월 21일	혁명재판소 및 혁명검찰부조직법 제정
1961년 6월 22일	특수 범죄처벌에 관한 특별법 제정
송상진	1961년 12월 구속되었다가 1962년 4월경 석방
여정남	1962년 3월 경북대 정치학과 입학
하재완	1962년 10월 수배령이 해제되자 창녕으로 가 집안 양조장 일을 함
1963년 12월 17일	박정희 대통령에 당선
김용원	1963년 2월 서울대 물리학과 졸업
서도원	1963년 12월 14일 출소

1964년 봄	경북대학교 비공개 써클 맥령 결성
1964년 6월 3일	6·3 항쟁 발발
여정남	맥령 회원들과 한일협정반대 투쟁 참여
도예종	7월 30일 구속
송상진	8월경 구속되었으나 3개월 동안 조사를 받고 불기소 처분으로 석방
김용원	1964년 4월 동양중고에 시간강사로 취업, 그해 7월 30일 인혁당 사건으로 연행 후 20여 일간 조사받음
1964년 8월 14일	중정, 인민혁명당 사건 발표
우홍선	1964년 9월 3일 수배령이 내려지자 피신하던 중 1965년 8월 26일에 구속되었다가 1966년 8월 징역 1년을 선고받고 출소
1965년 4월 3일	한일 양 정부간 한일협정 가조인
송상진	양봉업 시작
여정남	정사회 회원들과 한일협정 비준 반대투쟁 참여하고 같은 해 6월 27일 군 입대
1967년 5월 3일	6대 대통령 선거 실시, 박정희 두 번째 당선
1967년 6월	6·8 부정선거 규탄투쟁 일어남
도예종	1967년 8월 25일 만기출소 후 《영남일보》 영천지사장으로 근무
송상진	1967년경 창녕으로 내려가 하재완의 양조장에 기거하며 용호늪 간척에 참여
이수병	1968년 4월 17일 7년간의 옥살이를 끝내고 출소
1967년 7월 8일	중정 동백림 사건 발표
여정남	1967년 12월 15일 전역, 1968년 3월 복학 후 정사회 3기에 가입, 수학과 조교 안재구와 만남
1968년 5월	프랑스에서 68혁명 시작
1968년 1월 21일	1·21 사태
1968년 1월 23일	미 푸에블로호 피납사건 발생
1968년 8월 24일	중정 통혁당 사건과 남조선해방전략당 사건 발표
김용원	1969년 9월 서울시 교사 특별 전형시험 합격 후 1970년 3월 경기여고 발령
1969년 7월 17일	3선 개헌 반대 범국민투쟁위원회 발족
도예종	1969년 2월 삼성토건 전무이사 맡음
여정남	1969년 7월 하재완 집에 입주 가정교사가 됨

| 1969년 10월 17일 | 대통령 3선이 가능한 헌법으로 개정 |
| | |

1970년 3월   경북대학교 정진회 결성
1970년 11월 2~13일 평양에서 조선노동당 제5차 당대회 개최
          하재완, 송상진 등 평양방송을 듣고 5차 당대회 노트 작성
1970년 11월 13일   전태일 청계천 평화시장에서 분신투쟁 벌임
          송상진, 서도원 1970년 8월 15일 8·15등산회 결성
1971년 3~4월   대학가 교련 반대투쟁 전개
     여정남   1971년 4월 7일 전국대학생 토론회를 개최하고 반독재구국선언문 채택, 이
                일로 여정남, 김성희 등 구속
1971년 4월 19일   민주수호국민협의회 결성
          서도원, 도예종, 송상진, 하재완, 여정남(학생대표) 등은 민주수호경북협의회 운영위원으
          로 참여
1971년 4월 27일   제7대 대통령 선거 실시, 박정희 세 번째 당선
          서도원, 우홍선, 이수병 1971년 9월 광주 김세원, 부산 이영석과 함께 전국적 차원의 예
          비 지도조직 경락연구회(추정) 결성
1971년 11월   경북대학교 한풍회 결성
1972년 3월 초순   삼락일어학원 개업
     이수병   암장 동지들과 함께 위 학원 개업에 참여
     서도원   1972년에 침구사 자격증 획득
1972년 7월 4일   7·4 남북공동성명 발표
1972년 10월 17일   박정희 비상계엄 선포
     여정남   1972년 11월에 계엄령 위반으로 구속(구국장교단 명의의 유인물 배포사건)
1972년 12월 21일   유신헌법 제정
1972년 12월 23일   통일주체국민회의 제1차 회의에서 박정희를 8대 대통령으로 선출
     여정남   1973년 1월 11일 출옥
     도예종   1973년 3월경 삼화건설 회장
1973년 8월 8일   김대중 납치 및 살인미수 사건 발생
1973년 10월 2일   서울대 반유신학생시위 벌임

1973년 11월 5일	경북대 반유신학생시위 벌임
하재완	폐종양 재발과 유류 파동으로 메추라기 사업 접음
여정남	1973년 12월 반유신투쟁의 전국화를 위해 서울로 상경
1974년 1월	박정희 긴급조치 1호 발동
여정남	1974년 1월 이수병, 김종대, 김용원 등과 만나 반유신투쟁의 전국화를 위해 논의함
우홍선	1974년 1월경 한국골든스탬프사 상무로 입사
서도원, 우홍선, 이수병 1974년 3월 경락연구회 전원회의 개최(추정)	
1974년 4월 3일	4.3민청학련 투쟁 직후 저녁 8시 박정희 긴급조치 4호 발동
여정남	1974년 4월 17일 구속
이수병	1974년 4월 17일 김용원 김종대 등과 함께 생일잔치(1968년 출옥일)를 핑계로 만나 민청학련 소식을 등을 거론하며 시국대책회의를 가짐
김용원 이수병	1974년 4월 18일 구속
서도원 도예종	1974년 4월 20일 구속
1974년 4월 25일 민청학련 인혁당 재건위 사건 발표	
송상진	1974년 4월 28일 구속
우홍선	1974년 5월 2일 구속
하재완	1974년 4월 29일 구속
김용원	1974년 8월 5일 경기여고로부터 파면통지서 받음
1974년 7월	목요기도회 시작, 이 기도회에서 민청학련 인혁당 사건 구속자 가족들의 구명운동 관련 호소문들이 발표됨
1974년 9월 26일	천주교정의구현전국사제단 발족
1974년 11월 8일	구속자 가족들은 공정한 재판을 요구하는 진정서를 관계기관에 제출
1974년 12월 9일	사형수 부인들은 공정한 재판을 받게 해달라는 탄원서를 김수환 추기경 등 사회저명인사 15인의 서명을 받아 대통령과 대법원장에게 제출
1975년 2월 24일	천주교정의구현전국사제단은 '인혁당의 진상은 이렇다'라는 제목의 성명서 발표
1975년 4월 8일	대법원 8인에게 사형 확정
1975년 4월 9일	8인에 대한 사형 집행, 제네바에 사무실을 둔 국제법학자협회에서 이 날을

'사법사상 암흑의 날'로 선포

1976년 2월	이재문, 신향식, 김병권 등 남민전 결성
1979년 10월 9일	내무부 장관 구자춘, 남민전 사건 발표
1982년 3월과 12월	두 차례에 걸쳐 인혁당재건위 사건 생존자 17명 전원 출소
1989년 4월 9일	공개적인 첫 추모행사 '4·9 통일열사 14주기 추모제' 개최
1990년 4월 16일	서울에서 첫 추모행사 '이수병 선생 15주기 추모제' 개최
1995년 4월 8일	8인이 사형당한 서대문독립공원에서 20주기 추모행사가 민정학련정신 계승사업회 주관으로 개최
1998년 11월 9일	인혁당사건 진상 규명 및 명예 회복을 위한 대책위원회 구성
2002년 9월 12일	대통령 소속, 의문사 진상규명위원회에서 인혁당재건위 사건은 중앙정보부의 고문에 의한 조작된 사건이라 발표
2002년 12월 10일	인혁당 재건위 사건 유족들, 서울 중앙지법에 재심 청구
2005년 12월 7일	사건 조작에 앞장섰던 국정원(전신 중앙정보부)이 인혁당재건위 사건은 고문 등의 국가 폭력에 의해 조작되었다고 발표
2005년 12월 27일	서울 중앙지방법원 재심 개시 결정
2007년 1월 23일	재판부는 20여 회의 공판을 거쳐 32년 만에 8명 전원에게 무죄를 선고

다시, 봄은 왔으나
인혁당재건위 사건 사형수 8인의 약전

초판 1쇄 펴냄   2025년 4월 9일

지은이   이창훈
펴낸이   김경섭
펴낸곳   도서출판 삼인
전화   02-322-1845
팩스   02-322-1846
이메일   saminbooks@naver.com
출판등록   1996년 9월 16일 제25100-2012-000045호
주소   (03716) 서울시 서대문구 성산로 312, 북산빌딩 1층

디자인   한누리 nuriejs@naver.com
제작   수이북스

ISBN 978-89-6436-279-2 03990